@ann.knitting X K니트디자이너

"
뜨개머리앤은 니트 디자이너에게 영감을 주는 다양한 컬러, 텍스처, 소재의 뜨개실과 디자인 공유를 위한 플랫폼을 서포팅합니다.

협업을 희망하는 디자이너&크리에이터는 뜨개머리앤 공홈 COLLABO BOARD 게시판에 글을 남겨주세요.

www.annknitting.com

K KNIT DESIGNER with ANNKNITTING

WORLD NEWS

United Kingdom 영국
점점 진화 중! 우체통을 장식하는 우체통 토퍼

웨일스의 마을 광장에서 발견한 코바늘뜨기 작품 깃발.

팬데믹 상황 속에서 필수 노동자(key worker)에게 감사하는 마음을 표현하는 방법으로 행해지며 주목을 받았던, 우체통 위를 장식하는 우체통 토퍼. 실제로 3년이라는 세월이 흐르면서 토퍼도 더욱 진화했습니다. 이 프로젝트는 팬데믹으로 봉쇄령이 내려진 힘든 상황에서도 사람들을 위해 열심히 일하는 의료종사자를 응원하고 그들에게 감사하는 마음을 표현하고자 뜨개 작품을 이곳저곳에 장식한 것이 시작이었습니다. 그러다 TV와 신문 뉴스에서 여러 차례 소개되면서 유명해졌습니다. 영국의 우정사업부 로열 메일에 의하면 처음으로 우체통 토퍼가 등장한 것은 2012년 크리스마스 시즌으로 거슬러 올라간다고 합니다. 전국적으로 퍼지며 자주 눈에 띄게 된 것은 최근 몇 년이지만요. 이 확장세는 점점 맹렬해지고 있습니다.
지역 특산물, 심볼을 소재로 만든 작품을 비롯해 크리스마스, 부활절 같은 연례행사

교회 앞 우체통 토퍼는 사제를 중심에 두고 데코레이션.

를 모티브로 한 작품, 이제는 고인이 된 엘리자베스 여왕 즉위 70주년을 기념하는 플래티넘 기념식과 서거, 새로 즉위한 찰스 왕의 대관식처럼 왕족과 관련 있는 굵직굵직한 이벤트까지. 아이디어만 있으면 무엇이든 우체통 토퍼로 만든다고 말해도 지나치지 않을 것 같습니다. 제가 여름휴가 때 방문한 웨일스에서는 뜨개질을 좋아하는 한 여성이 코바늘로 만든 오너먼트로 마을을 꾸미고 우체통 위에 웨일스의 상징인 붉은 용을 장식해서 지역 신문에 소개됐다는 이야기를 들었습니다.
요즘에는 수공예 사이트에서 토퍼의 패턴 및 완제품을 판매하기도 합니다. 얼마 전에 발견한 작품에는 "이 우체통 토퍼가 마음에 드셨다면 후원을 부탁드리겠습니다"라는 메시지와 함께 QR 코드가 있었는데 이를 통해 지역 교회에 헌금할 수 있었습니다. 우체국 토퍼는 이제는 널리 퍼져서 형태와 디자인이 다양해졌지만 대개 코바늘 작품

이랍니다. 작품에 사랑스러움이 가득하고, 보는 이가 절로 웃음 짓게 만드는 유머 감각을 겸비했다는 점이 우체국 토퍼가 여러 사람에게 사랑받는 이유인 것 같습니다.

취재/사카모토 미유키

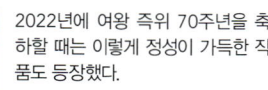

2022년에 여왕 즉위 70주년을 축하할 때는 이렇게 정성이 가득한 작품도 등장했다.

오른쪽/웨일스어로 '어서 오세요'라는 푯말을 들고 관광객에게 환영 인사를 하는 웨일스의 붉은 용. 오른쪽 아래/공원 풍경을 그린 작품도 등장. 왼쪽 아래/예전에 시장이었던 런던 코벤트 가든의 우체통은 꽃 파는 소녀와 함께.

KEITODAMA

Finland 핀란드
핀란드 니터들의 여름 니트 페스티벌

7월 초에 중앙 핀란드의 최대 도시 중 하나인 위베스퀼레(jyvaskyla)에서 여름 니트 페스티벌이 열렸습니다. 올해는 코로나 19 방역 완화 조치 후 두 번째 행사로 처음 개최된 2016년 이후 5회째를 맞이했습니다. 니트 페스티벌은 여름만 아니라 크고 작은 규모로 한 해에 여러 차례 개최되는데 그 모습은 인스타그램을 통해 확인할 수 있습니다.

올여름의 페스티벌은 7월 6일부터 9일까지 개최되었고 핀란드에서도 유명한 털실 가게 티티튜(Titityy)가 주최했습니다. 티티튜는 유럽 박새의 울음소리라고 합니다. 가게가 있는 토이볼라의 오래된 마당(Toivolan vanha piha)이 페스티벌의 개최지였습니다. 이곳은 옛 중앙 핀란드의 거리 모습이 그대로 보존된 곳으로 중앙 핀란드 지방 박물관도 있습니다. 작년 여름 페스티벌에는 6,000명이 넘는 사람이 방문했는데 올해는 더 많은 관람객이 찾아왔다고 합니다. 첫날인 목요일에는 모두와 함께 거리를 걸으면서 뜨개질을 했습니다. 금요일과 토요일은 시청 회의실에서 워크숍이 열렸습니다. 강사진은 모두 핀란드에서 인기 있는 니트 디자이너였습니다. 인스타그램을 통해 익히 알고 있던 디자이너를 실제로 만나니 흥분되더군요. 코로나 이전에는 핀란드 안팎의 저명한 니트 디자이너도 강의를 위해 왔었다고 하니 앞으로도 유명 디자이너들을 꼭 초대하고 싶다고 주최 측 담당자가 말했습니다. 니트 페스티벌 행사장 내에는 염색가들이 자기만의 오리지널 털실을 판매했습니다. 평소에는 인터넷으로 사야만 했던 제품을 직접 보고 살 수 있는 최고의 기회였습니다.

일요일은 희망자들이 모여서 니트 브런치를 했습니다. 그 밖에도 매일 밤 콘서트 같은 문화 행사가 열려서 뜨개를 하며 이벤트를 즐길 수 있었습니다. 7월 초에는 일몰이 23시 전후라서 저녁을 먹은 후에도 야외에서 뜨개를 할 수 있을 정도로 밝습니다. 저도 짧은 여름을 즐기면서 뜨개질을 만끽했습니다. 핀란드 니터들의 여름 축제는 앞으로 더욱 뜨거워질 것 같습니다.

취재/란카라 미호코
Yarn shop Titityy https://titityy.fi/en
위베스퀼레 니트 페스티벌
Instagram: jyvaskylaknitfestival

위/Titityy 가게 내부. 귀여운 털실로 가득.
아래/니트 페스티벌 행사장 입구.

일몰이 늦어서 밤늦게까지 밖에서 뜰 수 있다.

France 프랑스
코로나 팬데믹 때 오픈한 파리 수예점

전 세계를 움츠리게 했던 코로나 팬데믹 사태로 파리의 머서리(mercerie, 수공예 재료 가게) 중에서 아쉽게도 문을 닫는 가게들이 생겼습니다. 이런 상황에서 반가운 뉴스가 전해졌는데요. 바로 '엘리 피조(Elie Fitzo)'의 오픈 소식이었습니다. 장소는 몽마르트르입니다. 이곳에는 대형 천 가게와 수공예 재료 가게가 오밀조밀 밀집되어 있습니다.

사장인 그라시아네 피조 씨는 수예를 아주 좋아한다고 합니다. 가게 벽면에 설치된 선반에는 천장까지 털실로 빼곡한데 보기에도 아름답고 찾기 쉽게 제품이 수납 및 전시되어 있습니다. 또 손뜨개 모자와 가방도 있습니다. 이 작품은 모두 그라시아네 사장이 직접 디자인하고 만든 작품입니다. 이 샘플을 보고 똑같이 뜨거나 색을 바꿔서 뜰 수 있고 완성된 작품을 구매할 수도 있습니다. 이곳에만 있는 세상의 단 하나뿐인 작품은 자기만의 개성이 드러나는 멋을 추구하는 파리 사람들의 욕구를 충족시키는 데 큰 역할을 합니다. 주문 제작도 가능하다고 합니다.

이런 개성 있는 제품을 비롯해 오리지널 실도 있었습니다. '와시(WASHI)'라는 비스코스 실은 질감이 일본의 전통 종이(와시)와 비슷했습니다. 또 일반 털실과 면사도 다양하게 취급했는데 색감이 굉장히 세분화되어 있고 세련된 인상이었습니다.

이런 가게의 분위기는 그녀의 경력을 들으면 절로 이해가 되는데요. 가게를 오픈하기 전에는 오트꾸튀르 메종인 지방시에서 40년간 근무했다고 합니다.

털실 가게를 인수하여 새로운 감각의 가게로 탈바꿈한 엘리 피조는 털실을 비롯해 전등갓 같은 제품도 판매합니다. 파리에 갈 기회가 있다면 꼭 들러봐야 할 머서리입니다.

취재/고토 기코

위/털실로 뜬 운동화 모양의 베이비 슈즈. 파리의 정취가 물씬 풍긴다.
아래/오리지널 모자를 쓴 그라시아네 피조.

Elie Fitzo
주소: 2, rue Cazotte, Angle3, rue Charles-Nodier, face au marché Saint-Pierre 75018 Paris Tel: 01-89-32-08-33 월~토 10:00~18:30 일요일 정기휴무

털실타래
keitodama 2023 vol.6 [겨울호]

Contents

World News … 4

다시 돌아온 트렌드
노스탤지어 요크

… 8

겨울을 물들이는 꽃 크리스마스로즈 … 22
노구치 히카루의 다닝을 이용한 리페어 메이크 … 23
michiyo의 4사이즈 니팅 … 24
뜨개 피플 탐구는 나의 힘 … 26
amuhibi × ROWAN 에어리 니트 … 28
한국어판 뜨개인이라면 놓칠 수 없는 꼭 가봐야 할 새로운 뜨개숍 … 30
세계 수예 기행 / 루마니아 트란실바니아의 전통 자수 이라쇼슈 … 32
삶을 물들이는 이벤트용 니트 크리스마스의 숲 … 36
Enjoy Keito … 38
포인트 아란무늬 … 40
자연스럽게 물드는 그러데이션 실의 즐거움 … 44
Color Palette 메시 니트 … 50
스타일리시한 겨울 니트 … 52
한국어판 뜨개인들의 축제이자 즐거운 털실 마켓 이토마
〈털실타래〉 편집부가 다녀온 생생한 취재기 … 58
Yarn Catalogue 가을·겨울 실 연구 … 64
한국어판 배색하기 좋은 실 … 68
한국어판 뜨개 피플 인터뷰 상상을 그림으로, 그림을 뜨개로
머릿속 세상을 뜨개로 표현하는 작가 조진현 … 72
Yarn World 신여성의 수예 세계로 타임슬립! 머리장식 데가라 … 76
Yarn World 이거 진짜 대단해요! 뜨개 기호
그럼 모두 기둥코 세워 볼까요! [코바늘뜨기] … 77
이제 와 물어보기 애매한!? 〈털실타래〉를 제대로 읽는 법 … 78
한국어판 니팅맘의 뉴질랜드 뜨개 라이프 … 82
World Report 루누섬의 니트 … 83
우리 아이가 최고! 강아지와 함께 … 84
Let's Knit in English 니시무라 도모코의 영어로 뜨자
나이에 상관없이 즐거운 크리스마스 … 86
읽고, 조사하고, 떠보다 하야시 고토미의 Happy Knitting … 88
마르티나의 옷과 소품 … 90
도카이 에리카의 배색무늬 니트 … 92
따뜻하고 귀여운 겨울 소품 … 96
에어 툴로 뜨는 시크한 백 … 100
레이스사 방적 … 102
한국어판 EVENT … 104
Couture Arrange 시다 히토미의 쿠튀르 어레인지 플레어 슬리브 풀오버 … 108
오카모토 케이코의 Knit+1 … 110
한국어판 독자 코너 내가 만든 '털실타래' 속 작품 … 112
한국어판 수예 신간 도서 소개 … 114
스윽스윽 뜨다 보니 자꾸 즐거워지는
비기너를 위한 신·수편기 스이돈 강좌 … 116
뜨개꾼의 심심풀이 뜨개
써서 접어서 건네서 전하는 '뜨개 편지'가 있는 풍경 … 122

다시 돌아온 트렌드
노스탤지어 요크

기하학무늬와 전통무늬를 가슴 부분에 나열한 요크 스웨터는 왠지 모르게 그리움을 자아냅니다. 둥글게 원형으로 뜨는데, 잇거나 꿰매는 부분이 없는 작품도 있어서 옆선이 거슬리지 않는 편안한 착용감도 장점이랍니다. 친숙한 기본 무늬를 멋스럽게 어레인지한 요크 니트를 떠서 마음껏 즐겨주세요.

photograph Shigeki Nakashima styling Kuniko Okabe, Yuumi Sano hair&make-up Chie Ishikawa model ALICE (171cm), Henri (180cm)

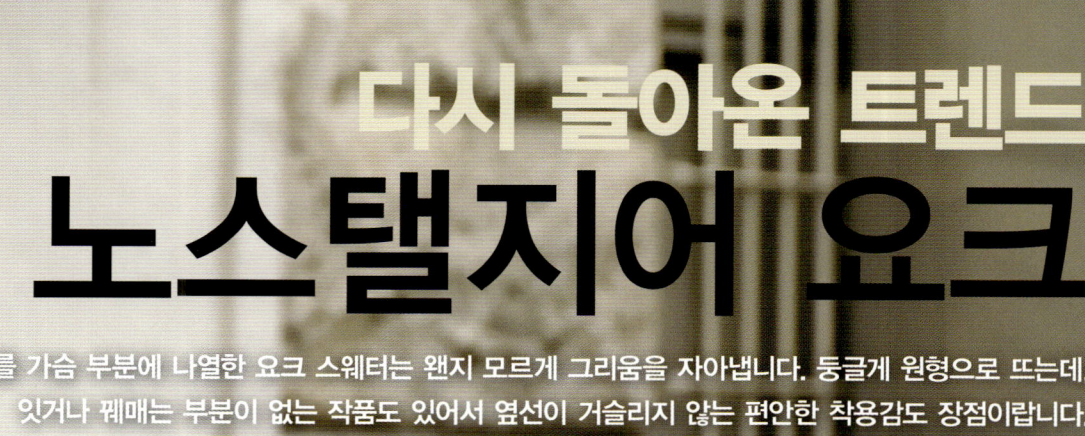

Nostalgic York Knit

원형으로 뜨는 요크 타입 중 하나인 래글런 스타일의 풀오버입니다. 트위드 실의 배색을 바꿔가며 배색무늬를 뜨면 그러데이션처럼 변해가는 색의 재미를 즐길 수 있답니다.

Design／우노 지히로
How to make／P.126
Yarn／Keito ururi

어딘가 클래식한 무늬를 요즘 트렌드에 맞게 디자인했습니다. 한 줄만 색을 바꿔 포인트를 주니 세련미가 더욱 돋보입니다. 코를 줄일수록 무늬도 작아지는 둥근 요크만의 리듬감을 느낄 수 있는 배색무늬랍니다.

Design／바람공방
How to make／P.128
Yarn／itoito 브루클린 w
Glasses／글로브 스펙스 에이전트

Nostalgic York Knit

뚜렷한 배색이 특징인 기본 둥근 요크 스타일과는 전혀 다른 느낌의 니트를 만나볼까요? 화사하고 귀여운 색감이 돋보이는 매력적인 니트랍니다. 북유럽 무늬를 연상케 하는 보태니컬 모티브가 부드러운 색조와 어우러져 더욱 포근해 보이지요.

Design／오쿠즈미 레이코
How to make／P.125
Yarn／고쇼산업 게이토피에로 뉘아주 (Nuage)

Glasses／글로브 스펙스 에이전트

전통적인 노르딕 패턴을 편물 전체가 아닌 요크 부분에만 배치했어요. 뒤판은 바탕 색만 바꾸고 배색무늬는 살짝만 가미했습니다. 일반적인 풀오버 스타일이라 원형뜨기를 어려워하는 사람도 즐길 수 있는 디자인이랍니다.

Design／오카 마리코
Knitter／미즈노 준
How to make／P.123
Yarn／고쇼산업 게이토피에로 파인 메리노

Nostalgic York Knit

정통 노르딕 패턴을 떠 넣은 둥근 요크는 남녀 모두 입을 수 있을 만큼 낙낙한 품과 넓은 오프 넥으로 만들어 편안한 착용감을 자랑합니다. 누구나 좋아할 만한 은은하면서도 고급스러운 색조를 사용해 생애 첫 둥근 요크 니트로도 제격이지요.

Design／YOSHIKO HYODO
Knitter／구라타 시즈카
How to make／P.132
Yarn／데오리야 모크 울 B

평소 입던 니트 스타일에 싫증 났다면 이 니트는 어떤가요? 젠더리스 콘셉트의 모던한 디자인과 그에 어울리는 색감이 눈길을 끄는 둥근 요크 니트로, 생동감 있는 무늬와 배색무늬를 조합해서 새롭게 느껴진답니다. 입고 나가면 주목받을 만한 디자인이지요.

Design／가사마 아야
How to make／P.130
Yarn／데오리야 e-wool

Glasses／글로브 스펙스 에이전트

Nostalgic York Knit

소중한 사람뿐만 아니라 나 자신을 위해서도 뜨고 싶어져요. 올록볼록하고 귀여운 걸어뜨기무늬가 인상적인 둥근 요크랍니다. 배색과 무늬의 오묘한 조합으로 어디서도 본 적 없는 새로운 둥근 요크가 탄생했어요.

Design／가와이 마유미
Knitter／이시카와 기미에
How to make／P.134
Yarn／올림포스 트리 하우스 블레스
Glasses／글로브 스펙스 에이전트

둥근 요크와 소맷부리가 조여진 비숍 슬리브의 실루엣이 비침무늬와 어우러져 클래식한 분위기를 자아냅니다. 배색이 없는 스타일이라 프릴을 달아 여성스럽게 연출할 수도 있고 매니시한 아이템과 매치해서 매니시룩을 연출할 수도 있답니다.

Design／기시 무쓰코
How to make／P.140
Yarn／올림포스 SILK&WOOL

Nostalgic York Knit

기하학무늬와 둥근 요크는 가히 최상의 조합이라 할 수 있습니다. 뜨개질하는 동안 서서히 나타나는 무늬에 눈을 떼지 못하게 되는 흥미로운 디자인이랍니다. 트릭아트처럼 보이는 입체감 있는 무늬가 압권이지요.

Design／이토 나오타카
How to make／P.136
Yarn／나이토상사 인디시타 DK
Glasses／글로브 스펙스 에이전트

앞뒤 몸판을 이어서 뜬 뒤 요크 경계선에 레이스 느낌의 장식을 따로 떠서 만든 베스트. 짧은 기장의 상의를 레이어드한 듯 보이는 스타일이 매력적입니다. 차분한 북유럽 컬러와 어른스러운 디자인이 만나 성숙한 느낌의 니트가 되었답니다.

Design／yohnKa
How to make／P.138
Yarn／나이토상사 인디시타 DK

요크 니트의 뜨개 포인트

요크 니트를 뜨는 방식은 크게 두 가지인데, 목둘레부터 떠 내려가는 '톱다운(Top down)'과 밑단부터 떠 올라가는 '보텀업(Bottom up)'이 있습니다. 요크 부분은 둥글게 원형으로 뜨는 경우가 많은데 계속 겉면을 보면서 뜰 수 있어 초심자도 뜨기 쉽답니다. 잇거나 꿰매는 부분도 거의 없어서 더욱 수월하게 뜰 수 있지요.

톱다운

목둘레에서 밑단 쪽으로 둥글게 원형으로 떠 내려갑니다. 입체적인 니트를 평면 도안으로 나타내므로 도안이 특이한 형태로 되어 있습니다. 게다가 맞춤 표시도 많아서 언뜻 보기에는 뜨기 힘들 것 같지만 실제로 떠 보면 의외로 이해하기 쉬운 도안이라는 생각이 들 거예요. 요크 부분을 먼저 뜬 뒤 몸판과 양쪽 소매의 코를 나눠 세 부분을 각각 원형으로 뜹니다.

보텀업

몸판과 소매를 각각 밑단부터 뜬 뒤(원형으로 뜨는 경우도 있고 평평하게 떠서 연결하는 경우도 있다) 세 부분을 합쳐 요크를 뜹니다. 요크 부분에서 코를 줄이므로 뜰수록 콧수가 줄어듭니다. 보텀업 방식 또한 도안이 특이한 형태로 되어 있는데 맞춤 표시에 주의하면서 뜨면 크게 걱정할 것 없답니다.

요크 니트를 뜰 때는 조립식 줄바늘을 사용하면 좋아요!

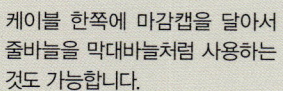

케이블 한쪽에 마감캡을 달아서 줄바늘을 막대바늘처럼 사용하는 것도 가능합니다.

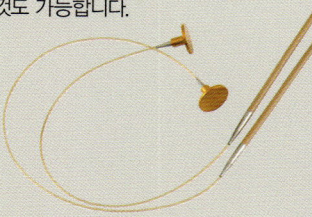

뜨는 도중에 어댑터는 이런 식으로 케이블의 일부가 됩니다.

뜨개를 하다가 코를 쉬어둘 때는 바늘을 빼고 마감캡으로 막아두세요. 톱다운 방식으로 요크를 뜬 뒤 몸판과 소매의 코를 나눌 때는 각각의 코를 다른 케이블로 옮겨 쉬어두면 편리합니다.

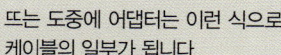

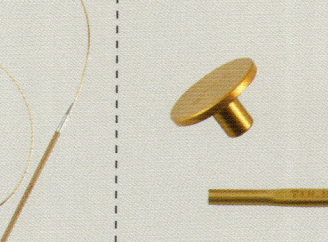

어댑터를 사용하면 케이블 두 줄을 연결해서 길게 만들 수 있습니다. 어댑터만 있다면 원하는 만큼 케이블을 연결해서 길게 만들 수 있지요. 코를 쉬어둘 때도 유용하답니다.

이 신기한 도구들은 마감캡(위)과 어댑터(아래)입니다. 케이블 끝에 마감캡을 달아두면 코가 빠지지 않아 좋습니다. 어댑터는 케이블끼리 연결할 때 사용하는 도구입니다.

요크 니트는 원형으로 둥글게 뜨는 경우가 많아 줄바늘을 사용하는 편이 좋답니다. 특히 중간에 케이블을 꼈다 뺐다 할 수 있는 조립식 줄바늘을 추천합니다!

도구 제공／튤립 주식회사

열매달 이틀
· knitting studio ·

언제나 나를 위한, 열매달 이틀 첫번째 공간
서울시 마포구 대흥로 175, 신촌그랑자이상가 4동 106호

 인스타그램  카카오채널  홈페이지

photograph Toshikatsu Watanabe   styling Terumi Inoue

How to make／P.80
Yarn／DMC 콜도넷 스페셜 no. 80

나가자토 가나

레이스 뜨개 작가. 2009년 Lunarheavenly를 설립. 레이스실로 만든 꽃으로 정교한 액세서리를 만들어 개인전을 열거나 이벤트에 출품해 전시하고 있다. 꽃을 완성한 후에 염색하는 방식으로 만드는 섬세한 그러데이션 색 연출과 귀여운 작품으로 정평이 나 있다. 보그학원 강사로 활동 중이다. 저서로 《루나 헤브리의 코바늘로 뜬 꽃 장식》 외 다수가 있다.

Instagram: lunarheavenly

루나 헤브리의 꽃 소식 vol.1
겨울을 물들이는 꽃 크리스마스로즈

알록달록한 천과 실, 신기한 모양의 도구들. 어머니의 취미가 바느질이라 수예는 어릴 적부터 친근했습니다. 방에 펼쳐 놓은 널찍한 바느질 소반에 관한 추억을 종종 떠올리곤 합니다. 그런 분위기였기 때문에 저는 자수나 뜨개도 자연스럽게 접했습니다. 뭔가를 만들고 풀고, 다시 만들고 풀면서 마음에 드는 모양이 나올 때까지 반복하는 습관은 어릴 적 그대로입니다.

다양한 수공예를 이것저것 시험해보다가 안착한 것이 바로 레이스 뜨기입니다. 꾸준히 하다 보니 자연 속 식물의 아름다운 모습에 마음이 끌려서 실로 표현하고 싶었습니다. 꽃과 이파리의 색, 모양, 분위기. 자연 그대로의 모습과 사람 손에 다듬어진 모습에 마음을 빼앗겼습니다.

이번에는 크리스마스로즈 화분을 만들어 봤습니다. 특히 검은색 같은 시크한 색을 좋아해서 이를 활용해 더욱 깊고 다양한 색을 표현하고 싶었습니다. 고개를 숙인 채 피어 있는 꽃의 모습은 마치 수줍어 보이기도, 고고해 보이기도 해서 한없는 매력을 느낍니다.

식물이 연출한 그늘까지 멋들어지는군요. 앞으로 이런 분위기의 작품을 만들어 소개해 드리고자 합니다.

노구치 히카루의 다닝을 이용한 리페어 메이크

'리페어 메이크'라는 말에는 수선하는 일과 그 작업을 통해 물건이 발전하고 진보한다는 생각을 담았습니다.

노구치 히카루(野口光)
'hikaru noguchi'라는 브랜드를 운영하는 니트 디자이너. 유럽의 전통적인 의류 수선법 '다닝(Darning)'에 푹 빠져 다닝을 지도하고 오리지널 다닝 기법을 연구하는 등 다양하게 활동하고 있다. 심혈을 기울여 오리지널 다닝 머시룸(다닝용 도구)까지 만들었다. 저서로는 《노구치 히카루의 다닝으로 리페어 메이크》, 제2탄 《수선하는 책》등이 있다.
http://darning.net

【이번 주제】
전통 페어아일 스웨터와 맞서 싸우는 용맹한 형광색

before

곳곳에 좀먹은 구멍이 생겼어요…

photograph Toshikatsu Watanabe styling Terumi Inoue

이번에는 '다닝 디스크'를 사용했습니다.

셰틀랜드 제도에서 제작된 전통 페어아일 무늬의 카디건. 30년 가까이 갖고 있었는데도 한 번도 입은 적이 없습니다. 매년 가을이 되면 이 카디건과 어울릴 만한 옷을 찾아 입고 거울 앞에 서 보지만 그리 마음에 들지 않습니다. 게다가 묘하게 뻣뻣한 감이 있어 촉감이 좋다고도 할 수 없습니다. 심지어 브이넥이라 목과 가슴팍이 춥기까지. 이제 이것은 카디건의 형상을 한 '사물'로서—일 년에 한 번뿐이긴 하나—바라보며 즐기고 있습니다. 무늬와 색상은 물론이거니와 슬리브와 단추까지, 매력투성이입니다. 나만이 가질 수 있는 행복이라 생각하며 최대한 음미합니다. 이걸 입다니, 욕심이 지나치다는 생각을 해왔습니다.

그렇게 아껴온 이 카디건에도 좀먹은 구멍이 군데군데 보입니다. 그래서 뜨개 코를 재현하듯 스위스 다닝 방식으로 수선했습니다. 무늬가 되살아날 거라는 다소 허황된 기대와 함께 형광색 양모로 한 코 한 코 재현했습니다. 완벽한 디자인에 좀먹은 구멍이라는 외적과, 그것을 메꾸는 형광색의 싸움이 이 '사물' 위에서 어떻게 펼쳐질지 기대됩니다.

michiyo의 4 사이즈 니팅

이번에 소개할 옷은 코트 대용으로도 입을 수 있는 아란무늬 카디건입니다.
유행을 타지 않는 네이비 컬러로 근사하게 떠 보세요.

photograph Shigeki Nakashima styling Kuniko Okabe, Yuumi Sano hair&make-up Hitoshi Sakaguchi model XENIA (176cm)

아란무늬 카디건

아란무늬 머플러에 감싸 안긴 듯한 따뜻한 카디건을 갖고 싶어 하다가 떠오른 디자인을 구현했습니다. 굵은 실로 술술 뜰 수 있어서 더욱 좋답니다.

앞판을 겹쳐 입는 카슈쾌르(cache-cœur) 스타일로 만들었는데 옆선 쪽에서 균일하게 코를 줄여 앞판의 코가 사선으로 줄어들게 합니다. 진동둘레에 파임도 없어서 어렵지 않게 코를 줄일 수 있습니다.

밑단의 고무뜨기는 다소 길이감이 있으니 줄어들지 않도록 지정 치수만큼 편평하게 펼쳐놓고 스팀다리미로 다려 마무리합니다.

잇기와 꿰매기를 어려워하는 사람도 많지만, 이번 작품처럼 끈이나 리본을 옆선에 꿰매 다는 스타일은 앞뒤 몸판을 각각 뜬 다음 옆선을 이어야 형태가 잡혀 몸판이 쉽게 늘어나지 않는답니다.

도톰하게 마무리해서 따뜻함이 느껴지는 카디건은 한겨울이 되기 전까지는 아우터로도 활약하지요. 겨울의 든든한 동반자가 되어줄 거라 믿습니다.

가운처럼 낙낙하게 걸칠 수 있어 코트 대용으로도 손색없는 롱 카디건. 앞단에 배치한 특색 있는 아란무늬 덕분에 목 주위가 더욱 따뜻하게 느껴지지요. 앞판 전체에 무늬를 넣었으므로 앞판 끝단의 사선 부분은 옆선에서 줄임코를 해서 만듭니다. 무늬뜨기 부분에는 줄임코가 없으니 뜨기 쉬울 거예요.

Knitter／이지마 유코
How to make／P.143
Yarn／퍼피 린칸토 no.9

앞판 목둘레 부분
목둘레의 콧수는 모든 사이즈가 같습니다. 단수는 각각의 단수이므로 무늬의 마지막 단은 각각 다릅니다.

아란무늬
무늬 중 일부는 콧수를 바꾸고 무늬의 폭을 사이즈별로 다르게 했습니다.

소매 길이
사이즈는 어깨너비에 맞춰 조절하므로 소매 길이는 모든 사이즈가 같습니다.

벨트
길이는 모든 사이즈가 같습니다. 길이를 바꾸고 싶다면 단수를 조절합니다.

S size
M size (사진)
L size
XL size

기장
앞판 옆선의 줄임코가 마지막 단에서 어깨의 무늬와 맞도록 단수를 조절했습니다.

michiyo
어패럴 메이커에서 니트 기획 업무를 하다가 지금은 니트 작가로 활동하고 있다. 아기 옷부터 성인 옷까지 여러 권의 저서가 있다. 현재는 온라인 숍(Andemee)을 중심으로 디자인을 발표하고 있다.
Instagram：michiyo_amimono

※ 무늬를 기준으로 한 사이즈이므로 치수 차이는 균등하지 않습니다.

뜨개 피플

탐구는 나의 힘
나기

photograph Bunsaku Nakagawa text Hiroko Tagaya

직접 메리골드로 염색한 실.

애용 중인 도구 중 일부.

애정템 중 하나인 아란 스웨터.

첫 월급으로 장만한 물레.

취재 날 완성한 페어아일.

나기(凪)
고베 출신. 도쿄 거주. 패션과 음악을 사랑하는 회사원. 구제 옷 애호가인 덕에 전통 니트의 매력에 빠져들었다. 미국 유학 중에 접한 핀란드의 코르스내스 스웨터를 시작으로, 독학으로 뜨개를 배워 단기간에 전통 니트를 여러 벌 완성했다. 현재는 직접 만든 실로 니트를 뜨기 위해 수제실 제작에 힘쓰고 있다.
Instagram : nagis_knits

이번 게스트는 SNS에서 전통 무늬 스웨터로 인기를 끌고 있는 나기입니다. 나기라는 멋진 이름은 본명인데 차분한 아이가 되라는 의미로 어머니께서 지어주셨다고 합니다. 그 바람대로 26살임에도 불구하고 차분한 인상인 것은 니트뿐만 아니라 그가 가진 다양한 취미들에 진심이 가득 담겨 있어서일 것입니다.
"그렇게 대단한 건 아니에요(웃음). 단지 옷을 사기 전에 그 옷의 디테일을 살펴보는 걸 좋아할 뿐이죠. 예를 들면 리(Lee)라는 청바지 브랜드가 있잖아요. 리의 청재킷에 달린 단추는 앞판은 금속인데 뒤판은 플라스틱으로 되어 있어요. 이유를 알아보니까 말을 탈 때 말이 다치지 않게 하기 위해서였더라고요. 디테일에는 다 그럴만한 이유가 있는 것 같아 재미를 느꼈죠."
그의 탐구 기질은 옷뿐만 아니라 문화 전반에 걸쳐 있는 듯합니다. 그런 그가 전통 무늬에 끌린 것은 필연이 아니었을까요?
"원래부터 패션에 관심이 많았어요. 구제 옷 가게에서 스웨터를 샀는데 그게 바로 제이미슨스(Jamieson's)의 셰틀랜드 스웨터였어요. 메이드 인 잉글랜드라고 쓰여 있는 걸 보고 단박에 좋은 스웨터일 거란 생각이 들었죠(웃음). 그래서 조사해 보니 영국의 원저공과 폴 매카트니도 입는 전통 스웨터더군요. 그 이후로 더 좋아하게 됐고요. 아무래도 그게 스웨터에 빠져든 계기였던 것 같아요."
그 이후의 탐구 속도는 가히 경이적이었습니다. "현지에서 아란 스웨터와 로피 스웨터 같은 전통 니트들을 사 왔어요. 한데 코르스내스 스웨터는 구하지 못해서 직접 뜨려고 보니 코바늘도 써야 하더군요. 그때 적잖이 충격을 받았죠

(웃음). 코바늘 연습도 해야지 이랑뜨기도 배워야지, 버거운 작업이었어요."
아란에다 로피, 그 외 다른 스웨터들까지. 해외에서 들여와 뜨개질하기를 반복합니다.
"아란 스웨터는 가문을 상징하는 문양과 비슷한 클랜(clan)이란 게 있어요. 그중에서 디자인도 귀엽고 제 이름과도 비슷한 '마기(MAGEE)'를 골랐죠(웃음)."
애초에 니트에 끌린 이유는 무엇이었을까요? "알라포스로피(Álafosslopi)라는 아이슬란드 털실 같은 경우는 털이 거칠게 제작되어 있거든요. 아주 굵은 부분이 있는가 하면 가는 부분도 있고 건초가 섞여 들어가 있기도 하고요. 그렇게 정돈되지 않은 듯한 투박한 느낌이 좋았어요. 털실도 직접 만들면 그런 느낌을 받을 것 같아 수제실을 제작해보자는 마음을 먹은 거죠."
스웨터와의 첫 만남이었던 셰틀랜드 스웨터를 손수 뜨는 것이 뜨개를 시작한 최초의 목표였다고 합니다. 그 목표를 달성한 현재, 이번에는 첫 월급으로 장만한 물레를 사용해 수제실을 제작하려고 한다네요. "패션과 관련된 건 거의 다 좋아하는데 그중에서도 뜨개는 아날로그로 모든 과정을 손수 할 수 있어 더욱 끌렸어요. 뜨개도 수제실 제작도 이제 막 시작했으니, 최선을 다해볼 생각이에요."
다양한 진정성을 탐구해온 그가 어떤 실을 만들어낼까요? 앞으로의 활동이 기대되는 이유입니다.

amuhibi × ROWAN
에어리 니트

보송보송하고 통기성 좋은 에어리(airy)한 털실로 뜬 가볍고 부드러운 니트.
살며시 몸을 감싸는 포근함에 입고 있다는 사실마저 잊어버릴지도 몰라요.

photograph Shigeki Nakashima styling Kuniko Okabe,Yuumi Sano hair&make-up Chie Ishikawa model ALICE (171cm)

구멍무늬를 털이 긴 실이 커버하며 자연스럽게 비치는 느낌을 연출합니다. 통기성이 좋아서 가볍고 경쾌한 느낌이라 마음마저 가벼워집니다. 앞판이 뒤판보다 짧은 스타일이라 볼륨감 있는 하의와 매치하기도 좋고 유행 아이템들과도 잘 어울린답니다.

Design／우메모토 미키코
Knitter／나카야마 가요
How to make／P.146
Yarn／로완 브러쉬드 플리스

일자 핏에 소매만 살짝 내려온 짧은 기장의 니트는 모헤어 특유의 질감 덕분에 귀여움을 한층 더 느낄 수 있습니다. 살짝 걸쳐 입기만 해도 왠지 세련되어 보이는 디자인이지요. 원피스와도 매치해서 입어 보세요.

Design／우메모토 미키코
Knitter／나카야마 가요
How to make／P.145
Yarn／로완 트위드 헤이즈, 키드실크 헤이즈

뜨개인이라면 놓칠 수 없는 꼭 가봐야 할 새로운 뜨개숍

취재 : 정인경 / 사진 : 김태훈

바야흐로 뜨개의 계절이다. 뜨개를 즐기는 이들이 점차 늘어나면서 새로운 유행이 왔다가 사라지기도 하고 사라지지 않고 하나의 흐름으로 자리잡기도 한다. 불과 몇 년 전만 해도 국내에서 고급 수입 실을 찾아보기 힘들었고, 아무래도 비싼 금액 때문에 사용자가 많지는 않았는데, 이제는 질 좋고 예쁜 실이라면 금액대와는 상관없이 사랑받는다. 특히 손염색실의 경우 하나뿐인 나만의 작품을 완성할 수 있다는 장점 때문에 수요가 점점 커지고 있다. 프리미엄 뜨개실을 소개하는 공간이 많아지면서 단순히 구매를 넘어 공간을 즐길 수 있는 곳도 다양해지고 있다. 뜨개인이라면 누구나 행복한 시간을 보낼 수 있을 뜨개숍 3곳을 〈털실타래〉 편집부가 다녀왔다. 실을 구경하고 프로젝트에 맞는 실을 고르고 공간까지 다양하게 활용할 수 있는 뜨개숍 3곳을 만나보자.

프리미엄 뜨개숍, 니트위트

니트위트는 23년 11월 인천에 문을 연 따끈따끈한 신상 뜨개숍이다. 매장에 들어서기 전부터 느껴지는 넓은 공간감과 쇼윈도를 가득 채운 실과 DIY 키트, 작가의 작품 등은 뜨개인이라면 누구나 열광할 만하다. 다양한 프리미엄 실을 소개하는 한편, 국내외의 뜨개 도서를 서점만큼 많이 구비하고 있고 뜨개 바늘이나 소품도 풍부하게 전시되어 있다. 특히 인기 바늘 브랜드인 라이키(Lykke)의 전 제품을 실제로 만져볼 수 있고, 프리미엄 뜨개 소품 브랜드인 코하나(cohana)의 제품도 만나볼 수 있다. 이 외에도 노로(NORO), 카디프(CARDIF), 라나 그로사(LANA GROSSA), 다루마(DARUMA) 등의 프리미엄 실들을 다양한 컬러 팔레트를 확인하고 구매할 수 있다. 넓은 공간과 통창으로 들어오는 빛과 바람, 어디서도 볼 수 없었던 거대한 책상이 인상적인 한쪽 공간에서는 클래스와 뜨개 모임 등 여러 행사를 운영, 지원할 예정이다.

주소 : 인천광역시 서구 봉오대로 270, 303동(상가) 140호
운영 시간 : 화~토 10:00~15:00 (정식 오픈 11월 14일, 인스타그램 확인)
인스타그램 : @knitwit_store

1／분리 커튼을 치면 뜨개숍과 커뮤니티 공간으로 나뉜다. 2／다양한 뜨개 서적이 모여 마치 뜨개 도서관 같은 공간. 3／니트위트의 쇼윈도는 프리미엄 실과 작품 등이 전시되어 있다. 4／니트위트에서는 we are knitters의 패키지를 구매할 수 있다.

손염색실 러버들의 참새 방앗간, 오밀조밀 잡화점

특색 있는 컬러웨이로 뜨개인들의 무한 지지를 받으며 등장한 오밀조밀 잡화점이 오프라인 공간을 오픈했다. 이제 갓 6개월이 된 공간에는 오밀조밀 잡화점의 정체성을 드러내는 다양한 실과 아이템이 가득하다. 지금까지도 가장 사랑받는 컬러웨이인 노자제몬 시리즈(점장 쩐유와 함께 살고 있는 고양이 노브, 자라, 제제, 몬키의 털색을 모티브로 만든 컬러웨이)도 굵기별로 준비되어 있어 직접 스와치를 보고 구매할 수 있다. 거의 대부분의 실들은 스와치가 준비되어 있기 때문에 실제로 색감을 확인하고 편물 재질을 체크하기 용이하다. 손염색실은 대부분 타래로 감겨 있기 때문에 구매를 망설이는 경우가 있는데, 오밀조밀 잡화점에서는 구매한 실을 바로 볼 실로 감을 수 있도록 물레와 자동 와인더를 구비해두고 있다. 매장 중앙에 자리잡은 넓은 책상에서는 자유롭게 뜨개도 하고 모임도 할 수 있도록 공간을 제공하고 있어, 실 판매를 넘어 뜨개 커뮤니티로 자리잡을 듯 하다.

주소 : 서울시 강동구 동남로81길 12 3층
운영 시간 : 금 11:00-19:00, 토 11:00-18:00(정확한 일정은 인스타그램, 네이버 참고)
인스타그램 : @omilzomilyarn

1/매일 가득가득 채우는 오밀조밀의 실들. 2/스피닝(방적, 짧은 섬유로 적당한 굵기의 기다란 실을 만드는 일)용 원사를 구매하고 체험할 수 있다. 3/구매한 타래실은 바로 자동 와인더를 이용해 볼로 감을 수 있다. 4/솜솜뜨개와 열매달이들의 샘플 실들. 합사하면 어떤 느낌이 될지 확인하고 구매할 수 있다.

동화 같은 색감으로 가득한 공간, 포포하비

손염색실의 인기 열풍의 선두에는 항상 포포하비가 있었다. 동화 같은 색감과 다양한 재질의 실로 선택의 폭이 넓어 손염색실을 쓰고자 한다면 누구나 한 번쯤은 들여다본다고 해도 될 정도로 압도적인 존재감을 가진 포포하비의 쇼룸은 브랜드를 고스란히 공간으로 옮긴 것 같은 느낌을 준다. 빨간 문을 열고 들어가면 펼쳐지는 동화 같은 공간에 보기만 해도 배부를 정도로 가득가득 채워진 실타래들은 괜히 행복해지는 기분을 선사한다. 포포하비의 컬러웨이는 2019년 오픈 이후로 하나하나 추가되어 지금은 벽을 가득 채울 정도로 다양해졌다. 말 그대로 동화 속 느낌을 살려서 쨍하고 강한 색상보다는 여리여리하고 사랑스러운 색상의 실을 선보였고, 최근에는 솔리드 제품(한 색상으로 염색된 것)도 많이 선보이고 있다. 해외의 손염색실 브랜드처럼 다양한 재질의 원사를 사용한 제품을 선보이고 싶었다는 포포하비. 그래서인지 색상도 재질도 고를 수 있는 폭이 넓어서 어떤 프로젝트라고 해도 딱 어울리는 실을 찾을 수 있다.

주소 : 인천시 서구 거북로 17, 인천테크피아 가동 5층(24년 1분기 이전 예정)
운영 시간 : 오픈 시간 미정, 인스타그램 확인
인스타그램 : @popohobby

1/요즘 인기가 좋은 부클사도 다양한 색상으로 준비되어 있다. 2/마치 동화속 세계 같은 포포하비의 공간. 3/각 컬러웨이는 스와치가 준비되어 있어 원하는 느낌을 찾기 용이하다. 4/합사를 하거나 포인트로 사용할 수 있는 미니 타래들.

굵고 두툼한 스티치가 마치 매듭 끈처럼 식물무늬를 생생히 그려가는 자수. 이라쇼슈는 트란실바니아를 대표하는 전통 자수입니다. 체인 스티치의 변형판인 오픈 체인 스티치로 불리는 기법을 이용해 막힘없이 단색만으로 순수한 자연 속에서 태어난 동화 같은 세계를 풍부하게 엮어갈 수 있습니다.

이라쇼슈의 역사

루마니아 북서부, 카르파티아 산맥으로 삼면을 빙 둘러싸인 트란실바니아 지역은 제1차세계대전까지 오랫동안 헝가리 왕국의 일부였습니다. 지리적으로나 역사적으로나 희귀한 이 땅에는 아름다운 옛 유럽의 정취가 곳곳에 숨 쉬고 있습니다. 그 중심지 클루지나포카(Cluj-Napoca)는 일찍이 콜로주바르(콜로주 성)로 불리는 헝가리인의 도시였습니다. 이 서쪽에 위치하며 완만한 구릉이 이어진 지역에 흩어져 있는 약 30개의 마을들이 칼로타세그(칼로타 강의 삼각주라는 의미)입니다. 헐벗은 구릉은 농업에 적합하지 않은 땅이었기에 옛부터 남자들은 목각, 여자들은 자수와 베틀 같은 수공예로 생계를 꾸려왔습니다.

옛 시대의 이라쇼슈는 주로 침대를 꾸미기 위한 자수였습니다. 미술사가 마로냐이 데주의 저서에 따르면 대부분 베개 커버나 롱클로스(longcloth)에 놓였으며, 현대의 것과 비교하면 귀족 자수의 영향을 받은 비대칭형의 선이 가는 도안이 많았던 것을 알 수 있습니다. 19세기 후반 무렵부터 주홍 또는 검정의 울 자수 실 하라스

칼로타세그의 아래 지역 페트리 마을을 내려다본 풍경. 완만한 구릉을 양 떼가 오가고 있다.

세계 수예 기행 「루마니아」
트란실바니아의 전통 자수
이라쇼슈

취재·글/다니자키 세이코 촬영/Ferencz Anikó(P.32 위·A~G)·다니자키 세이코(P.32 아래·P.34·I·J)·모리야 노리아키(K)·Vargyasi Levente(L) 편집 협력/가스가 가즈에

가 보급됨에 따라 한눈에는 식별할 수 없을 만큼 복잡한 도안의 것들이 많아집니다. 또 19세기까지는 작은 이라쇼슈(체인 스티치)로도 자수를 놓았던 것 같습니다. 그중에서도 결혼식이나 장례식과 같은 의식에 사용하는 롱클로스는 가장 오래된 물건입니다. 방목해 기르는 소의 뿔에 천을 감아 신부 행렬이나 장례 행렬을 이끌었다고 합니다. 식이 끝난 후에는 침대 위에 놓인 나무 막대에 걸어서 장식했습니다. 옛날에는 여기에 옷을 걸어 옷장 대신으로도 사용했습니다. 한편 젊은 여성들이 입는 블라우스의 소매 부분에도 이라쇼슈의 기하학무늬 도안이 수놓여 있습니다.

19세기 말에는 이미 칼로타세그의 옷의 아름다움은 평판이 자자했으며, 민속학자와 미술사가, 예술가들이 주목하는 부분이었습니다. 합스부르크 왕가를 비롯해 빈, 부다페스트의 귀족과 상류 계급의 사람들이 칼로타세그의 자수 작품을 원하며, 단숨에 유럽 전역에서 유명해졌습니다. 유명한 엘리자베스 왕비도 칼로타세그의 드론워크(drawnwork) 자수가 놓인 흰 베개 커버에 한눈에 반해 구매했다고 알려져 있습니다. 칼로타세그 출신의 잘마티 지가 부인은 칼로타세그의 수예를 각지에 소개하는 한편, 작가로도 크게 공헌한 인물입니다. 마을의 여성들에게 주문을 가져오고, 당시에는 작게 밀집해 있던 이라쇼슈 도안을 크게 늘이고, 귀족의 취향을 반영해 흰 실로 수놓는 것을 권했다고 합니다.

제1차세계대전부터 제2차세계대전까지의 시기에는 코냐 줄라 부인이 그 뒤를 이었습니다. 칼로타세그의 이라쇼슈, 드론워크 자수를 그때 당시의 유행에 맞게 어레인지해 도시 판매를 의식한 벨트나 신발, 파티 백, 아동복 등을 디자인했습니다. 나아가 고향 발코 마을의 이라쇼슈를 넣은 남성용 베스트도 고안했습니다.

20세기 후반, 싱코 카탈린 씨가 이라쇼슈의 도안을 수집하기 시작해 1980년에 《칼로타세그의 큰 이라쇼슈》라는 제목의 도안집이 나왔습니다. 당시에 포크로어(folklore)가 재유행의 붐을 일으킨 영향도 있어 도시에서도 자수를 하는 사람이 늘고, 이라쇼슈는 누구나 아는 헝가리 자수로서 사랑받게 됐습니다. 그런가 하면, 칼로타세그의 마을들에서는 옛날 그대로의 방식으로 도안을 그리는 전통이 소소하게 이어지고 있습니다.

도안과 기법

이라쇼슈는 이르(쓰다, 그리다)가 어원인 것처럼 천에 직접 도안을 그리는 것에서 시작합니다. 튤립, 장미, 마조람과 양귀비꽃, 잎사귀, 하트, 새, 꽃병 등 기본이 되는 모티프 수는 사실 별로 많지 않습니다. 하지만 도안의 구성이나 모

페트리 마을. 문 앞에서 자수를 하는 풍경. 옛날에는 당연한 풍경이었지만 지금은 거의 볼 일이 없다.

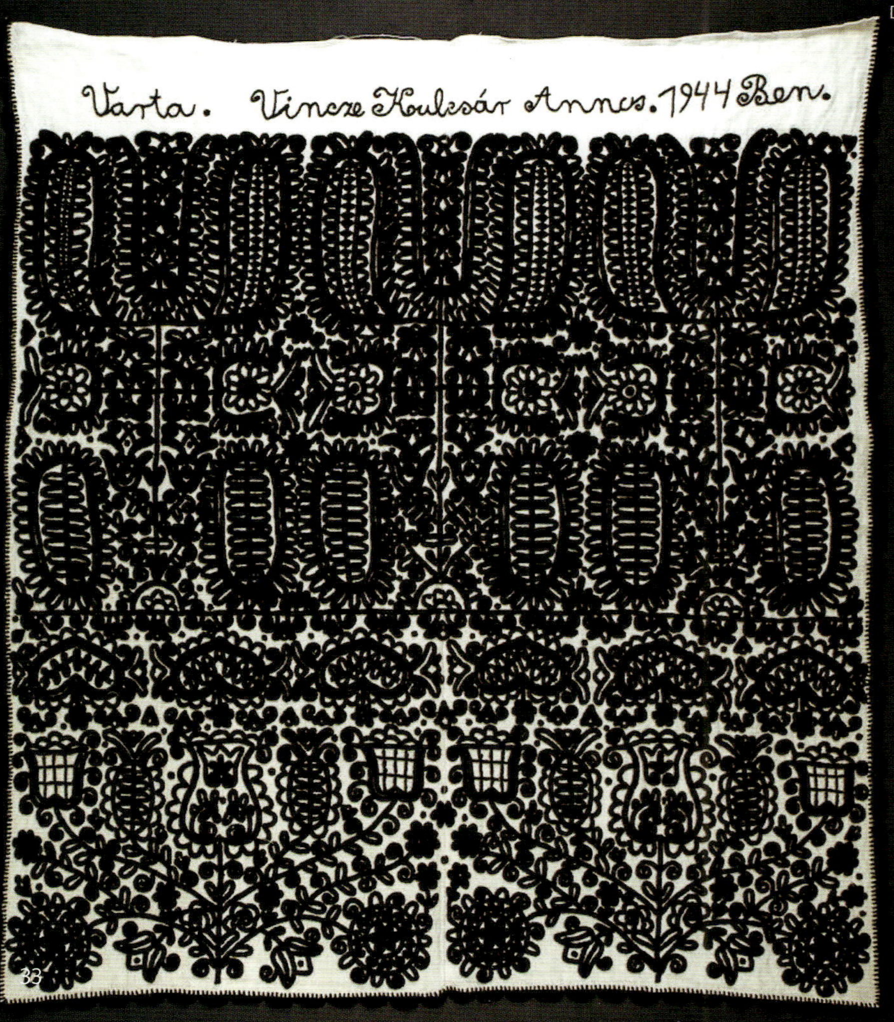

A／제르모노슈톨 마을의 '청결의 방'. 9개의 베개 커버로 꾸민 침대, 커튼, 그림 접시, 물주전자로 꾸며져 있다. B／19세기 말에서 20세기 초에 걸쳐 만들어진 결혼식용 롱클로스. C／코냐 부인이 디자인한 발코 마을의 남성용 베스트. 마을에서는 20세기 중반부터 민속 의상으로 입었다. D／1944년에 Vicze Kulcsar Anna가 '수놓음'이라고 자수가 된 태피스트리. 침대의 헤드 보드용 태피스트리로 짐작된다.

티프의 조합에 따라서 자유롭게 이미지를 확장시킬 수 있는 것이 큰 특징입니다. 보통 도안은 하나로 완결되지 않고 연속무늬로 이어집니다. 그렇기에 결코 단조롭지 않고 다이내믹한 리듬감이 생겨납니다.

싱코 카탈린 씨는 도안의 구성을 7개로 하고 있습니다. 1번째는 '가지'로 불리는 주로 5개로 가지를 친 구도입니다(사진 E). 2번째는 문장(紋章)이나 하트, 칼 등 핵심이 되는 모티프를 가진 것(사진 H). 3번째가 정사각형, 4번째가 원형으로 둘 다 중심이 되는 점에서 방사상으로 퍼지는 도안(사진 F), 5번째는 가로로 늘어선 연속무늬(사진 I), 6번째는 모서리에 배치한 모티프(사진 J), 마지막으로 블라우스에 보이는 기하학무늬의 연속무늬입니다(사진 G).

마을에서는 도안 그리기 장인이 각각의 모티프 틀을 사용하면서 세밀한 부분은 프리핸드(free hand) 방식으로 정성껏 그려서 도안을 제작합니다. 도안을 베끼는 게 아니라 매번 그리기 때문에 도안 자체가 단 한 점인 경우가 많고, 현대에 이르기까지 수많은 디자인이 탄생해 왔습니다.

이라쇼슈의 중심지에서 이름 높은 발코 마을의 빈체 엘제벳(부지) 씨는 코냐 부인의 도안을 계승한 빈체 커터 씨가 남긴 도안을 수집해 1960년대부터 도안을 그리게 됐습니다. 베개 커버와 태피스트리, 식탁보, 침대 커버, 베스트의 손 그림 도안을 볼 수 있었습니다. 위 지역의 전통적인 도안에 충실하며 최소한의 가공만 한다는 스타일을 고수하며 2017년 무렵까지 도안을 제작했습니다.

페트리 마을에 거주하는 투로그니 안나 씨는 직접 고안한 모티프, 새로운 구도에 따른 도안을 계속 제작하고 있습니다. 교회의 예배에서 앞자리에 앉아 있던 여성의 스카프 문양을 보고 그 모티프를 새롭게 도안 안에 도입하는 등 독창적인 작품을 만들어 냈습니다. 하지만 한 사람이 고안한 것만으로는 전통 도안이라고 할 수 없습니다. 그것을 공동체가 받아들여 다음 세대에 넘겨줄 때 비로소 전통 도안이라고 말할 수 있겠지요. 안나 씨가 그린 작품은 교회 벽을 장식하는 태피스트리가 되어 마을에 없어서는 안 될 자산이 되었습니다.

페트리 마을 사람들이 말하는 "자수를 잘하는 사람은 도안이 좋지 않더라도 좋은 작품을 만들 수 있다. 자수를 못하는 사람은 도안이 아무리 좋을지라도 좋은 작품을 만들 수 없다"라는 말은 다시 말해 도안을 만드는 사람, 그걸 아름답게 수놓는 사람이 있을 때 비로소 자수 문화가 탄생한다는 것을 보여주고 있습니다. 페트리 마을에는 1940년대에 목사 부인이 이라쇼슈를 들여왔기에 그다지 역사가 길지 않지만, 20세기 후반부터 21세기 초반에 걸쳐 이라쇼슈의 중심지가 됐다고 말할 수 있습니다.

이라쇼슈의 배경

옛날, 어느 집에나 '청결의 방'이라는 공간이 있었습니다. 그것은 일상생활의 공간과는 구분된 신성한 공간이라고도 할 수 있습니다. 결혼식과 장례식 같은 통과 의례와 관련된 각종 행사를 이 방에서 치르고, 그 방을 장식하는 데 자수품들이 사용됐습니다. 천장까지 닿는 높게 쌓아 올린 베개 커버와 층층이 포갠 침대 커버, 태피스트리, 식탁보는 모두 여성들의 손을 거쳐 만들어졌습니다. 칼

로타세그의 일부에서는 이라쇼슈 물건들이 그 역할을 맡아 마을 사람들의 인생의 중요한 순간을 장식해왔습니다. 어머니가 만든 자수를 보면서 자란 소녀가 그걸 본보기 삼아 자기 손으로 바늘을 잡고, 마침내 자신의 혼수 도구를 만들어 시집가는 날을 맞이합니다. 몇 세대에 걸친 여성들이 그 순환을 반복하며 확립한 것. 그것이 마을의 전통 자수이며, 이름 없는 디자이너와 작가들이 키워낸 것입니다.

발코 마을의 도안 그리기 장인 부지 할머니. 낡은 유리 펜을 사용해 도안을 그리고 있습니다.

세계 수예 기행 「루마니아」 이라쇼슈

한편 불행이 있으면 붉은 자수는 검은 자수로 교체하고, 축제의 색에서 애도의 색으로 새로 칠합니다. 방은 검은 자수와 직물 태피스트리, 베개 커버를 층층이 쌓아 제단을 만들고, 죽은 이를 애도하는 공간으로 바꿨습니다. 또한 매장품으로 자수 베개 커버가 사용되는 예가 현재까지 이어져왔습니다. 이렇게 여성들의 수예는 사람의 삶과 죽음과 밀접하게 관계해왔습니다.

집에서 전통적인 결혼식과 장례식을 하지 않게 된 현대에도 칼로타세그의 칼뱅파 교회 실내 장식에 없어서는 안 될 것이 되었습니다. 손 자수로 둘러싸인 공간 안에서 이제 막 태어난 아이들은 축복의 세례를 받습니다. 이윽고 성장하면 세례 고백식을 통해 성인으로 인정받습니다. 그리고 좋은 짝을 만나 결혼식을 올리고, 종국에는 검은 애도의 색 속에서 배웅을 받습니다. 그와 마찬가지로 재생의 기운으로 가득 찬 부활절 행사에서 봄을 맞고 눈부시게 신성한 크리스마스와 함께 겨울을 넘기고 한 해의 순환을 반복해갑니다.

이제 마을에는 자수를 하는 사람이 없고, 마을을 떠난 여성들은 전통 자수에는 눈길조차 주지 않는다며 한탄하는 목소리를 들을 때가 있습니다. 사람들이 충분한 시간을 갖고 있었던 사회주의 시대가 붕괴된 지 40년. 사회도 사람들도 정신없이 변해가는 가운데, 트란실바니아의 헝가리인들은 정체성 없이는 존속할 수 없는 상태임에 틀림없습니다. 그것은 언어이자 문학이자 역사이자 음악이자 의복이자 자수이기도 합니다. 마을에 사는 사람들의 삶 가까이 밀착해온 전통 자수 이라쇼슈는 앞으로도 트란실바니아의 헝가리인들의 마음속 지주로 살아 숨 쉴 것입니다.

자수를 놓는 능숙한 손도 아름답다.

E／'가지'라 불리는 이라쇼슈를 대표하는 구도. 페트리 마을, 20세기 중반. F／도안 그리기 장인 안나 할머니가 디자인한 식탁보. 중심에서 퍼지는 구도. 페트리 마을, 21세기 초. G／블라우스의 어깨 부분에 놓인 자수. 카얀트 마을, 20세기 초 무렵. H／안나 할머니와 '칼'이라 불리는 모티프가 수놓인 태피스트리. 페트리 마을, 21세기 초. I／튤립 문장과 양귀비꽃이 들어간 연속무늬. 20세기 후반, 발코 마을. J／튤립 문장을 수놓은 모서리의 모티프. 20세기 후반, 발코 마을. K／현대의 이라쇼슈 작가의 북커버. 70~80대의 할머니들이 놓는 정성이 담긴 자수. L／페트리 마을의 교회는 평소에는 흰 드론워크 자수의 태피스트리로 장식하지만, 축하의 날에는 붉은 이라쇼슈, 애도의 날에는 검은 태피스트리로 무늬를 교체한다. 《칼로타세그의 반짝이는 전통 자수》(성문당신광사)

다니자키 세이코(谷崎聖子)
전통자수연구가. 미야자키 현에서 태어났다. 오사카외국어대학 헝가리어학과를 졸업한 후, 헝가리 정부장학생으로 부다페스트대학 포크로어학과에 재적했다. 2008년에 트란실바니아로 이주했다. 2011년부터 정기적으로 각지에서 전시회, 자수 워크숍을 열고 있다. 2021년부터 '트란실바니아에서 전통 자수를 전파하고 싶어!'라는 제목의 온라인 워크숍을 기획하고 있다. 저서로 《트란실바니아의 전통 자수 이라쇼슈》가 있다. https://folkarttransylvania.com

삶을 물들이는 이벤트용 니트

크리스마스의 숲

크리스마스를 위한 케이크를 구워 장식하고, 맛있는 차를 만들어 릴랙스.
차분한 컬러로 장식하는 시크한 분위기의 어른들의 크리스마스, 어떤가요?

photograph Toshikatsu Watanabe styling Terumi Inoue

뷔슈 드 노엘

북유럽의 동지 축제 '유르'에서 장작을 태우며 복을 빌었던 것에서 유래한 통나무가 모티브가 되었다고 알려진 크리스마스 전통 케이크.

Design／마쓰모토 가오루
How to make／P.148
Yarn／하마나카 아메리, 엑시드 울 L 《병태》, 하마나카 순모 중세, 아메리 에프 《합태》

Enjoy Keito

본격 뜨개 시즌이 찾아왔습니다. 오리지널 얀과 추천 털실을 사용한 아이템을 소개합니다.

photograph Hironori Handa styling Masayo Akutsu hair&make-up Yuri Arai model Cosima (173cm)

Keito Calamof
케이토 카라모프

모헤어 40%·울 35%·알파카 25%, 색상 수／4, 1타래／100g, 실 길이／약 220m, 실 종류／병태, 권장 바늘／8~10호
Keito 오리지널 얀. 날개에 모헤어와 알파카, 심에 울을 사용한 '천연 섬유로만' 이뤄진 탐사(기모사)입니다. 장인이 1타래씩 수작업으로 염색하고 있어요.

후드 달린 머플러

심플한 디자인의 볼륨 가득한 후드 머플러. 후드를 덮어써도, 둘둘 감아 후드를 벗고 사용해도 귀여운 아이템입니다.

Design／Keito
Knitter／스토 데루요
How to make／P.151
Yarn／Keito 카라모프

Jacket, Pants／하라주쿠 시카고(하라주쿠/진구마에점)
Shirt／산타모니카 하라주쿠점

HASEGAWA SEIKA

Silk HASEGAWA 세이카

모헤어 60%·실크 40%, 색상 수／47, 1볼／25g, 실 길이／약 300m, 실 종류／극세
한여름을 제외한 모든 시즌에 즐길 수 있는 만능 실크 모헤어 실. 심이 실크라서 고급스러운 광택감이 있어요. 좀 가늘다는 느낌이 드는 실과 같이 떠서 볼륨감과 광택감을 더해주는 것도 추천해요.

LANA GATTO BABY SOFT

라나 가토 베이비 소프트

엑스트라 파인 메리노 울 100%, 색상 수／21, 1볼／50g, 실 길이／약 170m, 실 종류／중세, 권장 바늘／대바늘 6호
유아용으로도 추천하는 부드러운 촉감의 실. 알로에 베라 성분으로 코팅돼 촉촉한 느낌이 있어요.

논두렁무늬의 풀오버

겉뜨기와 안뜨기를 사용한 논두렁무늬의 심플 풀오버. 컬러가 다른 두 실을 겹쳐서 뜨는 것이니 마음에 드는 컬러로 떠 보는 건 어떨까요?

Design／miu_suyarn
Knitter／스토 데루요
How to make／P.152
Yarn／Silk HASEGAWA 세이카, 라나 가토 베이비 소프트

Skirt／하라주쿠 시카고(하라주쿠/진구마에점)

포인트 아란무늬

니트의 계절이 오면 반드시 뜨고 싶은 아란무늬!
메리야스뜨기+포인트 아란으로 다양한 무늬를 즐겨보세요.

photograph Shigeki Nakashima styling Kuniko Okabe, Yuumi Sano
hair&make-up Hitoshi Sakaguchi model XENIA (176cm)

앞뒤 몸판의 중앙에 크고 작은 케이블무늬를 배치한 심플하고 웨어러블한 아란. 2개의 케이블을 나란히 놓은 더블케이블을 웨이브케이블로 감쌌어요. 톱다운으로 떠서 꿰매기, 잇기도 생략! 뜨는 시간을 아껴주는 아란 스웨터입니다.

Design／바람공방
How to make／P.154
Yarn／데오리야 e-울

다양한 케이블무늬가 어우러져 특별한 아란의 분위기를 자아내요. 중심의 지그재그 케이블은 신기해서 저절로 시선이 갑니다. 소매에도 같은 무늬가 절반씩 들어가 있어요.

Design／하라다 카산드라
Knitter／스기우라 유키에
How to make／P.156
Yarn／데오리야 모크 울 B

중후한 케이블무늬는 소매에 집중시키고 몸판은 산뜻한 메리야스뜨기와 안뜨기무늬로 완성한 포인트 아란이에요. 밑단과 목둘레의 교차무늬가 귀여워요.

Design／오카모토 마키코
How to make／P.152
Yarn／다이아몬드 모사 다이아 니콜
Glasses／글로브 스펙스 에이전트

아란의 섬세한 음영이 아름다운 케이프와 암워머. 생명의 나무와 케이블, 중앙의 로브스터 크로우(닭새우의 집게발)에 버블과 전통무늬가 이어진 디자인입니다. 단독으로도 대활약할 아이템이니 세트로든 단품으로든 추천합니다.

Design／다마무라 리에코
How to make／P.158
Yarn／다이아몬드 모사 다이아 타탄

자연스럽게 물드는 그러데이션 실의 즐거움

떠 내려가기만 해도 아름다운 색의 하모니를 연출하는 그러데이션 실 기법과 뜨는 폭, 뜨는 방향을 달리해 매혹적이면서 예상치 못한 만남을 경험해보시기를.

photograph Hironori Handa styling Masayo Akutsu hair&make-up Yuri Arai model Cosima(173cm)

단순한 메리야스뜨기는 그러데이션을 순수하게 즐기는 데 가장 사랑받는 방법. 원형 뜨기하거나 몸통을 나눠서 뜨면 뜨는 폭의 차이가 그대로 그러데이션 간격에 영향을 줍니다. 비스듬히 가로지르는 걸쳐뜨기 무늬로 다이내믹함이 더해져 생동감 넘치는 디자인으로 완성됐습니다.

Design／쓰마가리 다케히토
How to make／P.161
Yarn／나이토 상사 마지아

Skirt／산타모니카 하라주쿠점

뒤태가 귀여운 베스트는 몸통 아랫부분을 앞판과 뒤판을 이어서 떴습니다. 뜨는 폭이 넓은 몸통 아랫부분은 그러데이션 간격이 좁고, 좌우로 나눠서 뜨는 몸통 윗부분은 그러데이션 간격이 넓습니다. 이렇게 그러데이션 실이 연출하는 다양한 변화는 뜨는 내내 즐겁습니다.

Design／가마타 에미코
Knitter／아리가 데이코
How to make／P.163
Yarn／나이토 상사 인칸토
One-piece／하라주쿠 시카코 하라주쿠점

한길 긴뜨기와 구슬뜨기처럼 실이 위아래로 왔다 갔다 하는 코바늘뜨기는 무늬와 그러데이션 실의 상관관계도 흥미진진합니다. 자연스러운 그러데이션이 아름다운 풀오버는 목에서 몸통, 소매를 이어서 뜬 결과로 태어난 멋진 선물입니다. 앞판 뒤판에 각 1볼을 사용해서 대용량 실 2볼로 떴습니다.

Design／가와이 마유미
Knitter／세키야 사치코
How to make／P.165
Yarn／알리제 앙고라 골드 옴브레 바틱
Skirt／SLOW 오모테산도점

같은 코바늘뜨기라도 모티브잇기를 하면
연출되는 색의 느낌이 180도 달라집니다.
프린트한 듯한 무늬를 뜰 수 있는 그러데이
션 실의 특징을 역으로 활용한 형태입니다.
왕복뜨기한 모티브는 그러데이션 연출을
예상하기 힘든데 그 리드미컬한 움직임이
신기하게도 편안함을 주며 한 폭의 그림 같
아 보입니다.

Design／시바타 준
How to make／P.168
Yarn／알리제 슈퍼워시 알티잔
One-piece／산타모니카 하라주쿠점

그러데이션 실을 배색해서 깊이 있는 그러데이션을 더욱 매력적이고 우아하게 완성한 풀오버입니다. 연이어서 새로운 색들이 등장하고 이를 통해 연출된 색 배합은 그러데이션 실의 매력을 아낌없이 즐길 수 있습니다. 눈을 뗄 수 없는 멋진 작품이네요.

Design／기시 마쓰코
Knitter／가토 아키코
How to make／P.176
Yarn／다이아몬드 털실 다이아 이노센트

Pants／하라주쿠 시카고(하라주쿠/진구마에점)

Color Palette
메시 니트

PINK
몸매가 예뻐 보이는 짧은 기장은 겨울에도 여전히 매력적! 넓은 품과 길고 풍성한 소매 끝을 꼭 조인 비숍 슬리브도 날씬해 보이는 실루엣이에요.

올해 유행하는 아이템 메시 니트를 다양한 색과 형태로 즐겨보세요. 데일리 아이템에 매치해 이미지 변화를 느껴보아요!

photograph Shigeki Nakashima styling Kuniko Okabe, Yuumi Sano
hair&make-up Hitoshi Sakaguchi model XENIA (176cm)

Design/오카 마리코
Knitter/스토 데루요(PINK·GREEN·NAVY),
스즈키 유코(RED·BEIGE)
How to make/P.178
Yarn/올림포스 플로레스

GREEN
나이 불문하고 편하게 입을 수 있는 형태를 찾는다면 이 니트를 권해요. PINK 타입보다 품이 약간 크고 기장은 길지만 소매는 짧아요. 루즈하게 입을 수 있어요.

스타일리시한 겨울 니트

드디어 찾아온 니트의 계절을 고급스러운 소재로 특별하게 즐겨요. 매끄러운 감촉과 두 바늘로 만들어내는 무늬와 디자인을 만끽해보세요.

Photograph Shigeki Nakashima styling Kuniko Okabe, Yuumi Sano
hair&make-up Hitoshi Sakaguchi model XENA (176cm)

살짝 걸치면 추위를 막아주는 것은 물론이고 멋스런 겨울 액세서리로도 존재감을 발휘하는 삼각 숄은 여성의 겨울 필수품이에요. 실크와 모헤어를 단독으로 또는 합사해서 조합한 배색은 손뜨개에서만 즐길 수 있어요.

Design／니시무라 도모코
Knitter／야기 유코
How to make／P.180
Yarn／Silk HASEGAWA 실크 포 데님, 긴가 리넨, 세이카

핸드메이드 니트의 재미는 구입한 원단이 아니라 디자인한 무늬로 오리지널 뜨개바탕을 제작할 수 있다는 점입니다. 비침무늬도 기호도 대로 뜨면 원하는 대로 술술 완성돼요. 특별한 실로 부드러운 감촉과 놀라운 가벼움을 느껴 보세요.

Design／오쿠즈미 레이코
How to make／P.188
Yarn／Silk HASEGAWA 긴가 리넨, 세이카

특별한 실 2종류를 합쳐서 뜬 원피스는 묘한 무늬가 만들어낸 밑단이 귀엽습니다. 무늬만 원하는 대로 만들 수 있는 게 아니라 다른 색깔이나 소재를 섞어서 오리지널 텍스처를 제작할 수 있다는 것도 손뜨개의 매력입니다.

Design／오타 신코
Knitter／스토 데루요
How to make／P.189
Yarn／Silk HASEGAWA 긴가-3, 세이카

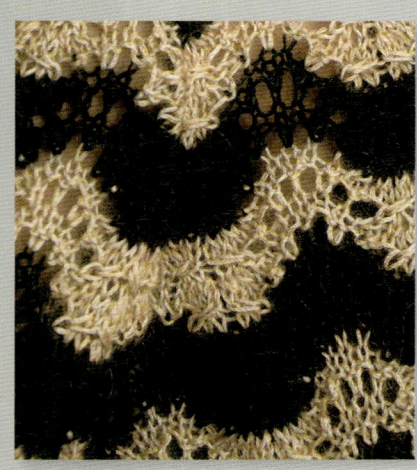

특별한 소재로 뜬 화려하고 우아한 니트 재킷은 그 무엇과도 견줄 수 없어요! 잘 구겨지지 않고 들고 다니기도 좋아요. 무엇보다 일직선으로 뜨는데 아름다운 물결무늬가 생기는, 마법 같은 비침무늬를 뜨는 재미는 각별해요.

Design／오카모토 게이코
Knitter／혼타니 지에코
How to make／P.186
Yarn／Silk HASEGAWA 아네모네, 세이카, 카멜리아

스모킹 자수가 떠오르는 교차무늬가 귀여운 베스트. 소재의 광택감과 독특한 실루엣도 매력적이에요. 질리지 않을 정도로 무늬의 조합이 다양해 늘 새로운 만남이 있다는 것은 니터의 기쁨이지요.

Design／YOSHIKO HYODO
Knitter／유키에
How to make／P.185
Yarn／올림포스 SILK&WOOL

매끄럽고 산뜻한 메리야스뜨기가 아름다우며 입체적인 무늬의 음영이 특징인 카디건이에요. 단추를 3개만 달아 볼레로풍으로 만들고 소맷 부리를 꼭 조여준 소녀스러운 소매가 포인트랍니다.

Design／가와지 유미코
Knitter／쓰치다 사토미
How to make／P.182
Yarn／올림포스 SILK&WOOL

뜨개인들의 축제이자 즐거운 털실 마켓 이토마,
〈털실타래〉 편집부가 다녀온 생생한 취재기

취재 : 정인경 / 자료 사진 제공 : 일본보그사(니혼보그사)

11월 2~3일 양일간 열린 '이토마'에 〈털실타래〉 한국어판 편집부가 직접 다녀왔다. 일본의 〈케이토다마〉를 발행하는 일본보그사 니트 팀이 주최하고 운영하는 행사인 만큼 실과 뜨개를 좋아하는 사람들, 독자들이 잔뜩 모인 '실 축제'에서 다양한 실을 보고 뜨개 작품을 감상할 수 있었다. 오직 뜨개와 실만을 위한 공간에서, 같은 마음으로 뜨개를 사랑하는 이들이 잔뜩 모이는 행사이다 보니 모두의 얼굴은 조금씩 상기되어 있었다.

이토마(ITOMA)는 일본어로 실을 뜻하는 '이토(糸, ito)'라는 단어와 마켓의 '마(ma)'를 합친 합성어로, 말 그대로 '실 마켓'이다. 2018년 〈털실타래〉 발간 40주년을 기념해 '케이토다마츠리'('털실타래'의 일본어 표기인 '케이토다마'와 축제를 뜻하는 '마츠리'의 합성어)를 운영했는데, 크게 호평을 받은 것을 계기로 연간 행사로 다시 기획을 하게 되었다. 그렇게 올해 5번째 이토마가 열렸고, 올해는 총 27개의 셀러가 출전해 1800명 이상의 뜨개인을 만났다. 이 행사에 참여하는 사람은 실을 구매하는 것은 물론 실을 판매하는 사람들과 대화를 나누며 실을 사용하면서 궁금했던 점을 질문하거나 프로젝트에 적합한 실을 추천받을 수도 있다.

입장은 모두 예약제임에도 불구하고 1초라도 빨리 회장에 입장하고 싶어 일찍 방문한 뜨개인들로 계단에는 줄이 길게 늘어섰다. 방문객들이 스웨터나 카디건, 베스트 혹은 가방에 달린 키링 등 직접 뜬 작품을 하나씩 몸에 지닌 것이 인상적이었다. 이토마는 '테즈쿠리타운(일본보그사에서 운영하는 수예 전문 사이트)'에서 관람 예약을 받는데, 1일 3회로 시간이 나누어져 있다. 회차당 회장을 관람할 수 있는 시간은 2시간, 입장 인원은 300명으로 제한된다. 처음에는 코로나19 대응을 위해서 이렇게 진행했는데, 쉬는 시간 동안 빠진 상품을 보충하거나 셀러가 휴식을 취할 수 있어서 반응이 좋았다. 다음 회차에 입장하는 고객의 입장에서도 매대가 많이 비어 있거나 지친 셀러가 자리를 지킬 뿐인 상황이 발생하지 않아 좋다는 의견이었다.

1／손염색실 브랜드 차피 얀. 깊이가 있는 색감으로 호평을 받고 있는데, 이날 가장 판매 줄이 길었던 부스이기도 하다. 2／바람공방 작가의 스와치를 모아둔 작품. 편물 하나 하나의 무늬도 아름답지만 그것들이 모여 하나의 작품을 이루니 감탄이 절로 나왔다. 3／아브리루의 양말 키트. 착용했을 때 최적의 상태가 되도록 고심하여 만든 실이다. 기왕 만드는 것이니 어중간하게 하고 싶지는 않았다고. 4／크리스마스 인형 키트. 크리스마스를 겨냥한 작품들도 종종 눈에 띄었다.

5／직접 염색한 스피닝 얀을 판매하고 있는 히츠지야. 6／염색을 하지 않는 히즈치노메구미의 제품은 손염색실을 위한 원사로 구입하는 고객이 많다. 7／남는 실을 조합해 세상에 하나 뿐인 콘사를 만드는 '니팅버드'. 각 콘에는 무게와 길이가 표시되어 있어 작품을 구상하기 편리하다. 8／작품을 보며 함께 대화 중인 도카이 에리카 작가와 라이브 방송 팀. 9／실과 작품을 직접 만져보고 구매할 수 있었다. 10／그야말로 인산인해의 현장.

이토마에 출전하는 셀러는 모두 〈케이토다마〉 편집부의 픽이다. 응모제가 아니라 〈케이토다마〉 쪽에서 섭외하는 형식으로 셀러를 정한다. 자기만의 색깔을 갖고 독자적으로 실을 판매하고 있는 실 가게들을 미리 서치해 모아두었다가, 이토마에 출전하지 않겠느냐고 제안을 넣는다. 이번 이토마에는 총 27개의 셀러가 출전했다. 각자 맡은 부스에서 제품과 작품이 최대한으로 돋보일 수 있도록 디스플레이하고, 브랜드를 알릴 수 있는 엽서나 팸플릿 등도 준비했다. 모두 자기만의 철학을 갖고 브랜드를 운영하는 사람들이기 때문에 말을 거는 순간 놀라운 이야기들이 술술 풀어져 나온다. OEM으로 실을 제작하다가 남아서 버려지는 실이 아까워 여러 가닥을 합쳐 세상에 하나뿐인 콘사를 만든 '니팅버드(knitting bird)', 직접 염색한 손염색실과 스피닝(spinning)용 원사를 판매하는 '히츠지야', 팬시 얀이라는 독창적인 분야에서 마니아층을 확보하고 있는 '아브리루(Avril)', 홍콩과 도쿄 양쪽에서 손염색실을 판매하고 있는 '차피 얀(Choppy yarn)', 양과 가까운 자연스러운 원사의 느낌이 좋아 염색을 전혀 하지 않는 '히츠지노메구미' 등 실을 진심으로 사랑해 긍지를 갖고 제품을 만드는 판매자들을 만날 수 있어 뜻깊은 시간이었다.

이토마에는 한국에서도 인기가 많은 도카이 에리카, 바람공방, 아무히비 등의 인기 디자이너와 직접 만나 사인을 받고 대화도 나눌 수 있는 이벤트도 마련되었다. 일본 보그사에서 출간된 뜨개 도안집이나 매거진 〈케이토다마〉 속 도안들의 원작 작품을 만날 수 있다는 것도 뜨개인들에게는 더 없이 소중한 기회였다. 한쪽 벽에는 바람공방 작가가 지금까지 작품을 만들며 만들었던 스와치를 콜라주한 액자가 진열되어 있었는데, 그야말로 감탄이 절로 나오는 작품이었다.

같은 취미를 공유하는 사람들이 모여서 격의 없이 대화를 나누고 좋아하는 마음을 마음껏 표현할 수 있는 행사라는 점만으로도 방문할 이유가 충분한 이벤트였다. 관람을 하는 도중에도 전혀 모르는 뜨개인들이 걷다 멈춰 서서 "숄은 직접 뜨셨어요? 어떤 도안으로 뜨셨나요?", "너무 예쁜 실이네요. 어느 부스에서 판매하고 있죠?" 하고 대화를 나누는 장면도 인상적이었다. 서로의 작품을 칭찬해주고 내 작품을 보여주는 것만으로 행복이 배가 되는 시간이었다.

즐거운 뜨개 축제, 이토마를 만들고 있는 〈케이토다마〉 편집부를 만나다!

Q. 이토마는 어떤 행사인가요?
일본보그사의 〈케이토다마〉 편집부가 기획하고 운영하는 뜨개인을 위한 마켓입니다. 보통 책을 만드는 업무를 주로 하는 니트 팀의 멤버들이 주최하는 수제 느낌으로 가득한 즐거운 이벤트랍니다!

Q. 매거진 〈케이토다마〉와는 어떻게 제휴하여 홍보하거나 운영하나요?
먼저 이토마는 〈케이토다마〉 지면과 일본보그사에서 운영하는 각 뜨개 SNS 등에서 개최 소식과 일정 등을 고지합니다. 기본적으로 뜨개를 좋아하면서 〈케이토다마〉를 보고 있는 사람들이 이토마에 방문하는 경우가 많기 때문이지요. 또 〈케이토다마〉 속 작품을 실제로 볼 수 있도록 작품을 전시하는 것도 독자들을 위한 것이라고 할 수 있습니다. 일본보그사에서는 수예와 관련하여 '테즈쿠리타운'이라는 쇼핑몰을 운영하고 있고, 기본적으로 이토마의 정보 페이지는 테즈쿠리타운에서 확인할 수 있습니다.
www.tezukuritown.com/nv/c/citoma

Q. 이토마의 공간과 부스는 어떤 테마를 가지고 기획되나요?
뜨개를 좋아하는 사람들이 입소문을 통해 모인다는 느낌의 '비밀 마켓'이 기본 테마입니다. 다양한 실을 판매하기때문에 회장은 다채로운 색의 가랜드나 모티브로 장식하고 있고요. 대부분이 운영진이 직접 뜬 것들이고, 필요한 경우 디자이너 선생님들에게 작품을 대여하기도 합니다.

Q. 이토마에서만 볼 수 있는 기획이나 제품이 있나요?
이토마의 입장증으로 '미니카세'(카세는 일본어로 실을 감는 실패라는 뜻)를 증정하고 있습니다. 이 실타래 모양의 작은 브로치는 운영진이 모여서 손수 하나하나 만든 것입니다. 또 올해부터는 연간 구독을 신청하는 경우 예약 없이 우선 입장이 가능한 오리지널 배지를 증정했습니다. 또 각 셀러는 개성 가득한 키트와 실을 준비해서 출품하기 때문에, 이토마에서만 구매할 수 있는 제품도 다양합니다. 무엇보다 이토마에는 실 판매자와 팬, 작가, 디자이너 모두가 모이기 때문에 소통하고 브랜드를 알리는 장소가 됩니다.

Q. 이토마가 궁금한 한국의 독자를 위해 한마디 부탁합니다.
한국의 〈털실타래〉 독자 여러분 반갑습니다. 기회가 된다면 뜨개를 좋아하는 동료가 모이는 공간인 이토마에 꼭 놀러와주세요!

1／입장권으로 사용되는 미니 타래 배지. 이번에는 연간 구독자를 위한 프리패스 배지도 따로 마련했다. 2／이토마는 〈털실타래〉 겨울호에 게재 예정인 작품을 미리 선보이는 자리이기도 하다. 3／이토마의 천장을 장식한 뜨개 가랜드와 해파리는 모두 편집부와 〈케이토다마〉 독자들이 만들었다. 4／〈털실타래〉에 매호 등장하는 뜨개남. 이 날은 이토마의 운영진으로 독자들과 만났다.

| ONLINE SHOP | WORKSHOP | EVENT |

케이토와 함께
더 심플하게, 귀엽게!

뜨개의 즐거움을 아는 당신에게
전 세계의 개성 넘치는 실을 소개합니다.
케이토 공식 온라인 숍에서
글로벌 배송 서비스를 만나 보세요!

www.keito-shop.com
info@keito-shop.com

유월의 솔의
투데이즈 니트

Today's Knit

아름다운 무늬와 섬세한 디테일이 돋보이는 '유월의 솔' 니트
책 한 권으로 만나는 다채로운 뜨개 구조와 기법!

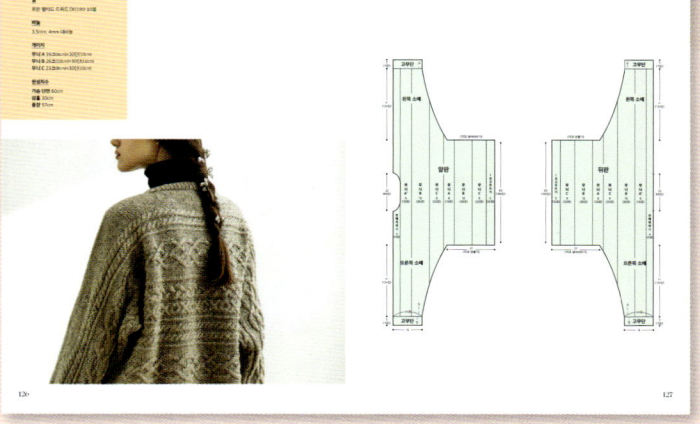

오늘 입고 싶은 '유월의 솔' 니트
옷의 완성도를 높이는 디테일은 물론,
착용감까지 챙겨 더욱 예쁘고 편안하게!

Yarn Catalogue

가을·겨울 실 연구

가벼운 실, 보드라운 실, 색깔이 고운 실… 어떤 실로 뜰지 고민하는 시간이 행복해요.

photograph Toshikatsu Watanabe styling Terumi Inoue

SILK&WOOL
올림포스

정성 들여 뜬 뜨개바탕이 돋보이는 적당한 굵기의 단색 실에 실크의 광택을 더했습니다. 가벼운 무게와 매끄러운 질감도 매력 중 하나입니다.

Data
울 70%·실크 20%·모헤어(키드 모헤어) 10%, 색상 수／8, 1볼/50g ·약 205m, 실 종류/합태, 권장 바늘／5~7호(대바늘)·5/0~6/0호(코바늘)

Designer's Voice
실크 혼방이라 가볍고 코가 폭신하게 만들어져 예쁘게 뜰 수 있습니다. 뜰 때도 스트레스 없이 뜰 수 있으며 유연하고 고급스럽게 완성됩니다. (YOSHIKO HYODO)

인칸토
나이토상사

이탈리아어로 '매혹'을 뜻하는 인칸토는 그러데이션 실에 네프를 넣어 트위드풍으로 만든 합태 팬시 얀입니다. 체인 모양의 꼬임으로 부드럽고 가볍습니다.

Data
울 49%·코튼 26%·나일론 13%·아크릴 8%·레이온 4%, 색상 수／7, 1볼/40g ·약 140m, 실 종류/합태, 권장 바늘／6~8호(대바늘)·7/0호(코바늘)

Designer's Voice
부드러운 그러데이션에 네프까지 더해져 실의 변화를 즐기며 뜰 수 있습니다. 혼방된 소재 각각의 특성을 살린 따스함, 가벼움, 감촉을 느낄 수 있어 니터층을 폭넓게 아우를 수 있다고 생각합니다. (가마타 에미코)

뉘아주(Nuage)
고쇼산업 게이토피에로

엑스트라 파인 메리노의 부드럽고 매끄러운 감촉이 기분을 좋게 만들어요. 폭신한 가벼움과 탄력이 있고 갈라지지도 않아서 뜨기 수월한 굵은 병태사입니다.

Data
울 98%·캐시미어 2%, 색상 수/16, 1볼/40g·약 69m, 실 종류/병태, 권장 바늘/7~9호(대바늘)·6/0~8/0호(코바늘)

Designer's Voice
스트레이트 얀의 안정감과 울의 볼륨감, 매끄러움을 만끽할 수 있는 실입니다. 활용하기 쉬운 스모키한 색상이 모여 있어 다양한 작품에 어울립니다. (오쿠즈미 레이코)

파인 메리노
고쇼산업 게이토피에로

촉촉함, 폭신함, 쫀득함 3가지 요소가 어우러진 최상급의 매끄러움과 탄력을 가진 실. 보온성이 뛰어나서 따뜻함도 각별합니다. 울 극세섬유라서 피부에 닿아도 따끔거리지 않아 기분 좋게 입을 수 있습니다. 직접 살에 닿는 니트에 특히 추천합니다.

Data
울(엑스트라 파인 메리노) 100%, 색상 수/19, 1볼/30g·약 87m, 실 종류/합태, 권장 바늘/5~6호(대바늘)·3/0~5/0호(코바늘)

Designer's Voice
폭신폭신하고 무척 가벼운 실이라서 유행하는 큰 사이즈의 풀오버도 300g대로 뜰 수 있었습니다. 산뜻한 촉감에 착용감도 만점입니다. (오카 마리코)

알리제 앙고라 골드 옴브레 바틱
데라이 주식회사

농담이 다른 색으로 구성된 그러데이션 컬러가 아름다운 장나염 털실입니다. 가볍고 따뜻한 의류를 만들 수 있습니다.

Data
아크릴 80%·울 20%, 색상 수／12, 1볼／150g·약 825m, 실 종류／합태, 권장 바늘／4～6호(대바늘)·4/0～6/0호(코바늘)

Designer's Voice
장나염 그러데이션이 예쁜 실입니다. 모헤어처럼 기모가 있지만 실 얽힘이 적어서 뜨기 쉽고 잘못 떠도 쉽게 풀 수 있습니다. 색 변화를 감상하면서 큼직한 스톨 등을 뜨는 것도 추천합니다. (가와이 마유미)

알리제 슈퍼 워시 아르티장
데라이 주식회사

그러데이션과 단색 실이 갖춰져 있어 제각기 즐길 수 있는 것은 물론, 조합해서 사용할 수도 있어 응용 범위가 넓은 실입니다.

Data
울 75%·폴리아미드 25%, 색상 수／18, 1볼／100g·약 420m, 실 종류／중세, 권장 바늘／0～4호(대바늘)·3/0～5/0호(코바늘)

Designer's Voice
단나염 그러데이션 실이라서 뜨개바탕이나 뜨는 방향에 따라 가지각색의 표정을 만들 수 있어 재미있습니다. 같은 계통의 단색도 갖춰져 있어 디자인의 폭이 넓어집니다. (시바타 준)

52주의 이지 니트

북유럽의 감성이 듬뿍 들어간 니트 작품으로 유명한 '52주' 시리즈. 이번 책에서는 전 세계 디자이너가 디자인한 뜨기 쉬운 대바늘 니트 패턴 52가지를 소개합니다. 베스트, 풀오버, 카디건, 양말, 모자, 스카프, 장갑 등 다양한 종류의 작품들의 특징은 모두 뜨기 '쉽다'는 거예요! 뜨개가 처음인 사람도 뜨개 숙련자도 감각적인 디자인과 톡톡 튀는 색감의 작품을 뜨며 힐링해보세요.

레인 편집부 지음 | 조진경 옮김 | 264쪽 | 33,000원

배색하기 좋은 실

취재 : 정인경 / 사진 : 김태훈

뜨개인이라면 누구나 다양한 색상으로 화려한 무늬를 그려내는 배색 니트를 꿈꾼다. 특히 처음 뜨개를 시작해 내 옷을 만들어본 사람이라면 얼른 실력을 키워 배색 니트를 떠 보겠다는 목표를 다지게 된다. 그런데 막상 배색을 해볼까 생각하고 실을 고르려고 하면 너무 많은 선택지에 갈 곳을 잃고 마는 경우가 많다. 배색에 좋은 실은 서로 잘 엉겨 붙어 하나의 편물을 만들어야 하며, 색상이 또렷하되 서로 너무 튀지 않아야 한다. 그래서 이번 겨울호에서는 뜨개의 계절을 맞이해 좋은 실은 다 꿰고 있다는 국내의 실 가게에 배색하기 좋은 실을 추천받아보았다.

셰틀랜드(Shetland)
해리스빌 디자인(Harriseville Designs)

어떤 배색에도 잘 어울리는 64가지의 다양한 색상으로 구성되었습니다. 이 실의 이름인 셰틀랜드는 원사의 섬유 함량이 아니라 실의 크기를 의미합니다. 실제로 이 실의 원사는 호주의 고급 양모와 원사에 광택을 주는 뉴질랜드의 양모를 혼합하여 제작했습니다. 제작 공정에서 높은 회전 프레임(인치당 회전 수)으로 단단하게 회전되므로 내구성이 무척 뛰어나다는 장점이 있습니다. 시간이 지나면 부드러워지면서 편물의 아름다움이 오랫동안 지속됩니다.

버진 울 100%
1볼 50g
200m
3~3.5mm

김말임 스튜디오

2플라이 점퍼 웨이트(2ply Jumper Weight)
재미슨&스미스(Jamison&Smith)

영국의 가장 북쪽에 있는 아름다운 섬 셰틀랜드에서 생산되는 셰틀랜드 울 100%의 실입니다. 셰틀랜드의 양은 섬의 언덕과 해변에서 풀을 뜯으며 자라 강하고 부드러우며 따뜻한 털을 갖고 있기 때문에 전통적으로 페어아일 의류를 만들 때 사용되었습니다. 재미슨&스미스는 셰틀랜드의 700명이 넘는 소작농과 농부에게서 울을 구입해 100가지가 넘는 색조의 팔레트를 구성했습니다.

셰틀랜드 울 100%
1볼 25g
115m
2.5~3.5mm

BB 메리노
퐁티(Fonty)

퐁티는 프랑스에 마지막 남은 양모 방적 및 염색 공장 중 하나입니다. 100년 이상의 전통이 있는 회사로 1880년부터 꾸준히 실을 만들어왔습니다. 전통, 우수한 기술력, 친환경적 브랜드의 신념이 만나 만들어지는 아름다운 퐁티의 실 중에서 클래식 라인인 BB 메리노는 퐁티만의 염색 기술을 통해 만들어낸 다양한 컬러 팔레트가 특징입니다. 가볍고 보송보송하며 슈퍼워시 처리가 되어 있어 세탁이 용이하다는 장점이 있습니다.

슈퍼워시 메리노 울 100%
1볼 50g
200m
2.5~3mm

앵콜스

아르고(argo)
앵콜스

실을 만드는 양털 중에 가장 부드러운 슈퍼 파인 메리노 울 100%의 실로, 일반적인 메리노 울보다도 훨씬 부드럽습니다. 고급 직물에 많이 사용되는 울 원료로 부드러운 촉감과 보온성이 좋은 고급 양모입니다. 촉감과 보온성이 좋아 아이 옷을 뜨기에도 좋은 실입니다. 편물로 만들면 실이 서로 잘 엉겨 붙어 예쁜 배색 니트를 만들기 용이하고 모헤어와 합사할 때도 적절하게 잘 어울립니다.

슈퍼 파인 메리노 울 100%
1볼 50g
270m
2.5~3.5mm

스네프너그(Snefnug, SnowFlake)
카마로즈(CAMA ROSE)

덴마크의 카마로즈의 스네프너그(스노우플레이크)는 100% 천연 소재로 제작된 보송보송한 실입니다. 이름 그대로 눈꽃 같은 이미지와 매력을 갖고 있습니다. 무척 부드럽고 가볍기 때문에 성인은 물론 아동의 의류를 만들 때도 추천합니다. 이 실은 오너인 트린(Trine)이 환경을 생각하며 원사가 어떻게 생산되고 있는지 등에서 자신만의 철학을 가득 담아 만들었습니다. 북유럽의 자연을 닮은 아름다운 컬러와 천연 소재, 환경에 해가 되지 않고 물을 최소한으로 사용하는 염색법, 공정거래 원사만을 사용하는 것이 특징입니다.

베이비 알파카 55% 코튼 35% 울 10%
1볼 50g
110m
4.5~6mm

니트카페

펠티드 트위드 dk
로완(ROWAN)

영국 브랜드 로완의 대표적인 실로 클래식하며 빈티지한 느낌의 트위드 실입니다. 트위드 실의 경우 가공 방식에 따라서 매우 거칠어질 수 있는데, 이 실은 무척 부드러워 예민한 사람도 사용하기 좋습니다. 무엇보다 차분하고 매력적인 색감이 대체 불가능하다는 평가를 받고 있는데, 카디건, 베스트, 머플러 등 다양한 작품에 사용하기 좋으며 특히 페어아일 배색 제품을 만들기에 최적화된 특성을 지니고 있습니다. 무게감이 거의 느껴지지 않을 정도로 가볍기 때문에 여러 색을 엮어 만드는 배색 뜨개에 사용하기 좋답니다.

메리노 울 50% 알파카 25% 비스코스 25%
1볼 50g
175m
3.5~4mm

푸노(Puno)
게파드(Gepard)

스칸디나비안 스타일의 덴마크 실, 게파드는 1989년 설립 이후 지금까지 환경과 사람을 존중하는 방식으로 고품질 원사를 생산해왔습니다. 사용되는 모든 양모는 뮬징을 하지 않은 양으로부터 얻어지며, 생산할 때도 환경과 안전에 엄격한 기준을 두고 제작합니다. 푸노는 섬세하고 부드러운 베이비알파카와 메리노울로 가는 그물망 형태의 폴리아미드를 감싸안아 만들어졌습니다. 이런 특별한 생산법 덕분에 기존 방적사의 무게의 반밖에 안 되는 아주 가볍고 부드러운 푸노가 탄생했습니다.

베이비 알파카 68% 메리노 울 10% 폴리아미드 22%
1볼 50g
110m
5.5~8mm

타래상점

브리티시 브리즈(British Breeds)
마리 왈린(Marie Wallin)

배색 뜨개에서 빼놓고 말할 수 없는 디자이너 마리 왈린이 본인의 디자인을 제대로 구현하기 위해 개발한 실입니다. 부드러움, 색상 구현력, 내구성, 윤기, 탄력을 부여하기 위해 영국의 양모 4종을 배합하여 완벽에 가까운 원사를 만들었고, 그것이 바로 브리티시 브리즈입니다. 페어아일에 있어 완벽한 조화를 이루는 26색의 컬러 팔레트는 어떤 조합으로 작업해도 서로 잘 어울리며 단독으로 사용할 때도 무척 아름답습니다. 또한 부드러우면서도 러스틱한 특성이 배색 편물을 더욱 고르고 완성도 있게 만들어줍니다.

브리티시 울 100%
1볼 25g
85m
3mm

뜨개 피플 인터뷰

상상을 그림으로, 그림을 뜨개로

머릿속 세상을 뜨개로 표현하는 작가 조진현

취재 : 정인경 / 사진 : 김태훈

가방과 인형 같은 소품부터 다양한 의류까지 뜨개로 만들 수 있는 것은 무궁무진하다. 최근 일상에서 쓰는 물건에서 벗어나 다양한 예술 작품의 세계를 뜨개라는 방식을 통해 표현하는 작가들이 늘어나고 있다. 이번에 털실타래 편집부가 만난 뜨개 작가 조진현은 머릿속의 다양한 그림들을 그림으로 그리고 세밀한 계산과 스케치를 더해 뜨개 작품으로 만들어낸다. 시원하게 불어오는 산들바람, 지저귀는 새들, 길가에 핀 꽃까지 그의 손을 거치면 아름다운 자연의 모습이 생각지도 못한 형태의 뜨개 작품으로 태어난다.

1／모든 작품의 시작은 기록이다. 노트에는 다양한 아이디어 스케치와 실제 실들을 함께 배치해 한눈에 볼 수 있게 정리한다. 2／진행할 작품의 스와치를 다양하게 만드는 편인데, 만든 스와치는 버리지 않고 다양한 오브제로 활용한다. 3／필요한 모든 것이 준비된 책상에서 하는 뜨개가 가장 편안하다. 4／뜨개로 어디까지 표현이 가능할지 늘 실험하고 탐구하는 것이 재밌다. 금속과 실의 조합으로 색다른 작품을 만들어낸다. 5／진행했던 작업과 앞으로 진행할 작업이 어우러진 아트월.

Q. 작가님의 작품은 새나 꽃 등 아름다운 자연물을 소재로 한 것이 많은 것 같아요. 지난 공예 주간에 열렸던 그룹전 〈낮과 밤〉에서도 뜨개로 만든 새 시리즈를 선보이셨는데요, 작품을 만드실 때 특별히 선호하는 주제나 그 이유가 있으신가요?

제 작품에 자연물이 많이 등장하는 이유는 단순해요. 주변에서 가장 많이 눈에 띄는 것이기 때문이지요. 저는 아침에 일어나면 우선 산책을 해요. 그러면서 지금 진행 중인 프로젝트와 오늘 처리해야 할 일들을 떠올리면서 새로운 작품을 구상하기도 하고요. 그렇게 산책을 하다 보면 날아가는 새들, 피고 지는 꽃, 바람에 흔들리는 나무, 흐르는 강물 등을 계속 보게 됩니다. 평소 자연을 자주 접하다 보니 그런 것들을 작품으로 표현하고 싶어지더라고요. 새나 꽃, 바람이 작품에 자주 등장하는 것도 그런 이유예요. 내가 보고 느낀 것들을 가장 잘 표현할 수 있는 방식이 무엇일지를 늘 고민해요. 그래서 다양한 재료와 기법을 사용하려고 해요.

Q. 작가님 작품을 보면 무엇보다 스펙트럼이 굉장히 넓다는 생각이 들어요. 많은 작가 분들이 대바늘 의류, 코바늘 인형 등 자기만의 카테고리를 정해두고 작업을 하는 것과는 좀 다른 느낌이 들더라고요.

저는 대바늘, 코바늘을 모두 사용하고, 의류를 만들거나 소품을 만들기도 합니다. 제가 떠올린 아이디어를 표현하기 위해서 다양한 방식과 질감을 사용해요. 머물러 있는 것을 좋아하지 않고, 늘 새로운 것을 추구하는 스타일이에요. 처음 뜨개를 시작했던 것은 대바늘이었지만 코바늘이 궁금해져서 코바늘도 탐구하기 시작했어요. 그러면서 작업하는 아이템도 소품에서 의류로, 의류에서 리빙 오브제 등 다양한 작업으로 확대가 되었지요. 최근에는 금속 작가 소네뜨와 협업해 얀(yarn)과 금속을 아우르는 실험적인 작업을 시도했어요. 앞으로도 계속해서 새로운 것에 대한 도전은 계속 이어질 것 같아요. 새로운 도구와 기법의 적용, 이질적인 소재의 조합으로 뜨개의 영역이 어디까지 확장될 수 있는지에 대한 물음에 답을 찾아가는 작업들이 될 겁니다.

Q. 그럼 본격적으로 뜨개를 하기 시작하신 건 언제인가요? 특별한 계기가 있으셨나요?

뜨개를 처음 시작한 것은 초등학교 5학년 때였어요. 어릴 적부터 어머니가 뜨개하는 모습을 보면서 자랐는데, 어머니가 뜨개 사범 자격증도 갖고 계시고 온갖 옷과 소품을 직접 만드실 정도로 대단한 실력을 가지고 계셨거든요. 하지만 정작 어머니한테 직접적으로 뜨개를 배운 적은 없었어요. 그러다 5학년 때 우연히 처음 뜨개를 시작하게 되었고 그 후로 뜨개는 저의 취미이자 가장 가까운 친구가 되었죠. 본격적으로 뜨개 작가의 길을 생각하게 된 것은 대학생 무렵이었어요. 참고할 만한 뜨개 자료도 거의 없던 시절이었지만, 당시 교보문고에 가면 일본 실용 잡지들이 많이 있었거든요. 무작정 그런 책들을 사다가 기초 지식도 없이 맨몸으로 부딪혀서 뜨개를 시작했죠. 이후 패션에 눈을 떠서 학부 졸업 후에 패션 공부를 다시 하기도 했고요. 직장 생활을 하다가 친구 3명과 작은 스튜디오를 오픈했어요. 그때부터는 리빙 소품이나 모빌, 액세서리, 인형 등 뜨개로 다양한 작업을 하기 시작했지요. 그러면서 뜨개에 대한 생각이나 아이디어도 무척 광범위해지기 시작했고 혼자 터득한 지식만으로는 안 되겠다는 생각이 들어 보그 과정을 수강했습니다. 그때부터 전문적으로 뜨개를 하게 되었답니다.

Q. 뜨개 작품을 구상하고 만드실 때 보통 어떤 방식으로 작업을 진행하시나요?
저는 무엇이든 무조건 기록하는 습관을 가지고 있어요. 내가 봤던 색깔, 표현하고 싶은 어떤 모습, 텍스처 같은 것들을 꼼꼼하게 기록해요. 이건 저만의 일기이기도 하고 작품의 출발점이 되는 스케치가 되기도 해요. 사용하고 싶은 실을 쭉 붙여보기도 하고, 전체적인 모양을 그려보기도 하고요. 글보다는 그림으로 기록해야 한눈에 직관적으로 이해하기 쉽더라고요. 제 손으로 직접 적고 그리는 과정을 통해 머릿속 생각을 실제로 생생하게 상상할 수 있어요. 그 상상에 실질적인 기법들을 더해서 작품을 만들고요.

Q. 최근에는 뜨개 브랜드인 아울라마 스튜디오를 통해 도안을 발표하거나 키트도 판매하시고 계신데, 의류 도안 작가로서의 활동은 언제부터 시작하셨나요?
아울라마 스튜디오 일은 2021년부터 시작했어요. 2020년부터 낙양모사 크리에이터로 활동하고 있는데, 어느 날 제가 만든 카디건을 보시고 책으로 만들기 위한 도안 작업을 해달라는 요청이 있었거든요. 그러면서 키트 제작도 함께 제안을 주셨고요. 재미있는 작업일 것 같아 '아울라마'라는 브랜드를 만들었어요. 아울(부엉이)과 라마, 두 마리의 동물 이름을 합쳐서 만든 이름인데요. 저희 어머니의 별명이 부엉이고 제가 좋아하는 동물이 라마거든요. 라마는 안데스 산맥에서 사람들을 돕는 일을 하는 동물이에요. 엄마가 우리를 위해서 뜨개를 해주었던 것, 가족을 위해 희생한 수고로움과 제가 하는 일을 결합하고 싶었어요. 우리 모두가 누군가를 위해서 보탬이 되는 존재가 되었으면 좋겠다는 메시지를 담았지요.

Q. 뜨개가 가진 가장 큰 매력은 무엇이라고 생각하시나요?
니트(대바늘)와 크로셰(코바늘)는 제가 가장 잘 구사할 수 있는 언어라고 생각합니다. 시인이 시를 쓰고 소설가가 문학 작품을 쓰는 것처럼 저는 뜨개라는 언어로 저의 감정을 서정적으로 녹여내지요. 뜨개는 저를 표현하는 가장 편안한 작업 방식이에요. 뜨개는 뜨개학이 아니에요. 이론과 기법만으로는 유니크한 결과물을 얻을 수 없어요. 그렇기 때문에 생각을 손끝으로 풀어내는 그 작업 과정이 결과만큼이나 소중하답니다. 나만의 스케치를 하는 작업도 그런 연장선상에서 중요한 작업 과정의 일부분이고요. 준비부터 완성까지 흐름을 이어가는 과정이 저에게는 정말 큰 즐거움이자 매력이라고 할 수 있어요.

Q. 〈털실타래〉를 읽는 니터들에게 한 말씀 해주신다면
조급하지 않았으면 좋겠습니다. 꾸준하게 자신만이 잘할 수 있는 영역을 찾아 선택하고 집중하는 일은 니터들에게 꼭 필요한 자세라고 생각합니다. 빠르게 얻어내는 결과물에만 집중하면 어느새 지치게 마련이고 결국은 좋아하던 취미나 작업을 포기하기 쉽습니다. 물 흐르듯 천천히 우리 삶의 속도로 완급을 조절하는 니터가 되어 건강하고 행복한 마음으로 오래 즐기기를 바라는 마음입니다.

6/실제 작품의 모양을 생각하고 최대한 자세히 스케치하는 편이다. 7/작게 떠본 스웨터와 자수로 그려놓은 아울라마 스튜디오의 간판. 8/낙양모사와 함께 진행하는 한림수직 프로젝트의 아이디어를 모아둔 아이디어 보드.

9

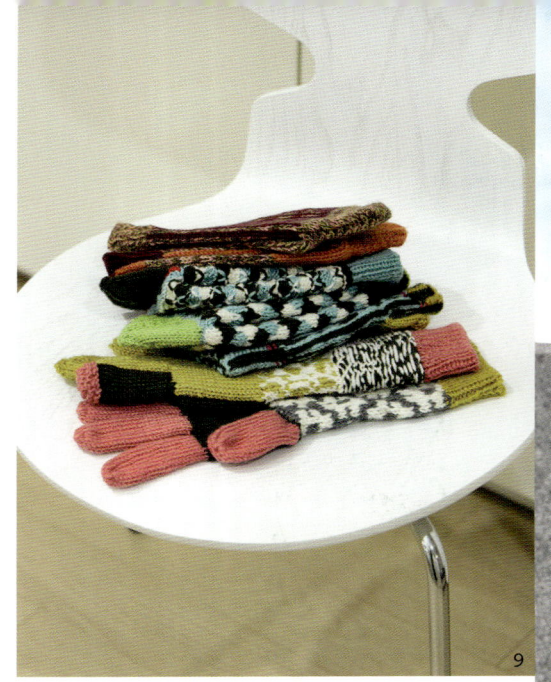

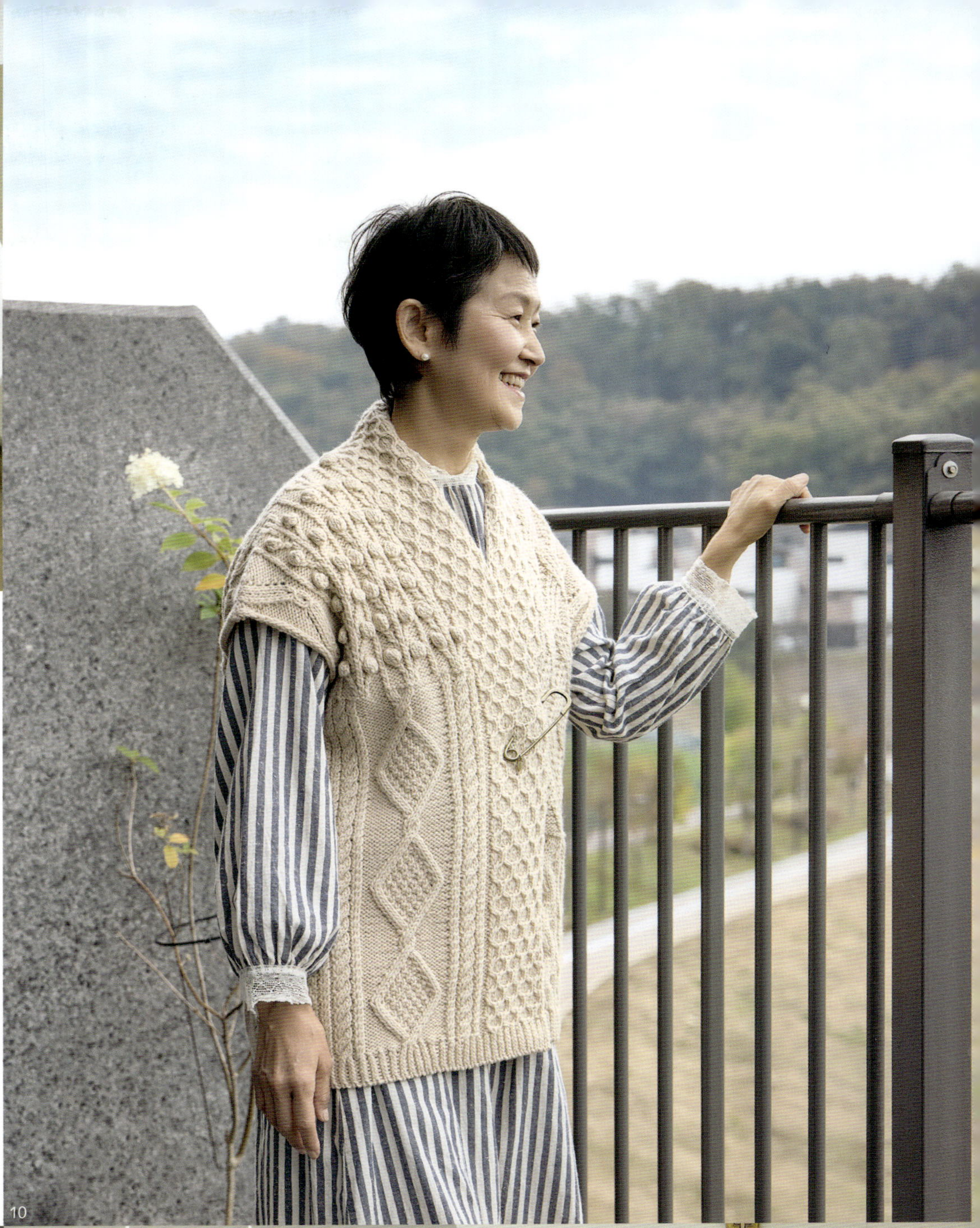
10

9/양말, 장갑 등의 작은 소품을 만들 때도 개성을 담으려고 노력한다. 10/낙양모사에서 복원한 한림수직의 실로 작업한 새로운 베스트. 11/작업실 곳곳에는 직접 만든 새 인형들이 놓여 있다. 12/금속 작가 소네트 스튜디오와 함께 작업한 모빌은 금속과 모헤어의 색다른 조합이 아름다운 작품이다. 13/집 한켠에는 모자와 장갑, 인형 등 다양한 오브제를 전시해두었다.

11

12

13

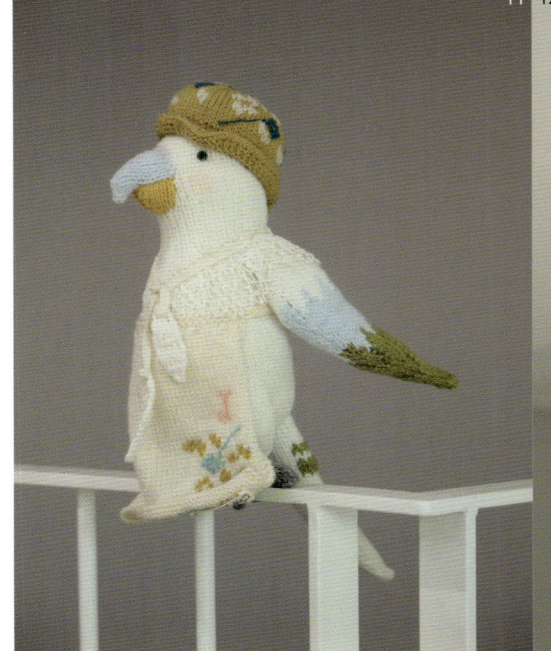

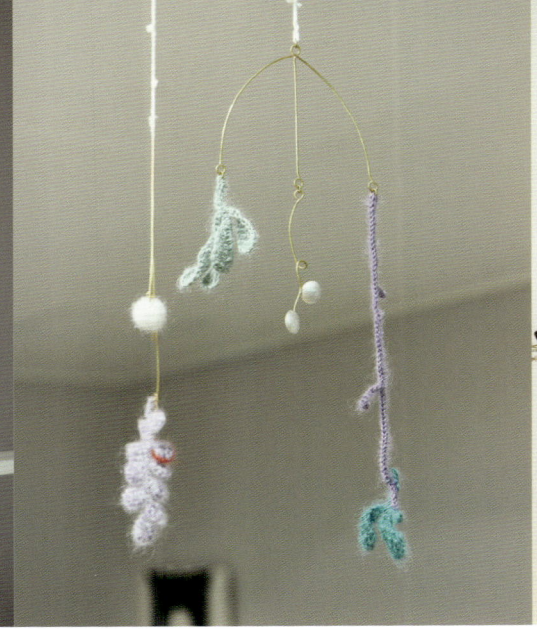

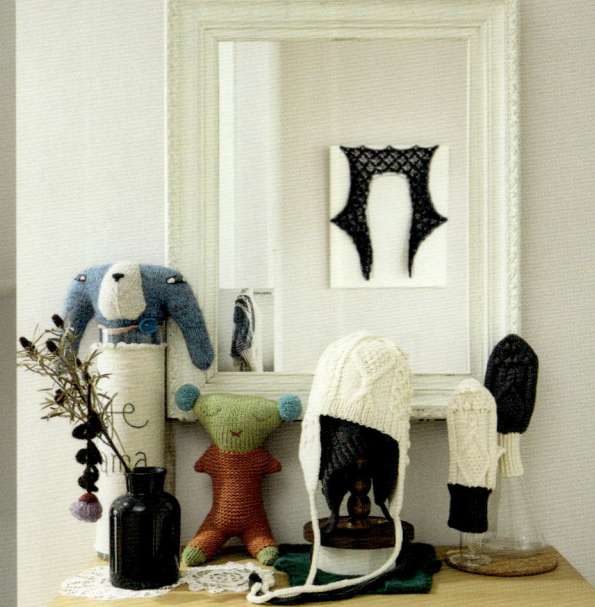

KEITODAMA EXPRESS

Yarn World

신여성의 수예 세계로 타임슬립!
머리장식 데가라

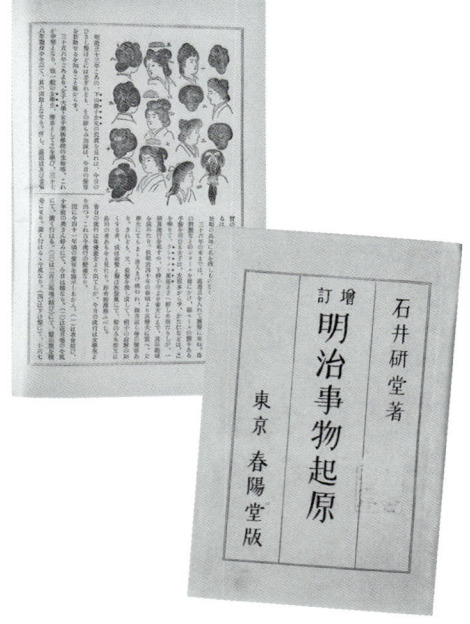

《메이지 사물의 기원》 머리 묶는 법 삽화.

사가라 자수와 비즈 자수를 놓은 데가라.

가터뜨기한 데가라. 흰색과 붉은색의 바둑판무늬 데가라를 재현한 작품.

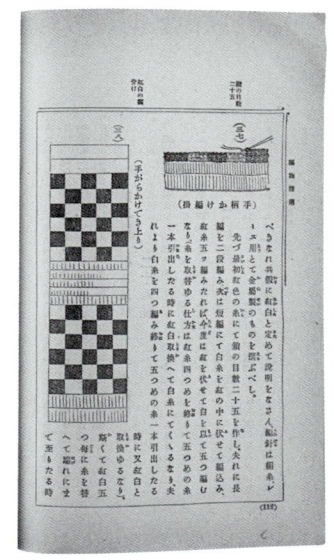

《편물지남》에 소개된 데가라 뜨는 법.

기타가와 케이(北川ケイ)

일본 근대 서양 기예사 연구가. 일본 근대 수예가의 기술력과 열정에 매료되어 연구에 매진하고 있다. 공익재단법인 일본 수예 보급협회 레이스 사범. 일반사단법인 이로도리 레이스 자료실 대표. 유자와야 예술학원 가마타교·우라와교 레이스 뜨기 강사. 이로도리 레이스 자료실을 가나가와현 유가와라에서 운영하고 있다.
http://blog.livedoor.jp/keikeidaredemo

에도 시대(1603~1868년)에 곱창 머리끈의 역할을 한 것이 바로 일본 전통 올림머리를 할 때 사용하는 데가라(てがら, 手絡)입니다. 아이의 건강을 기원하는 시치고산(七五三)과 성년식 행사에서 기모노를 입고 전통 머리를 할 때, 머리를 감싸는 데 사용하는 천이 바로 데가라입니다.

당시 미혼 여성이나 젊은 여성은 주름진 붉은 천(히지리멘, 緋縮緬)이나 홀치기 염색 천을 사용하고 기혼 여성은 밝은 노란색이나 보라색을 선호했다고 합니다. 에도 말기에서 메이지 초기에는 종이로 만든 데가라가 서민들 사이에서 유행했습니다. 메이지 시대로 접어들자 헤어 스타일도 일본 전통 올림머리에서 묶는 머리로 바뀌었습니다. 이시이 겐도의 《메이지 사물의 기원(明治私物起源)》에 등장하는 묶음 머리 삽화는 이시이 겐도의 아내이자 인기 뜨개 작가로 활동한 이시이 도미코가 직접 그린 것입니다.

이 책에는 다양한 스타일로 머리를 묶는 데 사용하는 '데가라'가 유행했다고 쓰여 있습니다. 신여성들은 이 데가라를 뜨개질이나 자수로 제작해서 자신만의 개성이 드러나는 데가라를 만들었습니다.

이로도리 레이스 교실에는 자수 데가라 두 작품이 있는데 당시 사가라(相良) 자수라 불렸던 프랑스 자수의 프렌치 노트 스티치 기법으로 무늬를 꼼꼼히 채워 넣고 그 위에 비즈 자수를 놓았습니다. 신여성들의 끈기를 엿볼 수 있는 작품입니다. 또 다른 작품은 가는 대바늘로 명주실을 가터뜨기한 데가라입니다. 매듭을 묶는 부분을 사슬뜨기해서 묶기 편하도록 고안했습니다.

이시이 도미코가 쓴 《편물지남(編物指南)》에 등장하는 데가라는 명주실과 레이스 실을 이용해 흰색과 붉은색 바둑판무늬를 넣어서 상당히 화려합니다. 1963년에는 겐로쿠 무늬가 유행하여 바둑판, 끝에 통이 달린 물레방아, 접시꽃, 나비, 꽃과 새, 파도 무늬를 크고 화려하게 만든 것이 특징이었습니다.

당시 이미 니터가 재봉사처럼 어엿한 직업으로 확립되면서 니터들은 다양한 디자인을 고안하고 유행에 발맞춰서 연구했습니다. 계절 변화에 따라서 꽃 모양을 뜨고, 신여성들에게 가장 인기가 많은 가부키 배우 가문의 문양을 떠 넣기도 하면서 앞에서 소개한 겐로쿠 무늬의 유행을 따라야만 했습니다.

부업 초심자는 작품 하나에 4전에서 4전 5리 정도, 보통 하루에 10전 정도를 받아서 한 달에 3엔을 벌었습니다. 많지는 않지만 평소에 짬이 생겼을 때 뜨면 되니 부업으로는 인기가 많았습니다. 신여성이 얼마나 즐거워하며 작품 고민을 했을지 눈앞에 선하네요.

Yarn World
KEITODAMA EXPRESS

이거 진짜 대단해요! 뜨개 기호
그럼 모두 기둥코 세워 볼까요! 【코바늘뜨기】

여러분, 뜨개질하고 있나요? 뜨개 기호를 아주 좋아하는 뜨개남(아미모노)입니다. 겨울호네요. 두말하면 잔소리겠지요? 뜨개 삼매경에 빠져봅시다. 털실타래 겨울호에는 상대적으로 코바늘 작품이 적게 실리기 때문에 일부러 코바늘뜨기를 소개하려고 합니다.

이번에는 초심으로 돌아가서 기둥코 세우기를 살펴보겠습니다. 기둥코는 코바늘뜨기에서 각 단을 시작할 때 뜨는 사슬을 말합니다. 예외는 있지만 뜨개 코에 맞는 높이만큼 사슬을 떠서 뜨개를 시작합니다. 이 기둥코 덕분에 다음 단을 뜰 수가 있으니 꼭 있어야만 하는 중요한 존재입니다. 부디 여러분도 함께 복습해보시기 바랍니다.

기둥코 사슬의 콧수는 왼쪽 도안에 있습니다. 주의 깊게 보셔야 할 곳은 처음 기초코에서 기둥코를 세울 때 긴뜨기부터는 '토대코'가 있다는 것입니다. 토대코가 있어야 작품이 더욱 깔끔하게 완성되므로 꼭 기억해 두시기 바랍니다.

기둥코 사슬은 짧은뜨기는 사슬 1코, 긴뜨기는 사슬 2코, 한길 긴뜨기는 사슬 3코, 이렇게 1코씩 늡니다. 그럼 두길 긴뜨기의 기둥코는… 말씀 안 드려도 아시겠지요? 긴뜨기부터는 기둥코도 1코로 치기 때문에 다음 단에서는 기둥코 마지막 사슬도 갈라서 주워 주세요.

기둥코는 뜨개 방향과 안면과 겉면을 알려줍니다. 어디가 겉면인지 잊어버린 경우는 첫 단의 기둥코 위치를 확인해보세요. 놀랍게도 코바늘뜨기에도 겉면·안면이 있답니다. 예를 들면 테두리 뜨기할 때 겉면을 마지막 단이 되게 하면 훨씬 작품이 두드러지게 보이므로 무늬 단 수에 맞춰서 뜨기 방향을 고려하기도 합니다. 이 방향을 틀리면 좀 충격이겠지요.

하나 더 살펴보고 싶은 것이 바로 원형뜨기입니다. 빙글빙글 돌아가면서 뜰 때도 기본적으로 기둥코를 세웁니다. 계속 겉면을 보면서 뜨다니 얼마나 편합니까! 그런데 아주 가끔 원형뜨기를 왕복뜨기할 때가 있습니다. 만약 기둥코 방향과 단수를 표시하는 화살표 방향이 어색하다면 그것은 바로 원형으로 왕복뜨기한 것입니다. 무늬의 특성상 왕복뜨기를 해야 할 때가 있는데 원형으로 왕복뜨기한 것을 알아챘다면 기쁠 것 같네요. 원형뜨기는 기둥코를 세우지 않는 방법과 모아뜨기하는 경우가 있는데요. 그건 다음에 기회를 봐서 소개하도록 하겠습니다.

기둥코가 있기에 뜰 수 있는 코바늘뜨기. 진심으로 그 소중함을 느끼며 가볍게 여겨서는 안되겠다고 다짐합니다.

대단해요! 뜨개 기호 1번째 — 기둥코 콧수를 외워 봐요

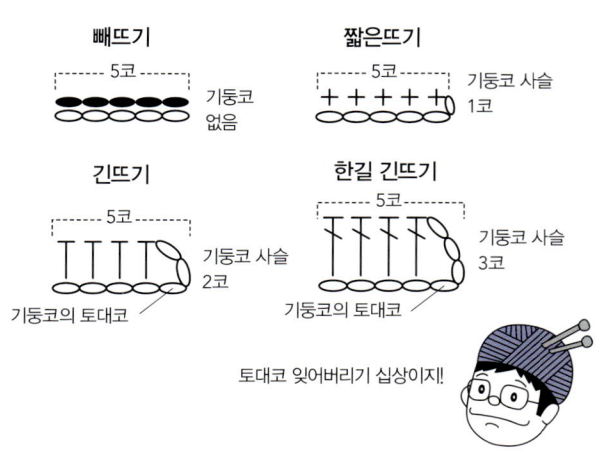

대단해요! 뜨개 기호 2번째 — 진행 방향은 기둥코가 가르쳐 준다

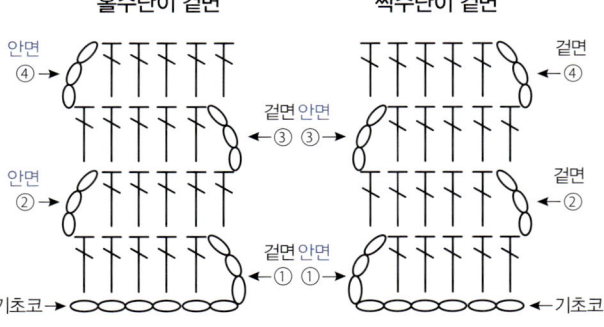

대단해요! 뜨개 기호 3번째 — 원형뜨기 함정에 주의!!

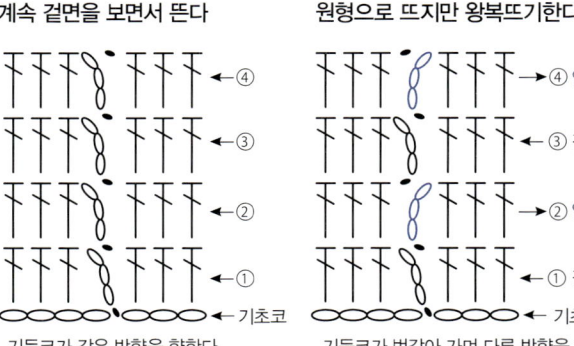

뜨개남의 한마디
기둥코는 중요합니다. 처음에 배우지만 기둥코에서 좌절하는 분도 많고요. 저도 이해하는 데 시간이 꽤 걸렸습니다. 기둥코에 주눅 들지 말고 자신감을 가지고 모두 함께 즐겁게 뜨개질하면 좋겠네요.

(뜨개남의 SNS도 매일 업로드 중!)
http://twitter.com/nv_amimono
www.facebook.com/nihonvogue.knit
www.instagram.com/amimonojapan

이제 와 물어보기 애매한!?
〈털실타래〉를 제대로 읽는 법

〈털실타래〉를 사랑해주셔서 늘 감사드립니다!
이번 호는 늘 게재하지만 독자분들이 눈치채지 못하고 넘어가기 쉬운 유익한 정보와
질문해주신 내용이지만 이미 게재되어 있는 알짜배기 정보인
도안 생략하는 법을 소개하고자 합니다.

촬영/모리야 노리아키

1. 다른 실로 뜨고 싶을 때 유익한 정보는 이곳을 주목!

뜨는 법 소개 페이지에는 사용하는 실의 실제 크기가 실려 있다는 사실 알고 계셨습니까?
실의 형태를 보여 주는 것은 물론이거니와
가지고 있는 털실과 대조해서 굵기가 비슷한지 아닌지 볼 수 있어 아주 편리합니다.

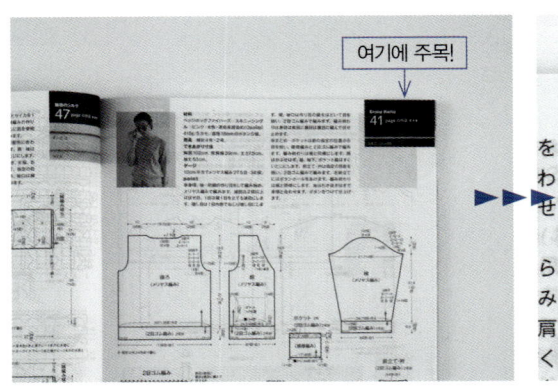  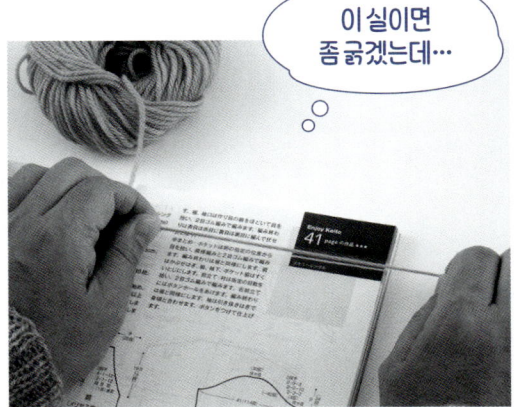

2. 도안 생략하는 규칙

〈털실타래〉 독자 중에 뜨개 실력이 중급 이상인 분이 많다 보니 뜨개 도안의 표기를 생략하는 곳이 있습니다.
그런데 막상 뜨려면 어찌 떠야 할지 막막했던 경험이 있는 분! 여기를 주목해주시기 바랍니다.
도안 보는 핵심 포인트를 짚어 드리겠습니다.

기본 무늬 뜨기 도안에 쓰인 콧수, 단수의 숫자는 그 무늬의 최소 단위를 표시합니다.
1무늬의 콧수, 단수가 쓰여 있는데 거기부터 뜬다는 의미가 아니라는 것이 포인트입니다.
코바늘뜨기는 '1무늬'라고 표시하지만, 대바늘뜨기는 숫자만 표기하기 때문에 알기 어렵습니다.

기본 도안에는 토대 콧수와 양쪽 끝에 콧수, 단수를 특별한 표기 없이 숫자로 쓰는 경우가 많습니다. 숫자가 들어간 부분이 한 무늬 단위인데 실제로 도안 양쪽 끝부터 뜨기 때문에 주의해야 합니다.

1무늬 콧수와 단수. 이것을 반복한다는 의미.

●대바늘 뜨기
파트에 따라서 뜨개 시작 위치가 다를 때는 테두리 바깥쪽에 뜨개 시작 위치를 지정합니다. 뜨개 끝 표기가 없으면 뜨개 시작 위치와 대칭으로 무늬가 들어간다는 의미입니다.

●코바늘 뜨기
가장자리 상태가 증감코에 따라 달라지므로 파트에 따라 뜨개 시작 위치가 달라도 기본 도안에는 표시하지 않을 때가 많습니다.

1무늬의 콧수와 단수. 이것을 반복한다는 의미.

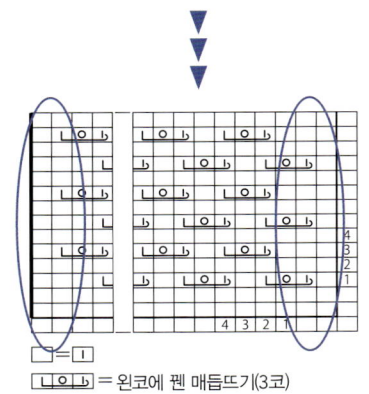

●뜨개 바탕의 가장자리 상태가 다른 경우
이렇게 왼쪽에 뜨개 끝 상태를 표기하기도 합니다. 이런 경우에도 기본 도안에 전체 콧수를 표시하지 않고 상태만 쓰기도 합니다.

아란 무늬처럼 여러 무늬를 조합해 하나의 무늬로 표기하는 경우, 단을 반복하는 무늬가 다르면 이렇게 표시합니다.

1무늬의 단수가 적은 무늬는 이렇게 테두리 바깥쪽 무늬 부분에 그 범위를 표시합니다. 가장 콧수가 많은 무늬의 공약수의 단수는 생략합니다.

도안을 모두 그대로 표기하면 아무래도 양이 늘기 마련이라서 〈털실타래〉에서는 한정된 지면에 많은 작품을 소개하기 위해 이렇게 생략법을 정해서 활용하고 있습니다. 도대체 무늬의 위치가 어떻게 되는지 모르겠다면 도안을 복사해 연결하거나 도안 전체를 그려서 자신만의 전체 도안을 만들어 보시기를 권합니다!

세심한 배려! 몰랐네!

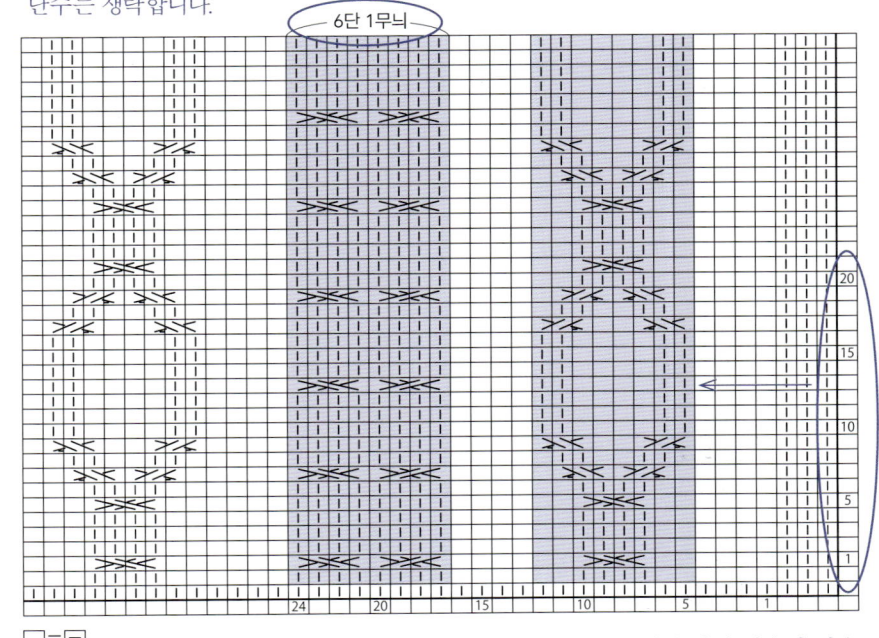

여기 무늬 중에서 가장 단수가 많은 무늬의 단수를 표기합니다.

루나 헤브리의 꽃 소식
22 page ★★★

콜도넷 스페셜 no. 80

재료
[실] DMC 콜도넷 스페셜 no.80 흰색(BLANC)
[부자재] 꽃철사(지철사) #35, 경화액 스프레이(Neo Rcir), 접착제, 액체 염료(Roapas Rosti), 사용하는 색은 도안 표를 참고하세요.

도구
레이스 바늘 14호

완성 크기
도안 참고

POINT
● 꽃, 꽃봉오리, 이파리를 뜹니다. 지정된 색으로 물들이고 마르면 모양을 잡아서 경화 스프레이를 뿌립니다. 마무리하는 법을 참고해서 꽃, 꽃봉오리, 이파리에 철사를 통과시킨 후 접착제를 바르면서 철사에 실을 감아 줄기를 만듭니다. 줄기와 꽃술용 실을 염색하고 줄기가 마르면 경화 스프레이를 뿌립니다. 꽃술용 실을 잘게 잘라서 꽃 가운데에 접착제로 붙입니다.

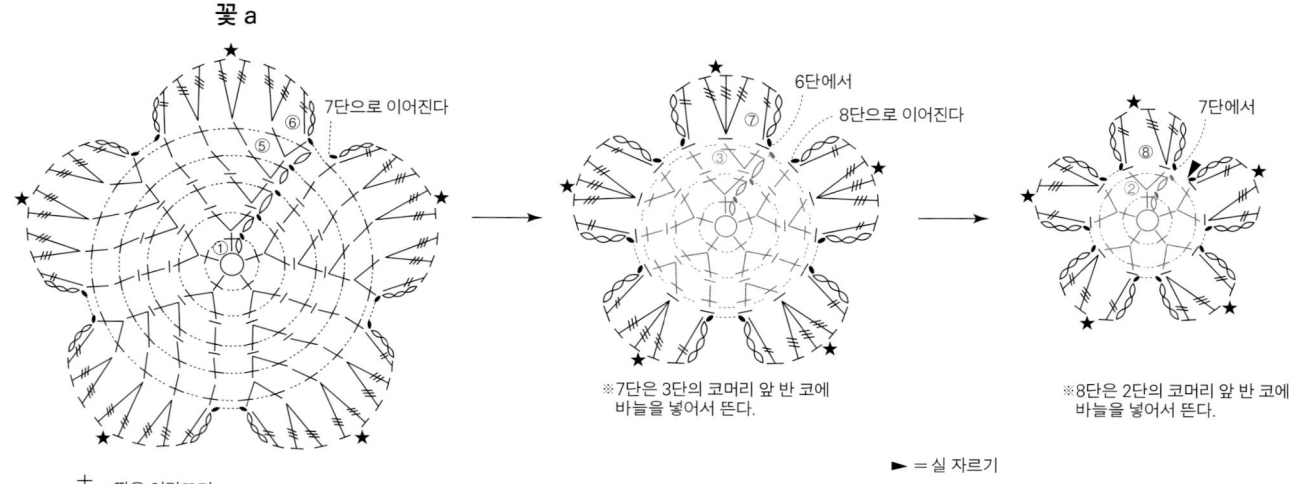

꽃 a

± = 짧은 이랑뜨기
★ = 세길 긴뜨기의 다리 1가닥을 주워서 빼낸다

※7단은 3단의 코머리 앞 반 코에 바늘을 넣어서 뜬다.
▶ = 실 자르기
※8단은 2단의 코머리 앞 반 코에 바늘을 넣어서 뜬다.

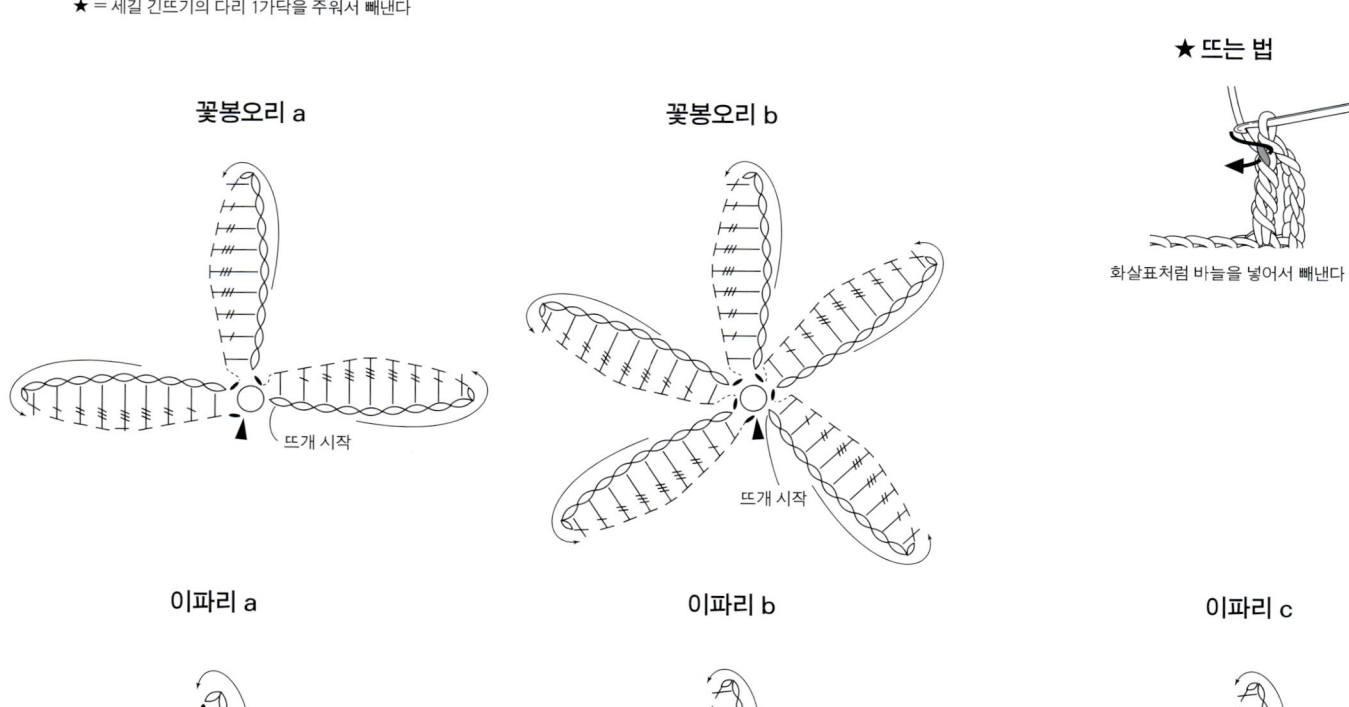

꽃봉오리 a   꽃봉오리 b

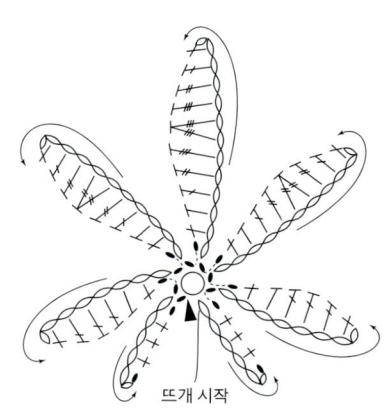

★ 뜨는 법

화살표처럼 바늘을 넣어서 빼낸다

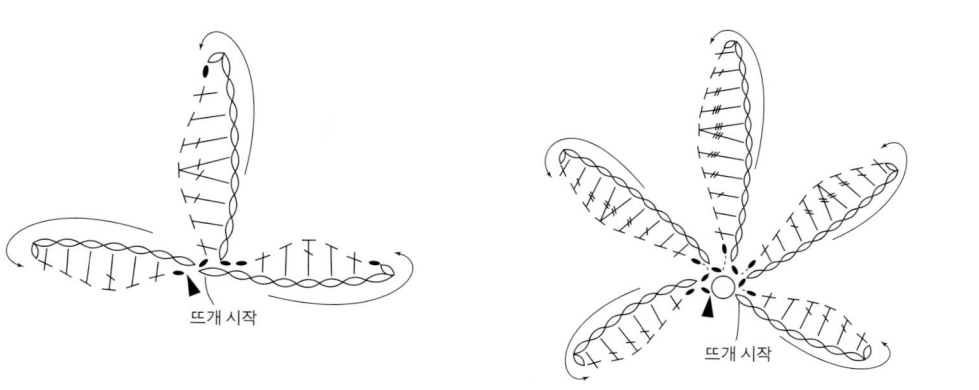

이파리 a   이파리 b   이파리 c

꽃 b

★ = 세길 긴뜨기의 코다리 1가닥을 주워서 빼낸다

모티브 장 수와 염료 사용색

	A 오른쪽	A 왼쪽	B 오른쪽	B 왼쪽
꽃 a+이파리 b	3송이	4송이	3송이	
꽃 b+이파리 a				5송이
꽃봉오리 a+이파리 a	2송이	1송이	1송이	1송이
꽃봉오리 b+이파리 a			1송이	
이파리 b		1장		
이파리 c	2장	1장		
꽃, 꽃봉오리 색	빨강, 노랑, 초록	빨강, 검정, 보라	검정, 보라	빨강, 검정, 보라, 초록
이파리 색	초록, 노랑	초록, 노랑, 검정	초록, 노랑, 빨강	초록, 노랑, 검정
꽃술 색	노랑			

※ 모두 레이스 바늘 14호로 뜬다.

▶ = 실 자르기

마무리하는 법

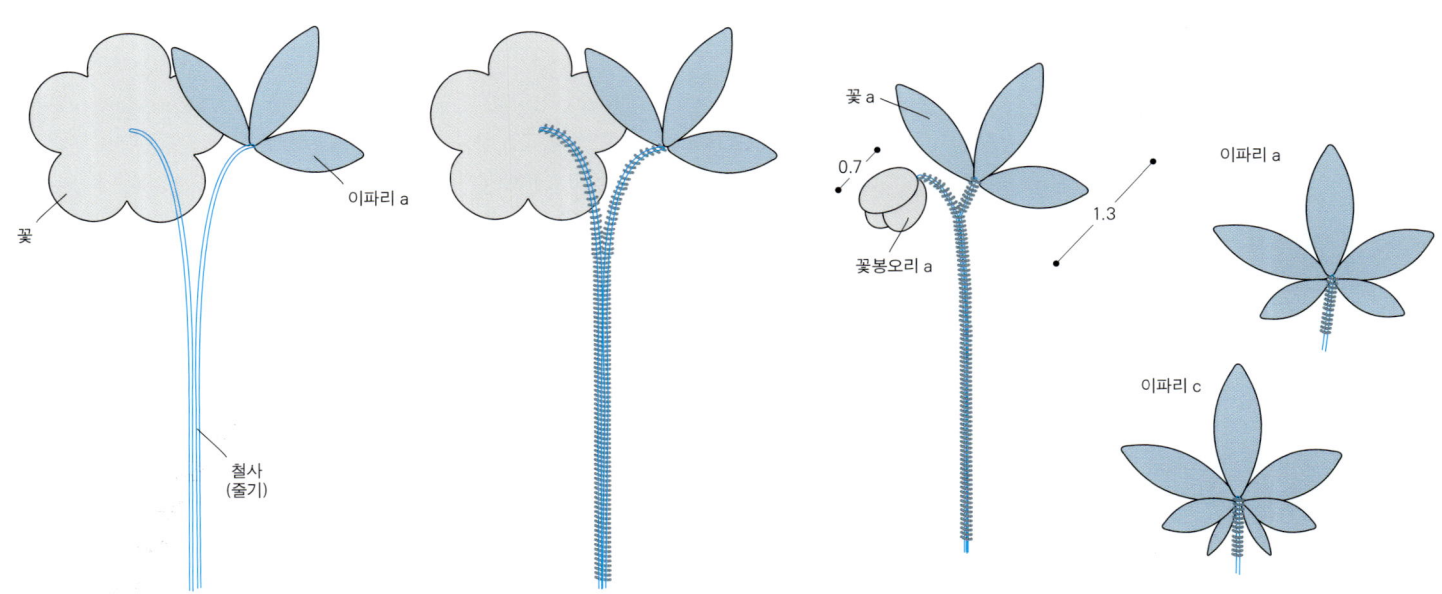

① 꽃(꽃봉오리) 뒤쪽 중심과 이파리 중심에 각각 철사를 통과시켜서 반으로 접는다.

② 각각에 접착제를 바르면서 실을 감고 중간부터는 모든 철사를 한데 묶어서 같은 방법으로 실을 감는다.

※ 꽃봉오리 a와 b, 이파리 b와 c도 같은 방법으로 마무리한다.

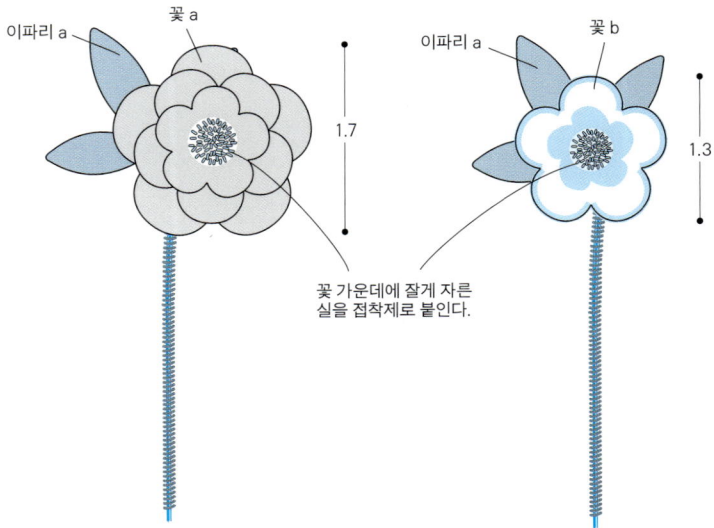

꽃 가운데에 잘게 자른 실을 접착제로 붙인다.

World Report
니팅맘의 뉴질랜드 뜨개 라이프

글·사진 : knitting mom (최미희)

목요일마다 오레와 도서관 뜨개 모임에 갑니다.

자연이 그대로 보존된 환경, 아름다운 해안선, 도심에서도 양떼를 볼 수 있는 뉴질랜드에서 잠시 살고 있습니다. 뜨개를 좋아해서 매주 목요일, 뉴질랜드 오레와 도서관의 뜨개 모임에 참석하고 있어요. 이 모임에서 '뜨개 그랜마(Grandma)' 친구들을 만나 뜨개로 소통하며 마음을 나누고 있습니다. 함께하는 뜨개 그랜마들은 70~80대인데 그녀들에게 뜨개는 단순한 취미를 넘어, 삶의 일부이자 일상에 깊숙이 자리하고 있다고 해요. "뜨개를 언제부터 시작했나요?" 하고 묻자 대부분 어린 시절이라고 답했습니다. 어렸을 때 엄마와 할머니가 뜨개 옷과 담요를 만들어 주셨고 이런 환경에서 자라며 자연스럽게 뜨개 기법을 습득했다 했습니다. 그래서인지 그녀들은 뜨개 도안을 보면서 한 코씩 뜨지 않고 머릿속으로 디자인을 구상해 두고 양손으로 자유롭게 바늘을 움직입니다. 오랜 시간 뜨개를 하며 생긴 노하우인지 도안도 없이 손을 바삐 움직이면서도 자연스럽게 대화까지 나눕니다. 또 한 가지 특이한 점은 케이블 바늘을 주로 사용하는 한국과 달리 이곳에서는 모두가 막대 바늘을 사용한다는 것입니다.

혹시 뉴질랜드의 뜨개숍에서 또 특이한 점을 찾을 수 있지 않을까 싶어 오레와에서 가장 가까운 뜨개숍인 와일드 앤 울리 얀스(Wild & Woolly Yarns)를 찾아갔습니다. 가장 가깝다고 해도 21km를 가야 하는데요, 가게에 들어서자 우리나라에서도 유명한 덴마크 디자이너 쁘띠니트(petiteknit) 도안을 보고 만든 작품들이 먼저 눈에 들어왔습니다. 쁘띠니트의 패턴북도 함께 전시되어 있었으며 구매할 수 있었습니다. 또한 유럽의 로완(Rowan), Sesia(세시아), 포르투갈의 로자리오스 4(Rosarios 4), 뉴질랜드의 키위 스티치(Kiwi Stitch), 터치 얀(Touch Yarn), 페루의 차스카(Chaska) 등 다양한 나라의 실들을 접할 수 있었습니다. 판매하고 있는 실들은 대부분 울실과 모헤어였으며 한국에서 쉽게 접할 수 있는 코튼실, 패브릭얀, 페이퍼얀 등은 찾아보기 힘들었습니다. 직원에게 문의해보니 이곳에서는 대부분 코바늘뜨기보다는 대바늘뜨기를 하며, 주로 옷, 담요, 모자, 목도리 등을 뜬다는 답을 들을 수 있었습니다. 뜨개 도구로는 니트프로(Knirpro), 치아오구(Chiaogoo), 크로바(Clover) 등 한국에서도 익숙한 브랜드들을 만날 수 있었습니다.

인구보다 양이 많은 나라라 그런지 동네 마트에서도 100% 울실을 여러 가지 판매하고 있었습니다. 심지어 50g짜리 울실 1볼이 7.49NZD(6,000원) 정도로 저렴한데다 계산대 옆에 비치되어 있어 쉽게 구매할 수 있습니다. 한국에서는 울실은 비싼 실로 여겨졌는데 이 곳에서는 다양한 가격대로 폭넓은 선택지가 있어 여러 용도로 활용해야겠다는 생각이 들었어요. 한국에서는 접할 수 없던 다양한 실을 직접 만져보고 고를 수 있어 니터로서 행복한 마음이 들었습니다.

뉴질랜드에서 구매한 첫 번째 뜨개실은 브러쉬테일(Brushtale) 브랜드의 업사이클 포썸 메리노(Upcycled Possum Merino)라는 실이었습니다. 30% 포썸 퍼, 70% 메리노 울로로 이루어졌으며 1볼은 50g, 20.99NZD(16,800원)였습니다. 그중 '포썸 퍼(Possum fur)'라는 소재가 무엇인지 궁금해서 검색을 해봤는데 놀랍게도 포썸은 주머니쥐였습니다. '내가 생각하는 그 쥐야?' 하고 찾아보니 포썸은 호주와 뉴질랜드 지역에 서식하며 꼬리가 다람쥐처럼 생겼고 캥거루과에 속하는 동물이었습니다. 구매한 실로 쁘띠니트의 소피 스카프를 만들었는데요, 나중에 한국에 돌아가더라도 이 스카프를 보면 뉴질랜드에서의 추억이 떠오를 것 같아 감격스러웠어요. 사계절이 싱그러운, 청정 지역에서 자란 양의 털로 만든 뉴질랜드 실이 있어 외로운 타지에서도 기대되는 뜨개 생각에 마음 한 켠이 따뜻해집니다. Good Luck!

1/뜨개 그랜마 앤(Anne)의 집에 초대받아 함께 뜨개하는 모습. 2/20년째 자선 단체에 기부를 하고 있는 뜨개 그랜마 앤의 블랭킷 작품들. 3/양의 나라! 뉴질랜드에 왔으니 뉴질랜드의 실로 뜨개를 하자! 4/아그로둠 목장에서 만난 양. 안녕? 만나서 반가워, 양들아! 5/자주 방문하는 와일드 앤 울리 얀스 뜨개숍. 6/뉴질랜드에서 구매한 첫 번째 뜨개실. 브러쉬테일의 업사이클 포썸 메리노.

World Report
루누섬의 니트

취재/하야시 고토미

오른쪽/1644년에 지어진 루누 나무 교회(Ruhnu wooden church)는 에스토니아에서 가장 오래된 목조 건물이다. 왼쪽 위/아누 핑크가 만들어 보여준 기초코 왼쪽 아래/핑크의 가게 앞에서. 그녀는 에스토니아 니트를 두루 연구·조사해서 지금까지 책을 여러 권 출간했다.

에스토니아 빌란디에서 개최된 '크래프트 캠프'에 참가했을 때 만난 아누 핑크(Anu Pink) 씨가 루누섬의 니트를 잘 안다는 이야기를 듣고 그녀의 아틀리에를 방문했습니다. 아누 씨는 올해 12월에 출간 예정인 《루누 니팅》을 제작 중이었습니다. 루누 니트라고 하면 하얀 바탕에 안뜨기 팔각별 무늬가 들어간 스웨터를 떠올리기 마련인데 실제로는 루누 니트의 일부분에 지나지 않았습니다.

루누 스웨터는 일반적으로 남녀 모두 회색(양털 색 그대로)으로 영국 고무뜨기를 하고 소맷부리와 목둘레는 천으로 마무리합니다. 특히 눈길을 사로잡는 하얀 스웨터는 여성이 교회에 갈 때나 특별한 날에 입는다고 합니다. 밑단은 마치 페프럼처럼 물결치는 디자인이 사랑스럽고 소맷부리에는 남색으로 배색무늬뜨기를 합니다. 하얀 반장갑도 교회에 갈 때 끼는데, 작은 소품인데도 디자인이 굉장히 섬세했습니다. 특징은 흰색과 남색 두 가지 색을 기초코로 뜨개를 시작하는데 일반적인 방법과 상당히 다릅니다. 첫 단은 두 가지 색실을 사용해 아래에서 위로 돌려가면서 교대로 코를 걸어서 기초코를 만든 다음, 흰색으로 1단을 겉뜨기합니다(원형뜨기의 경우). 다음에는 키누 비츠(Kihnu vits)를 뜨는 요령으로 실 2가닥을 기초코를 만들 때와 같은 방법으로 아래에서 위로 돌려가면서 안뜨기합니다. 이렇게 기초코가 완성됩니다. 스웨터에는 팔각별 같은 무늬가 특징적이지만 반장갑에는 레이스처럼 보이도록 지그재그로 트레블링 스티치(travelling stitch)와 스웨터에 사용한 남색 배색무늬뜨기를 조합했습니다. 양말은 흰색인데 스타킹은 남색에 흰색으로 인레이라는 기법의 무늬를 뜨고 입구에는 섬세한 기하학무늬를 디자인했습니다. 재미있는 것은 빨간 스타킹인데요. 이 스타킹은 여성들이 바다표범 사냥에서 돌아오는 남편을 마중갈 때 신는다고 합니다.

저는 내셔널 뮤지엄에서 루누의 고대 컬렉션을 몇 점 볼 기회가 있었습니다. 반장갑의 시작코가 76코였는데 무후섬과 키누섬의 장갑 기초코가 100코 남짓인 것을 보니 루누섬의 실이 두꺼운 것 같아요. 트레블링 스티치도 안뜨기와 조합하거나 겉뜨기와 조합하는 것이 루누의 특징이라고 합니다. 실제로 보면 얼른 뜨고 싶을 것입니다.

아누 핑크 씨의 책은 인터넷으로 구입이 가능하며 관심 있는 분은 아래 홈페이지를 참고하시기 바랍니다.

www.saara.ee

1/복잡한 트레블링 스티치가 눈길을 사로잡는 반장갑. 엄지에도 무늬를 넣었다(SM_10379_94T) 2/양말. 기초코는 반장갑과 같은 방법으로 호리젠트 스티치도 넣었다(ERM_A509_5287) 3/스타킹. 인레이라는 기법의 무늬는 이곳에서는 실 두 가닥으로 넣었다(ERM_A992_30) 4/스타킹. 바다표범 사냥에서 돌아온 남편을 맞이하는 특별한 날에 신는다(ERM_A509_5282)
※ ( ) 안은 에스토니아 뮤지엄 컬렉션 넘버(에스토니아 뮤지엄 사이트: Essti muuseumide veebivärav – Esileht)

우리 아이가 최고!
강아지와 함께

photograph/
Bunsaku Nakagawa

좋은 동생이려나?!

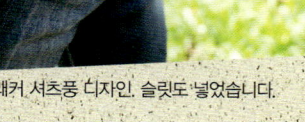
래커 셔츠풍 디자인. 슬릿도 넣었습니다.

로이안은 2년 전 크리스마스에 리마의 가족이 되었습니다. 반려인 리마는 집에 강아지가 온다는 사실을 전혀 몰랐는데 처음 로이안을 보자마자 뛸 듯이 기뻐하며 '앞으로 넌 내 동생이야'라고 선언했답니다.

로이안의 아빠는 토이푸들이고 엄마는 카바리에 킹 찰스 스파니엘입니다. 그때 로이안은 몸무게가 1.6kg인 작은 새끼 강아지였습니다.

로이안은 리마 집에 오자마자 케이지 안을 활기차게 뛰어다니고 밥도 잘 먹고 바로 배변 교육도 끝냈어요. 게다가 '손, 다른 손, 기다려'도 바로 익힌 정말 똑똑한 강아지랍니다. 로이안이 쑥쑥 자라서 가족들은 아빠 개와 엄마 개만큼 클 거라고 예상했는데 몸무게는 1kg가 더 나가서 지금은 6kg의 건강한 강아지로 성장했답니다.

조금 의외였던 것은 너무나 건강하다는 것 식탁 위에 놓인 신문을 물어가서 갈기갈기 찢어 놓고 도망친다든지 갓 빨아놓은 수건을 물고 소파 밑으로 달아난다든지 장난을 좋아하는 개구쟁이입니다.

로이안의 장난에 요즘은 동생보다는 사촌 정도의 거리가 딱 좋았을 것 같다며 푸념하는 리마의 모습이 정말 귀여웠답니다. 로이안은 집안을 한층 활기차게 해주는 소중한 존재입니다.

Design／후지타 히카리
How to make／P.192
Yarn／올림포스 트리 하우스 팰리스

Profile

강아지	로이안♂ 믹스견 2세
성격	응석꾸러기, 개구쟁이
견주	리마

Let's Knit in English!
니시무라 도모코의 영어로 뜨자

나이에 상관없이 즐거운 크리스마스

photograph Toshikatsu Watanabe styling Terumi Inoue

가을이 무르익고 연말이 가까워지면 어릴 적 크리스마스를 손꼽아 기다리던 추억이 떠오릅니다. 철이 들면서 산타의 선물보다는 크리스마스에 어울리는 색과 모양으로 오너먼트 장식을 만드는 편이 더 즐거웠습니다.

이번 호에 소개할 뜨개 바탕은 작품 자체는 크리스마스 느낌이 나지는 않지만 보기에 따라서는 트리처럼 보이기도 합니다. 그런 뜨개 바탕을 소개하도록 하겠습니다.

적은 콧수에서 1무늬를 뜰 때마다 규칙적으로 늘림코를 하므로 뜨개 시작이 트리 꼭대기가 되고 뜨기 바탕은 조금씩 넓어집니다. 크기는 취향에 맞게 조정하면 되고 기술적으로도 어렵지 않습니다.

포인트는 단 중심의 1코에서 하는 늘림코입니다. 이번 작품에서는 '겉뜨기와 안뜨기'를 반복합니다. 겉뜨기와 안뜨기를 번갈아 뜨기 때문에 1코를 뜰 때마다 실을 앞뒤로 보내야만 합니다. 그 점만 주의하시면 됩니다.

이번에 소개하는 것은 1무늬 콧수이므로 여러 무늬를 반복해서 뜬다면 멋진 아이템이 만들어지겠죠. 꼭 도전해 보세요. 손뜨개를 하면서 즐거운 크리스마스, 행복한 연휴를 보내시기 바랍니다.

<Pattern> Smaller piece stops at Row 40 with Bottom edging.

CO 7 sts.　　　　　Set-up rows : Knit 3 rows
Row 1: K3, (k1, p1) into next st, K3. (8 sts)
Row 2: K3, p2, k3.
Row 3: K to end.
Row 4: Repeat Row 2.
Row 5: K4, yo, k4. (9 sts)
Row 6: K3, P3, k3.
Row 7: K to end.
Row 8: Repeat Row 6.
Rows 9 and 10: K to end.
Row 11: K4, (k1, p1, k1) into next st, k4. (11 sts)
Row 12: K3, P5, k3.
Row 13: K to end.
Row 14: Repeat Row 12.
Rows 15 and 16: K to end.
Row 17: K3, k2tog, [(k1, p1) twice, k1] into next st, ssk, k3. (13 sts)
Row 18: K3, P7, k3.
Row 19: K to end.
Row 20: Repeat Row 18.
Rows 21 and 22: K to end.
Row 23: K3, k2tog, k1 [(k1, p1) twice, k1] into next st, k1, ssk, k3. (15 sts)
Row 24: K3, P9, k3.
Row 25: K3, k2tog, yo, k5, yo, ssk, k3.
Row 26: Repeat Row 24.
Rows 27 and 28: K to end.
Repeat these 6 rows for pattern.
Row 29: K3, k2tog twice, [(k1, p1) three times, k1] into next st, ssk twice, k3. (17 sts)
Row 30: K3, P11, k3.
Row 31: K3, k2tog, yo, k7, yo, ssk, k3.
Row 32: Repeat Row 30.
Rows 33 and 34: K to end
Row 35: K3, k2tog twice, k1, [(k1, p1) three times, k1] into next st, k1, ssk twice, k3. (19 sts)
Row 36: K3, P13, k3.
Row 37: K3, k2tog, yo, k9, yo, ssk, k3.
Row 38: Repeat Row 36.
Rows 39 and 40: K to end.
Row 41: K3, k2tog three times, [(k1, p1) four times, k1] into next st, ssk three times, k3. (21 sts)
Row 42: K3, P15, k3.
Row 43: K3, k2tog, yo, k11, yo, ssk, k3.
Row 44: Repeat Row 42.
Rows 45 and 46: K to end.
Row 47: K3, k2tog three times, k1, [(k1, p1) four times, k1] into next st, k1, ssk three times, k3. (23 sts)
Row 48: K3, P17, k3.
Row 49: K3, (k2tog, yo) twice, k9, (yo, ssk) twice, k3.
Row 50: Repeat Row 48.
Rows 51 and 52: K to end.
Row 53: K3, k2tog four times, yo, [(k1, p1) four times, k1] into next st, yo, ssk four times, k3. (25 sts)
Row 54: K3, P19, k3.
Row 55: K3, (k2tog, yo) twice, k11, (yo, ssk) twice, k3.
Row 56: Repeat Row 54.
Rows 57 and 58: K to end.
Row 59: K3, k2tog three times, k1, k2tog, yo, [(k1, p1) four times, k1] into next st, yo, ssk, k1, ssk three times, k3. (27 sts)
Row 60: K3, P21, k3.
Row 61: K4, (k2tog, yo) twice, k11, (yo, ssk) twice, k4.
Row 62: Repeat Row.
Rows 63 and 64: K to end.
Bottom edging: Knit 3 rows. BO knitwise from WS.

<무늬> 작은 쪽의 뜨개 바탕은 40단으로 뜨개를 끝내고, 테두리 뜨기는 가터뜨기한다.

기초코를 7코 만든다.　　준비단: 겉뜨기를 3단 뜬다(가터뜨기).
첫 단: 겉뜨기 3, 다음 코에 (겉뜨기 1, 안뜨기 1), 겉뜨기 3. (8코가 된다)
2단: 겉뜨기 3, 안뜨기 2, 겉뜨기 3.
3단: 마지막까지 겉뜨기.
4단: 2단과 동일하게 뜬다.
5단: 겉뜨기 4, 걸치코, 겉뜨기 4. (9코가 된다)
6단: 겉뜨기 3, 안뜨기 3, 겉뜨기 3.
7단: 마지막까지 겉뜨기.
8단: 6단과 동일하게 뜬다.
9단·10단: 마지막까지 겉뜨기.
11단: 겉뜨기 4, 다음 코에 (겉뜨기 1, 안뜨기 1, 겉뜨기 1), 겉뜨기 4. (11코가 된다)
12단: 겉뜨기 3, 안뜨기 5, 겉뜨기 3.
13단: 마지막까지 겉뜨기.
14단: 12단과 동일하게 뜬다.
15단·16단: 마지막까지 겉뜨기.
17코: 겉뜨기 3, 왼코 위 모아뜨기, 다음 코에 [(겉뜨기1, 안뜨기 1) 2번, 겉뜨기 1], 오른코 위 모아뜨기, 겉뜨기 3. (13코가 된다)
18단: 겉뜨기 3, 안뜨기 7, 겉뜨기 3.
19단: 마지막까지 겉뜨기.

※ 별 모양 오너먼트 장식 뜨는 법 →P.177

20단: 18단과 동일하게 뜬다.
21단·22단: 마지막까지 겉뜨기.
23단: 겉뜨기 3, 왼코 위 모아뜨기, 겉뜨기 1, 다음 코에 [(겉뜨기 1, 안뜨기 1) 2번, 겉뜨기 1], 겉뜨기 1, 오른코 위 모아뜨기, 겉뜨기 3. (15코가 된다)
24코: 겉뜨기 3, 안뜨기 9, 겉뜨기 3.
25단: 겉뜨기 3, 왼코 위 모아뜨기, 걸기코, 겉뜨기 5, 걸기코, 오른코 위 모아뜨기, 겉뜨기 3.
26단: 24단과 동일하게 뜬다.
27단·28단: 마지막까지 겉뜨기.
29단: 겉뜨기 3, 왼코 위 모아뜨기 2번, 다음 코에 (겉뜨기 1, 안뜨기 1) 3번, 겉뜨기 1코], 오른코 위 모아뜨기 2회, 겉뜨기 3. (17코가 된다)
30단: 겉뜨기 3, 안뜨기 11, 겉뜨기 3.
31단: 겉뜨기 3, 왼코 위 모아뜨기 2번, 걸기코, 겉뜨기 7, 걸기코, 오른코 위 모아뜨기, 겉뜨기 3.
32단: 30단과 동일하게 뜬다.
33단·34단: 마지막까지 겉뜨기.
35단: 겉뜨기 3, 왼코 위 모아뜨기 2번, 겉뜨기 1, 다음 코에 [(겉뜨기 1, 안뜨기 1) 3번, 겉뜨기 1], 겉뜨기 1, 오른코 위 모아뜨기 2번, 겉뜨기 3. (19코가 된다)
36단: 겉뜨기 3, 안뜨기 13, 겉뜨기 3.
37단: 겉뜨기 3, 왼코 위 모아뜨기, 걸기코, 겉뜨기 9, 걸기코, 오른코 위 모아뜨기, 겉뜨기 3.
38단: 36단과 동일하게 뜬다.
39단·40단: 마지막까지 겉뜨기.
41단: 겉뜨기 3, 왼코 위 모아뜨기 3번, 다음 코에 [(겉뜨기 1, 안뜨기 1) 4번, 겉뜨기 1], 오른코 위 모아뜨기 3번, 겉뜨기 3. (21코가 된다)
42단: 겉뜨기 3, 안뜨기 15, 겉뜨기 3.
43단: 겉뜨기 3, 왼코 위 모아뜨기, 걸기코, 겉뜨기 11, 걸기코, 오른코 위 모아뜨기, 겉뜨기 3.
44단: 42단과 동일하게 뜬다.
45단·46단: 마지막까지 겉뜨기.
47단: 겉뜨기 3, 왼코 위 모아뜨기 3번, 겉뜨기 1, 다음 코에 [(겉뜨기 1, 안뜨기 1) 4번, 겉뜨기 1코], 겉뜨기 1, 오른코 위 모아뜨기 3번, 겉뜨기 3. (23코가 된다)
48단: 겉뜨기 3, 안뜨기 17, 겉뜨기 3.
49단: 겉뜨기 3, (왼코 위 모아뜨기, 걸기코) 2번, 겉뜨기 9, (걸기코, 오른코 위 모아뜨기) 2번, 겉뜨기 3.
50단: 48단과 동일하게 뜬다.
51단·52단: 마지막까지 겉뜨기.

53단: 겉뜨기 3, 왼코 위 모아뜨기 4번, 걸기코, 다음 코에 [(겉뜨기 1, 안뜨기 1) 4번, 겉뜨기 1], 걸기코, 오른코 위 모아뜨기 4번, 겉뜨기 3. (25코가 된다)
54코: 겉뜨기 3, 안뜨기 19, 겉뜨기 3.
55단: 겉뜨기 3, (왼코 위 모아뜨기, 걸기코) 2번, 겉뜨기 11, (걸기코, 오른코 위 모아뜨기) 2번, 겉뜨기 3.
56단: 54단과 동일하게 뜬다.
57단·58단: 마지막까지 겉뜨기.
59단: 겉뜨기 3, 왼코 위 모아뜨기 3번, 겉뜨기 1, 왼코 위 모아뜨기, 걸기코, 다음 코에 [(겉뜨기 1, 안뜨기 1) 4번, 겉뜨기 1], 걸기코, 오른코 위 모아뜨기, 겉뜨기 1, 오른코 위 모아뜨기 3번, 겉뜨기 3. (27코가 된다)
60단: 겉뜨기 3, 안뜨기 21, 겉뜨기 3.
61코: 겉뜨기 4, (왼코 위 모아뜨기, 걸기코) 2번, 겉뜨기 11, (걸기코, 오른코 위 모아뜨기) 2번, 겉뜨기 4.
62단: 60단과 동일하게 뜬다.
63코·64코: 마지막까지 겉뜨기.
테두리 뜨기의 가터뜨기: 겉뜨기를 3단 뜬다(가터뜨기). 안면에서 겉뜨기하면서 덮어씌워 코막음한다.

뜨개 약어

약어	영어 원어	우리말 풀이
k	knit	겉뜨기, 겉뜨기 코
p	purl	안뜨기, 안뜨기 코
k2tog	knit 2 stiches together	왼코 위 모아뜨기
ssk	slip,slip,knit	오른코 위 모아뜨기
yo	yarn over	걸기코
BO	bind off	코막음, 코 덮어씌우기
WS	wrong side	뜨개 바탕의 안쪽, 안면

니시무라 도모코(西村知子)
니트 디자이너. 공익재단법인 일본수예보급협회 손뜨개 사범. 보그학원 강좌 '영어로 뜨자'의 강사. 어린 시절 손뜨개와 영어를 만나서 학창 시절에는 손뜨개에 몰두했고, 사회인이 되어서는 영어와 관련된 일을 했다. 현재는 양쪽을 살려서 영문 패턴을 사용한 워크숍·통번역·집필 등 폭넓게 활동하고 있다. 저서로는 국내에 출간된 《손뜨개 영문패턴 핸드북》 등이 있다. Instagram : tette.knits

읽고, 조사하고, 떠보다
하야시 고토미의 Happy Knitting

photograph Toshikatsu Watanabe, Noriaki Moriya(prosess) styling Terumi Inoue

입체적으로 만드는 도미노 뜨기와 빨기만 하면 되는 펠팅, 두 가지 즐기기

2008년 미국에서 출간된 비비안의 책. 구멍 난 듯한 디자인도 있는데 도미노 뜨기의 가능성을 탐구한 작품으로 가득하다.

도미노 뜨기 + 펠팅 작품이 실린 책

펠팅하면 뜨개 바탕의 느낌이 달라지고 크기도 상당히 줄어든다.

갓 뜨개가 끝난 모습(펠팅 전).

도미노 뜨기 가방을 펠팅한 것.

지난 가을호에서 도미노 뜨기를 소개했는데 그때는 평면으로 연결하는 디자인이었습니다. 그러나 도미노 뜨기의 즐거움은 누가 뭐래도 입체 뜨기라 하겠습니다. 단지 평면뜨기와 마찬가지로 미리 생각해두지 않으면 뜨개 잇기가 제대로 되지 않는 점이 흥미로운 부분입니다. 겹치게 떠서 입체로 만드는 것은 상상이 되는데 평평한 뜨개 바탕에서 뜨개 바탕을 세워서 주머니 모양으로 만드는 뜨개법에는 놀라울 따름입니다. 종이접기를 입체적으로 만드는 방식과 조금 비슷하다고 할 수 있겠네요. 한번 이 입체 뜨기를 알게 되면 그 의외성에 즐거움을 느끼며 뜨면서 잇기를 멈출 수 없답니다.

비비안은 컴퓨터를 활용해 디자인을 완성하고 색까지 결정한 후에 뜨기 시작하는데 그녀의 스승인 슐츠는 색을 정하지 않고 실 바구니에서 마음에 드는 실을 꺼내서 뜬다고 합니다. 그렇게 만드는 데도 완성된 작품이 멋지다고 합니다. 저도 꼭 한번 해보고 싶은데 아직 못 해 봤습니다.

제가 집필에 참여한 《빠져드는 도미노 뜨기》에는 펠팅 작품도 소개했습니다. 펠팅 마무리 기법은 일본에서는 아직 널리 알려지지 않은 것 같습니다. 아무래도 스웨터가 줄어들거나 입다가 땀 때문에 일부가 줄어들거나 하는 일이 있다 보니 줄어드는 것은 부정적인 인상이 강해서 그런 것 같습니다. 펠팅은 일부러 줄어들게 만드는 데 거기에는 이유도 있고 그 나름의 효과도 있습니다. 처음으로 뜨개 바탕을 펠팅하는 기법을 안 것은 2000년 북유럽 니트 심포지엄에서였습니다. 심포지엄에서는 비정기적으로 마켓데이가 있는데 참가자나 사업자들이 조출하게 시장을 엽니다. 그곳에서 꽃무늬 펠팅 재킷을 발견했습니다. 그때까지 다양한 방법으로 양털을 꼬아서 작품을 만드는 방법을 봐 왔지만 섬세한 무늬를 넣은 것은 처음이라서 판매자에게 어떻게 만들었는지 물어보니 자수를 놓은 다음 빨아서 펠팅했다고 알려줬습니다. 어떻게 섬세한 무늬를 넣었는지 이해가 되는 동시에 뜨개 바탕을 줄어들게 만드는 방법에 놀랐습니다. 갓 뜨개를 끝냈을 때 사이즈는 상상 이상으로 크다고도 말해 줬습니다. 그러나 사전에 얼마나 빨아야 어느 정도 주는지 실험하고 사이즈를 정하는 것은 어려워 보였습니다.

도미노 뜨기에서 펠팅은 심플하게 줄어들게만 하는데 뜨개 코가 촘촘해져서 뜨개바탕이 튼튼해지므로 가방 뜨기에 안성맞춤인 마무리 기법입니다. 색이 조금 번지기도 해서 빨기 전과 인상이 조금 달라지기도 합니다. 비비안은 뜨개 바탕의 코가 보일 정도 줄어들게 하라고 합니다. 펠팅하는 법은 뜨개 바탕을 세탁망에 넣어서 평소 빨래하듯이 세탁기에 넣고 돌리는 데 좀 줄어들었으면 싶을 때는 한 번 더 세탁기에 돌립니다. 뜨개하면서 즐겁고 빨면서 변화를 즐기고 두 번 즐기는 니트&펠팅. 부디 이 방법으로 도미노 가방을 만들어보시기 바랍니다.

뜨면서 잇는 방법을 바꾸기만 해도 입체적으로 변하는 도미노 뜨기. 중간에 1단 더블 뜨기하면 더욱 재미있는 형태가 됩니다. 좀더 늘리면 어떤 디자인으로 바뀔지 생각하는 것도 즐겁네요. 가볍게 빨아서 펠팅하면 뜨개 바탕이 튼튼해지고 모양도 정돈됩니다.

Design／하야시 고토미
How to make／P.194
Yarn／퍼피 프린세스 애니

모티브 배치도

1. 1~16 모티브를 연결해서 바닥을 뜬다.
2. 17~20 모티브를 뜬다.
3. 17~20 모티브를 끼워 넣듯이 21~28 모티브를 뜬다.
4. 21~28 모티브를 각각 코를 주워서 29~36 모티브를 더블로 뜬다.
5. 37~44, 45~52 모티브로 옆쪽을 이어서 뜬다.

입체 도미노뜨기 연결법

❶ 1~16 모티브를 연결해서 바닥을 뜹니다.

❷ ● 위치에서 코를 주워서 17~20 모티브를 뜹니다.

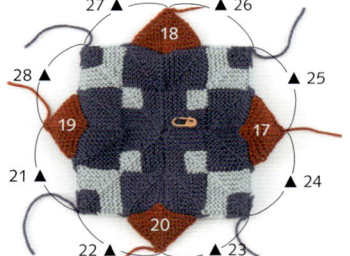

❸ ●에서 코를 주워서 모티브 4장을 뜹니다. 다음에 ▲ 위치에서 코를 주워서 뜹니다.

❹ ▲ 위치에서 첫 단 코를 주운 모습입니다.

❺ 모티브 1장을 완성했습니다.

❻ ▲위치에서 뜨는 모티브(21~28)를 모두 완성했습니다. 입체적인 모습이 드러났습니다.

❼ 다음에는 21~28 모티브에서 코를 주워서 더블로 뜹니다.

❽ 21 모티브 겉면에서 코를 주워서 29 모티브를 떴습니다. 줄바늘을 사용하면 뜨기 편합니다.

❾ 코 줍기한 모티브에 겹치듯이 모티브를 떴습니다.

❿ 모티브가 입체적으로 튀어나왔습니다. 배치도를 참고해서 뜨개를 진행합니다.

하야시 고토미(林ことみ)
어릴 적부터 손뜨개가 친숙한 환경에서 자랐으며 학생 때 바느질을 독학으로 익혔다. 출산을 계기로 아동복 디자인을 시작해 핸드 크래프트 관련 서적 편집자를 거쳐 현재에 이른다. 다양한 수예 기법을 찾아 국내외를 동분서주하며 작가들과 교류도 활발하다. 저서로《북유럽 스타일 손뜨개》등 다수가 있다.

마르티나의 옷과 소품

일본 게센누마에 사는 마르티나에게서 올해는 릴리프 뜨기 옷이 도착했습니다. 뜨는 도중에 뜨개법을 살짝 바꿔서 개성 넘치는 뜨개 바탕을 만드는 릴리프 뜨기. 같은 실로 뜨는 모자 세트도 도전해 보세요.

photograph Hironori Handa styling Masayo Akutsu
hair&make-up Yuri Arai model Cosima (173cm)

그러데이션 실 중간에 구슬뜨기해 볼록볼록한 입체감을 즐기는 풀오버는 릴리프 뜨기다운 재미로 넘쳐납니다. 그러데이션 실의 어떤 색을 부각시키는지에 따라 인상이 180도로 달라지죠. 그러데이션 실과 합사하는 흰색 실로도 릴리프 뜨기를 할 수 있답니다.

Design／우메무라 마르티나
Knitter／스즈키 히로미
How to make／P.191
Yarn／오팔 털실 릴리프 2, 유니

Pants／하라주쿠 시카고(하루주쿠점)

모자는 릴리프 뜨기의 구슬뜨기에 사용하는 실을 노랑과 흰색으로 한정해서 깔끔한 인상으로. 릴리프 뜨기에 사용하는 색은 취향에 따라 바꿔도 좋습니다. 접는 부분에는 릴리프 뜨기를 하지 않고 심플하게 마무리했습니다.

Design／우메무라 마르티나
Knitter／스즈키 히로미
How to make／P.191
Yarn／오팔 털실 릴리프 2, 유니
Blouse／산타모니카(하라주쿠점)

Form Martina　마르티나의 메시지

겉뜨기를 계속하다가 일부만 안뜨기하면 그 부분이 볼록하게 튀어나옵니다. 이런 특징을 이용해 그러데이션 실로 여러 색 중에 특정 색을 골라서 뜨 튀어나오는 무늬를 즐기는 뜨개법을 '릴리프 뜨기'라고 이름붙였습니다.

이번에 소개하는 스웨터와 모자는 단색과 그러데이션 실을 합사해서 뜨는데 릴리프 뜨기의 응용편이라 할 수 있겠네요. 단색 내추럴 화이트와 합사하는 그러데이션 실은 이 릴리프 뜨기에 안성맞춤인 '릴리프 2'의 플리델.

릴리프 뜨기에 복잡한 기술은 필요 없습니다. 뜨는 도중에 뜨는 법을 바꾸면서 즐겁게 뜨다보면 무늬가 저절로 도드라집니다. 의도한 것과 무늬가 다르더라도 그것은 실패가 아니라 새로운 발견이지요. 즐기는 마음을 소중히 여기며 자신만의 작품 만들기에 빠져보시기를 바랍니다.

도카이 에리카의 배색무늬 니트

이번 겨울에도 도카이 에리카의 신작 니트가 도착했어요.
계속 업데이트되는 배색무늬 니트를 이번 겨울에도 만끽해보세요.
※92〜95페이지에 소개된 작품은 도안이 수록되어 있지 않습니다.

photograph Hironori Handa styling Masayo Akutsu hair&make-up Yuri Arai model Cosima(173cm)

구근식물 풀오버

튤립, 크로커스, 히아신스. 튼튼하고 키우기 쉽고 품종이 다양한 구근식물 중에서 친숙한 3종을 골라 합태사로 섬세하게 배색뜨기했습니다. 이 중에 하나쯤은 키운 적이 있는 분이 많지 않을까요? 품은 넓고 기장은 짧아서 착용하기 편한 디자인입니다.

Knitter／아라이 가나코

기하학적인 체크무늬 베스트

기하학적인 체크무늬를 스트레이트 얀과 모헤어로 떴습니다. 모두 세로로 실을 걸쳐서 뜨므로 가볍고 뜨개바탕의 표면도 균일해 예쁘게 완성됩니다. 이렇게 다채로운 스타일링도 멋지지만 모노톤에 매치해도 색깔이 한층 돋보여서 권하고 싶네요.

Knitter／스즈키 기미코

Pants／하라주쿠 시카고 하라주쿠점

구근식물 포셰트

배색무늬뜨기 초심자는 앙증맞은 히아신스 포셰트로 시작해보면 어떨까요? 뒤쪽은 메리야스뜨기뿐이고 안 주머니는 손바느질로도 손쉽게 만들 수 있어요. 가죽끈은 원하는 길이로 묶어서 조절할 수 있습니다.

Knitter／가네코 마유미

Coat／하라주쿠 시카고(하라주쿠/진구마에점)
Ring／산타모니카 하라주쿠점

판다 카디건

넓은 범위에 색상을 적게 사용한 동물을 뜨고 싶어서 판다를 골랐습니다. 털이 긴 퍼 실과 앞단과 소맷부리 부분에 교차뜨기를 배치해 입체감을 줬어요. 지나치게 귀엽지 않도록 바탕색은 점잖은 색으로 했습니다. 차분한 색의 하의와 맞추면 통일감이 생겨요.

Knitter／가메다 아이

Turtleneck knit／SLOW 오모테산도점
Pants／신타모니카 하라주쿠점

기하학적인 체크무늬 넥워머

넥워머는 베스트보다 모헤어 분량을 늘려서 더욱 보드랍게 만들었습니다. 뜨개바탕을 두 겹으로 했기 때문에 접는 위치에 따라 무늬가 달라 보입니다. 네온 오렌지 컬러를 어떻게 보이게 할지가 포인트입니다.

Knitter／스가하라 마오

Jacket／하라주쿠 시카고 하라주쿠점

판다 숄더백

가방에 한가득 퍼 실로 판다를 배색뜨기했습니다. 뒤쪽은 스트레이트 얀만 사용하므로 앞쪽과 게이지가 맞게 조절하면서 뜹니다. 가방이 크기 때문에 어깨끈이 늘어나지 않게 어깨끈에는 꼭 심지를 꿰매서 달아주세요.

Knitter／가메다 아이

One-piece／하라주쿠 시카고 하라주쿠점

따뜻하고 귀여운 겨울 소품

겨울의 즐거움, 따뜻한 털실 소품들을 모았습니다.
우선 뭐부터 떠볼까요? 기대된다, 기대돼♡

photograph Shigeki Nakashima styling Kuniko Okabe, Yuumi Sano
hair&make-up Chie Ishikawa model ALICE (171cm)

CAP

심플한 털모자는 겨울 필수품. 늦잠을 자서 머리가 부스스한 아침이라도 쓱 쓰면 순식간에 멋스러워집니다. 무늬뜨기 배치와 위쪽 모헤어가 포인트인 디자인은 성별을 가리지 않아 누구나 사용하기 좋아요. 선물로도 그만이에요.

Design／우노 지히로
How to make／P.164
Yarn／다루마 포클랜드 울, 울 모헤어

SOCKS

삭 니터가 아니라도 시즌에 한 켤레는 새로 장만하고픈 뜨개 양말. 연파란색과 오렌지색이 어우러진 걸프 컬러는 차에서 유래한 투톤 컬러지만 비침무늬에도 잘 어울리는 귀여운 색입니다.

Design／오쿠즈미 레이코
How to make／P.196
Yarn／스키 얀 스키 스코어

SNOOD

코바늘뜨기 소품은 화려한 분위기가 큐트. 그러데이션 실로 뜨는 스누드는 도톰한 꽃 모티프를 뜨면서 잇고 모티프에서 코를 주워 본체를 뜹니다. 사슬 기초코에서 코를 줍지 않아도 되니 편해요!

Design／호비라 호비레
How to make／P.212
Yarn／호비라 호비레 로빙 루루

POCHET

하늘하늘한 프릴에 마음이 끌리는 소녀 감성. 큰 소품은 좀 부끄럽지만 크기가 작으면 남몰래 즐길 수 있어요. 외출할 때 중요한 물건을 담아도 좋고 백인백으로도 손색없답니다.

Design／기노시타 가오루
How to make／P.200
Yarn／호비라 호비레 로빙 루루

BLANKET

그래니 모티프 블랭킷은 포근하고 사랑스러워요. 노스탤지어한 분위기도 인테리어의 근사한 포인트가 됩니다. 여러 색깔로 떠도 마지막 단만 같은 색으로 맞추면 신기하게 통일감을 주는 것도 좋아요.

Design／호비라 호비레
How to make／P.198
Yarn／호비라 호비레 울 스위트

Glasses／글로브 스펙스 에이전트

에어 튤로 뜨는 시크한 백

부피가 큰 아우터가 늘어나는 계절 가방은 가볍고 튼튼한 게 최고! 두꺼운 실이라서 순식간에 완성할 수 있어요.

photograph Hironori Handa styling Masayo Akutsu
hair&make-up Yuri Arai model Cosima(173cm)

번갈아 뜬 긴뜨기 2코 모아뜨기가 멍석뜨기 코처럼 보이는 가방. 바닥이 네모져서 물건을 넣기 좋은 실용적인 형태입니다. 매일의 장보기용 멀티 백으로도 쓸 수 있어요. 손잡이는 뜨면서 만드는 타입입니다.

Design／오카 마리코
How to make／P.202
Yarn／Joint 에어 튤

Jacket, Skirt／하라주쿠 시카고 하라주쿠점

프릴처럼 이어지는 짧은 링뜨기가 사랑스러운 디자인. 바닥은 모양이 깔끔하게 떠지는 타원형입니다. 손잡이는 나중에 꿰매 붙이는 타입이므로 가방 뜨기 초심자에게도 어렵지 않은 방식이에요.

Design／오카 마리코
How to make／P.203
Yarn／Joint 에어 튤

Jacket／하라주쿠 시카고(하라주쿠/진구마에점)
Blouse／SLOW 오모테산도점

Profile 우에다 후미코

공방 울 워크 우에다 편물 교실 운영. 니트 작가. 1998년 무사시노미술대학 긴자 갤러리에서 개인전을 열었다. 그 후 주로 스코틀랜드의 전통 니트를 제작하며 개인전 및 그룹전에서 작품을 발표했다. 가나가와를 거점으로 살롱 형식의 교실을 열었다.

양치기와 양들. 셰틀랜드 섬의 풍경./사진 우에다 후미코

Spinning Lace Yarn

신간 『전통 대바늘뜨기 레이스 셰틀랜드 레이스』 발매 기념 레이스사 방적

양털을 세척하고 실을 직접 뽑아서 뜨는 일이 더욱 즐거워집니다! 레이스사 방적 공정을 소개합니다.

우에다 후미코
photograph Yasuo Nagumo

셰틀랜드 제도에서 자란 양의 털을 방적해서 뜬, 극세 양모사 대바늘 레이스를 '셰틀랜드 레이스'라고 합니다.

셰틀랜드 레이스와의 만남은 지금으로부터 약 30년 전. 〈케이토다마〉에 실린 기사였습니다. 손수 방적한 가느다란 합사(2개 꼰 실)로 짠 아름답고 섬세한 레이스에 완전히 매료되고 말았습니다. 원래 취미로 방적을 하고 있어서, 곧바로 가는 실 뽑기에 도전해 레이스 숄을 완성했습니다. 이제는 양모를 방적해 그 실로 뜨기를 합니다…. 완성했을 때의 기쁨과 레이스의 아름다움에 감동해 계속 만들고 있습니다.

레이스사 방적은 핵심을 알고 요령을 익히면 그렇게 어려운 작업이 아닙니다. 양의 털은 개체마다 차이가 있고, 몸의 부위에 따라 모질도 다릅니다. 부드럽고 가는 털실, 폭신폭신하고 탄력이 있는 털실, 팽팽하고 광택이 있는 털실 등 다양합니다. 양들의 개성을 살린 굵기로 실을 뽑는 것, 균일한 굵기로 꼬아진 것이 직접 뽑은 실의 이상적인 만듦새입니다. 여기서 신간본에 미처 싣지 못한 레이스사의 방적 공정을 살짝만 소개하겠습니다.

방적 공정

❶ 플리스(깎은 양털)를 선별한다

셰틀랜드 양은 섬의 혹독한 자연환경의 영향으로 탄력 있고 가는 섬유가 특징입니다. 그중에서도 레이스용 양털은 특별히 품을 들여 기르는 양의 털입니다. 탄력과 광택이 있으며, 가는 실을 뽑을 수 있어 레이스를 뜨기에 아주 적합합니다.

❷ 소팅(Sorting)

특히 중요한 공정으로 플리스를 펼쳐 부위에 따른 모질의 차이를 확인합니다. 레이스는 큰 작품이더라도 양모는 100~200그램이면 충분합니다. 목, 어깨의 부드러운 부분을 사용합니다. 다른 부위도 용도별로 구분해 양털을 세척한 다음 니트용으로 방적합니다.

❸ 코밍, 플리킹(Combing)

양털 다발이 뭉개지지 않게 털끝을 잡고 뽑아 섬유의 방향을 가지런히 한 다음 콤 또는 플리커로 빗질해줍니다.

❹ 소모로 방적한다

커트 엔드(뿌리)부터 조금씩 섬유를 꺼내 꼬임을 줍니다. 레이스처럼 특별히 가는 실을 뽑는 경우는 방모기의 회전비를 높이고, 끌어들임을 약하게 설정합니다. 가늘어서 확인하기 어렵지만, 보통의 꼬임 정도로 해서 꼬임이 적거나 많지 않게 주의가 필요합니다.

❺ 연사

소모로 방적한 단사를 2개 합쳐 꼬아줍니다. 단사를 뽑은 뒤 시간이 지났거나 양의 기름때가 묻어 꼬임이 단단해져 있으므로, 꼬임을 많이 줍니다.

❻ 실 세척

타래를 만들고 3군데 '8자'로 느슨하게 묶은 뒤 모노겐(양털 세척 세제)을 사용해 깨끗이 세척합니다.

1 세척 1차

모노겐 5g/L 60도 60분

2 세척 2차

모노겐 3g/L 50도 30분

3 헹굼 1차

45도 10분

4 헹굼 2차

40도 10분

5 수건으로 물기를 없앤 다음 말립니다.

실의 분량에 따라 타래 밑에 수건을 깔아 움직이지 않게 고정합니다.

Book Information

전통 대바늘뜨기 레이스
셰틀랜드 레이스
우에다 후미코 저

셰틀랜드 레이스는 스코틀랜드 셰틀랜드 제도에서 유래한 양털로 짠 전통 니트 레이스. 본고장 셰틀랜드에서 열린 대회에서도 2번의 그랑프리를 수상하며 일본의 일인자로 알려진 저자의 첫 작품집. 그 아름답고도 섬세한 무늬는 가터뜨기과 바늘비우기를 기본으로 한 심플한 뜨개코로 구성되어 있다고 하니 놀랍습니다. 극세 울사로 공들여 뜬 베일, 숄, 스톨, 스카프 등 오리지널 작품 12점을 실었습니다. 셰틀랜드 레이스와의 만남부터 뜨개 기초 지식, 스피닝 얀 작품의 참고 패턴 등을 소개합니다. 기본 테크닉부터 마무리 포인트까지 알기 쉬운 사진 과정으로 설명합니다.

1／코밍 작업. 섬유의 방향을 가지런히 하고 콤으로 양털을 빗는다. 2／셰틀랜드 십의 플리스. 단순한 털 뭉치도 확실한 존재감. 3／코밍 전의 털 뭉치와 코밍된 양털의 섬유. 4／꼬임이 빡빡하거나 느슨해지지 않도록 뽑아낸다. 5／뽑아서 타래로 만든 셰틀랜드 울의 레이스사. 6／요즘은 홋카이도의 양목장에서 털실을 뽑아 작품을 만들기도 한다.

EVENT

HANSMEDIA EXPRESS

자료 제공 : 에스킴니트디자인, 니트카페

도카이 에리카 작가와 함께하는 손뜨개 워크숍 2023

2023년 9월 9일과 10일, 양일간 아름다운 배색 무늬로 국내에 잘 알려진 도카이 에리카 작가의 워크숍이 열렸습니다. 도카이 에리카는 신간《도카이 에리카의 컬러 워크》에 수록된 '거리 풍경 가방' 뜨는 법을 시연하며 강의를 진행했습니다. 김기선 편물 명장님이 통역을 맡아 작품을 제작하게 된 이야기, 이 작품을 통해 얻을 수 있는 새로운 기법 등 흥미진진한 에리카의 비하인드 스토리도 들을 수 있었습니다. 강의가 끝난 후에는 참가자들은 작가와 대화를 나누고 사인을 받고 함께 사진을 찍으며 뜻깊은 시간을 나누고, 도카이 에리카 작가의 여러 작품들과 원작 실인 '퍼피실(Puppy yarn)'도 만날 수 있었습니다. 이번 워크숍을 꾸린 에스킴니트디자인은 도카이 에리카 공식 인증 클래스를 운영하고 있으며, 연 1회 에리카 작가의 워크숍을 개최할 예정입니다. (2024년 워크숍 : 2024년 9월 5일~6일. 2일간 개최 예정.)

1/(우)도카이 에리카 작가, (좌)김기선 편물 명장
2/전시된 도카이 에리카의 작품 3/참가자의 뜨개를 지켜보는 에리카

2023 라비앙 에이미 × 니트카페 트렁크 쇼

1/한국 니터와 이야기 나누는 라비앙 에이미
2/전시된 라비앙 에이미의 작품과 실 3/실을 추천해주며 작품 아이디어를 공유하는 에이미

지난 10월 13~14일 이틀 동안 니트카페에서 인기 뜨개 작가 라비앙 에이미의 트렁크 쇼가 열렸습니다. 비비드한 색감이 매력적인 라비앙 에이미 실과 작품들, 그리고 한국에서의 트렁크 쇼를 위해 준비한 특별 에코백까지 니트카페 곳곳에 자리를 잡았습니다. 이틀 동안 진행된 쇼에서 에이미는 한국의 니터들과 사진도 찍고 출간한 책에 사인을 하며 즐거운 시간을 가졌습니다. 트렁크 쇼에 방문한 니터들은 에이미가 뜬 작품들을 만져 보고 입어 보았는데요, 컬러나 소재를 고민하는 니터들에게 에이미는 적극적으로 실을 추천해주기도 했습니다. 이번 내한에서 제일 많은 관심을 받은 실은 새로 나온 '웬슬리' 실이었습니다. 고품질의 포크랜드 메리노와 라비앙 에이미의 유니크한 울 섬유가 섞인 이 실은 캐시미어만큼 부드러우면서 가볍고 또 10가지 색상으로 니터들의 눈을 사로잡았습니다.

 프리미엄 손뜨개 편집샵 니트카페

 홈페이지　 인스타그램　 YouTube

tarae.shop
www.taraeshop.com
서울시 강남구 도산대로37길 39 4층

프리미엄 뜨개실과 니팅 클래스가 있는 곳.
타래상점

김말임 손뜨개 스튜디오입니다.
당신의 시야를 넓혀줄 다양한 뜨개 책을 만나보세요.

서울시 종로구 인사동길 59

myKnit studio

Couture Arrange

시다 히토미의 쿠튀르 어레인지

플레어 슬리브 풀오버

photograph Hironori Handa styling Masayo Akutsu hair&make-up Yuri Arai model Cosima (173cm)

《쿠튀르 니트 6》 중에서
중심에 다이아몬드 무늬를 배치한 버블뜨기 스웨터였어요.

겨울에는 따뜻한 방에서 느긋하게 뜨개질을 하는 사치를 즐겨보는 건 어떨까요. 그런 시간을 보내는 데 제격일 듯한 전체 무늬로 뜨는 맛이 있는 풀오버를 소개합니다.

이번에는 《쿠튀르 니트》에서 교차무늬가 3종 세로로 연결되는 풀오버를 어레인지해 봤습니다.

실은 무늬가 또렷이 보이고 뜨기 쉬운 울 100%의 스트레이트 얀. 색상은 어떤 무늬도 받아들여주는 천연색입니다. 교차무늬의 메인인 매듭뜨기의 다이아몬드 무늬만을 남기고 대폭 어레인지해 전혀 다른 인상의 풀오버가 되었습니다. 소맷부리와 밑단에는 삼각 덧댐면을 넣어 플레어를 만들었습니다. 천을 잘라 꿰맸어야 할 삼각 덧댐면도 뜨개라면 서서히 코를 줄이는 것으로 실을 자르지 않고 뜰 수 있습니다. 평소라면 무늬의 크기에 변화를 주거나 무늬 사이의 코를 늘려서 넓히지만, 이번에는 거기에 무늬가 다른 삼각 덧댐면을 넣어 지금까지와는 다른 방식으로 떠보았습니다. 저에게는 재미있는 시도로, 삼각 덧댐면의 가능성은 앞으로 더욱 넓어질 것 같습니다.

detail

매듭뜨기로 둥그스름한 다이아 교차무늬가 번갈아 이어져 전체 무늬를 이루고 있습니다. 다이아 안에는 매듭뜨기 레이스, 다른 한쪽에는 내려뜨는 버블과 지그재그 레이스를 넣고, 이 2개의 다이아몬드 무늬를 반복합니다.

밑단과 소맷부리는 무늬와 무늬 사이에 1코 2단의 멍석뜨기 삼각 덧댐면을 넣어 뜹니다.

칼라는 몸판과의 경계에 안뜨기 라인을 넣었습니다. 칼라 중앙에 겹침이 있으므로 코줍기와 기초코에 주의해서 떠주세요. 칼라 끝단은 되돌아뜨기로 뜨고 1코 돌려 고무뜨기로 코막음합니다. 밑단, 소맷부리 테두리에는 가터뜨기를 2단, 겉을 보고 안뜨기 덮어씌우기로 코막음합니다.

《쿠튀르 니트 6》 중에서
Knitter／마키노 게이코
How to make／P.204
Yarn／다이아몬드 모사, 다이아 타스마니안 메리노
Pants／SLOW 오모테산도점

오카모토 게이코의 Knit +1
니트 +원

멋을 부리고 외출하고픈 날도 많은 겨울.
비장의 샤넬풍 재킷과 베스트를 전해드려요.

photograph Shigeki Nakashima styling Kuniko Okabe, Yuumi Sano
hair&make-up Hitoshi Sakaguchi model XENIA(176cm)

가을호에 이어 니트에 쓰이는 동물의 털 섬유를 소개하는 두 번째 시간입니다.

캐멀은 낙타 털로 만듭니다. 쌍봉낙타가 1년에 한 번 털갈이하는 시기에 나오는 안쪽의 부드러운 털만 실로 사용한다고 합니다. 가늘고 길고 가벼우며 폭신폭신합니다. 또한 광택도 있는 데다 보습성까지 뛰어납니다. 그리고 아직 그리 친숙하지 않은 야크는 티베트 지방의 고지에서 가축으로 키우는 소의 털을 빗으로 빗어서 채취한 부드러운 부분만을 사용해 만듭니다. 광택이 있고 부드럽고 보습성과 통기성이 뛰어난 희소한 실입니다.

세이블은 북유럽, 시베리아, 중국 동북 지방 등에 서식하는 검은담비라는 족제빗과 동물로, 고급 모피로 알려져 있습니다. 러시안 세이블이라는 최고급 모피의 이름은 들어본 적 있을 거예요. 세이블의 털은 무척 가늘고 털 속이 비어 있어 가볍고 보습성이 뛰어나지만, 털 길이가 짧아서 캐시미어 등과 혼방해서 실로 만듭니다.

그리고 이번 샤넬풍 재킷과 베스트에는 모헤어를 사용했습니다. 모헤어는 동물 이름이 아니라 앙고라염소에서 채취하는 털을 모헤어라고 부릅니다. 익숙한 이름이지만 어떤 동물인지는 몰랐던 분도 많지 않나요? 모헤어는 실크 같은 광택이 있고 탄력성과 내구성이 대단히 좋은 섬유예요. 부드럽고 촉감도 좋고 무엇보다 가볍습니다. 형태가 망가지지 않는 이점도 있습니다. 이번에 사용한 '카사타'는 포인트로 네프 얀을 연사한 약간 굵은 모헤어입니다. 가벼운 실이므로 베스트와 재킷을 세트로 만들어 입어도 멋스럽습니다.

오카모토 게이코(岡本啓子)
아틀리에 케이즈케이(atelier K's K) 운영. 니트 디자이너이자 지도자로 왕성하게 활동하고 있다. 한큐 우메다 본점 10층에 위치한 케이즈케이의 오너이자 공익재단법인 일본수예보급협회 이사. 저서로는 《오카모토 게이코의 손뜨개 코바늘뜨기》가 있다.
http://atelier-ksk.net/
http://atelier-ksk.shop-pro.jp/

카사타. 드라제. 마카롱.

오른쪽/샘 포켓과 밑단의 프린지가 포인트인 베스트는 주연급 존재감. 재킷과 세트로도 착용할 수 있는 디자인입니다.

Knitter／나카가와 요시코
How to make／P.208
Yarn／드라제, 카사타

왼쪽/체크무늬에 검은색 트리밍으로 바짝 긴장감을 줬어요. 점선 같은 흰 라인이 부드러움과 리듬을 더해줍니다.
Knitter／모리시타 아미
How to make／P.210
Yarn／카사타, 드라제, 마카롱

독자 코너

내가 만든 '털실타래' 속 작품

〈털실타래 Vol.5〉 11p
송(@song.knit)

실: 열매달 이틀 아람콘사(워터민트)
겉뜨기, 안뜨기만으로 예쁜 무늬가 만들어지는 건지 니트에요. 도안보다 짧게끔 길이만 변경했더니 예쁜 오버핏 니트가 되었어요! 포근하고 따뜻한 아람콘사와 잘 어우러져서 겨울 내내 데일리템으로 잘 입고 있습니다. :)

〈털실타래 Vol.1〉 41p
이학선(@sot_danji_son_man_se)

실: 낙양모사 에이케시미어
캐시미어의 감촉이 솜털같이 가볍고 부드러워 기분이 좋아집니다. 배색과 무늬가 이뻐서 보고 있으면 봄날같이 따뜻해지는 느낌에 행복해지네요. 손뜨개를 오래했지만 새로 만난 라운드 요크 방법으로 새 기법도 배우며 도안 그대로 재미있게 완성했어요.

〈털실타래 Vol.2〉 20p
십미호

실: 비바진 복합사
비바진에서 사은품으로 받은 서로 다른 6겹의 실이 합사되어 있는 복합사와 4.5mm 대바늘로 떴습니다. 도안에서 제시한 크기보다 코를 줄여 손 크기에 맞췄습니다. 단색 옷에 포인트도 되고 손도 따뜻해 집안에서도, 외출시에도 애정템입니다.

〈털실타래 Vol.4〉 26p
스윗얀(@pompom_moon, 네이버 블로그 sweetyarn)

실: 삼원 실크로드 면사
평소엔 대바늘 스웨터를 주력으로 뜨는데요, 칼라와 스캘럽 무늬에 반해서 코바늘을 잡을 수밖에 없었습니다! 코바늘 차트 도안이라서 기호만 보고 뜨면 되는데 왜 자꾸 틀렸던 것일까요? 부족한 실력 때문에 뜨는 과정은 순탄치 않았지만 완성된 편물이 정말 예뻐서 뿌듯했습니다. 내 손으로 만들어내는 기쁨! 바로 이 맛에 뜨개를 하지요. :)

〈털실타래 Vol.5〉 50p
깨비(lek0108)

실: 램스울 4합(보라색, 분홍색)
생각보다 옷길이가 짧게 나와서 잘못 뜬 건가? 실이 달라서 그런가? 하고 도안을 다시 보았더니 원래 짧게 뜨는 거더라고요. 저는 키가 작아서 일부러 짧게 떠 입는 편인데 이 옷은 길이를 줄일 필요가 없습니다. ㅎㅎ 키가 크신 분들은 기장을 좀 더 늘려서 뜨시면 될 것 같습니다. 품도 딱 적당해서 제 맞춤옷 같아 잘 입고 다닌답니다. ^^

〈털실타래 Vol.1〉 92p
세상

실: 서틀 드리프터(포세린, 크림 컬러)
다이아몬드 무늬와 드롭숄더 부분이 마음에 들어서 뜨기 시작했어요. 소매 부분을 시작하려니 실이 부족해서 다른 색으로 해봤는데 의외로 잘 어울려서 더욱 좋아하는 옷이 되었어요.

독자분들이 뜬 〈털실타래〉 속 작품을 소개합니다!
원작의 느낌을 살려 완성한 작품, 취향대로 디자인을 조금 변형한 작품, 다른 색으로 떠 새로운 느낌으로 만든 작품까지 모두 만나 보세요.
〈털실타래 Vol.1~6〉 속 작품을 만드셨다면 SNS에 사진과 해시태그(#털실타래)를 함께 업로드해 주세요!

구성·편집 : 편집부

〈털실타래 Vol.5〉 16p
크림(@theorganic32)

살: 니트컨테이너, 여러 콘사 합사
털실타래 2023 가을호를 통해 겉뜨기와 안뜨기만으로도 예쁜 무늬를 만들 수 있는 건지 니트를 알게 되어 기쁩니다. 무늬가 과하지 않고 차분하면서도 예쁜 포인트를 줄 수 있다는 점이 마음에 쏙 들어요. 아란 니트보다 가볍다는 점도 장점이네요!

〈털실타래 Vol.2〉 12p
져니(@n_juuni_o.o)

살: 열매달 이틀 하루(베이지), 연화(그린)
털실타래 첫 구매 계기가 된 귀여운 아란 조끼! 달랑 차트 도안만 있어 겁먹기 쉽지만 하나하나 뜨다 보면 그리 어렵지 않았어요. 귀여운 버블과 아란무늬, 그리고 옆 라인에 리본까지 포인트라니 완벽해요. 내가 직접 뜬 아란무늬가 가득한 뜨개들은 정말 사랑이에요!

〈털실타래 Vol.1〉 93p
키키(@pororong_diary)

살: 앙고라골드 인디살몬 1합(2볼 미만), 얀스케치 모헤어 엠버 1합(5볼)
털실타래 첫 호 'simple is best'에 실린 멍석무늬 카디건입니다. 겉뜨기와 안뜨기만 할 줄 알면 뜰 수 있는 간단한 디자인입니다. 짧아서 더 귀여운 칼라와 소매와 밑단의 엣지가 포인트인 쉬우면서도 센스 있는 도안입니다. 봄가을이면 자꾸 손이 가는, 가볍게 입기 좋은 카디건이에요:)

〈털실타래 Vol.5〉 42p
올리디(나에게서당신에게)

살: 나염 모헤어 + 흰색 모헤어 합사
날이 쌀쌀해지기 전에 숄을 뜨려고 했는데 마침 마음에 쏙 드는 숄이 가을호에 수록되어 운명인가 하고 떴어요. 쉬운 도안인데 뜨는 동안 지루하지 않고 무늬가 정말 예뻐서 강추합니다. 뜨기 쉽고 예쁘게 나오는 도안이 가득한 〈털실타래〉, 너무 좋아요!

〈털실타래 Vol.5〉 24p
민정미(니트정원)(@knit_garden_mjm)

살: 엑스드울FL
너무나 귀엽고 따뜻한 옷. 배색이 주는 즐거움도 같이한 옷. 그러므로 뜨개의 즐거움도 같이한 옷입니다.

〈털실타래 Vol.5〉 12p
사월(@saurus_theknitter)

살: 열매달 이틀 아람콘사(피치베이지)
올록볼록 무늬가 안뜨기와 겉뜨기만으로 만들어지는 재밌는 도안이에요! 전 원작보다 고무단을 조금 더 짧게 떠서 길이 조절을 해 주었습니다.

수예 신간 도서 소개

52주의 숄
사계절 내내 즐기는 아름다운 손뜨개 스카프

레인 저 | 조진경 역 | 한스미디어 | 272쪽 | 33,000원

여름철 실내에서 가볍게 두르는 얇은 숄부터 겨울 코트에 어울리는 포근한 숄까지 계절별 숄을 책 한 권에 알차게 담았다. 여러 편물 디자이너들이 디자인한 작품들을 모았기 때문에 모두 다른 크기와 무늬, 색, 기법으로 이루어져 다양한 숄과 스카프를 만들 수 있다. 니터라면 도전 욕구가 샘솟는 아이템, 숄과 스카프 52가지를 만나보자.

좋아하는 모양으로 뜨는 가방
에코안다리아 코바늘 가방 뜨기

로니크 저 | 방현희 역 | 미호 | 100쪽 | 18,000원

세련되고 가벼운 실 에코안다리아로 뜨는 코바늘 가방! 이 책에서는 바닥 패턴 5개, 본체에 사용하는 뜨개 무늬 100개, 손잡이 6종류를 알려줘 총 3,000개의 가방 패턴을 만들 수 있다. 기존에 가방을 뜨는 방식을 뛰어넘는, 다양한 무늬와 패턴 중 마음에 드는 것을 고르고 떠서 나만의 가방을 만들어보자. 에코안다리아 말고도 다른 실을 사용하면 또 새로운 느낌의 가방을 완성할 수 있다.

사계절 코바늘 가방
쉽게 만들어 편하게 메는 니트백

박강혜(사탕가루) 저 | 예문아카이브 | 144쪽 | 16,000원

나를 위한 뜨개 가방을 직접 만들어보는 것은 어떨까? 처음 뜨개를 하는 사람도 쉽게 따라 만들 수 있도록 기초 기법을 중심으로 도안을 만들었고 두툼한 실로 빠르게 완성할 수 있는 도안도 많다. 네트백, 봉지 가방 스타일의 스트라이프 백, 그래니 토트백, 크로스백, 빅 백 등 다양한 디자인도 가득해 취향대로 골라 뜰 수 있다.

에코안다리아로 떠서 즐기는
코바늘 키즈 모자 & 가방 세트

애플민초 저 | 제리 역 | 오롯한날 | 64쪽 | 15,000원

에코안다리아를 사용한 어린이용 모자와 가방 디자인 12세트를 제시한다. 모자와 가방에 공통의 포인트를 넣어 세트로 사용할 수 있도록 디자인되어 있으며 어린이가 편하게 사용하도록 가방은 모두 포셰트나 배낭 형식이다. 상세한 그림 도안과 함께 손질법 및 기초 기법, 재료 소개 등도 담아 코바늘에 능숙하지 않은 사람도 작품을 완성할 수 있다.

산뜻하고 시원한 플랙스로 뜨는
봄여름의 뜨개

아사히 출판 편집부 편 | 방현희 역 | 미호 | 112쪽 | 18,000원

마와 면으로 떠 청량하고 하늘하늘한 실, 플랙스. 피부에 닿는 촉감도 좋고 광택이 없어 평상복이나 외출복 등 폭넓게 사용하기 좋은 실이다. 이 책에는 플랙스로 뜨면 보기에도 입기에도 좋은 의류 도안을 잔뜩 수록했다. 반팔 비트부터 베스트, 비침무늬 카디건, 판초 스타일로 귀여운 핏을 살린 풀오버 등 다양한 디자인의 작품을 만들어보자.

바람공방의 마음에 드는 니트

바람공방 저 | 남궁가윤 역 | 한스미디어 | 96쪽 | 16,800원

아란무늬부터 페어 아일까지 다양한 종류의 니트웨어를 디자인하면서도 본인의 스타일을 놓치지 않아 세계적으로 유명한 뜨개 디자이너 '바람공방'! 이 책에서는 바람공방이 사심을 듬뿍 담아, 세련된 무늬와 예쁜 색의 실로 디자인한 니트웨어와 소품을 만나볼 수 있다. 꽈배기 무늬 풀오버, 배색무늬 카디건, 양면 스누드 등 매일 착용하고 싶은 아이템이 가득해 누구나 멋진 작품을 완성할 수 있다.

픽셀클로젯의
말랑말랑 솜인형 옷 만들기
초보자를 위한 핸드메이드 인형 옷 레슨

픽셀클로젯 저 | 한스미디어 | 176쪽 | 22,000원

말랑뽀짝한 솜뭉치를 위한 귀여운 옷 만들기 책. 재봉 초보자를 위한 기본 재료와 도구, 재봉 용어와 기법은 물론, 15cm와 20cm 솜인형을 위한 실물 크기 패턴도 수록했다. 맨투맨, 바지, 민소매 원피스, 후드티 등의 데일리 아이템부터 정장 재킷, 털조끼, 귀도리, 드레스, 한복 등 특별한 아이템까지 27가지 인형 옷과 아이템 만드는 방법을 알려준다. 귀여운 솜뭉치를 위한 옷을 직접 만들어보자!

도카이 에리카의 컬러 워크
다양한 색감을 즐기는 배색무늬 니트 손뜨개

도카이 에리카 저 | 김한나 역 | 김수산나 감수 | 지금이책 | 104쪽 | 16,800원

섬세한 배색무늬로 많은 인기를 얻고 있는 일본 손뜨개 니트 작가 도카이 에리카의 도안집. 귀여운 표정의 프렌치 불도그와 페르시안 고양이, 대비되는 색감이 조화로운 거리 풍경, 레트로풍 모자이크, 먹음직스러운 아이스크림 등이 손뜨개 작품의 모티브가 되었다. 특히 동일한 도안에 컬러와 형태의 변화를 주어 응용한 작품들이 눈길을 끄는데, 별다른 요령 없이 배색을 달리하는 것만으로 분위기가 확 바뀌는 것을 확인할 수 있다.

52주의 이지 니트

레인 저 | 조진경 역 | 한스미디어 | 264쪽 | 33,000원

북유럽의 감성이 듬뿍 들어간 니트 작품으로 유명한 '52주' 시리즈. 이번 책에서는 기존의 시리즈와 달리 베스트, 풀오버, 카디건, 양말, 모자, 스카프, 장갑 등 다양한 종류의 쉬운 작품들을 담았다. 그중에서도 특히 쉬운 작품들은 'Super Easy' 마크를 달아 뜨개가 처음인 사람도 뜨개를 즐길 수 있도록 신경 썼다. 물론, 숙련자도 감각적인 디자인과 톡톡 튀는 색감의 작품을 뜨며 힐링할 수 있을 것이다.

옷뜨는 김뜨개의
쉬운 니트 레시피
오래오래 자주 입을 만한 니트 17가지

김정아 저 | 동양북스 | 284쪽 | 24,000원

처음 뜨개옷을 만드는 니터들이 제일 먼저 찾는 크리에이터 '옷뜨는 김뜨개'의 책. 그동안 유튜브를 통해 사랑받아 온 니트와 새로 선보이는 니트까지 총 17가지의 니트를 알차게 담았다. 무늬가 없는 스웨터, 카디건, 베스트를 떠 보며 기본기를 쌓고 꽈배기 무늬, 배색 무늬 등 기본 디자인에서 살짝 변형되었지만 전혀 다른 느낌의 니트를 만들어 보자. 상세하고 친절한 설명과 영상을 따라 차근차근 따라하면 어느새 멋진 니트가 완성된다.

김대리의 데일리 뜨개
누구나 쉽게 완성하는 감각적인 니트와 소품 14

바늘이야기 김대리 저 | 웅진리빙하우스 | 232쪽 | 21,000원

누적 조회수 5000만 뷰, 뜨개 유튜버 1위 베스트셀러 저자 바늘이야기 김대리의 세 번째 책. '뜨기 쉬운' '입기 편한' '보기 예쁜' 3가지에 집중해 김대리만의 스타일로 구성된 14가지 도안을 담았다. 사계절 내내 즐길 수 있는 의류와 다양한 소품들은 김대리가 오랜 시간 공들여 완성한 작품들로, XS에서 3XL 사이즈까지 두루 도전할 수 있다.

유월의 솔의 투데이즈 니트
다양한 실루엣과 구조의 대바늘 뜨개 옷과 소품

유월의 솔 저 | 한스미디어 | 216쪽 | 24,000원

같은 뜨개 옷이라도 유월의 솔이 선보이는 옷은 어딘가 더 감성적이다. 옷과 소매 끝을 장식하는 아름다운 무늬와 프릴, 옆트임 등의 섬세한 디테일이 돋보이는 작품들이 가득한 이번 책에서는 최대한 다양한 방식으로 만드는 뜨개 옷을 소개한다. 또한 스탠더드, 크롭, 요크, 래글런 슬리브, 드롭숄더 등 다채로운 핏과 실루엣의 옷을 담아 책 한 권으로 더 넓고 깊은 뜨개 세계를 경험할 수 있다.

비기너를 위한 신·수편기 스이돈 강좌

스윽스윽 뜨다 보니 자꾸 즐거워지는

이번에는 교차뜨기에 도전해봅시다.
'옮김바늘'을 사용해 코를 교차시켜 꽈배기무늬를 떠봐요.

photograph Hironori Handa styling Masayo Akutsu hair&make-up Yuri Arai model Cosima(173cm)

2겹으로 된 스누드는 서로 다른 소재로 뜬 고리를 2개 연결했어요. 소재의 특징을 살려서 메리야스뜨기와 교차뜨기로 완성했습니다. 옮김바늘과 타피를 사용해 교차뜨기에 도전해봐!

Design／오쿠무라 리에코(실버편물연구회)
How to make／P.213
Yarn／NV 얀 NAMIBUTO, LOOP
Shirts／SLOW 오모테산도점

스누드는 왼쪽 페이지와 메리야스뜨기의 컬러와 소재를 다르게 했어요. 핸드워머의 중심에 넣은 무늬는 교차 방향을 대칭으로 한 것뿐입니다. 기본 기법은 같은데 살짝 바꾸는 것만으로 다른 무늬로 변신합니다. 스누드와 세트로 착용해도 멋스러워요.

Design/오쿠무라 리에코(실버편물연구회)
How to make/P.213
Yarn/NV 얀 NAMIBUTO, MOHAIR
One-piece/하라주쿠 시카고 하라주쿠점

풀오버는 중심에 조금 큼직한 교차무늬를, 양옆에는 간격이 다른 교차무늬를 넣어서 떠봤어요. 무늬를 조합하거나 콧수나 단수를 바꿔서 자신만의 오리지널 작품도 만들 수 있어요.

Design／오쿠무라 리에코(실버편물연구회)
How to make／P.214
Yarn／퍼피 브리티시 에로이카

Pants／SLOW 오모테산도점

옮김바늘 1-2
※ 아미무메모 본체에 딸려 있습니다.

옮김바늘 1-3
※ 옵션입니다.

옮김바늘 2-3
※ 옵션입니다.

신·수편기 스이돈 강좌

입체적인 무늬가 재미있는 교차무늬.
기계뜨기에서는 옮김바늘을 사용해서 코를 교체할 뿐인 간단한 조작이 매력.
타피 되돌리기와 함께 기계뜨기다운 조작이에요.

촬영/모리야 노리아키

왼코 겹쳐 3코 교차

1
교차 위치까지 뜨고, 양옆의 코를 1코씩 내립니다.

2
왼쪽의 3코를 옮김바늘 A로 줍습니다.

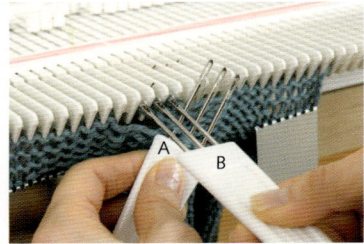

3
오른쪽의 3코를 옮김바늘 B로 주워서 2에서 생긴 빈 바늘에 겁니다.

4
2에서 주운 3코를 오른쪽의 빈 바늘에 겁니다.

5
1에서 내려둔 코를 풀어서 타피 되돌리기를 합니다. 타피 되돌리기를 하는 코가 2코일 경우는 1코씩 내려서 타피 되돌리기를 합니다.

6
교차한 바늘을 D 위치로 꺼내서 다음 단을 뜹니다.

7
겉에서 본 모습.

〈타피 되돌리기를 하는 타이밍〉

교차한 양옆의 코를 내리고 나서 조작하면 교차할 때 움직이기 쉬우므로 신축성이 적은 뜨개바탕이나 조작에 익숙하지 않을 때는 추천합니다. 교차 조작에 어려움이 없다면 먼저 양옆의 코를 타피 되돌리기를 하고, 코를 바늘에 건 채로 교차해도 됩니다.

오른코 겹쳐 3코 교차

1
교차 위치까지 뜨고, 양옆의 코를 1코씩 내립니다.

2
오른쪽의 3코를 옮김바늘 A로 줍습니다.

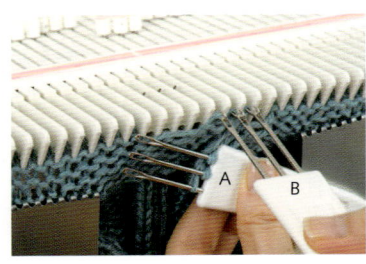

3
왼쪽의 3코를 옮김바늘 B로 주워서 2에서 생긴 빈 바늘에 겁니다.

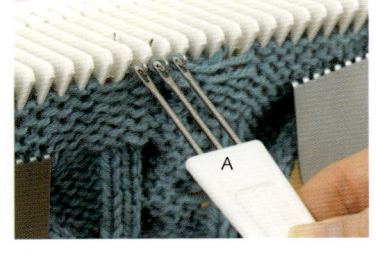

4
2에서 주운 2코를 왼쪽의 빈 바늘에 겁니다.

5
1에서 내린 코를 풀어서 타피 되돌리기를 합니다. 타피 되돌리기를 하는 코가 2코일 경우는 1코씩 내려서 타피 되돌리기를 합니다.

6
교차한 바늘을 D 위치로 꺼내서 다음 단을 뜹니다.

7
겉에서 본 모습.

한스미디어의 뜨개 추천 도서

자꾸 손이 가는 '갖고 싶은 뜨개옷'
마마랜스의 감각적인 옷과 소품 17가지

마마랜스의 일상 니트
누구나 쉽게 즐길 수 있는 뜨개옷과 소품 17

이하니 지음 | 200쪽 | 22,000원

감성적인 색감, 세련된 핏, 꾸준히 사랑받는 패턴으로 유명한, 마마랜스의 니트를 소개합니다. 퍼프 소매가 사랑스러운 플럼 레이디 스웨터와 카디건, 누구나 멋지게 어울리는 코안도르 스웨터, 인기 만점 오슬로 스웨터를 변형해 만든 오슬로 원피스, 완벽한 형태의 베레모와 귀엽고 깜찍한 이어워머 등 정말 갖고 싶은 디자인의 니트 17가지를 알차게 담았습니다.

인기 뜨개 클래스 니팅테이블과 함께하는
포근하고 세련된 손뜨개 니트 & 소품 15가지

니팅테이블의
대바늘 손뜨개 레슨

이윤지 지음 | 176쪽 | 18,000원

초보 니터부터 뜨개 마니아까지 누구나 멋진 뜨개 작품을 완성할 수 있도록 니팅테이블의 대바늘 뜨개 기법과 노하우를 듬뿍 담았습니다. 모자, 베레모, 베스트, 카디건, 풀오버 등 따뜻하고 멋스러운 다양한 겨울 대바늘 작품을 15가지 수록했습니다. '초보자를 위한 가장 친절한 수업'으로 정평이 난 니팅테이블의 뜨개 기본기부터 그림 도안과 서술 도안을 함께 수록해 누구나 어렵지 않게 나만의 작품을 완성할 수 있어요.

전 세계 니터들의 베스트셀러!
북유럽 감성이 가득한 52켤레의 뜨개 양말

52주의 뜨개 양말

레인 지음 | 서효령 옮김 | 256쪽 | 29,800원

감각 있는 편물 디자이너들이 디자인한 양말을 한 권의 책으로 모아 소개합니다. 일 년 동안 한 주에 한 켤레씩 뜰 수 있도록 52켤레의 양말을 담았습니다. 도톰하고 포근한 양말부터 비침무늬를 활용해 바람이 잘 통하는 양말, 덧신까지 담아 다양한 작품들을 만날 수 있어요. 이 책을 따라 일 년 내내 양말 뜨개를 즐겨보세요.

뜨개 베스트셀러 '52주' 시리즈 2편!
사계절 내내 즐기는 아름다운 손뜨개 스카프

52주의 숄

레인 지음 | 조진경 옮김 | 272쪽 | 33,000원

사계절 내내 즐길 수 있는 북유럽 감성 가득한 숄과 스카프 52가지를 소개합니다. 여름철 실내에서 가볍게 두르는 얇은 숄부터 겨울 코트에 어울리는 포근한 숄까지 계절별 숄을 책 한 권에 알차게 담았습니다. 여러 편물 디자이너들이 디자인한 작품들을 모았기 때문에 모두 다른 크기와 무늬, 색, 기법으로 이루어져 다양한 숄과 스카프를 만들 수 있어요.

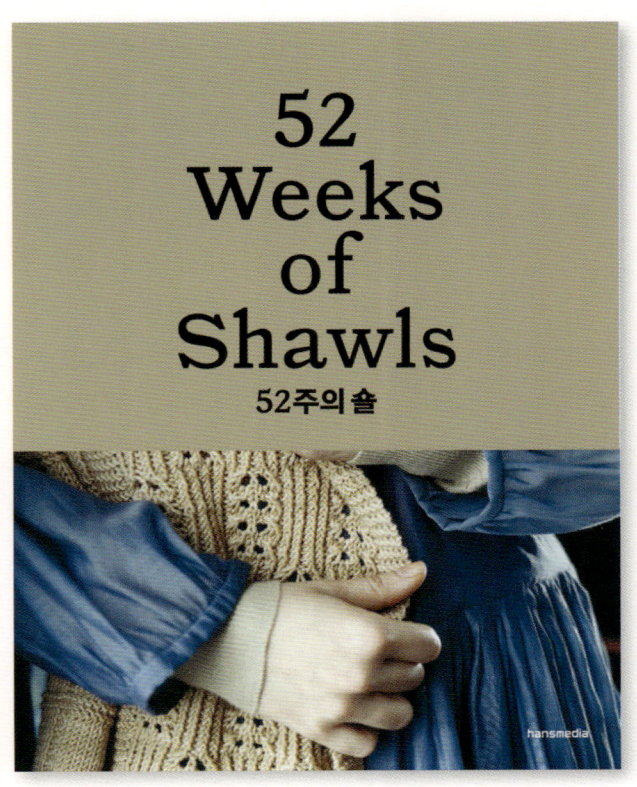

「뜨개꾼의 심심풀이 뜨개」
【제49회】 써서 접어서 건네서 전하는 「뜨개 편지」가 있는 풍경

어느 수업 중
칠판 필기를 옮겨 적고 있는데
콕 콕 콕
누가 등을 찌른다

돌아보니 작은 목소리로
「앞, 앞, 메리노한테 전달해줘__」
하트로 접은 편지지 편지

잠시 뒤
불쑥 뒤돌아보는 앞사람
「뒤쪽 알파카한테 전달해줘__」
딸기로 접은 루스 리프 편지

다음 수업 시간
오른쪽 끝 앞에서 한참 떨어진 내 자리에 도착한
병 모양으로 접은 메모지
열어보니
「오늘, 빵 뭘로 할래! 매점! 빨리 가자__!!」

하늘의 구름 올려다보며, 무얼 생각하니

뜨개꾼 203gow (니마루산고)
색다른 뜨개 작품 '이상한 뜨개'를 제작하고 있다. 온 거리를 뜨개 작품으로 가득 메우는 게릴라 뜨개 집단 「뜨개기습단」을 창설했다. 백화점 쇼윈도, 패션 잡지 배경, 미술관과 갤러리 전시, 워크숍 등 다방면으로 활동하고 있다.
https://203gow.weebly.com (이상한 뜨개 HP)

글·사진/203gow 참고 작품

노스탤지어 요크
13 page ★★★

파인 메리노

실을 가로로 걸치는
배색무늬뜨기

※ 일본어 사이트

재료
게이토피에로 파인 메리노 오프 화이트(01) 285g 10볼, 네이비 블루(14) 110g 4볼

도구
대바늘 6호·5호·4호

완성 크기
가슴둘레 108cm, 기장 60cm, 화장 70.5cm

게이지(10×10cm)
메리야스뜨기 22코×31.5단, 배색무늬뜨기 A·B 27코×29.5단

POINT
● 몸판·소매…별도 사슬로 기초코를 만들어 뜨기 시작해 뒤판·소매는 메리야스뜨기와 배색무늬뜨기 A, 앞판은 메리야스뜨기, 배색무늬뜨기 A·B로 뜹니다. 배색무늬뜨기는 실을 가로로 걸치는 방법으로 뜹니다. 목둘레의 줄임코는 2코 이상은 덮어씌우기, 1코는 가장자리 1코를 세우는 줄임코를 합니다. 소매 밑선의 늘림코는 1코 안쪽에서 돌려뜨기 늘림코를 합니다. 소매의 뜨개 끝은 덮어씌워 코막음합니다. 밑단·소맷부리는 기초코의 사슬을 풀어서 코를 주워 2코 고무뜨기로 뜹니다. 뜨개 끝은 겉뜨기는 겉뜨기로, 안뜨기는 안뜨기로 떠서 덮어씌워 코막음합니다.

● 마무리…어깨는 앞판을 뒤판의 콧수에 맞춰 줄임코를 하면서 덮어씌워 잇기를 합니다. 목둘레는 지정 콧수를 주워 배색무늬 2코 고무뜨기로 원형으로 뜹니다. 뜨개 끝은 도안을 참고해 덮어씌워 코막음합니다. 소매는 코와 단 잇기로 몸판과 연결합니다. 옆선·소매 밑선은 떠서 꿰매기를 합니다.

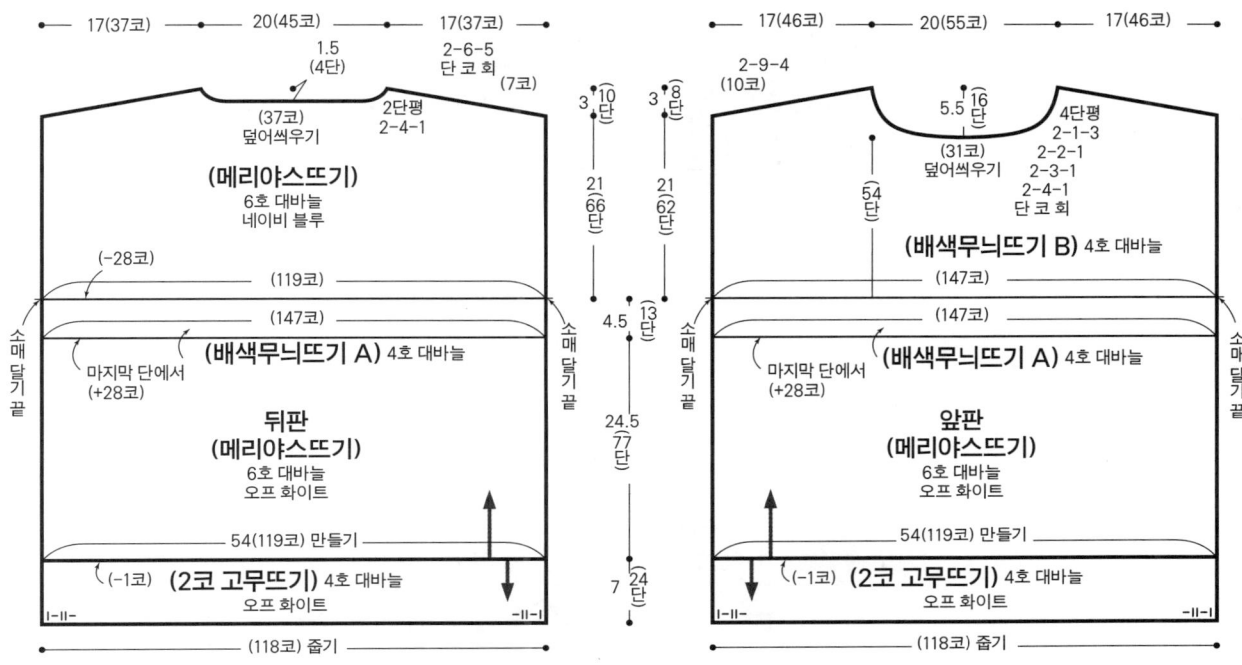

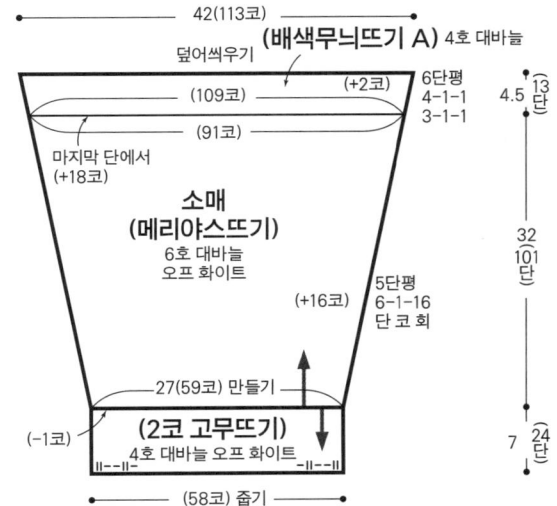

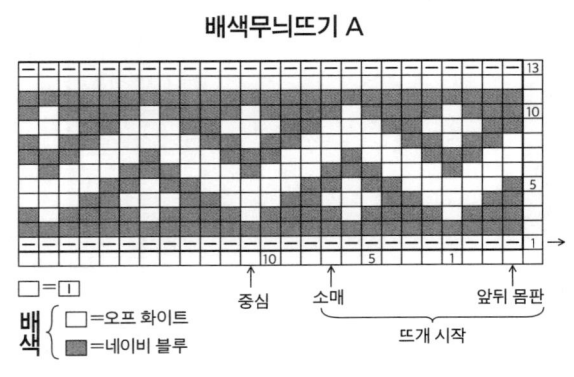

124페이지로 이어집니다. ▶

★ 개수는 작품을 선택하는 기준으로 참고해주세요. ★…초심자도 안심, ★★…자신이 조금 생겼다면, ★★★…끈기도 겸비한 중·상급자, ★★★★…솜씨에 자신 있음. 실은 실물 크기입니다.

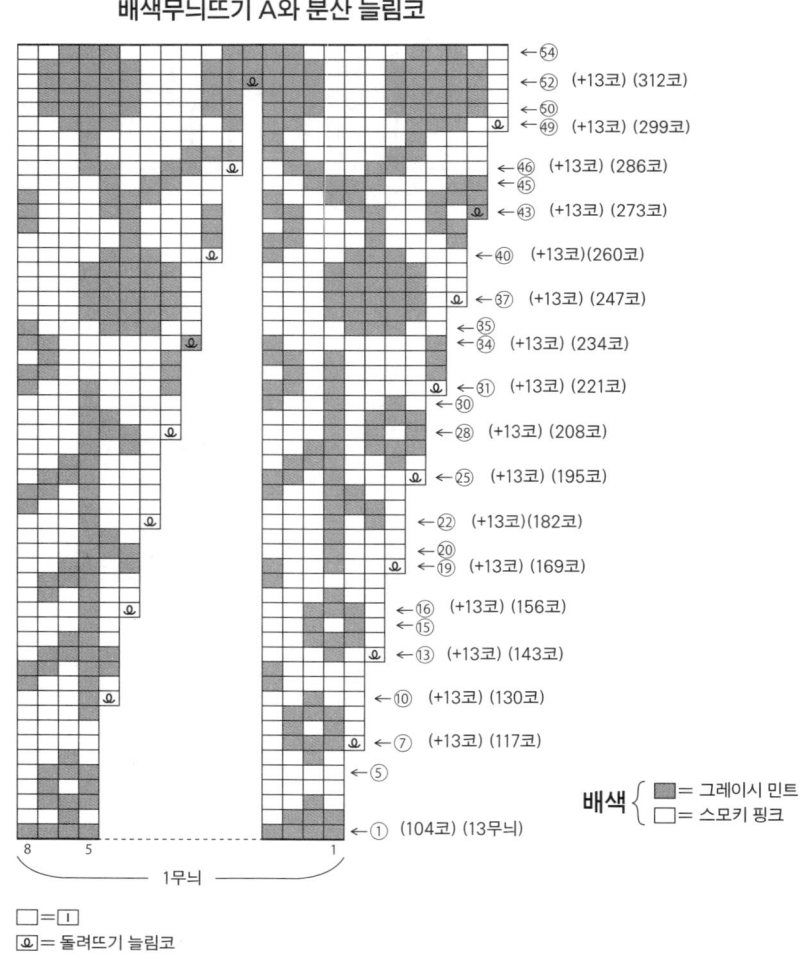

노스탤지어 요크
12 page ★★★

뉘아주(Nuage)

실을 가로로 걸치는
배색무늬뜨기

※일본어 사이트

1코 고무뜨기 코막음
(원형뜨기)

※일본어 사이트

재료
게이토피에로 뉘아주(Nuage) 스모키 핑크(02) 455g 12볼, 그레이시 민트(16) 85g 3볼

도구
대바늘 8호·6호

완성 크기
가슴둘레 108cm, 기장 59cm, 화장 74cm

게이지(10×10cm)
메리야스뜨기 20코×27단, 배색무늬뜨기 A·B 20코×24.5단

POINT
● 손가락에 실을 걸어서 기초코를 만들어 뜨기

시작해 목둘레를 1코 고무뜨기로 원형으로 뜹니다. 이어서 요크는 배색무늬뜨기 A로 뜹니다. 배색무늬뜨기는 실을 가로로 걸치는 방법으로 뜹니다. 분산 늘림코는 도안을 참고하세요. 뒤판에 앞뒤 단차로 메리야스뜨기를 8단 뜨고 거싯을 감아코로 만듭니다. 몸판은 앞뒤 몸판을 이어서 메리야스뜨기, 1코 고무뜨기로 뜹니다. 뜨개 끝은 1코 고무뜨기 코막음을 합니다. 소매는 요크의 쉼코·앞뒤 단차·거싯에서 코를 주워 메리야스뜨기, 배색무늬뜨기 B, 1코 고무뜨기로 뜹니다. 소매 밑선의 줄임코는 도안을 참고하세요. 뜨개 끝은 밑단과 같은 방법으로 정리합니다.

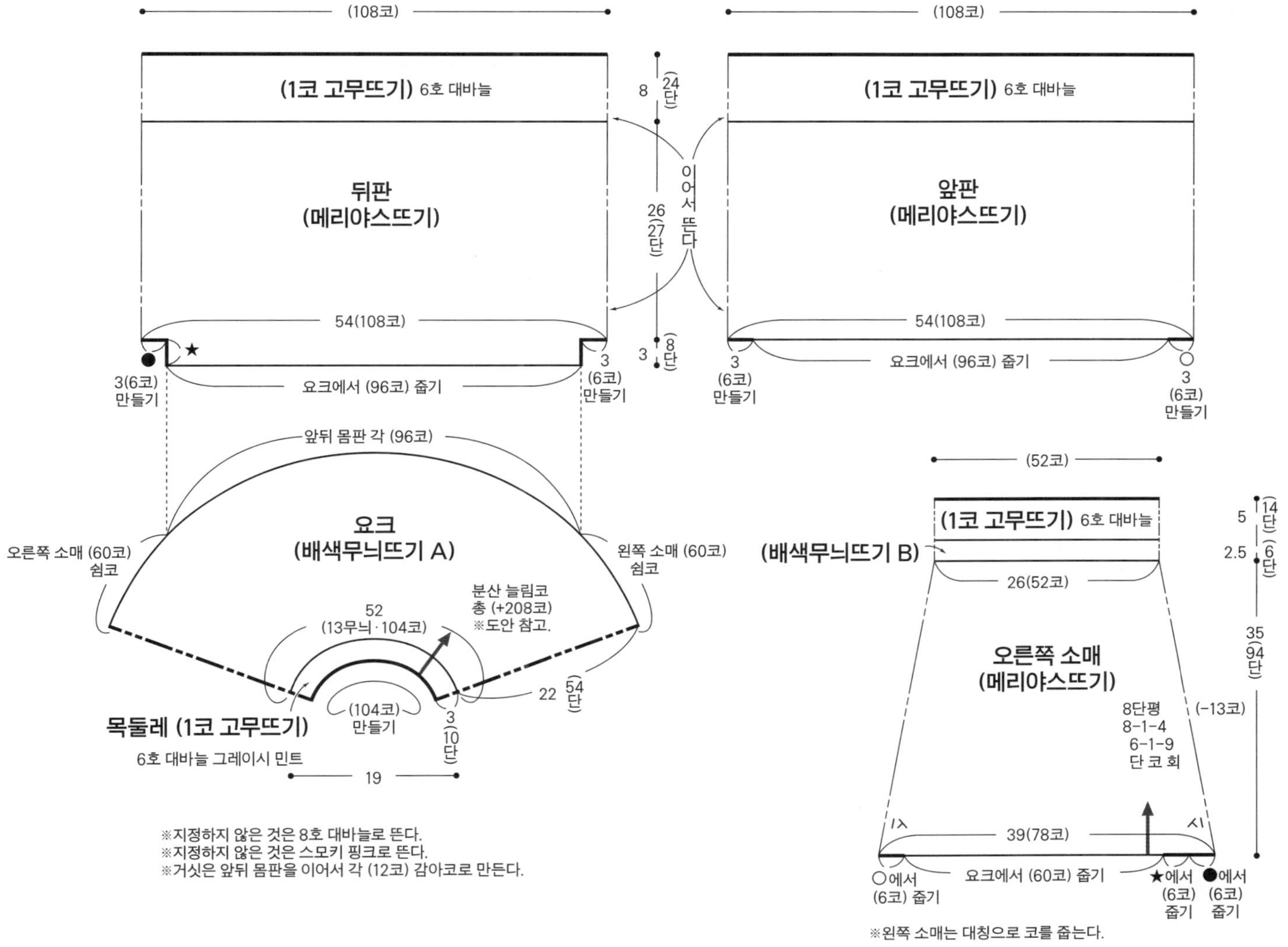

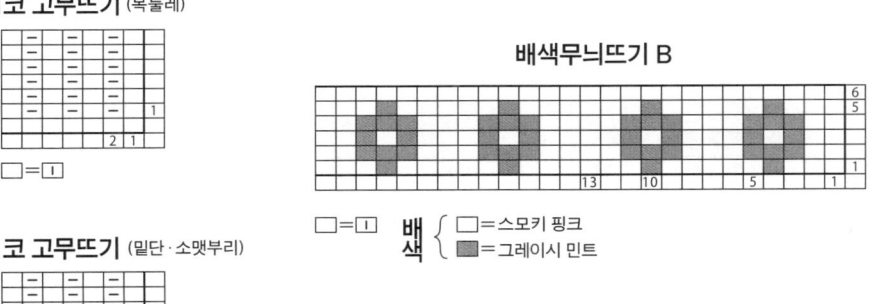

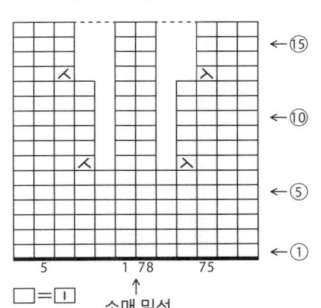

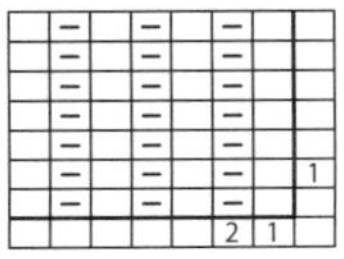

노스탤지어 요크
10 page ★★★

ururi

실을 가로로 걸치는
배색무늬뜨기

※ 일본어 사이트

재료
Keito ururi 차콜(07) 460g 5볼, 에크뤼(00) 60g 1볼, 하늘색(03) 50g 1볼, 핑크(01) 20g 1볼

도구
대바늘 8호·6호

완성 크기
가슴둘레 110cm, 기장 49.5cm, 화장 72cm

게이지(10×10cm)
메리야스뜨기 19코×26단, 배색무늬뜨기 A 20코×23단

POINT
● 몸판·소매…모두 2가닥으로 뜹니다. 손가락에 실을 걸어서 기초코를 만들어 뜨기 시작해 1코 고무뜨기, 메리야스뜨기로 원형으로 뜹니다.
● 마무리…요크는 몸판과 소매에서 코를 주워 도안을 참고해 줄임코를 하면서 배색무늬뜨기 A, 1코 고무뜨기 줄무늬 A, 배색무늬뜨기 B로 원형으로 뜹니다. 배색무늬뜨기는 실을 가로로 걸치는 방법으로 뜨는데 실이 길게 걸쳐질 때는 중간에 끼웁니다. 이어서 목둘레를 1코 고무뜨기 줄무늬 B로 뜨고 뜨개 끝은 덮어씌워 코막음합니다. 안으로 접어 감칩니다. 거싯의 코는 메리야스 잇기로 연결합니다.

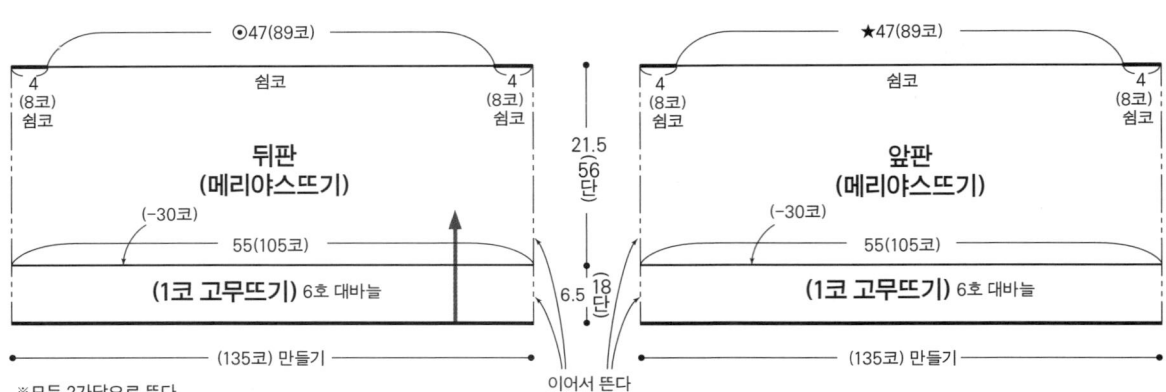

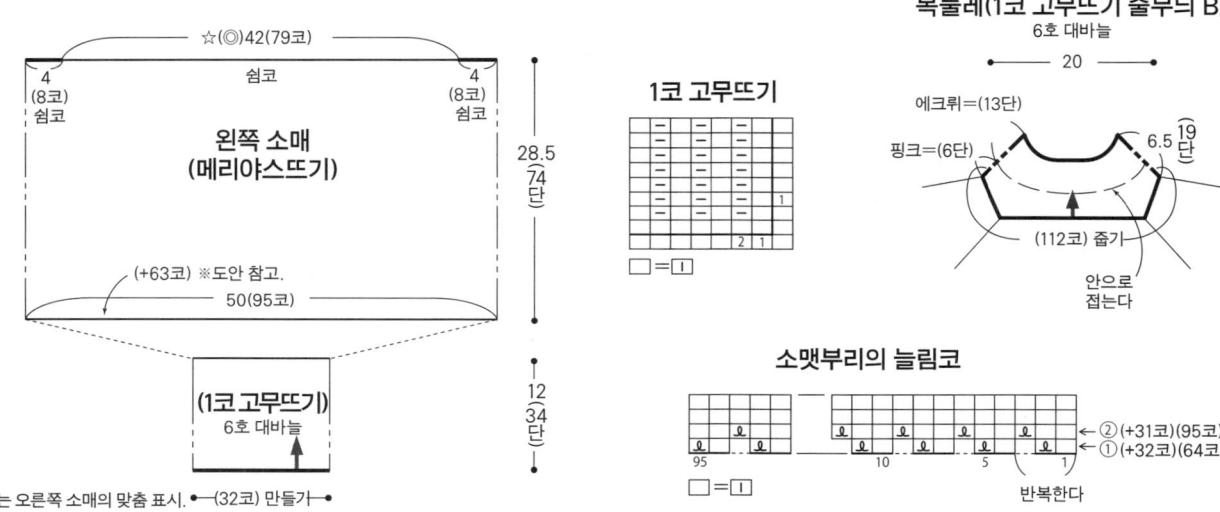

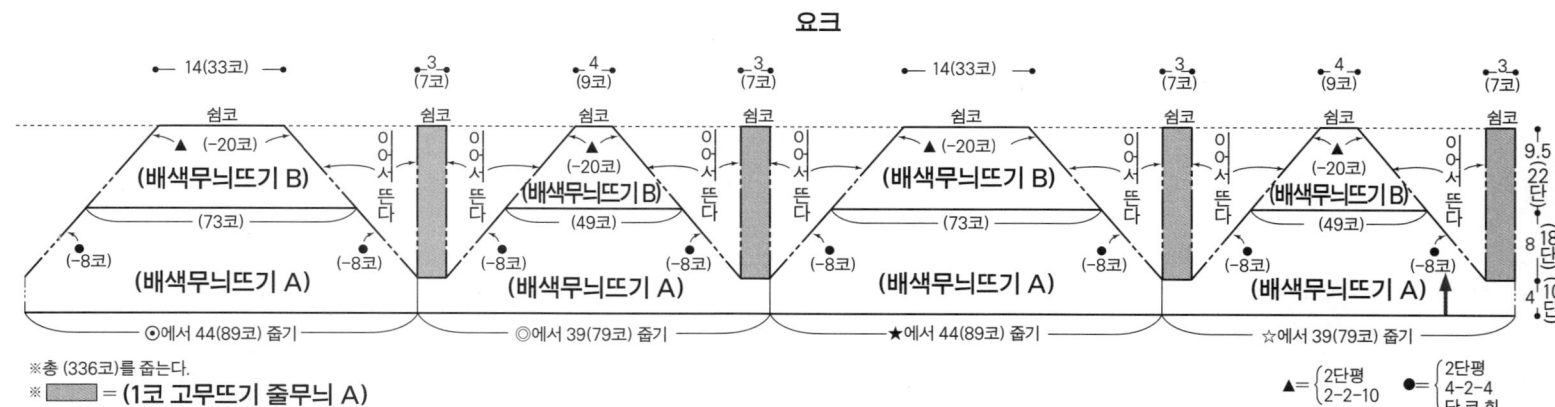

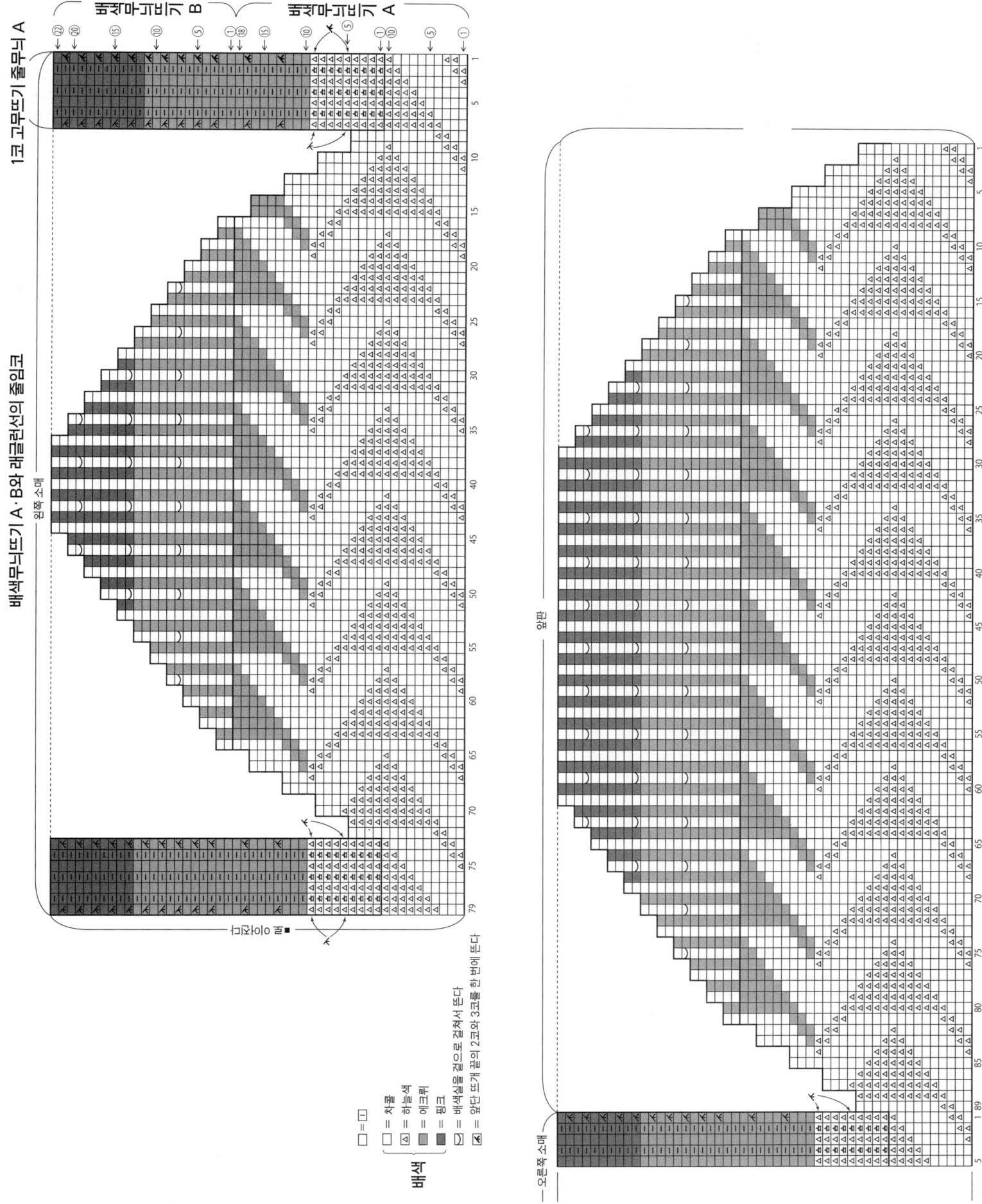

노스탤지어 요크

11 page ★★★

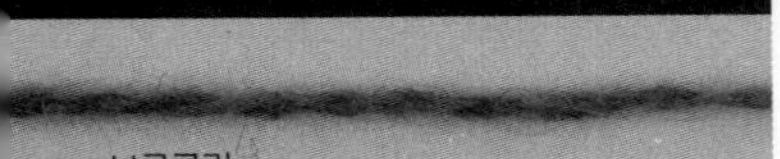

브루클린 w

재료
itoito 브루클린 w 갈색(25) 340g 7볼, 그레이(23) 65g 2볼, 황갈색(22) 5g 1볼

도구
대바늘 3호·4호·2호

완성 크기
가슴둘레 106cm, 기장 67.5cm, 화장 84cm

게이지(10×10cm)
메리야스뜨기 25코×33.5단, 배색무늬뜨기 25코×30단

POINT
● 몸판·소매…손가락에 실을 걸어서 기초코를 만들어 뜨기 시작해 1코 고무뜨기, 메리야스뜨기로 뜹니다. 소매 밑선의 늘림코는 1코 안쪽에서 돌려뜨기 늘림코를 합니다.
● 마무리…옆선·소매 밑선은 떠서 꿰매기, 겨드랑은 메리야스 잇기를 합니다. 요크는 몸판과 소매에서 코를 주워 분산 줄임코를 하면서 배색무늬뜨기, 메리야스뜨기로 뜹니다. 배색무늬뜨기는 실을 가로로 걸치는 방법으로 뜹니다. 목둘레의 되돌아뜨기는 도안을 참고해 뜹니다. 이어서 목둘레를 1코 고무뜨기로 뜹니다. 뜨개 끝은 겉뜨기는 겉뜨기로, 안뜨기는 안뜨기로 떠서 덮어씌워 코막음합니다.

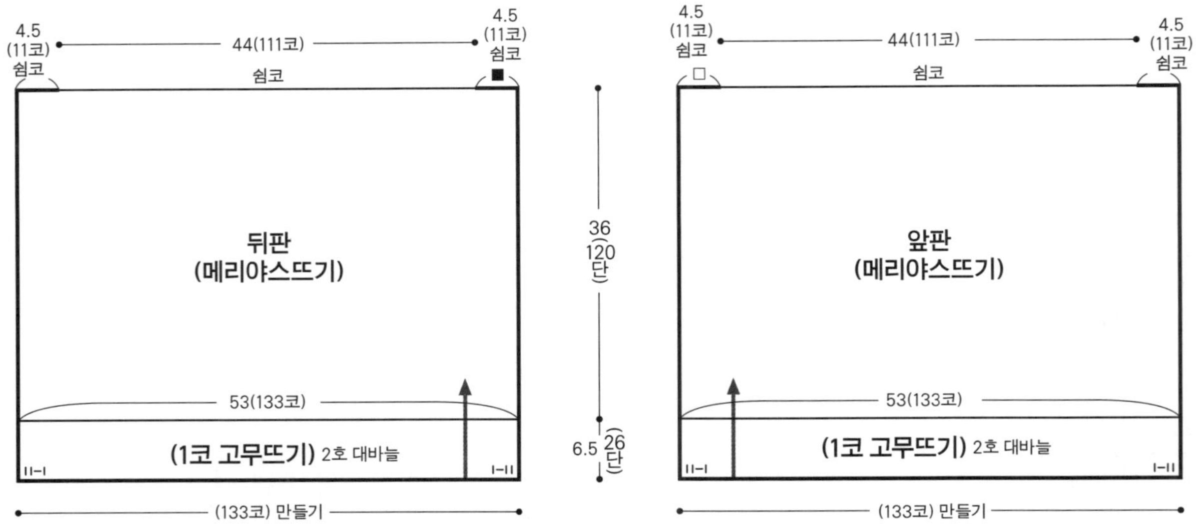

실을 가로로 걸치는 배색무늬뜨기

※일본어 사이트

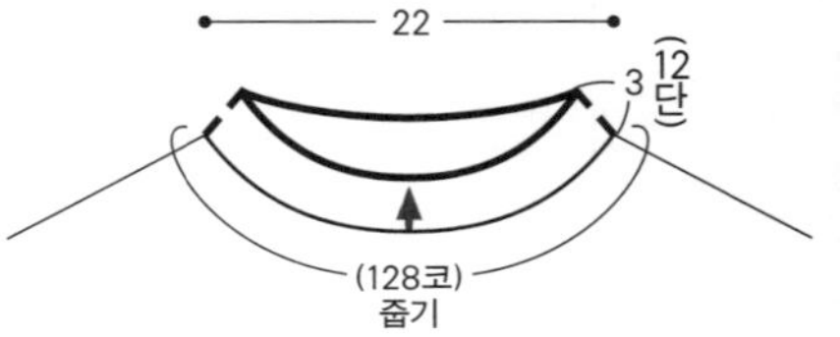

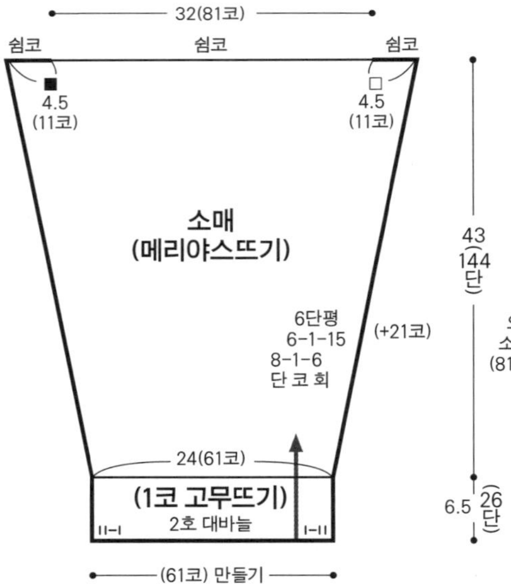

남기고 뜨기의 되돌아뜨기

※일본어 사이트

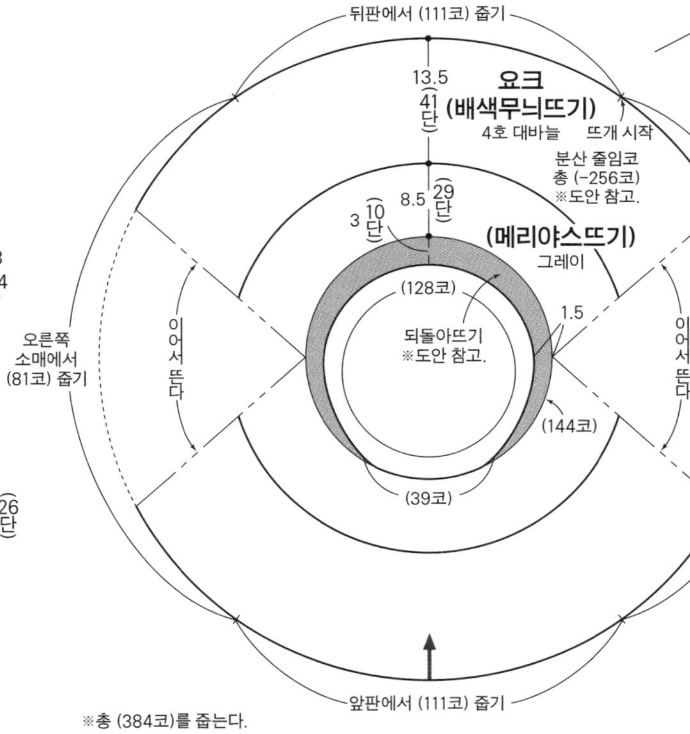

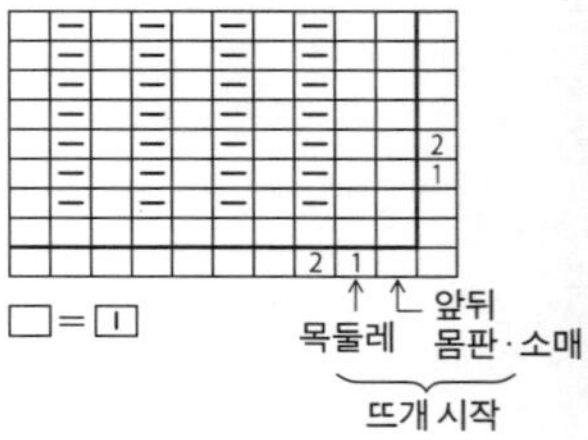

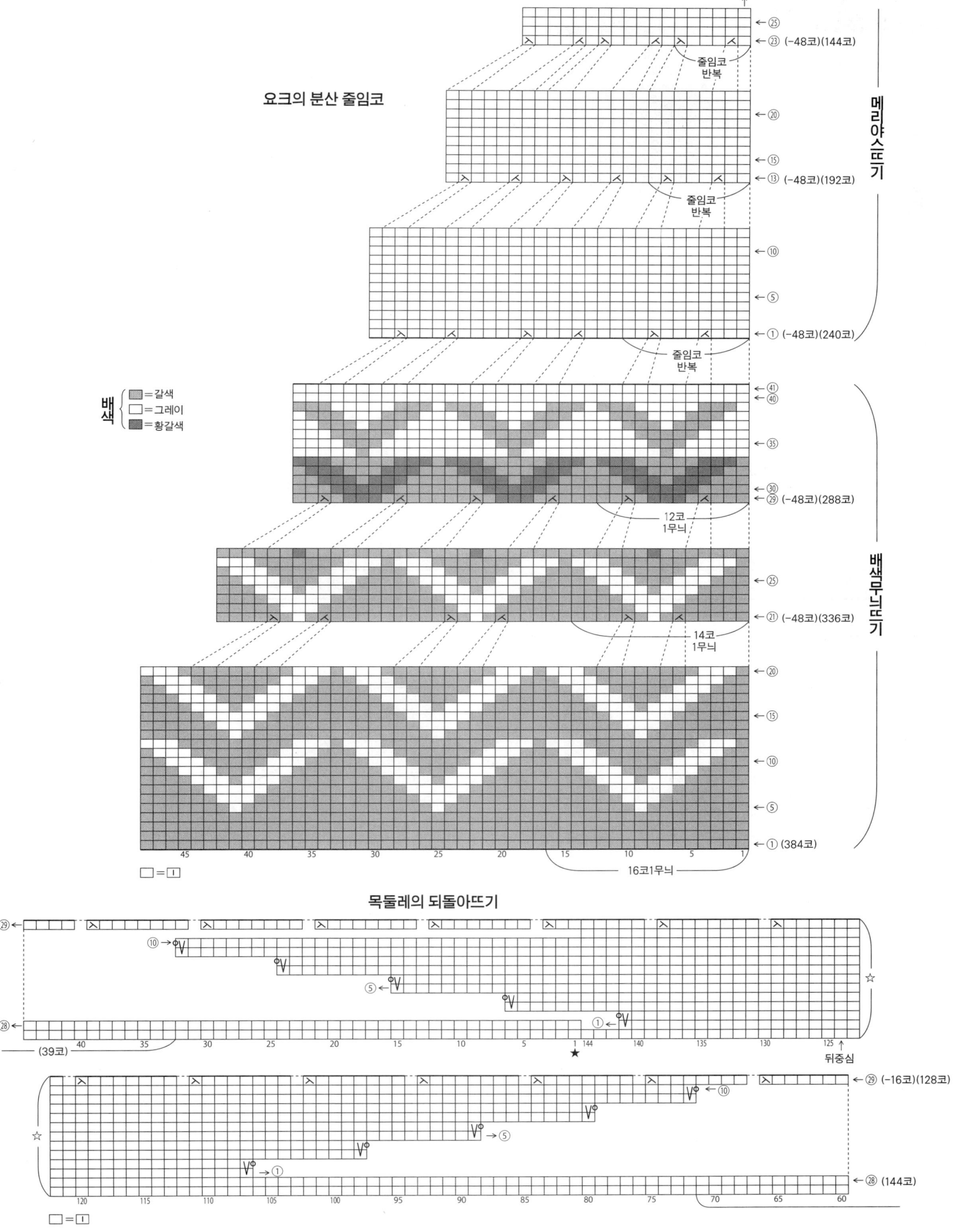

노스탤지어 요크

15 page ★★★

e-wool

실을 가로로 걸치는 배색무늬뜨기

※ 일본어 사이트

재료
데오리야 e-wool 진그레이(11) 345g, 파랑(24)·에크뤼(13) 각 15g, 갈색(19) 10g, 검정(14) 5g

도구
대바늘 5호·3호

완성 크기
가슴둘레 102㎝, 기장 60㎝, 화장 76㎝

게이지(10×10㎝)
메리야스뜨기 21.5코×34단

POINT
● 몸판·소매…손가락에 실을 걸어서 기초코를 만들어 뜨기 시작해 무늬뜨기 A와 메리야스뜨기로 원형으로 뜹니다. 요크 경계선의 줄임코는 2코 이상은 덮어씌우기, 1코는 가장자리 1코를 세우는 줄임코를 합니다. 래글런선의 줄임코는 가장자리 2코를 세우는 줄임코를 합니다. 소매 밑선의 늘림코는 도안을 참고하세요.
● 마무리…래글런선은 떠서 꿰매기, 거싯의 코는 메리야스 잇기를 합니다. 요크는 몸판과 소매에서 코를 주워 분산 줄임코를 하면서 무늬뜨기 B·C, 배색무늬뜨기로 원형으로 뜹니다. 배색무늬뜨기는 실을 가로로 걸치는 방법으로 뜹니다. 이어서 목둘레를 무늬뜨기 D로 뜹니다. 뜨개 끝은 1코 돌려 고무뜨기 코막음을 합니다.

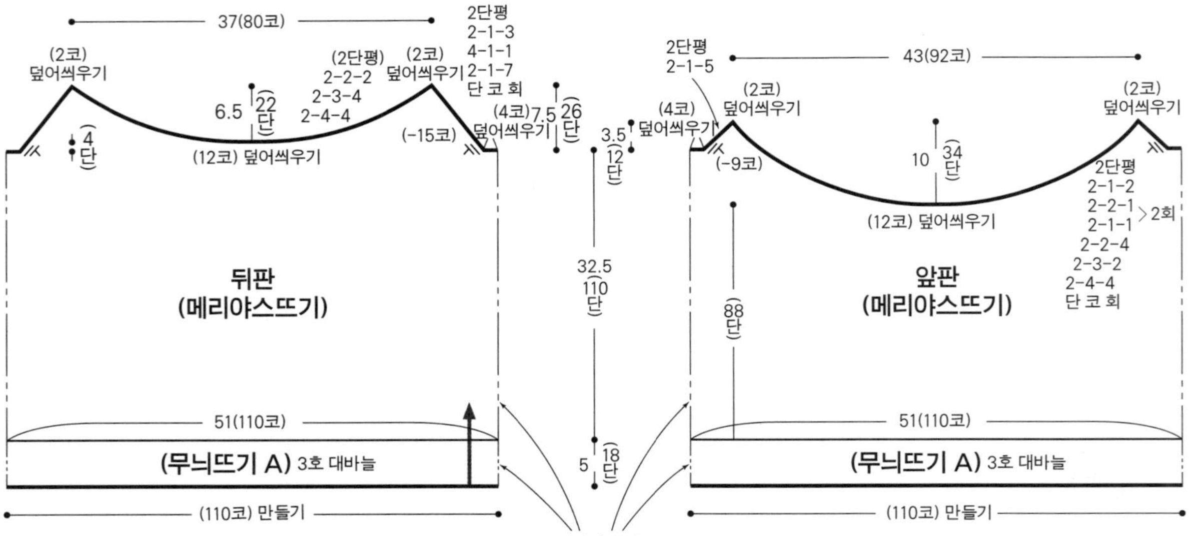

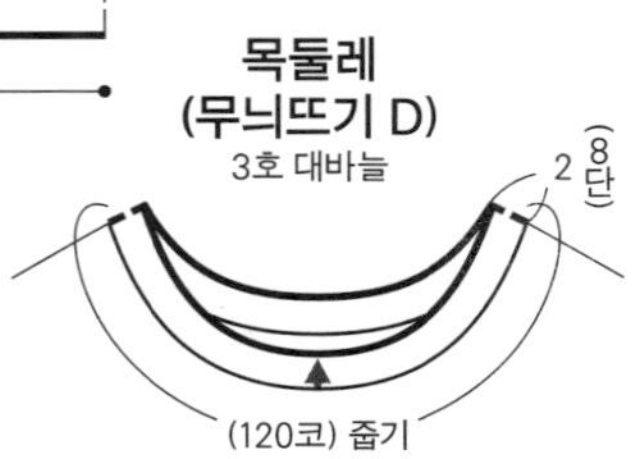

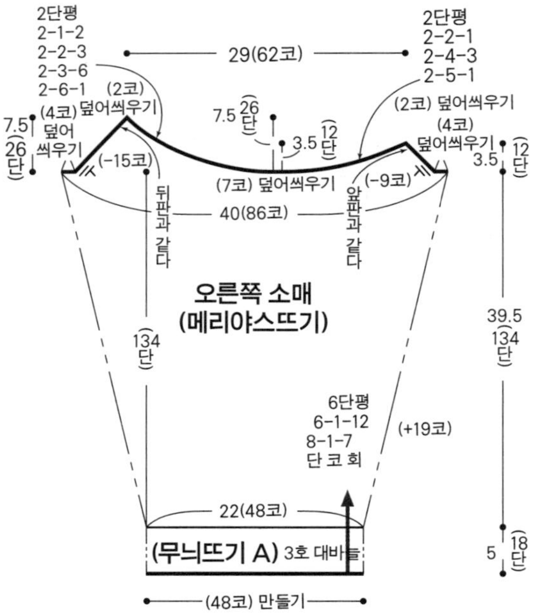

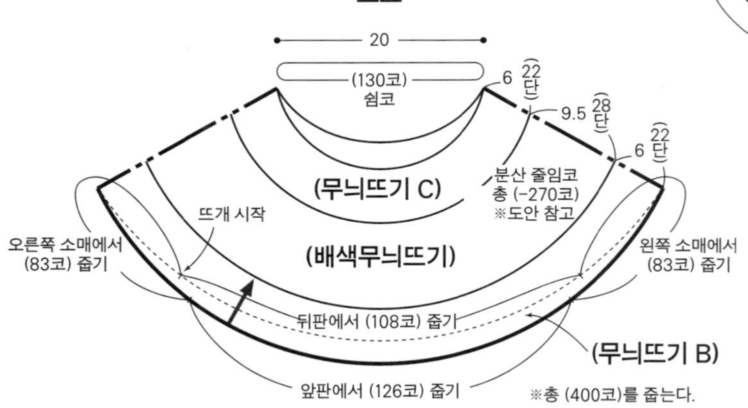

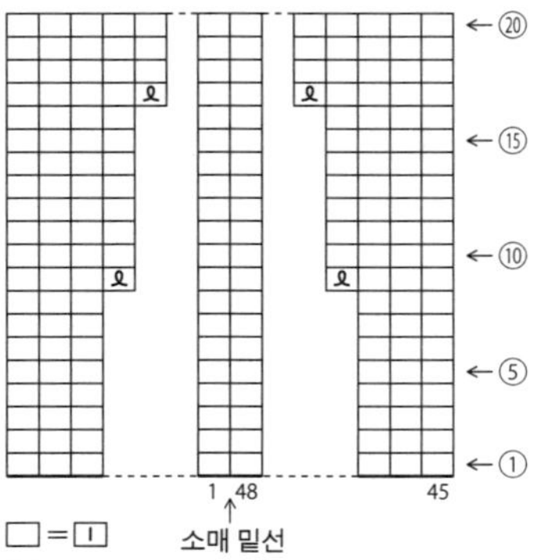

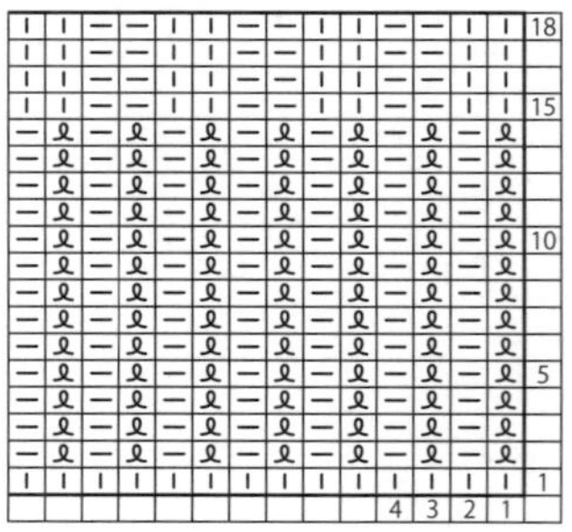

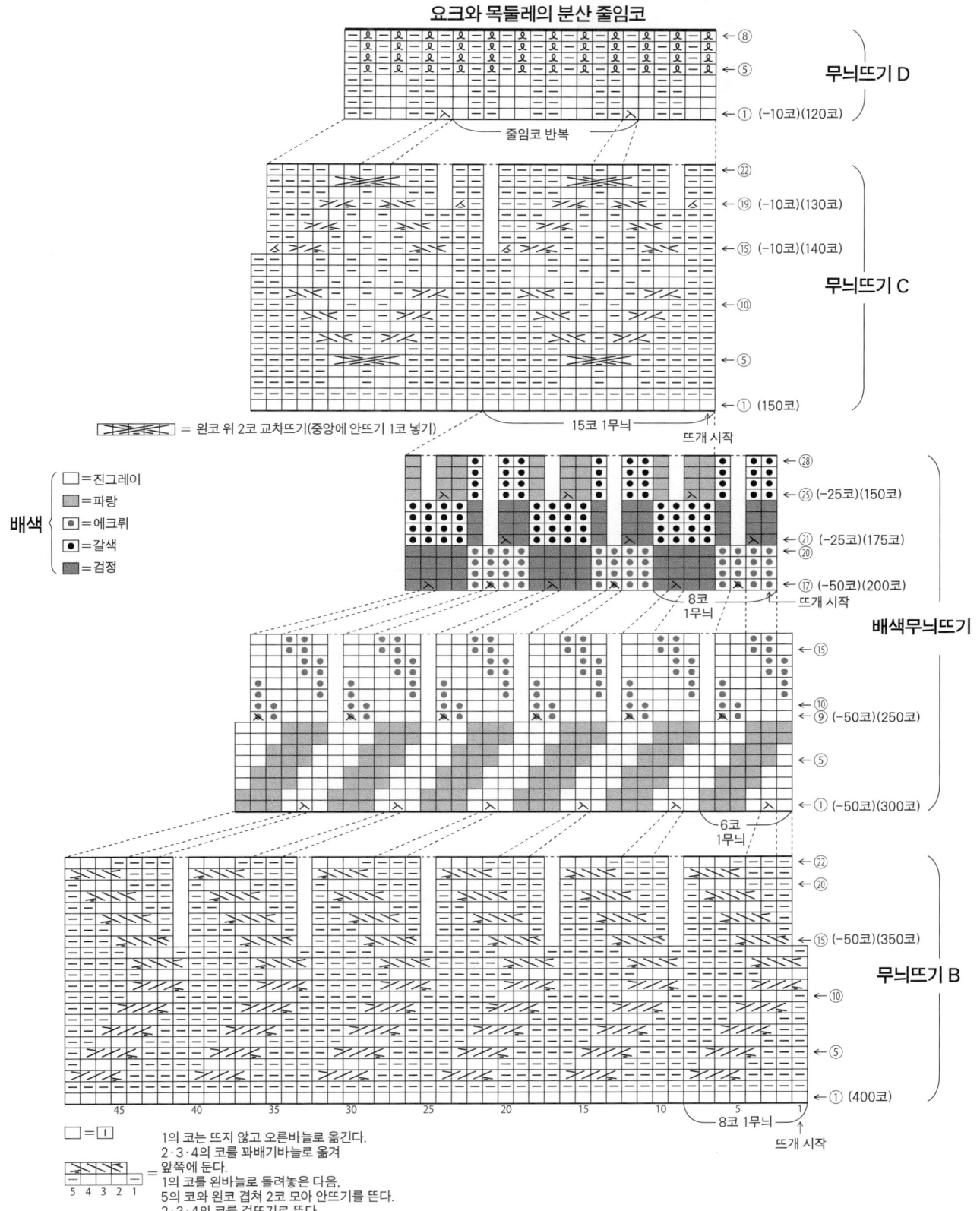

노스탤지어 요크
14 page ★★★

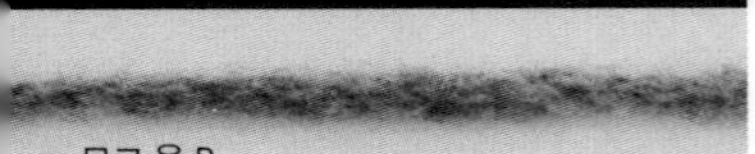

모크 울 B

실을 가로로 걸치는
배색무늬뜨기

※ 일본어 사이트

재료
데오리야 모크 울 B 그레이(14) 435g, 에크뤼(32) 45g, 남색(30) 40g, 잿빛 하늘색(31) 25g, 차콜 그레이(15) 20g

도구
대바늘 9호·7호

완성 크기
가슴둘레 115㎝, 기장 65㎝, 화장 75.5㎝

게이지(10×10㎝)
메리야스뜨기, 배색무늬뜨기 A·B 17.5코×22.5단

POINT
● 몸판·소매…요크는 손가락에 실을 걸어서 기초코를 만들어 뜨기 시작해 배색무늬뜨기 A로 원형으로 뜹니다. 배색무늬뜨기는 실을 가로로 걸치는 방법으로 뜹니다. 분산 늘림코는 도안을 참고하세요. 뒤판에 앞뒤 단차로 6단 왕복해서 메리야스뜨기를 뜹니다. 이어서 앞뒤 몸판은 거싯의 감아코와 요크에서 지정 콧수를 주워 메리야스뜨기, 배색무늬뜨기 B, 가터뜨기, 2코 고무뜨기로 원형으로 뜹니다. 뜨개 끝은 겉뜨기는 겉뜨기로, 안뜨기는 안뜨기로 떠서 덮어씌워 코막음합니다. 소매는 요크의 쉼코·거싯·앞뒤 단차에서 코를 주워 몸판과 같은 방법으로 뜹니다. 소매 밑선의 줄임코는 도안을 참고하세요.
● 마무리…목둘레는 지정 콧수를 주워 가터뜨기, 2코 고무뜨기로 뜹니다. 뜨개 끝은 밑단과 같은 방법으로 정리합니다.

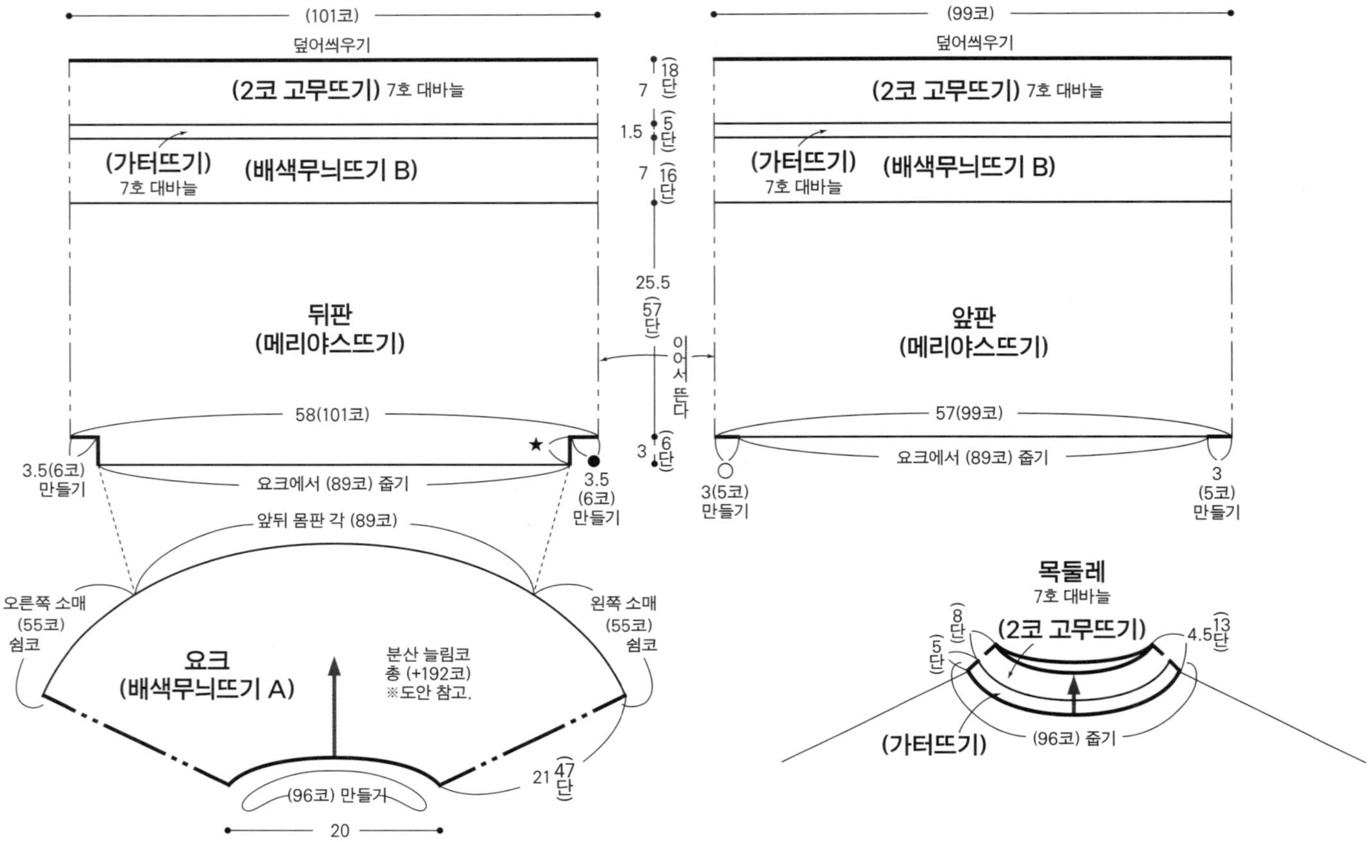

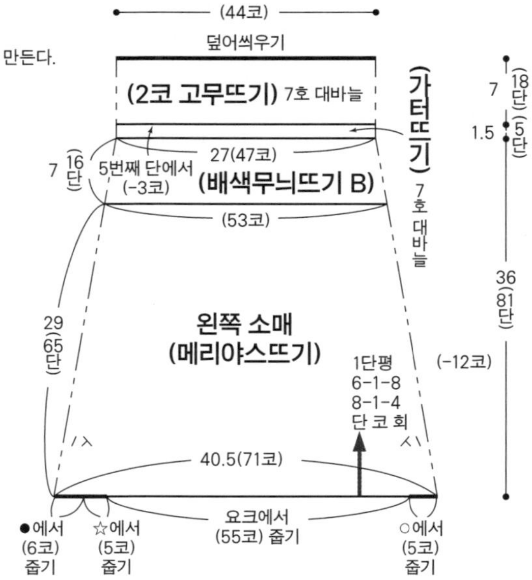

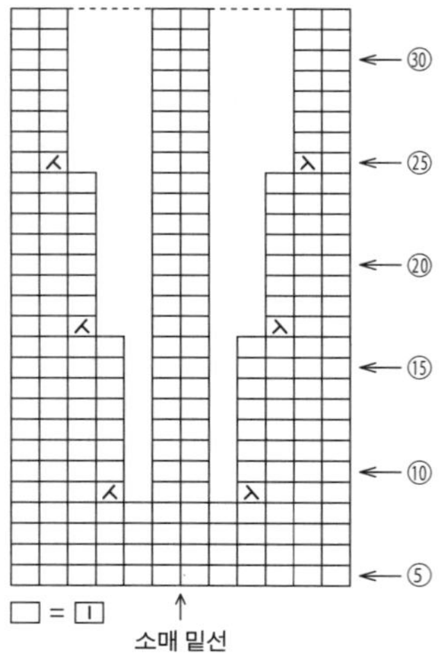

배색무늬뜨기 A와 분산 늘림코

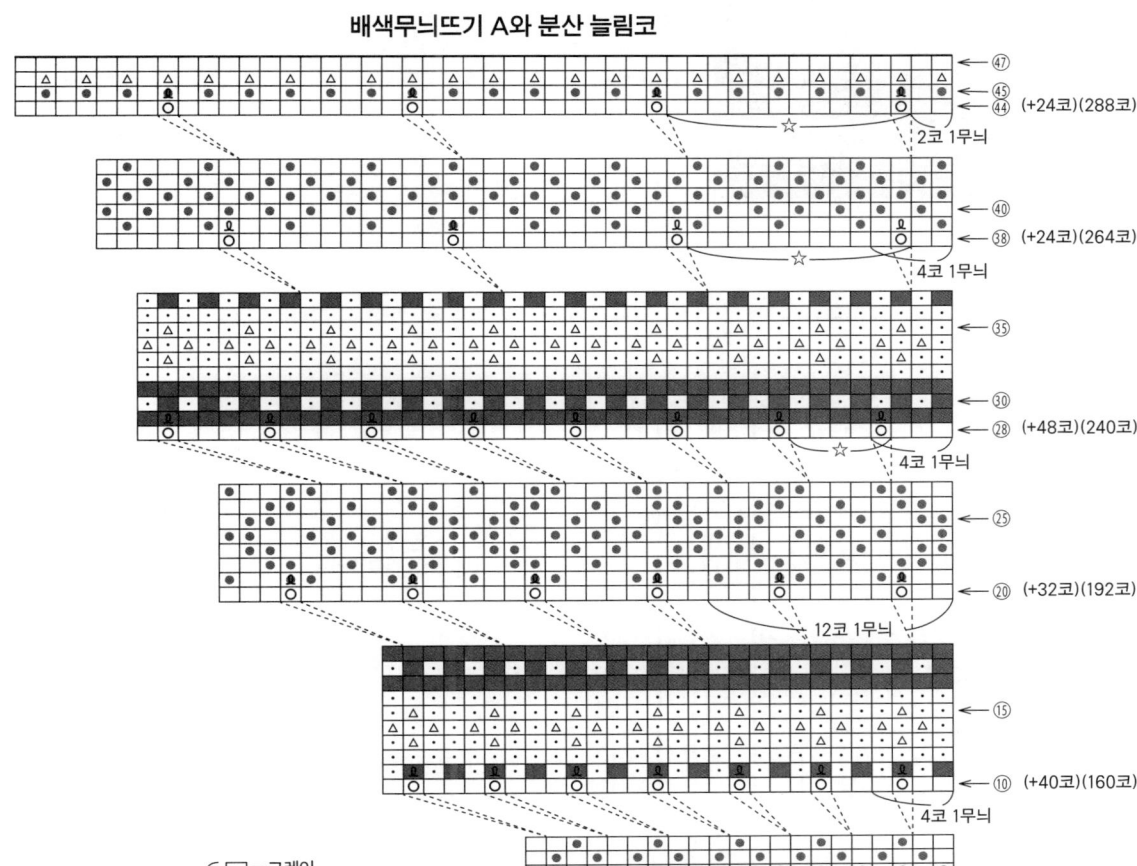

가터뜨기

2코 고무뜨기

배색무늬뜨기 B

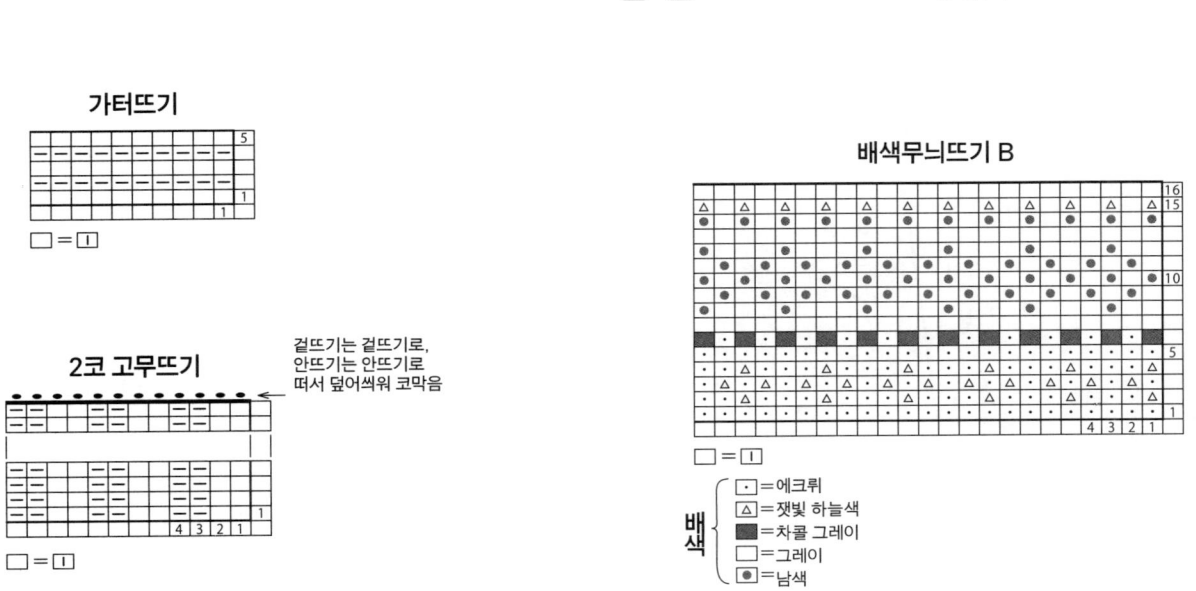

노스탤지어 요크
16 page ★★★

트리 하우스 블레스

재료
올림포스 트리 하우스 블레스 차콜 그레이(811) 350g 9볼, 베이지(801)·그레이(807)·잿빛 오렌지(812) 각 25g 1볼, 그린(805) 20g 1볼

도구
대바늘 6호·5호

완성 크기
가슴둘레 108㎝, 기장 66㎝, 화장 80.5㎝

게이지(10×10㎝)
메리야스뜨기 21.5코×28.5단

POINT
● 몸판·소매…손가락에 실을 걸어서 기초코를 만들어 뜨기 시작해 1코 고무뜨기, 메리야스뜨기로 뜹니다. 소매 밑선의 늘림코는 1코 안쪽에서 돌려뜨기 늘림코를 합니다.
● 마무리…옆선·소매 밑선은 떠서 꿰매기, 맞춤 표시끼리는 메리야스 잇기 또는 코와 단 잇기를 합니다. 요크는 몸판과 소매에서 코를 주워 줄무늬 무늬뜨기로 원형으로 뜹니다. 분산 줄임코는 도안을 참고하세요. 이어서 목둘레를 1코 고무뜨기로 뜹니다. 뜨개 끝은 덮어씌워 코막음한 뒤 안으로 접어 감칩니다.

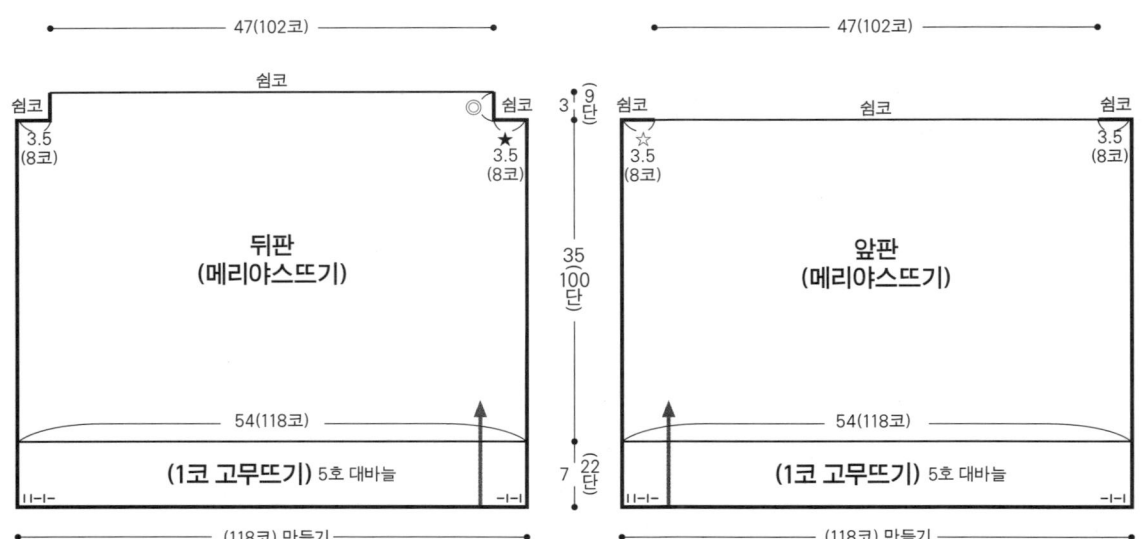

※지정하지 않은 것은 6호 대바늘로 뜬다.
※지정하지 않은 것은 차콜 그레이로 뜬다.
※◎끼리는 코와 단 잇기, ★·☆는 같은 모양끼리 메리야스 잇기를 한다.

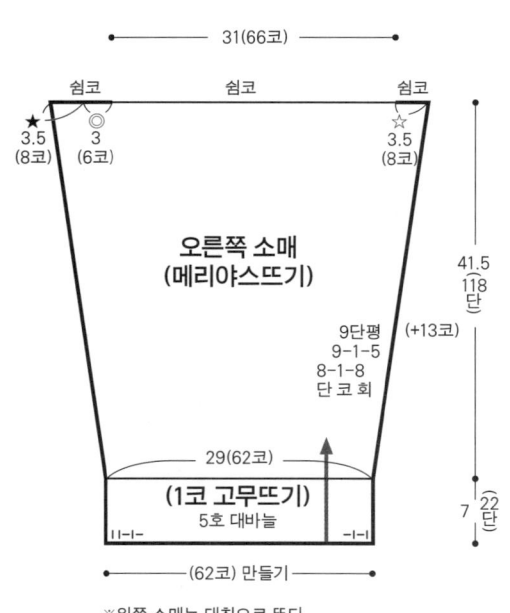

※왼쪽 소매는 대칭으로 뜬다.

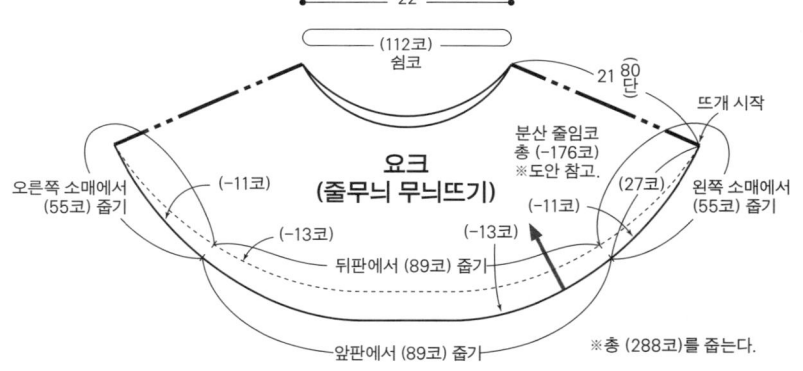

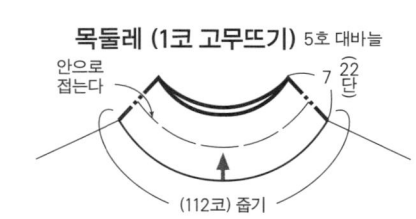

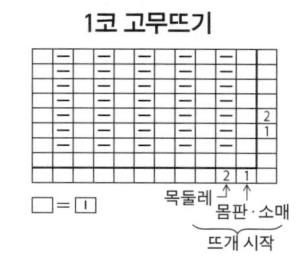

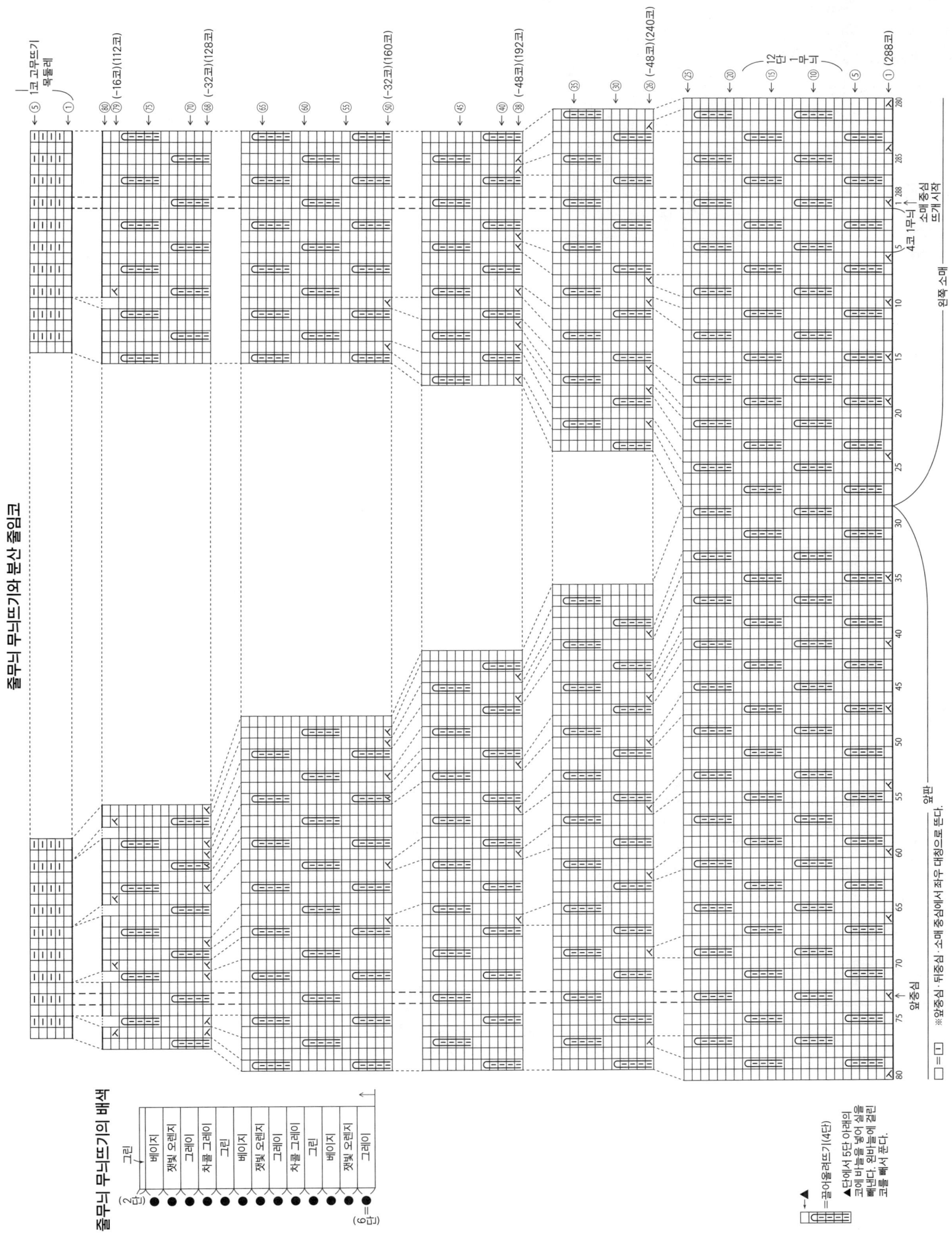

노스탤지어 요크
18 page ★★★

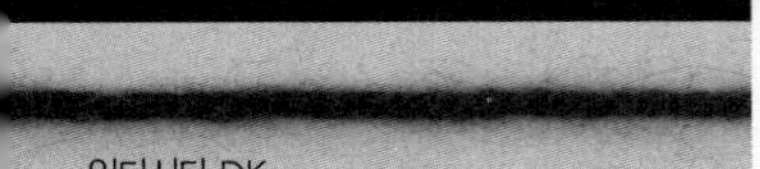

인디시타 DK

실을 가로로 걸치는
배색무늬뜨기

※일본어 사이트

재료
나이토상사 인디시타 DK 파랑(M66) 535g 11볼, 에크뤼(100) 70g 2볼

도구
대바늘 5호·3호·2호

완성 크기
가슴둘레 107cm, 기장 69.5cm, 화장 85cm

게이지(10×10cm)
메리야스뜨기 21.5코×29단

POINT
● 몸판·소매…1코 고무뜨기 기초코로 뜨기 시작해 몸판은 앞뒤 몸판을 이어서 1코 고무뜨기, 메리야스뜨기로 원형으로 뜹니다. 뒤판은 앞뒤 단차로 10단을 왕복뜨기합니다. 소매는 몸판과 같은 방법으로 뜨기 시작해 1코 고무뜨기, 메리야스뜨기로 뜹니다. 소매 밑선의 늘림코는 도안을 참고하세요.
● 마무리…맞춤 표시끼리는 메리야스 잇기 또는 코와 단 잇기를 합니다. 요크는 몸판과 소매에서 코를 주워 배색무늬뜨기로 원형으로 뜹니다. 분산 줄임코는 도안을 참고하세요. 배색무늬뜨기는 실을 가로로 걸치는 방법으로 뜹니다. 이어서 목둘레를 1코 고무뜨기로 게이지 조정을 하면서 뜹니다. 뜨개 끝은 느슨하게 덮어씌워 코막음한 뒤 안으로 접어 감칩니다.

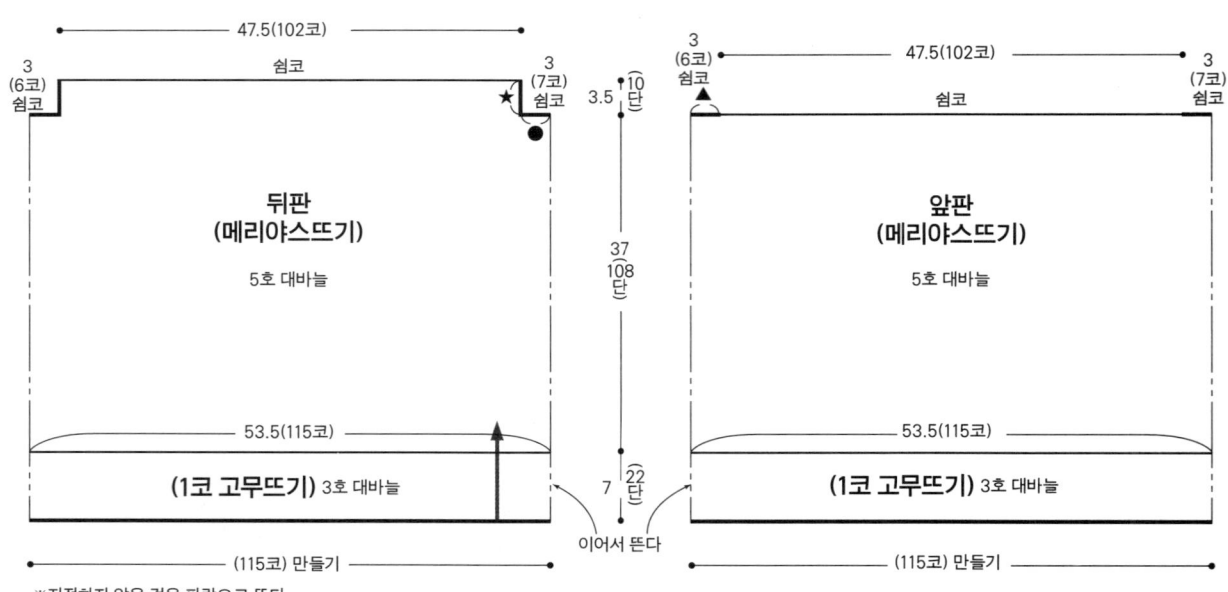

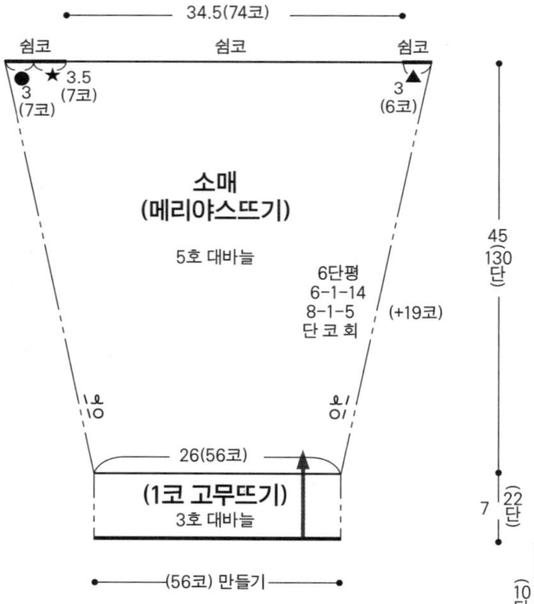

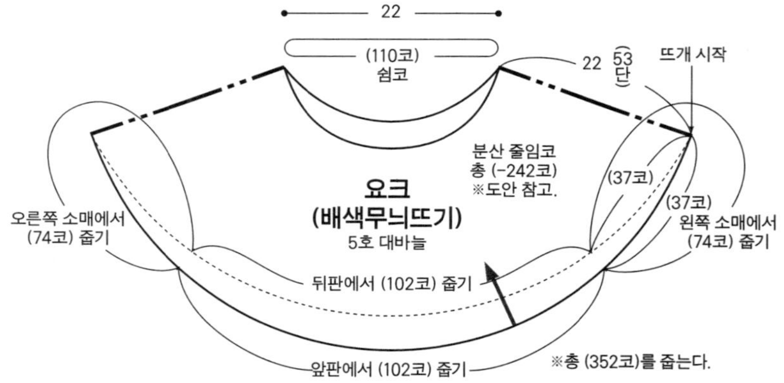

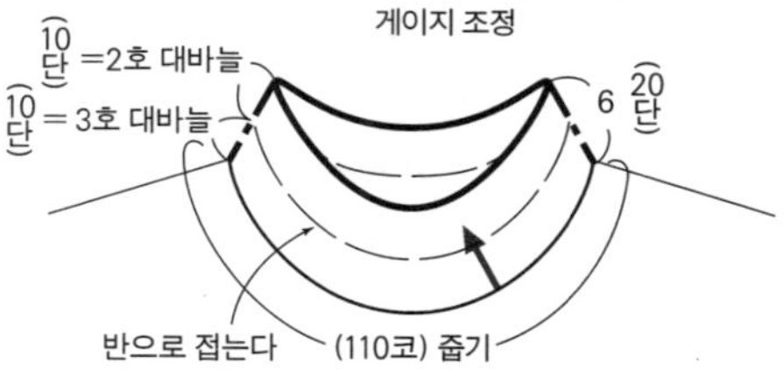

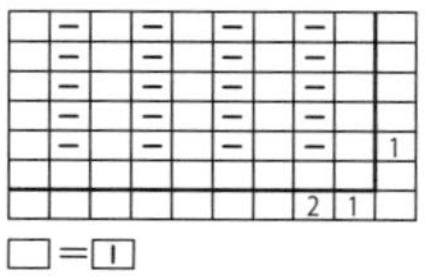

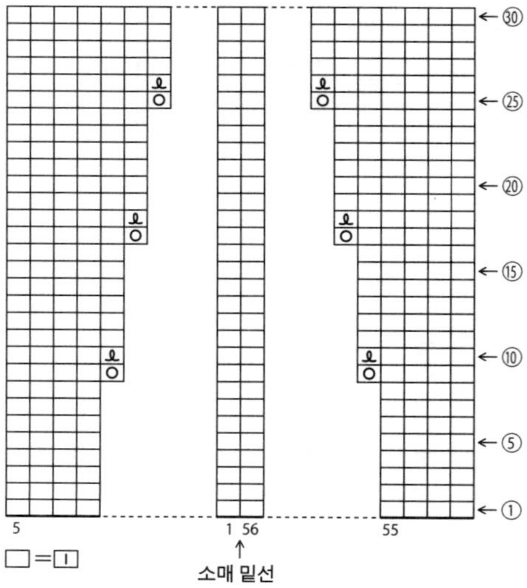

배색무늬뜨기와 요크의
분산 줄임코

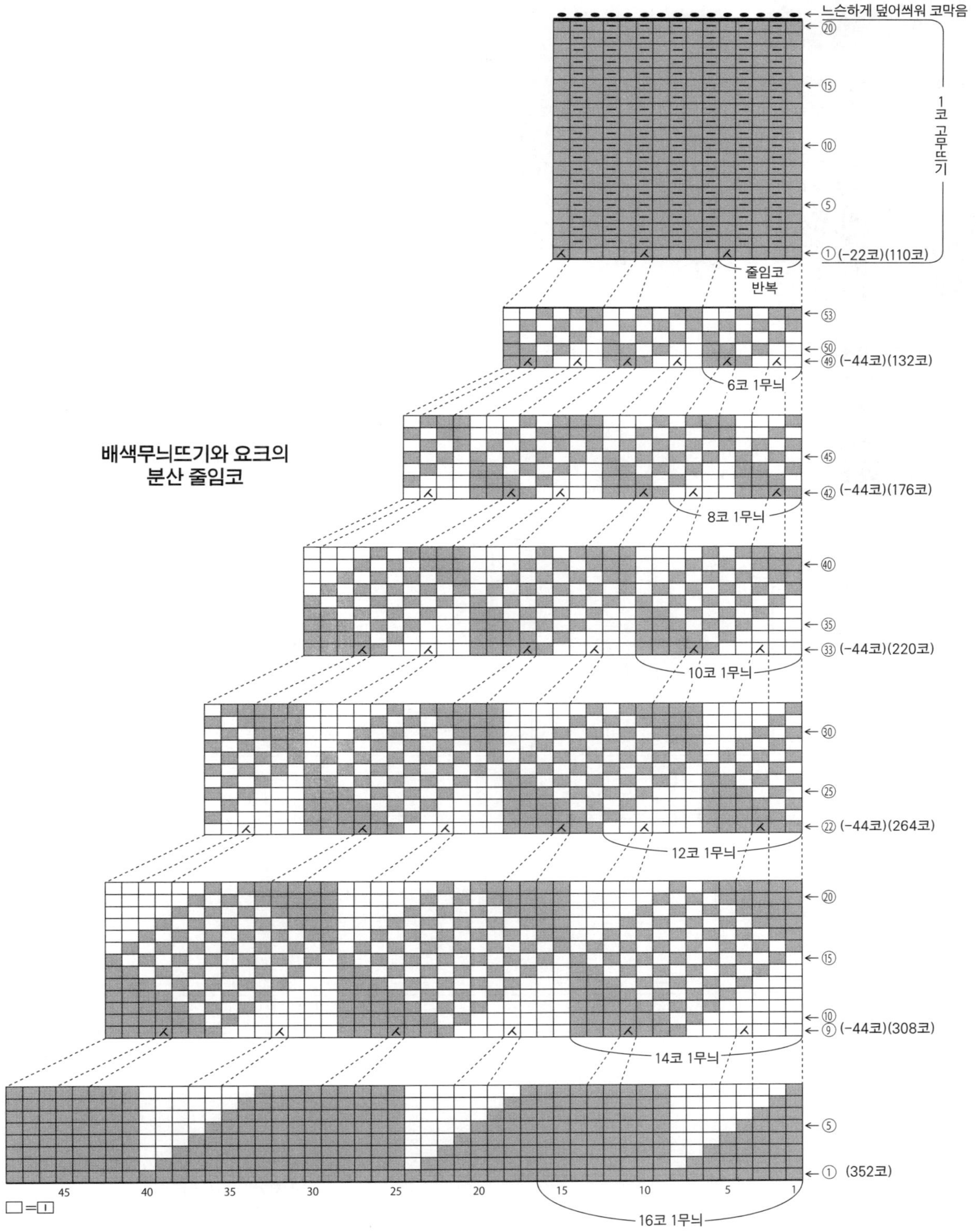

배색 { ■=파랑, □=에크뤼 }

□=[I]

▶ 139페이지에서 이어집니다.

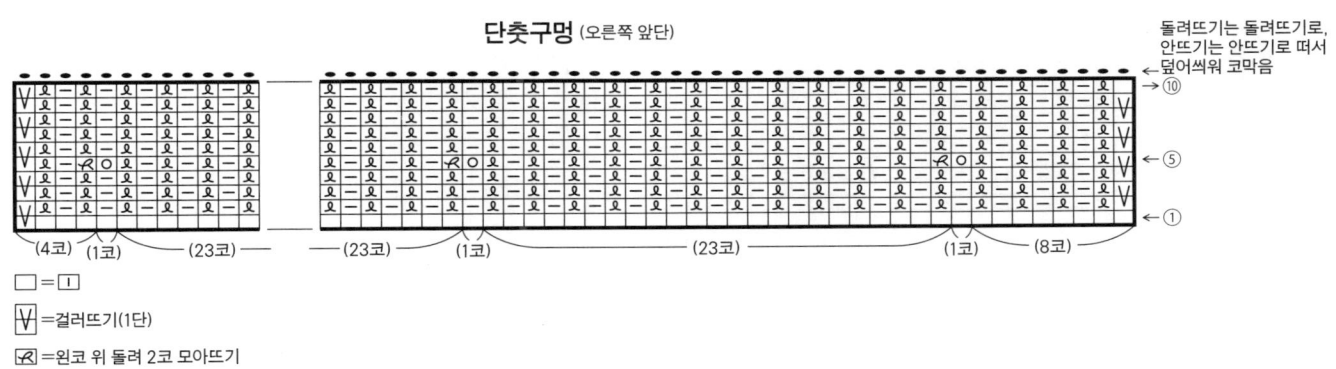

단춧구멍 (오른쪽 앞단)

□=[I]
[V]=걸러뜨기(1단)
=왼코 위 돌려 2코 모아뜨기

노스탤지어 요크
19 page ★★★

인디시타 DK

실을 가로로 걸치는
배색무늬뜨기
※일본어 사이트

오른코 위 돌려
2코 모아뜨기
※일본어 사이트

왼코 위 돌려
2코 모아뜨기
※일본어 사이트

재료
실…나이토상사 인디시타 DK 겨자색(M3578) 225g 5볼, 베이지(282) 130g 3볼, 녹색(M1979) 100g 2볼
단추…지름 20mm×6개

도구
대바늘 6호·4호

완성 크기
가슴둘레 110cm, 기장 61.5cm, 화장 30.5cm

게이지(10×10cm)
메리야스뜨기 22코×30단, 배색무늬뜨기 23코×24단

POINT
● 몸판…손가락에 실을 걸어서 기초코를 만들어 뜨기 시작해 요크 장식은 무늬뜨기 A. 몸판은 1코 돌려 고무뜨기와 메리야스뜨기로 앞뒤 몸판을 이어서 뜹니다. 몸판은 이어서 가터뜨기로 뜨는데 첫째 단을 뜰 때 요크 장식을 위로 겹쳐 코를 줍습니다. 트임 끝에서 위쪽은 앞뒤 몸판을 나눠 배색무늬 뜨기로 뜹니다. 배색무늬뜨기는 실을 가로로 걸치는 방법으로 뜹니다. 줄임코는 2코 이상은 덮어씌우기, 1코는 끝에서 3번째 코와 4번째 코를 한 번에 뜹니다.
● 마무리…어깨는 빼뜨기로 잇기를 합니다. 소맷부리는 1코 돌려 고무뜨기로 원형으로 뜹니다. 줄임코는 도안을 참고하세요. 뜨개 끝은 돌려뜨기는 돌려뜨기로, 안뜨기는 안뜨기로 떠서 덮어씌워 코막음합니다. 목둘레는 지정 콧수를 주워 무늬뜨기 B로 뜹니다. 뜨개 끝은 안면에서 덮어씌움 코막음합니다. 앞단은 지정 콧수를 주워 1코 돌려 고무뜨기로 뜹니다. 오른쪽 앞단에는 단춧구멍을 냅니다. 뜨개 끝은 소맷부리와 같은 방법으로 정리합니다. 단추를 달아 마무리합니다.

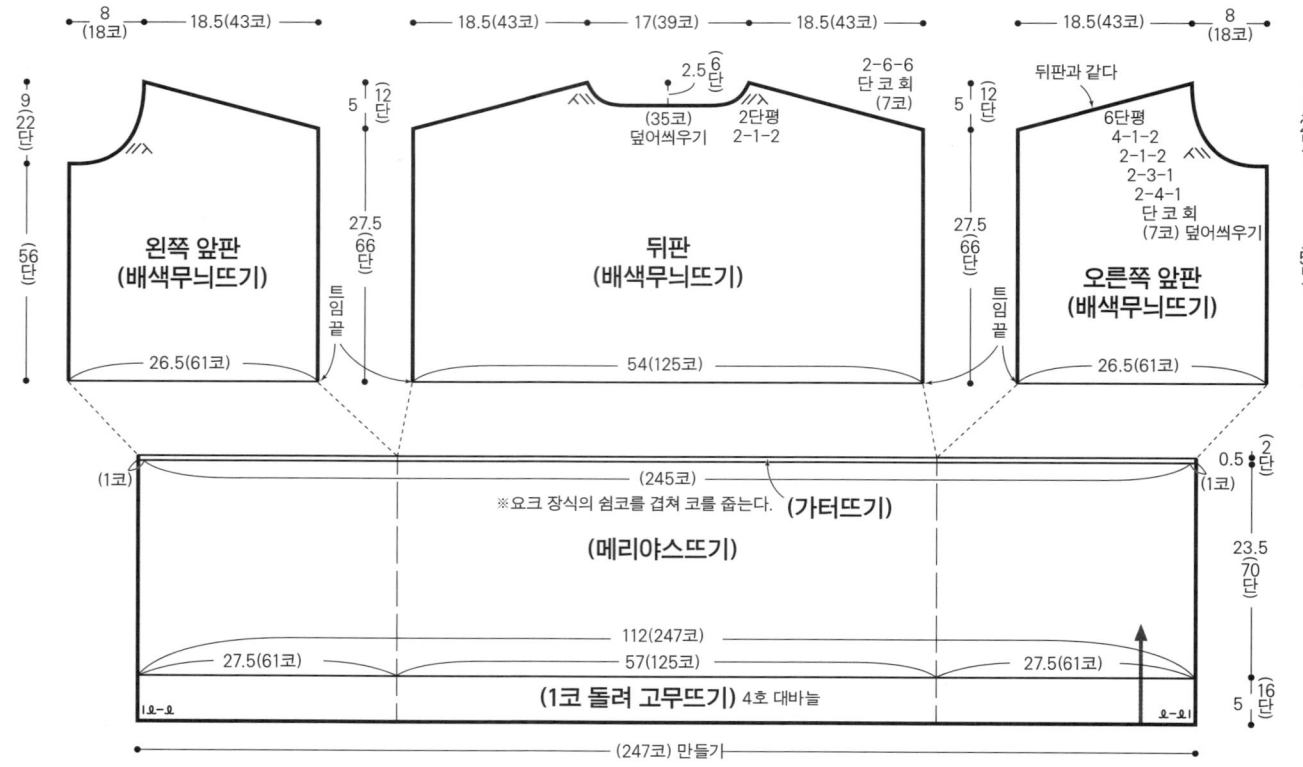

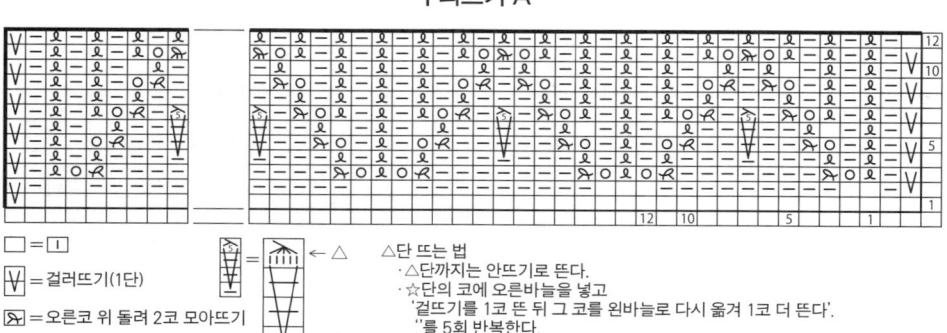

무늬뜨기 A

1코 돌려 고무뜨기 (밑단·소맷부리)

가터뜨기

□ = ┃
V = 걸러뜨기(1단)
오른코 위 돌려 2코 모아뜨기
왼코 위 돌려 2코 모아뜨기
오른코 위 돌려 3코 모아뜨기

△단 뜨는 법
·△단까지는 안뜨기로 뜬다.
·☆단의 코에 오른바늘을 넣고 '걸뜨기를 1코 뜬 뒤 그 코를 왼바늘로 다시 옮겨 1코 더 뜬다.'를 5회 반복한다.
·왼바늘의 1코를 빼서 푼다.
·오른바늘의 1코를 왼바늘로 다시 옮겨 걸뜨기를 뜬다.
·오른바늘의 4코를 1코씩 왼바늘로 덮어씌운다.

★ 개수는 작품을 선택하는 기준으로 참고해주세요. ★…초심자도 안심, ★★…자신이 조금 생겼다면, ★★★…끈기도 겸비한 중·상급자, ★★★★…솜씨에 자신 있음. 실은 실물 크기입니다.

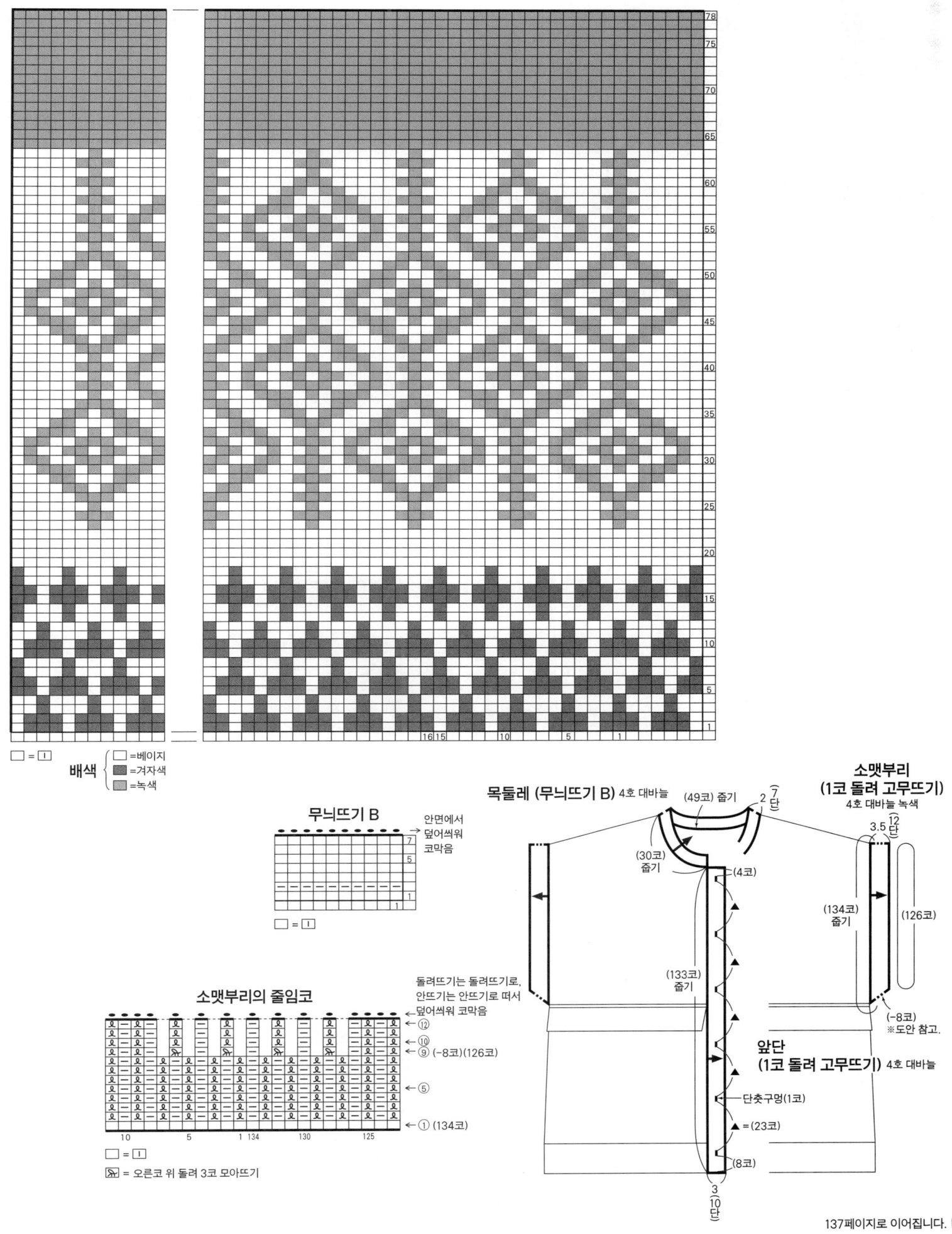

노스탤지어 요크
17 page ★★★

SILK&WOOL

재료
올림포스 SILK&WOOL 라이트 그레이지(2)
280g 6볼

도구
대바늘 5호·3호

완성 크기
가슴둘레 102cm, 기장 54cm, 화장 70.5cm

게이지(10×10cm)
메리야스뜨기 22코×31단

POINT
● 몸판·소매…요크는 손가락에 실을 걸어서 기초코를 만들어 뜨기 시작해 무늬뜨기 A·B로 원형으로 뜹니다. 증감코는 도안을 참고하세요. 이어서 뒤판에 앞뒤 단차로 10단을 왕복뜨기합니다. 앞뒤 몸판은 요크에서 코를 줍고, 거싯은 별도 사슬로 코를 만들어 메리야스뜨기로 원형으로 뜹니다. 늘림코는 도안을 참고하세요. 이어서 가터뜨기로 뜨고 뜨개 끝은 덮어씌워 코막음합니다. 소매는 요크의 쉼코·거싯의 코·앞뒤 단차에서 코를 주워 메리야스뜨기로 원형으로 뜹니다. 이어서 무늬뜨기 B'로 뜬 뒤 뜨개 끝은 겉뜨기는 겉뜨기로, 안뜨기는 안뜨기로 떠서 덮어씌워 코막음합니다.
● 마무리…목둘레는 지정 콧수를 주워 무늬뜨기 B'로 원형으로 뜹니다. 뜨개 끝은 소맷부리와 같은 방법으로 정리합니다.

왼코 위 돌려 교차뜨기 (아래쪽 안뜨기)

※일본어 사이트

오른코 위 돌려 교차뜨기 (아래쪽 안뜨기)

※일본어 사이트

오른코 겹쳐 4코 모아뜨기
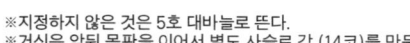
※일본어 사이트

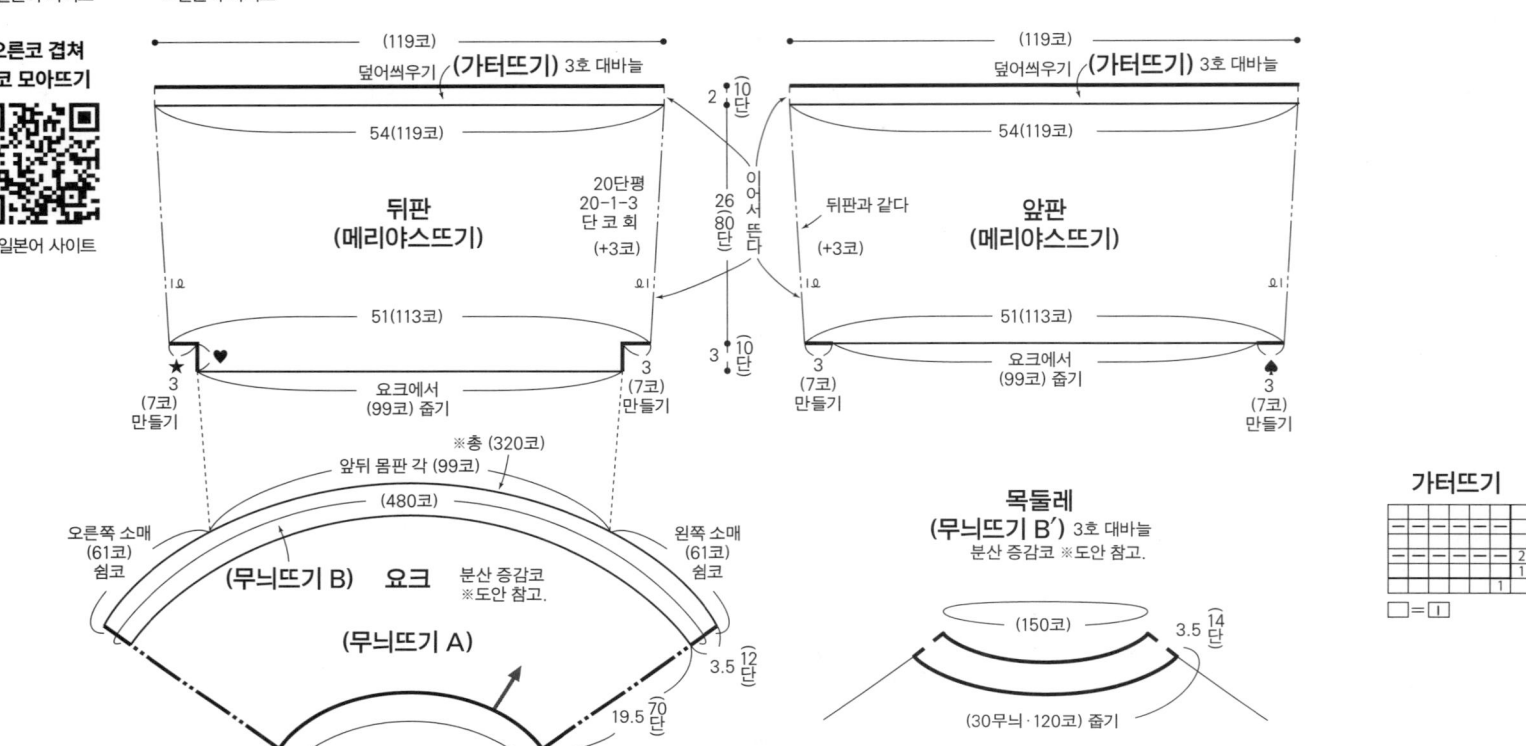

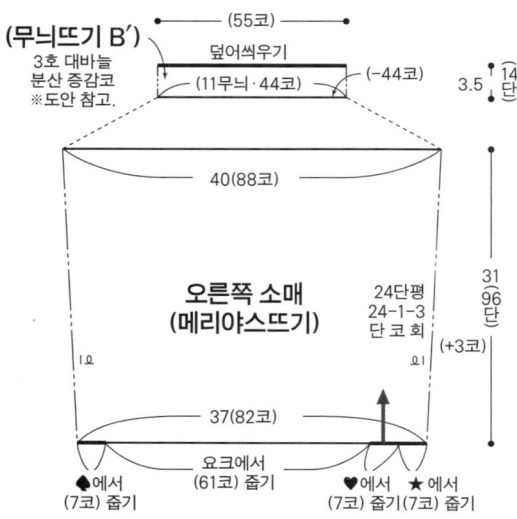

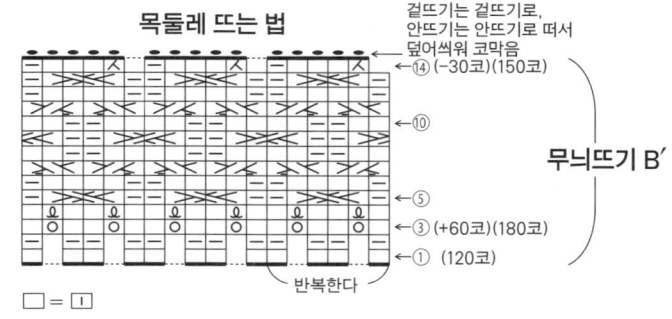

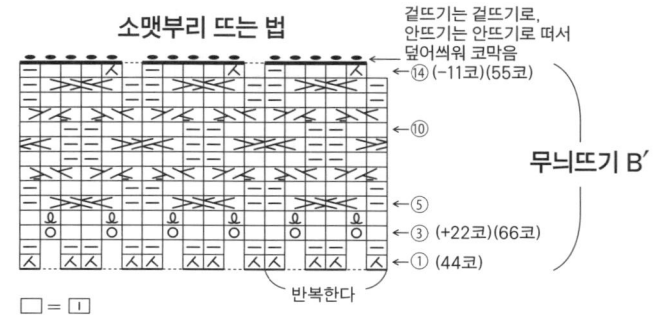

※지정하지 않은 것은 5호 대바늘로 뜬다.
※거싯은 앞뒤 몸판을 이어서 별도 사슬로 각 (14코)를 만든다.

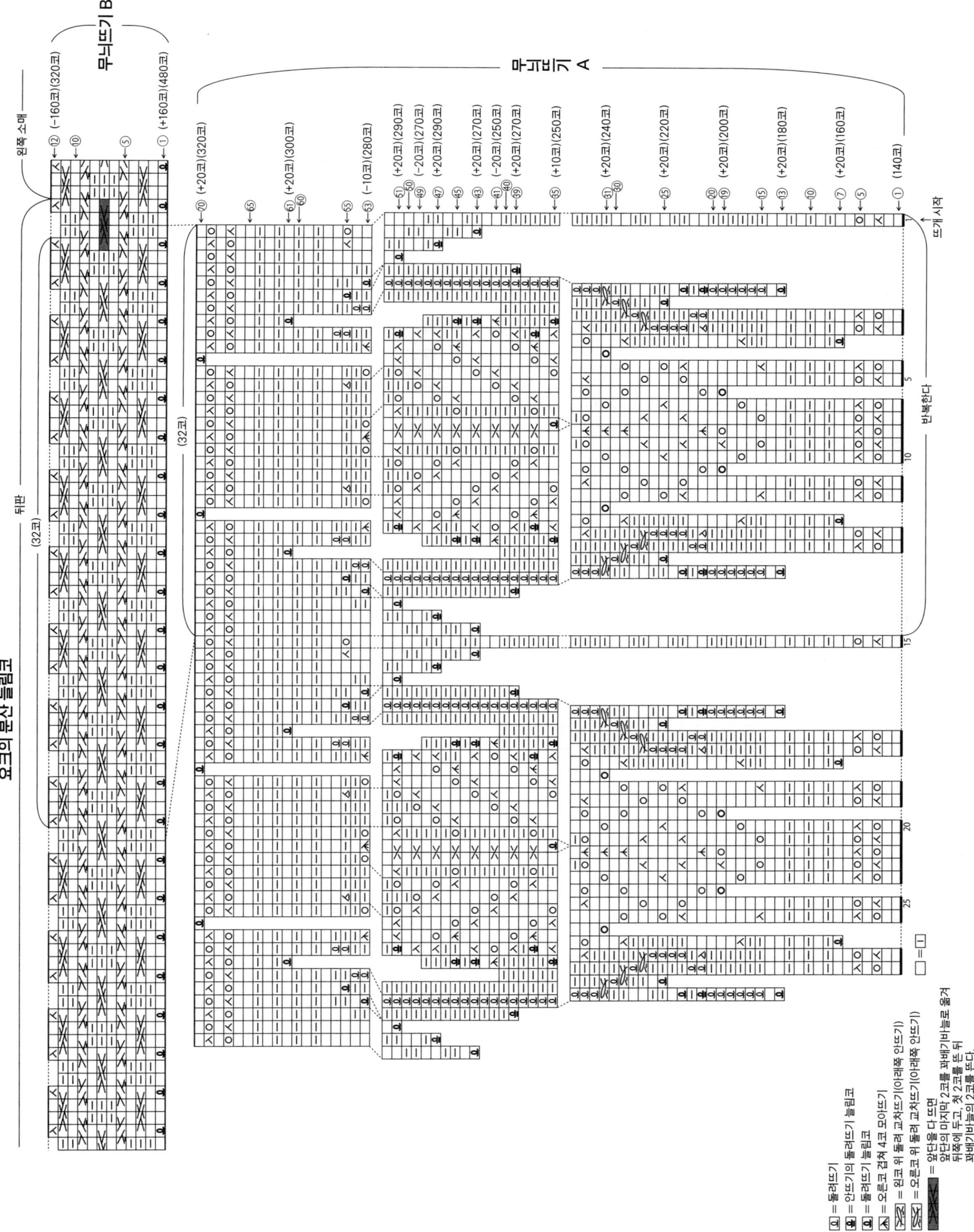

142페이지로 이어집니다. ▶

▶ 141페이지에서 이어집니다.

좌우 돌려뜨기 늘림코

▲ 왼쪽 돌려뜨기 늘림코 (왼쪽으로 꼬는 돌려뜨기)
△ 오른쪽 돌려뜨기 늘림코 (오른쪽으로 꼬는 돌려뜨기)

△ = 오른쪽 돌려뜨기 늘림코
▲ = 왼쪽 돌려뜨기 늘림코

옆선의 늘림코

소매 밑선의 늘림코

무늬뜨기 C

무늬뜨기 B

무늬뜨기 A′

무늬뜨기 A

※앞판 끝단의 1코와 뒤목둘레 다는 쪽은 겉뜨기로 뜬다.

1코 고무뜨기

2코 고무뜨기

어깨의 줄임코 (오른쪽 앞판)

※왼쪽 앞판은 대칭으로 줄임코를 한다.
※ ⋌는 L, XL만 줄임코를 한다.
※ ▓▓▓▓ =S사이즈는 ⋈

단춧고리 (공통) 7/0호 코바늘

► = 실 자르기

벨트 고리 (공통) (1코 고무뜨기)

10호 대바늘 덮어씌우기

벨트(공통) (1코 고무뜨기)

10호 대바늘 덮어씌우기

※손가락에 걸어서 만드는 기초코.

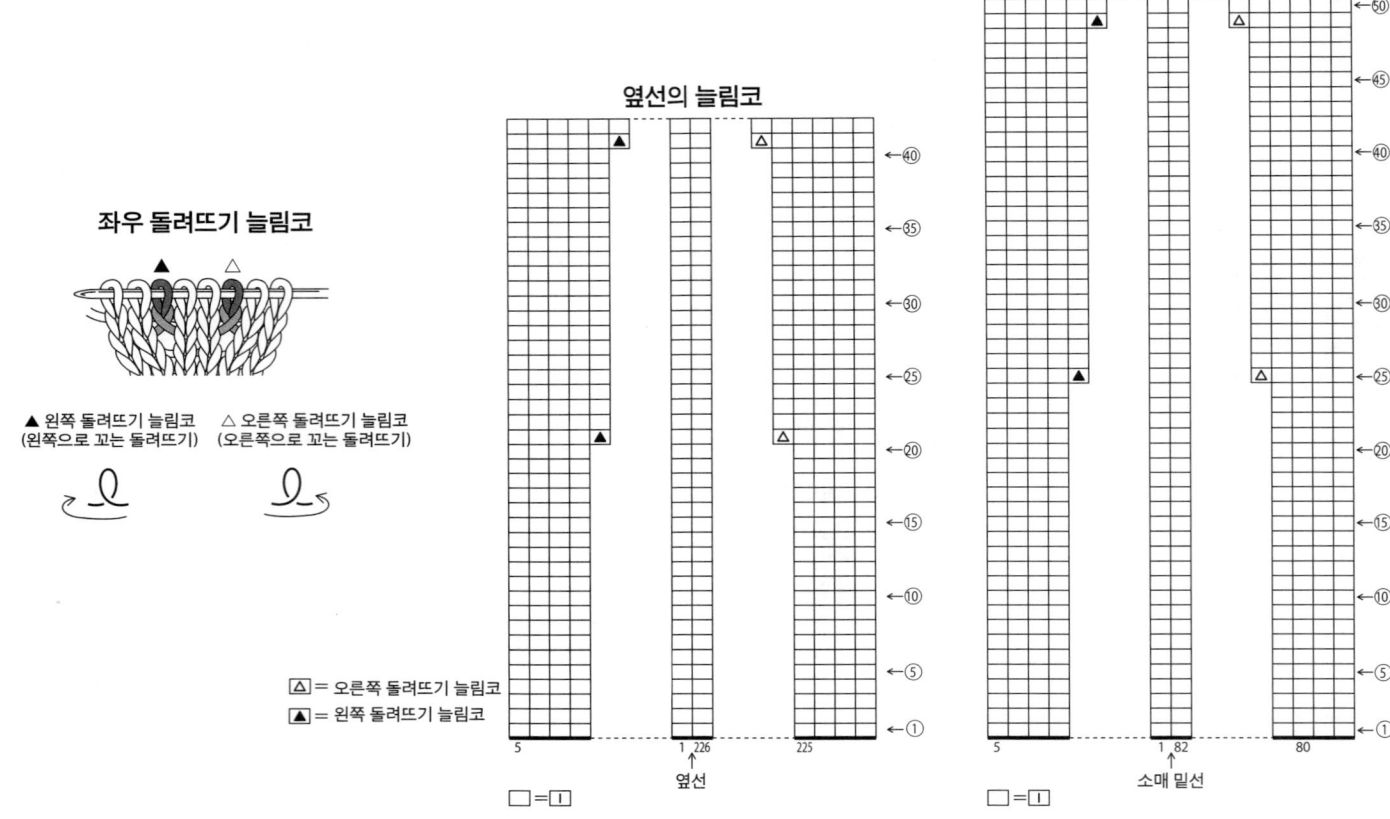

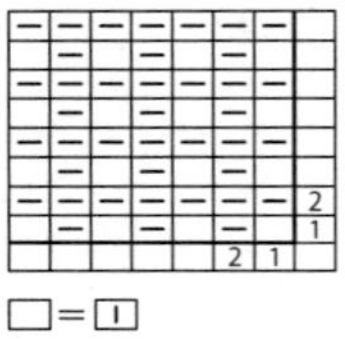

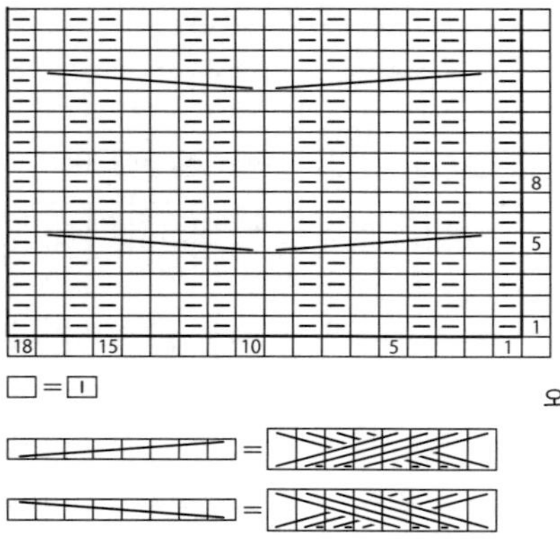

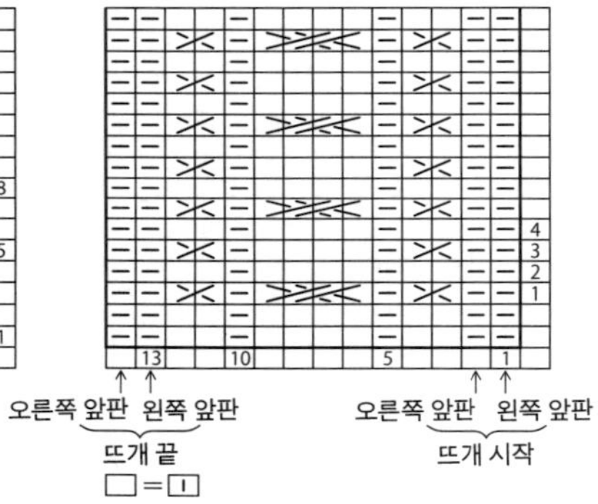

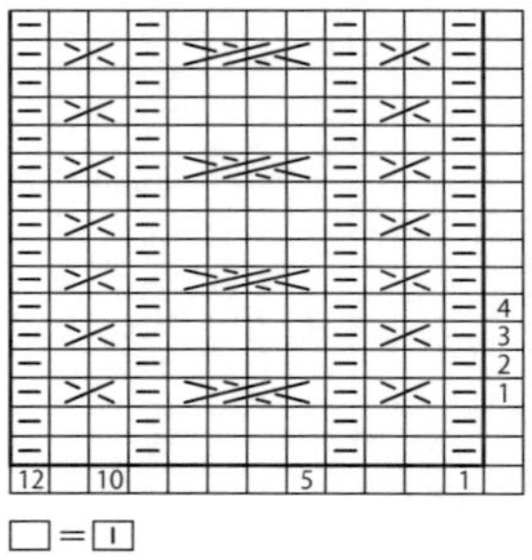

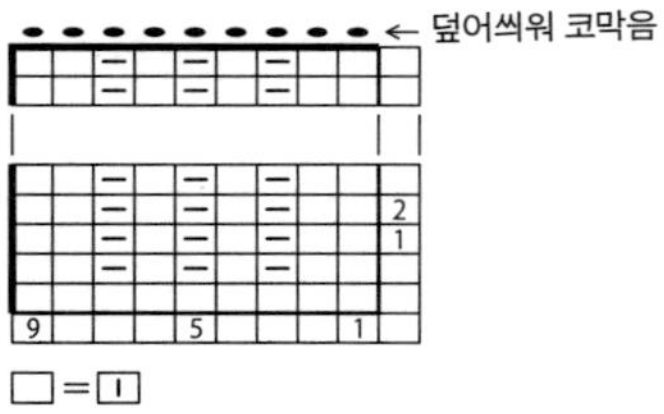

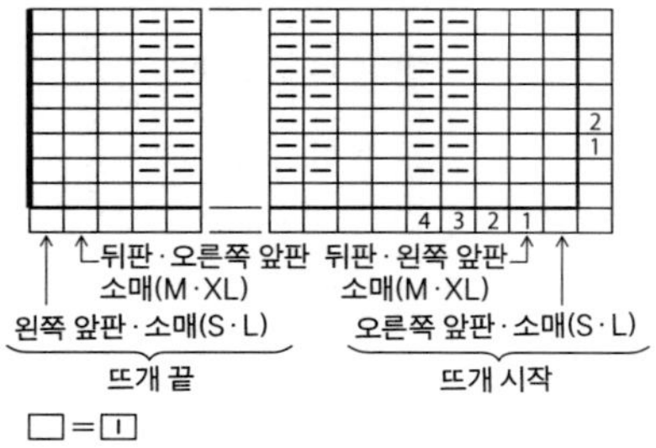

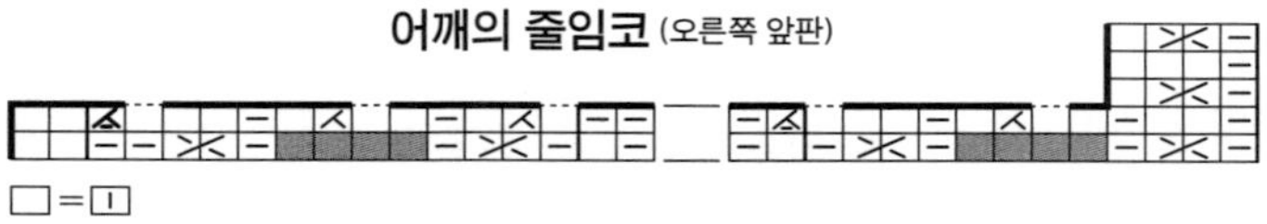

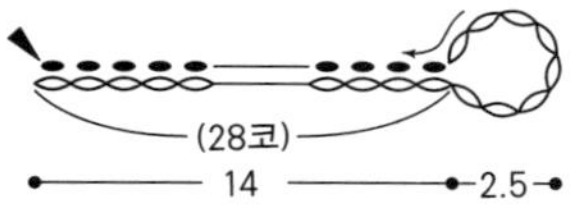

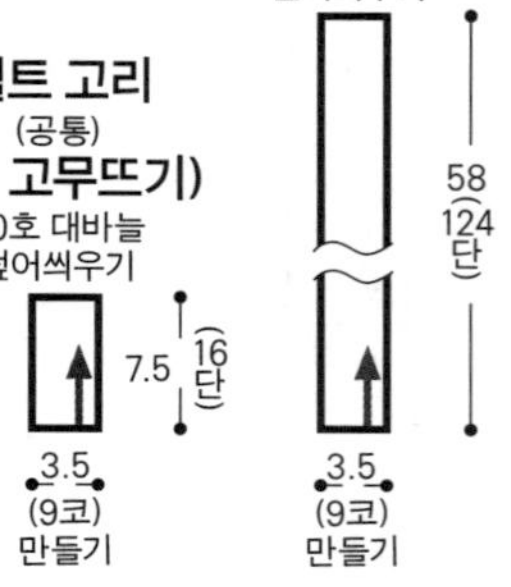

4 사이즈 니팅
24 page ★★★

린칸토 no.9

재료
실…퍼피 린칸토 no.9 잿빛 파랑(905) ※사용량은 표를 참고하세요.
단추…지름 20mm×1개

도구
대바늘 12호·10호, 코바늘 7/0호

완성 크기
S…가슴둘레 103cm, 기장 64cm, 화장 71.5cm
M…가슴둘레 111cm, 기장 66.5cm, 화장 73.5cm
L…가슴둘레 116cm, 기장 69.5cm, 화장 75cm
XL…가슴둘레 124cm, 기장 71cm, 화장 77cm

게이지
메리야스뜨기(10×10cm) 16코×22단, 무늬뜨기 C(10×10cm) 15.5코×22단.
무늬뜨기 A 1무늬 12코=5.5cm, 무늬뜨기 A' 1무늬 13코=6cm, 무늬뜨기 B 1무늬 18코=6cm, 무늬뜨기 A·A'·B 22단=10cm

POINT
● 몸판…손가락에 실을 걸어서 기초코를 만들어 뜨기 시작해 뒤판은 2코 고무뜨기와 메리야스뜨기, 앞판은 2코 고무뜨기, 무늬뜨기 A·A'·B·C, 메리야스뜨기로 뜹니다. 앞판 옆선의 줄임코는 끝에서 2번째 코와 3번째 코를 한 번에 뜹니다. 앞판을 다 뜨면 이어서 뒤목둘레를 뜹니다. 뜨개 끝은 쉼코를 합니다.
● 마무리…어깨는 덮어씌워 잇기를 합니다. 소매는 지정 콧수를 주워 메리야스뜨기, 2코 고무뜨기로 뜹니다. 소매 밑선의 줄임코는 끝에서 4번째 코와 5번째 코를 한 번에 뜹니다. 옆선·소매 밑선은 떠서 꿰매기를 합니다. 뒤목둘레는 뜨개 끝끼리 빼뜨기로 잇기를 하고 뒤목둘레와 휘감아 잇기로 연결합니다. 벨트·벨트 고리·단춧고리를 뜬 뒤 마무리하는 법을 참고해서 완성합니다.

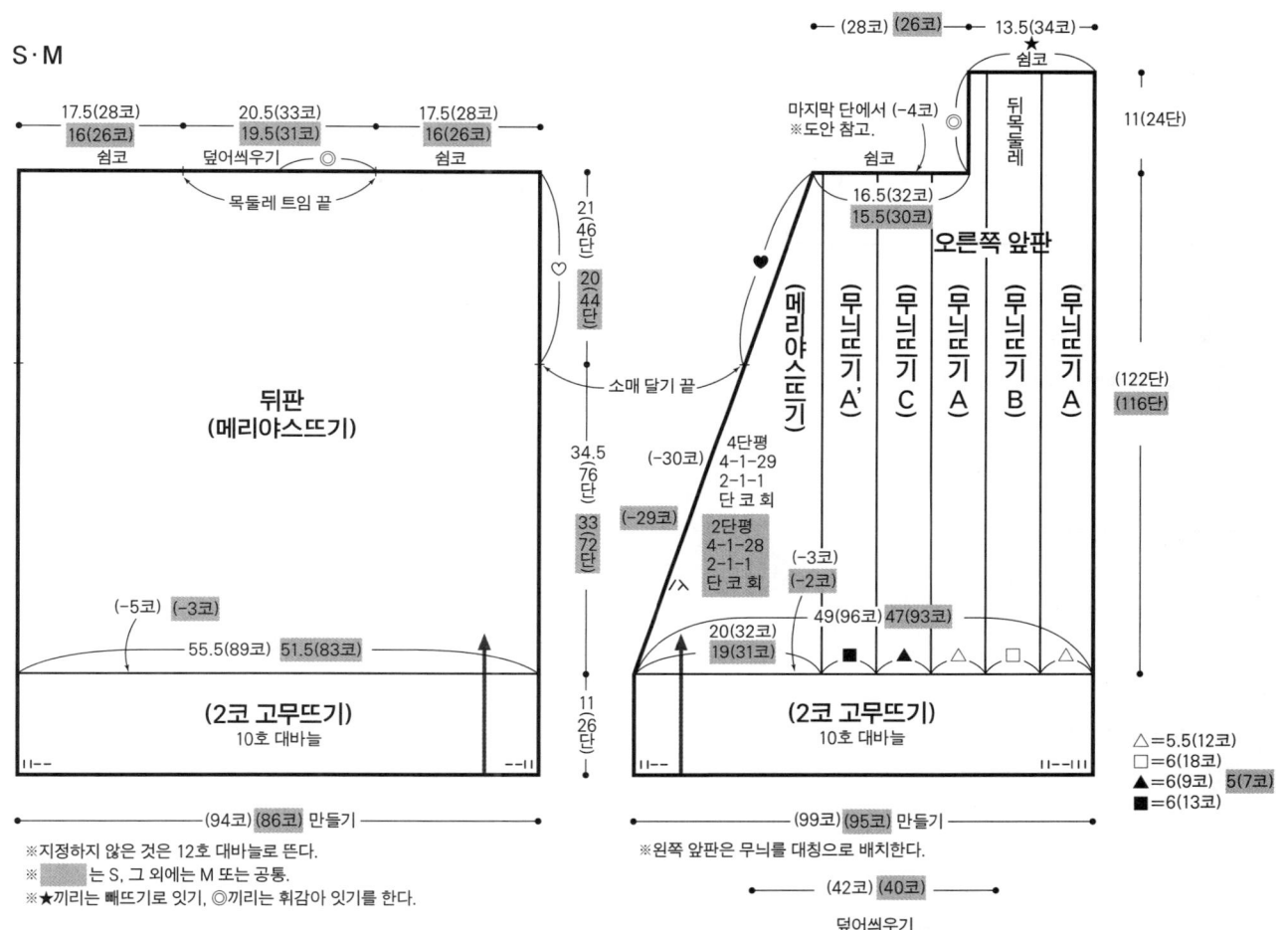

실 사용량

S	M	L	XL
705g 15볼	765g 16볼	810g 17볼	850g 17볼

144페이지로 이어집니다. ▶

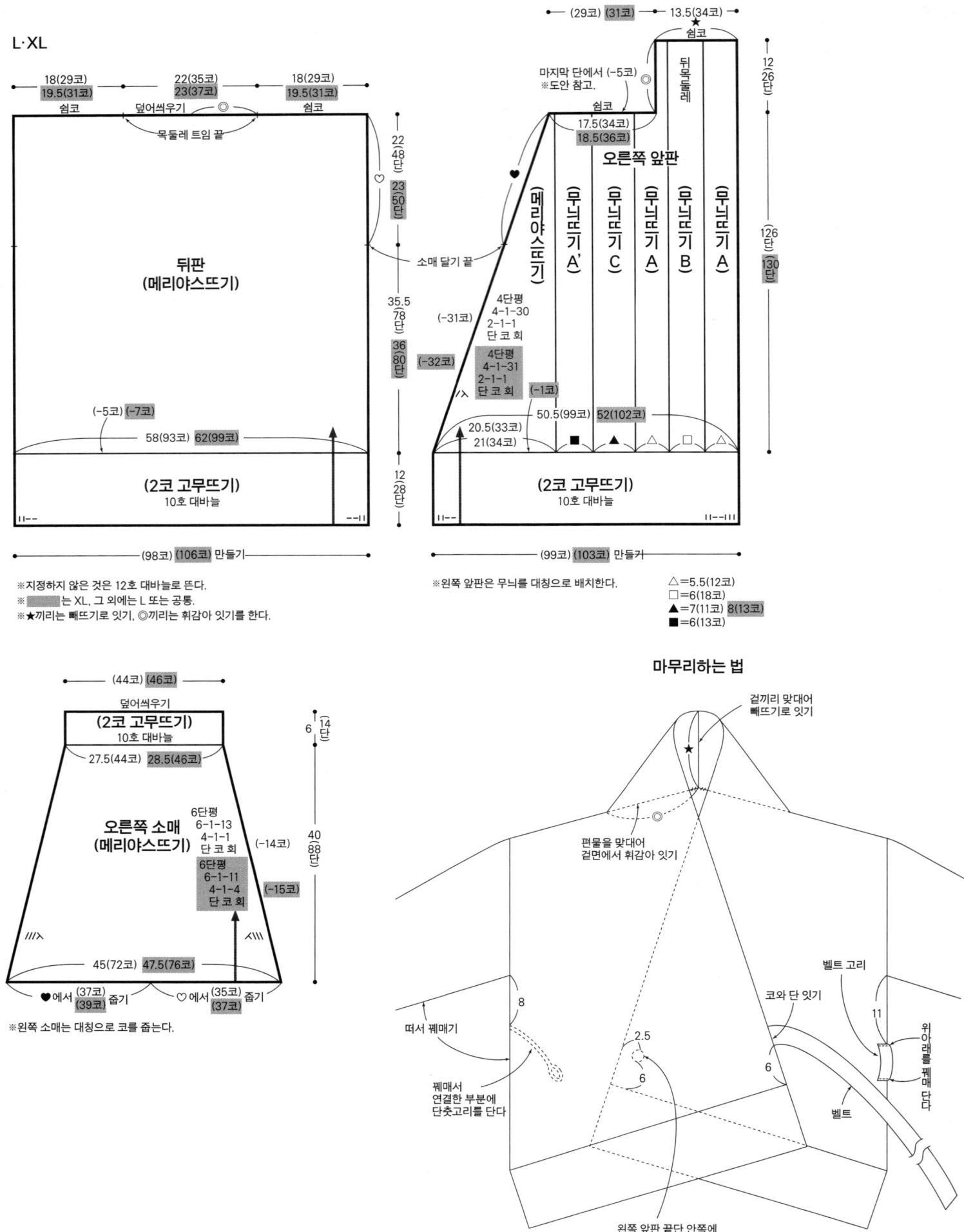

에어리 니트
29 page ★★

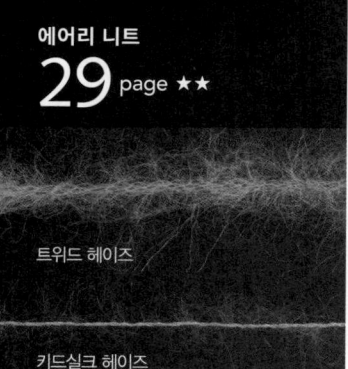

트위드 헤이즈

키드실크 헤이즈

A

B

C

재료
로완 트위드 헤이즈, 키드실크 헤이즈. ※실의 색이름·색번호·사용량은 표를 참고하세요.

도구
대바늘 11호

완성 크기
가슴둘레 116cm, 기장 54.5cm, 화장 34cm

게이지(10×10cm)
메리야스뜨기 15코×21단

POINT
● 몸판…손가락에 실을 걸어서 기초코를 만들어 뜨기 시작해 1코 고무뜨기와 메리야스뜨기로 뜹니다. 목둘레의 줄임코는 2코 이상은 덮어씌우기, 1코는 가장자리 1코를 세우는 줄임코를 합니다.
● 마무리…어깨는 덮어씌워 잇기, 옆선은 떠서 꿰매기를 합니다. 목둘레·소맷부리는 지정 콧수를 주워 1코 고무뜨기로 원형으로 뜹니다. 뜨개 끝은 겉뜨기는 겉뜨기로, 안뜨기는 안뜨기로 떠서 덮어씌워 코막음합니다.

실 사용량

	트위드 헤이즈			키드실크 헤이즈		
	색이름	색번호	사용량	색이름	색번호	사용량
A	회색 계열 믹스	Storm 556	130g 3볼	연지색	Liqueur 595	60g 3볼
B	남색 계열 믹스	Midnight 553		녹색	Gem 692	
C	연갈색 계열 믹스	Winter 550		갈색	Branch 689	

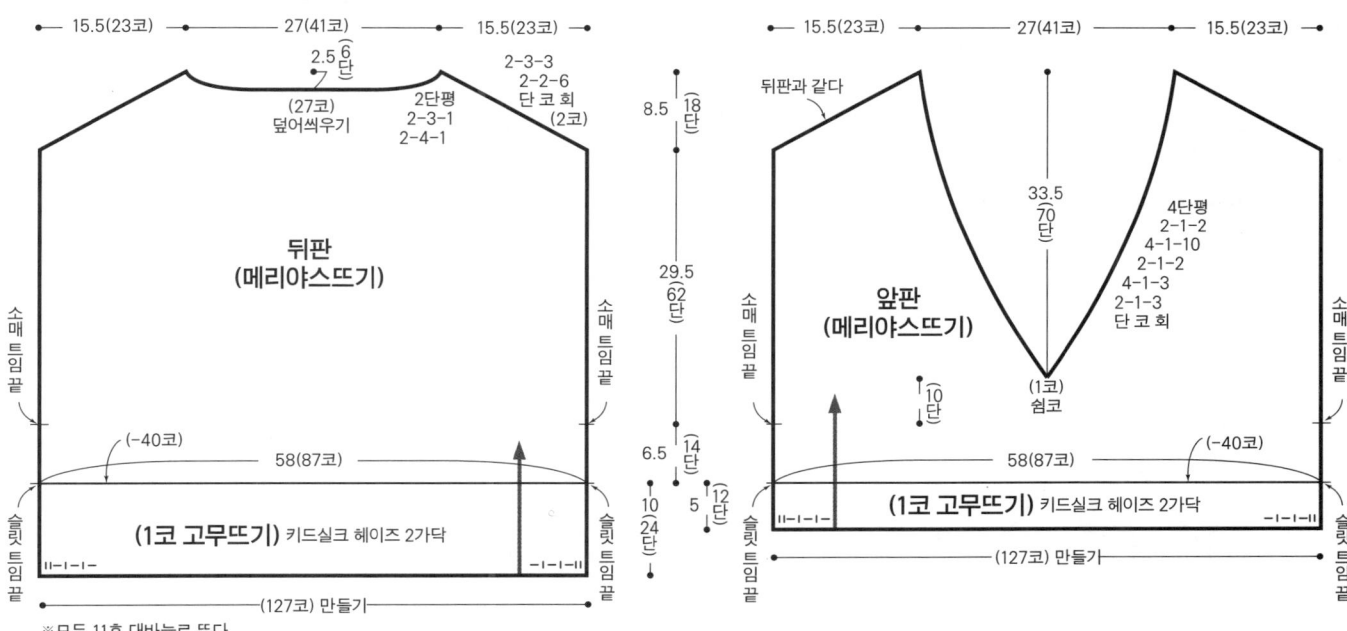

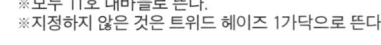

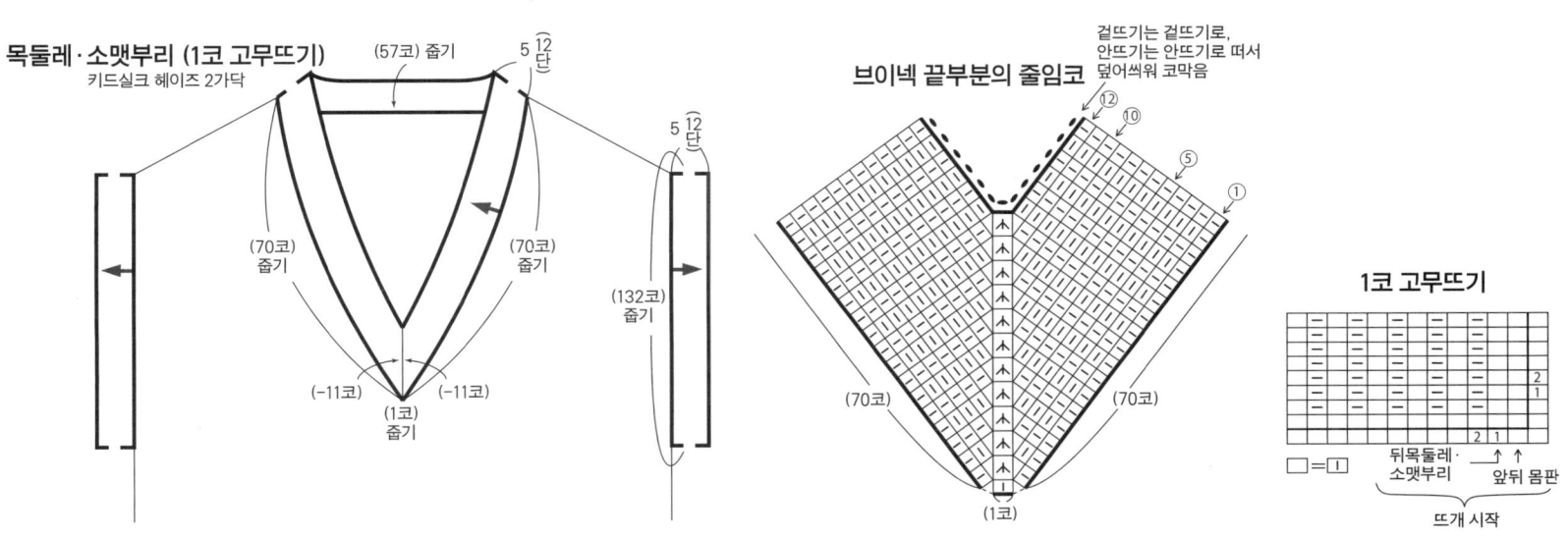

에어리 니트
28 page ★★★

브러쉬드 플리스

재료
로완 브러쉬드 플리스 남색 계열 믹스(268 Peak)
315g 7볼

도구
대바늘 10호·8호

완성 크기
가슴둘레 130cm, 기장 53.5cm, 화장 63.5cm

게이지(10×10cm)
무늬뜨기 15.5코×21.5단

POINT
● 몸판·소매…손가락에 실을 걸어서 기초코를 만들어 뜨기 시작해 2코 고무뜨기, 무늬뜨기로 뜹니다. 래글런선의 줄임코는 가장자리 2코를 세우는 줄임코를 합니다. 앞목둘레의 줄임코는 덮어씌우기를 합니다. 소매 밑선의 늘림코는 1코 안쪽에서 돌려뜨기 늘림코를 합니다.
● 마무리…래글런선·옆선·소매 밑선은 떠서 꿰매기를 합니다. 목둘레는 지정 콧수를 주워 2코 고무뜨기로 원형으로 뜹니다. 뜨개 끝은 겉뜨기는 겉뜨기로, 안뜨기는 안뜨기로 떠서 덮어씌워 코막음합니다.

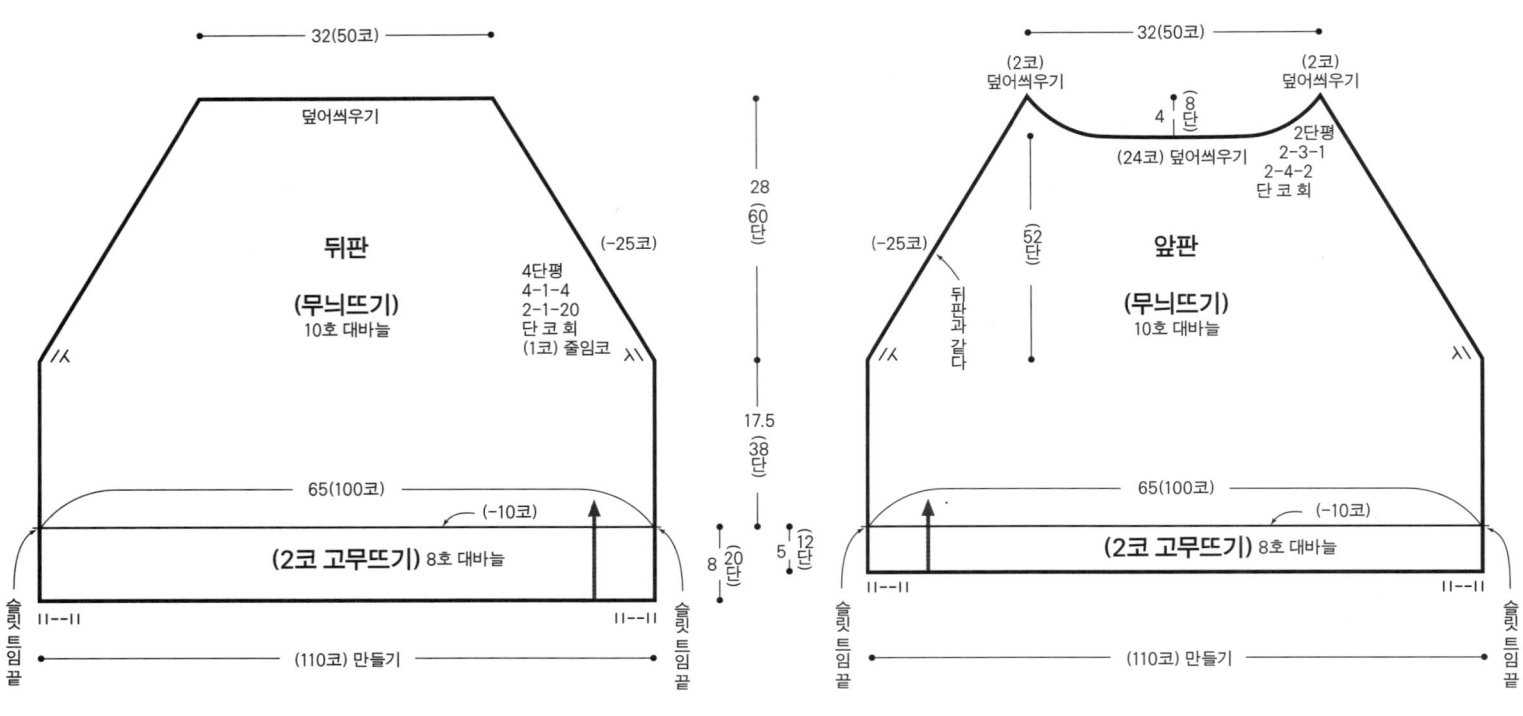

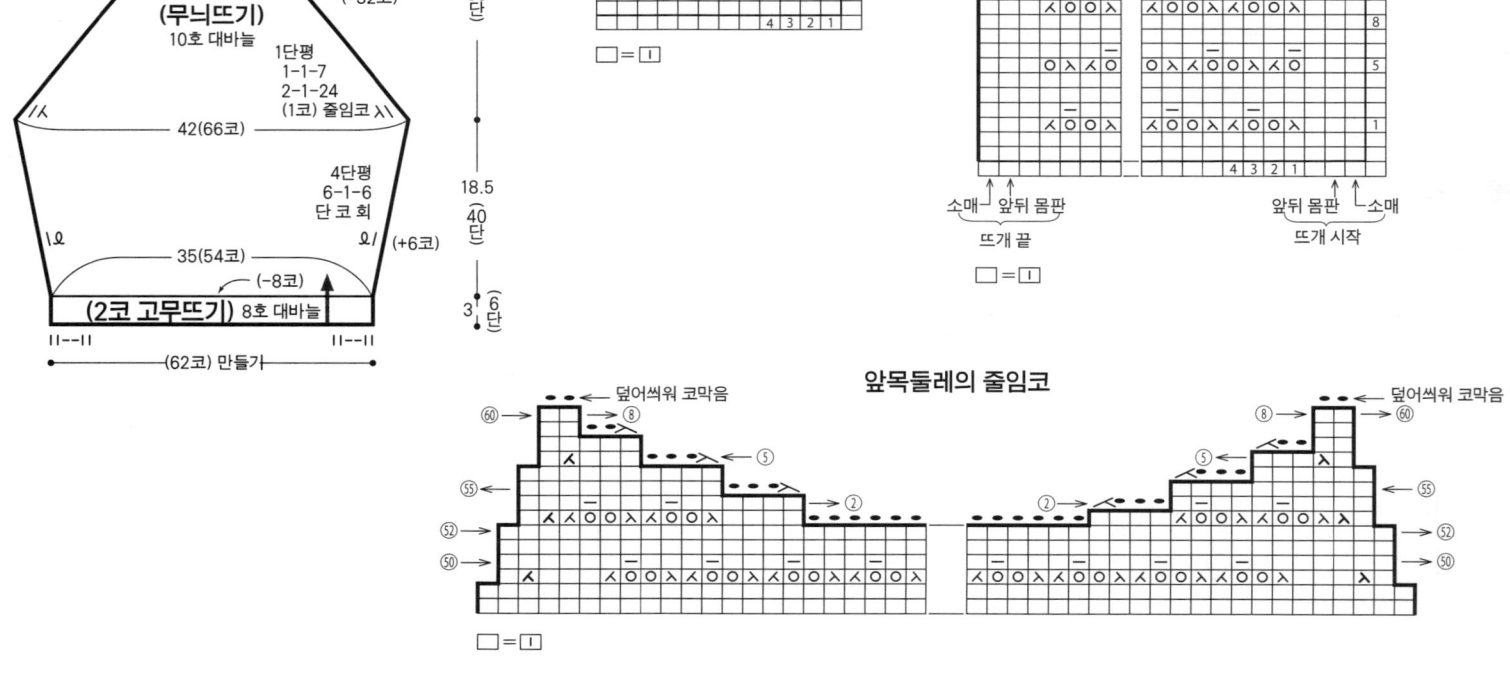

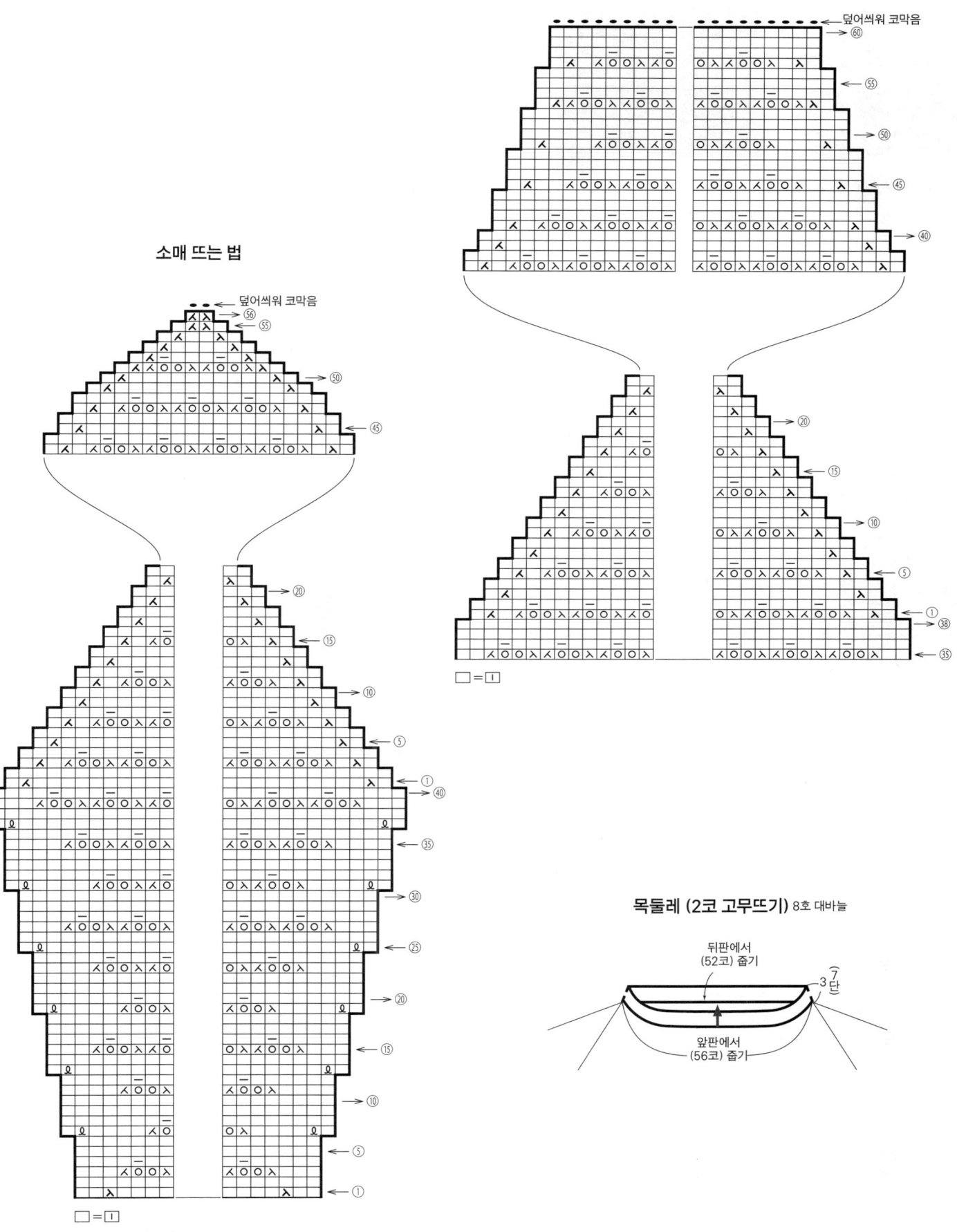

이벤트용 니트
36·37 page ★★★

엑시드 울 L 《병태》

아메리 에프 《합태》

하마나카 순모 중세

아메리

재료
하마나카 엑시드 울 L 《병태》, 아메리 에프 《합태》, 하마나카 순모 중세, 아메리. 실의 색이름·색번호· 사용량·부자재는 도안의 표를 참고하세요.

도구
코바늘 5/0호·4/0호·3/0호.

완성 크기
도안 참고.

POINT
● 도안을 참고해 각 부분을 뜹니다. 마무리하는 법을 참고해 완성합니다.

실의 사용량과 부자재

	실이름	색이름(색번호)	사용량	부자재
뷔슈 드 노엘의 커트 케이크	엑시드 울 L 《병태》	갈색(833)	90g/3볼	통나무 비즈 (빨강) 60개
		짙은 갈색(852)	16g/1볼	수예 솜 적당히
	아메리 에프 《합태》	연갈색(520)	3g/1볼	펠렛 적당히
	하마나카 순모 중세	빨강(10)	12g/1볼	펠렛용 천 20×8cm
		짙은 녹색(24)	5g/1볼	두꺼운 종이
		흰색(26)	2g/1볼	종이
		검정(30)	각 1g/각 1볼	와이어 12cm
		핑크(31)		수예용 본드
전나무 (3개 분량)	아메리	초록(34)	각 14g/각 1볼	수예 솜 적당히
		카키(38)		펠렛 각 6g
		황록(13)		두꺼운 종이
		모카 브라운(23)	12g/1볼	

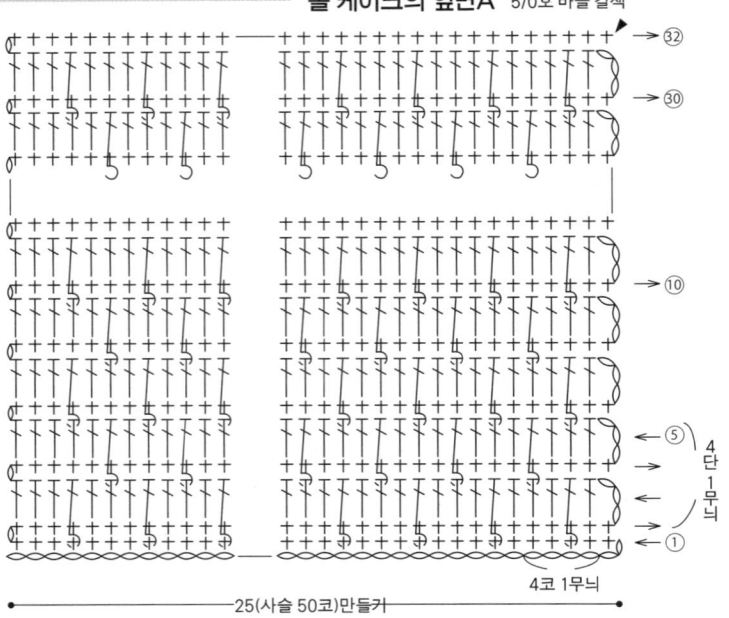

롤 케이크의 옆면A 5/0호 바늘 갈색

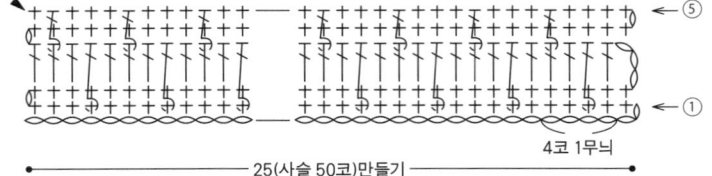

커트 케이크의 옆면 5/0호 바늘 갈색

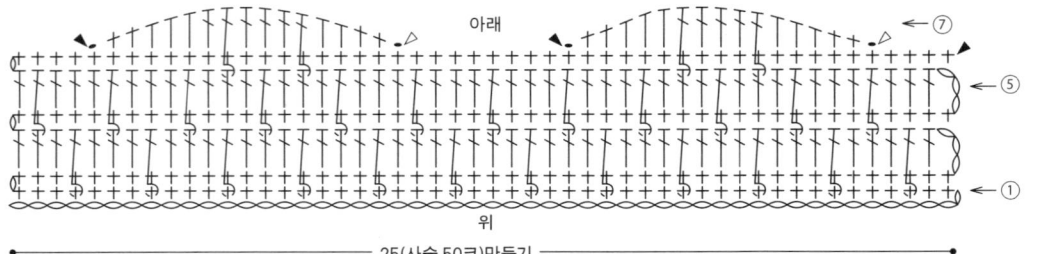

롤 케이크의 옆면B 5/0호 바늘 갈색

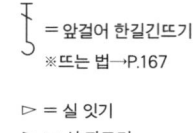

↑ = 앞걸어 한길긴뜨기
※ 뜨는 법→P.167
▷ = 실 잇기
▶ = 실 자르기

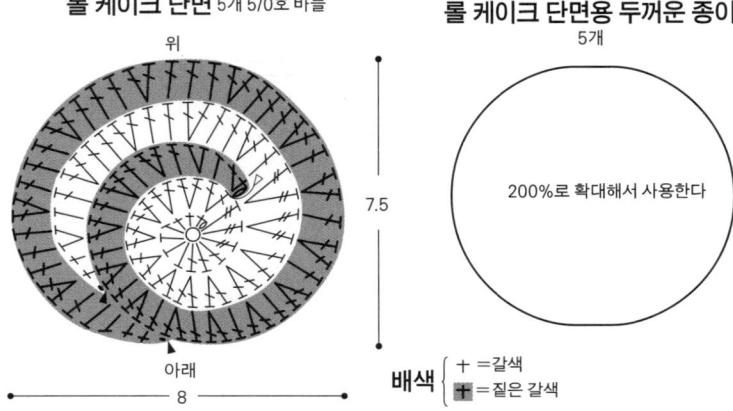

롤 케이크 단면 5개 5/0호 바늘

롤 케이크 단면용 두꺼운 종이 5개
200%로 확대해서 사용한다

배색 + =갈색
＋ =짙은 갈색

※갈색으로 뜰 수 있는 곳까지 뜨고, 도중에 짙은 갈색으로 바꿔서 뜬다. 번갈아 뜰 수 있는 곳까지 뜬다.

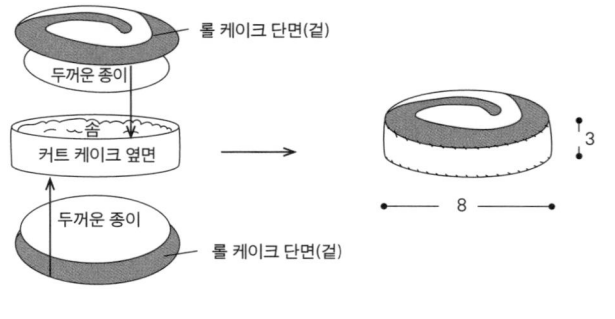

커트 케이크의 마무리하는 법

※두꺼운 종이와 솜을 넣고, 롤 케이크의 단면과 옆면을 갈색으로 감아 잇기.

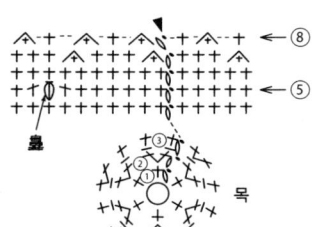

산타클로스 머리
3/0호 바늘 핑크

▷ = 실 잇기
▶ = 실 자르기

머리의 증감코

단	콧수	
8단	8코	(-4코)
7단	12코	(-3코)
4~6단	15코	
3단	15코	(+3코)
2단	12코	(+6코)
1단	6코	

± = 앞단의 머리 뒤쪽 반코를 주워서 뜨기

※솜을 채운 뒤 마지막 단의 바깥쪽 1가닥에 실을 통과시켜서 오므린다.

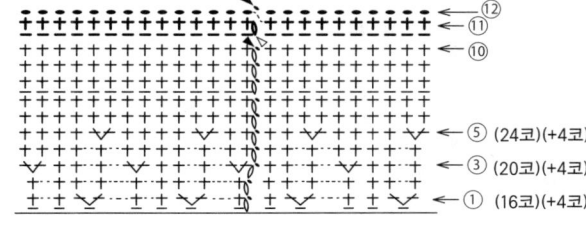

산타클로스 옷 3/0호 바늘

※1단째는 산타클로스 머리의 2단째의 가닥을 주워서 뜬다.
※신발을 코줍기하기 전에 솜을 채워둔다.

± = 8단째는 앞단의 머리 뒤쪽 반코를 주워서 짧은뜨기
11단째는 앞단의 머리 앞쪽 반코를 주워서 짧은뜨기

배색 { + =빨강, + =하양 }

산타클로스 신발 2개
3/0호 바늘 검정

※산타클로스 옷의 10단째의 머리 뒤쪽 반 코를 주워 원형뜨기한다.
※솜을 채운 뒤 마지막 단의 코에 실을 통과시켜서 오므린다.
※3째는 앞단의 머리 뒤쪽 반 코를 주워서 뜬다.

옷 정리 방법

흰색으로 옷의 흰색 단을 꿰맨다
신발

산타클로스 모자 3/0호 바늘

모자의 늘림코

단	콧수	
9·10단	20코	
8단	20코	(+4코)
7단	16코	
6단	16코	(+4코)
5단	12코	
4단	12코	(+4코)
3단	8코	(+2코)
2단	6코	
1단	6코	

※10단째의 빼뜨기는 흰색으로 뜬다.

배색 { + =빨강, + =하양 }

산타클로스 옷의 장식 3/0호 바늘 하양

※산타클로스 옷의 7단째 머리 앞쪽 반 코를 주워서 뜬다.

산타클로스 팔 2개
3/0호 바늘

배색 { + =빨강, + =핑크 }

※솜을 채운 뒤 마지막 단의 코에 실을 통과시켜서 오므린다.
± = 앞단의 머리 뒤쪽 반 코를 주워서 뜨기

산타클로스 마무리하는 법

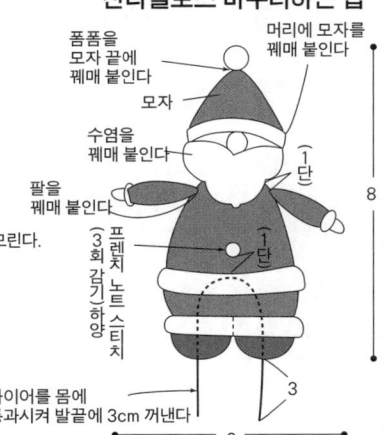

폼폼을 모자 끝에 꿰매 붙인다
머리에 모자를 꿰매 붙인다
모자
수염을 꿰매 붙인다
팔을 꿰매 붙인다
프렌치 노트 스티치 (3회 감기) 하양
와이어를 몸에 통과시켜 발끝에 3cm 꺼낸다

8
6
3

폼폼 3/0호 바늘 하양
수염 3/0호 바늘 하양

※마지막 단의 코에 실을 통과시켜서 오므린다.

산타클로스 팔의 장식 3/0호 바늘 하양

※산타클로스 팔의 5단째 머리 앞쪽 반 코를 주워서 뜬다.

딸기 3/0호 바늘 빨강 4개

★ = 비즈를 꿰매 붙이는 단

※솜을 채운 뒤 마지막 단의 머리 바깥쪽 반 코에 실을 통과시켜서 오므린다.
※비즈는 다 뜬 뒤에 각 단 5개씩 꿰매 붙인다.

호랑가시나무 3개
3/0호 바늘 짙은 녹색

뜨개 시작

호랑가시나무 열매 3개
3/0호 바늘 빨강

※남은 실을 채운 뒤 마지막 단의 머리 바깥쪽 반 코에 실을 통과시켜서 오므린다.

호랑가시나무 마무리하는 법

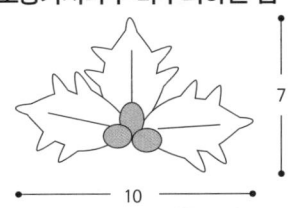

7
10

호랑가시나무의 뿌리를 3개 합치고 중심에 열매를 3개 꿰매 붙인다

딸기 꼭지 4개
3/0호 바늘 심록

딸기 마무리하는 법

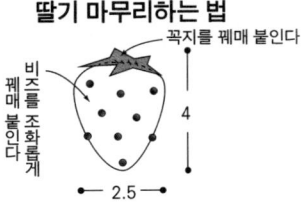

꼭지를 꿰매 붙인다
비즈를 꿰매 조화롭게 붙인다

4
2.5

크림 4개 4/0호 바늘 연갈색

※4단째는 3단째의 앞걸어 한길긴뜨기 코를 건너뛰고 짧은 2코 모아뜨기를 한다.

※몸을 채운 뒤 마지막 단의 머리 바깥쪽 반코에 실을 통과시켜서 오므린다.

150페이지로 이어집니다. ▶

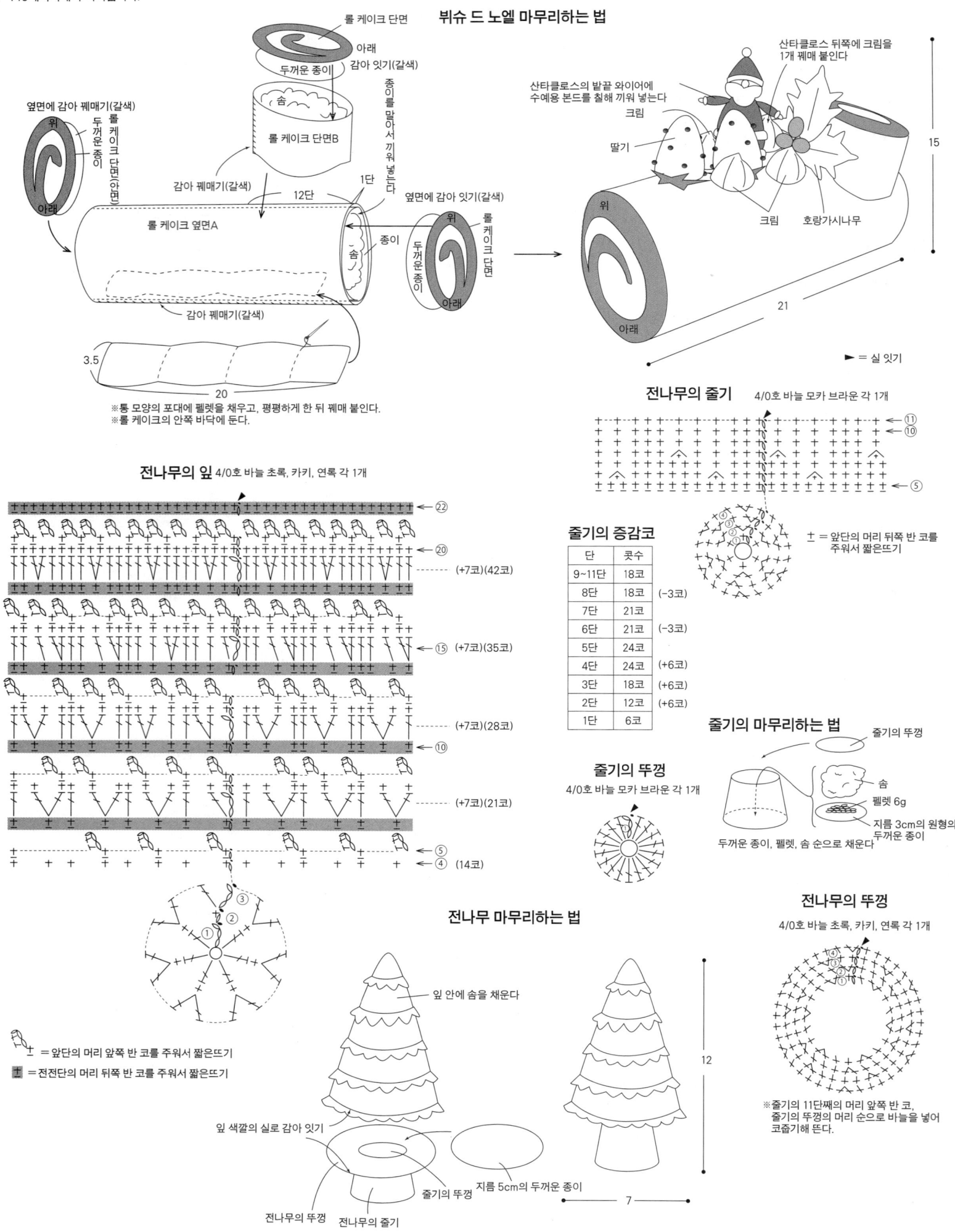

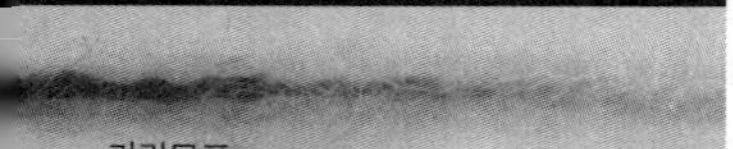

Enjoy Keito
38 page ★★★

카라모프

재료
Keito 카라모프 핑크 계열 그러데이션(2) 275g/3타래

도구
대바늘 10mm

완성 크기
폭 19cm, 길이 163cm(프린지 포함)

게이지(10×10cm)
무늬뜨기 8.5코×11단, 메리야스뜨기 8코×11.5단

POINT
● 모두 3겹으로 뜹니다. 손가락으로 만드는 기초코로 뜨기 시작해 무늬뜨기로 뜹니다. 마무리는 겉뜨기는 겉뜨기로 안뜨기는 안뜨기로 떠서 덮어씌워 코막음합니다. 후드는 지정 위치에서 코를 주워 가터뜨기, 메리야스뜨기로 뜹니다. 줄임코는 도안을 참고하세요. 마무리는 쉼코로 합니다. 후드의 톱은 메리야스 잇기로 합칩니다. 프린지를 달아서 완성합니다.

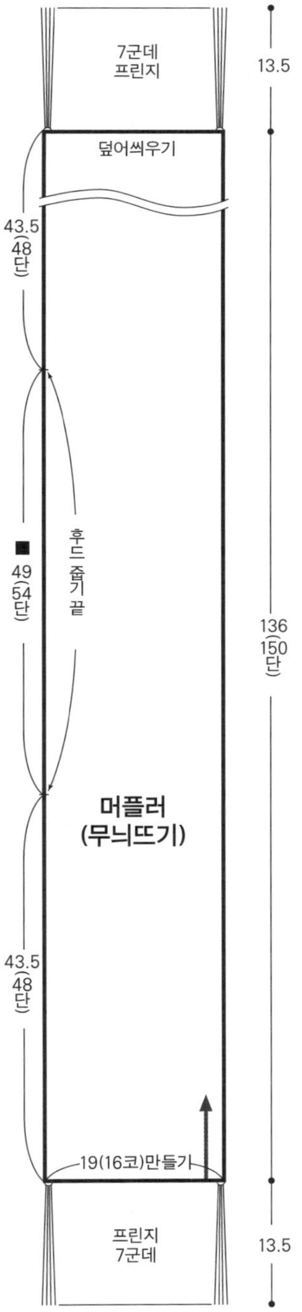

※모두 3겹으로 10mm 바늘로 뜬다.
※프린지는 길이 30cm 6개를 둘로 접어서 만든다.

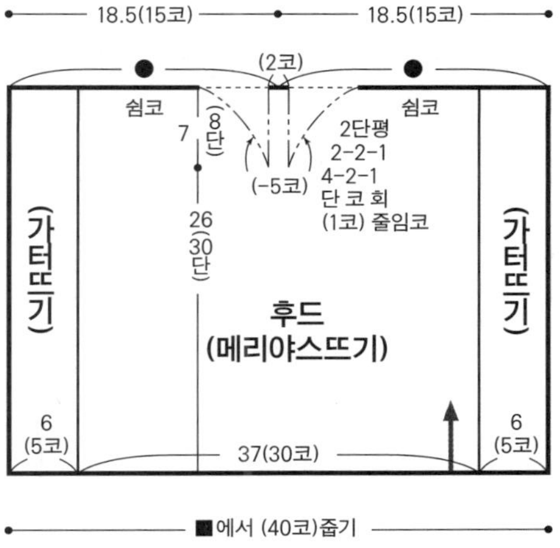

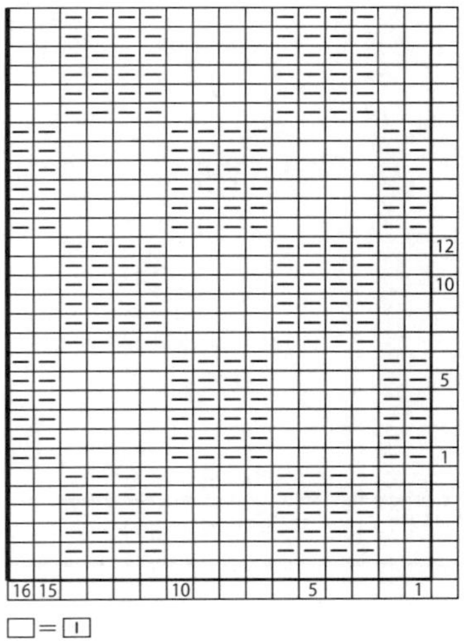

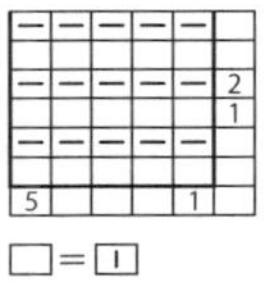

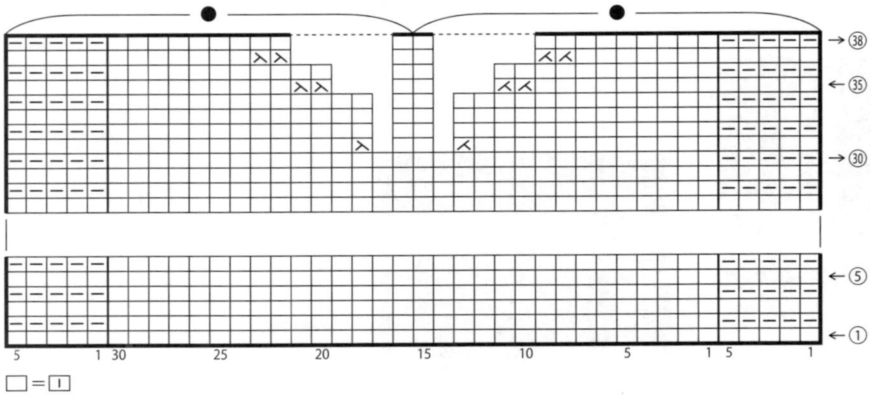

Enjoy Keito

39 page ★★★

베이비 소프트

세이카

재료
라나 가토 베이비 소프트 연노랑(763) 345g/7볼
Silk HASEGAWA 세이카 노랑(26 SUPER LEMON) 95g/4볼

도구
대바늘 6호·4호

완성 크기
가슴둘레 96cm, 어깨너비 41cm, 기장 58.5cm, 소매 길이 50cm

게이지(10×10cm)
무늬뜨기 23코×32.5단

POINT
● 몸판, 소매…모두 베이비 소프트 1가닥과 세이카 1가닥을 같이 뜹니다. 별도 사슬로 만드는 기초코로 뜨기 시작해 무늬뜨기로 뜹니다. 줄임코는 2코 이상은 덮어씌우기, 1코는 가장자리 1코를 세우는 줄임코를 합니다. 소매 밑선의 늘림코는 1코 안쪽에서 돌려뜨기 늘림코를 합니다.

● 마무리…어깨는 덮어씌워 잇기, 옆선, 소매 밑선은 떠서 꿰매기를 하되, 소매는 뜨개바탕의 안면을 겉으로 하고 떠서 꿰매기를 합니다. 밑단, 소맷부리는 기초코의 사슬을 풀어서 코를 줍고, 1코 고무뜨기로 원형뜨기합니다. 마무리는 1코 고무뜨기 코막음을 합니다. 목둘레는 지정 콧수를 주워 1코 고무뜨기로 원형뜨기합니다. 마무리는 밑단과 같이 합니다. 소매는 빼뜨기 꿰매기로 몸통과 합칩니다.

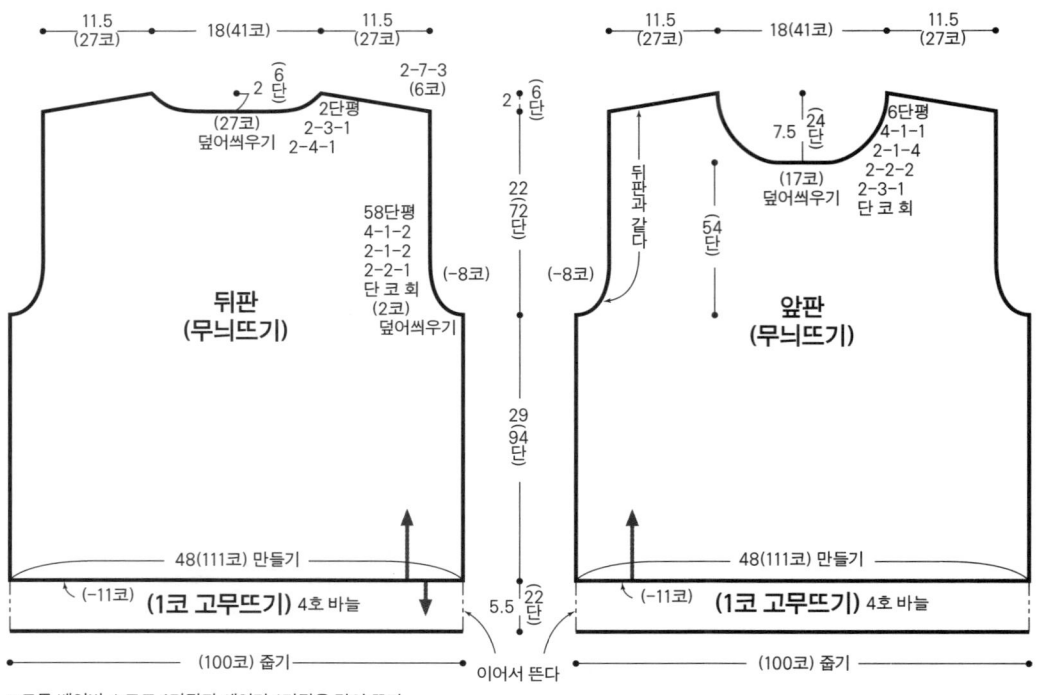

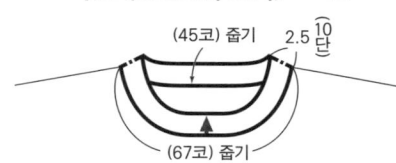

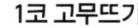

1코 고무뜨기

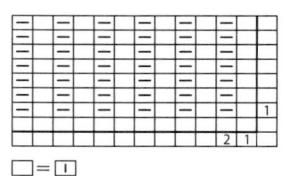

무늬뜨기

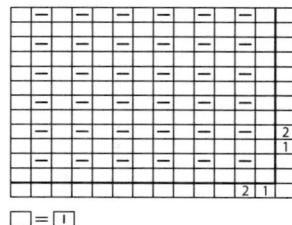

---

42 page ★★★

포인트 아란무늬

다이아 니콜

중심 2코에서 좌우 2코 교차뜨기

※ 일본어 사이트

재료
다이아몬드 모사 다이아 니콜 연그레이 계열 믹스(7613) 525g/14볼

도구
대바늘 9호·8호

완성 크기
가슴둘레 106cm, 어깨너비 45cm, 기장 53.5cm, 소매길이 47cm

게이지(10×10cm)
메리야스뜨기, 무늬뜨기B 모두 19.5×24.5단. 무늬뜨기C 26코×24.5단

POINT
● 몸판, 소매…손가락으로 만드는 기초코로 뜨기 시작해 무늬뜨기A로 뜹니다. 이어서 몸판은 무늬뜨기B, 메리야스뜨기, 소매는 무늬뜨기B, C로 뜹니다. 목둘레의 줄임코는 2코 이상은 덮어씌우기, 1코는 가장자리 1코를 세우는 줄임코를 합니다. 소매 밑선의 늘림코는 1코 안쪽에서 돌려뜨기 늘림코를 합니다. 소매의 마무리는 덮어씌워 코막음합니다.

● 마무리…어깨는 덮어씌워 잇기합니다. 소매는 코와 단 잇기로 몸판과 합치고, 옆선, 소매 밑선은 떠서 꿰매기합니다. 목둘레는 지정 콧수를 주워 무늬뜨기A로 원형뜨기합니다. 마무리는 겉뜨기는 겉뜨기로 안뜨기는 안뜨기로 떠 덮어씌워 코막음합니다.

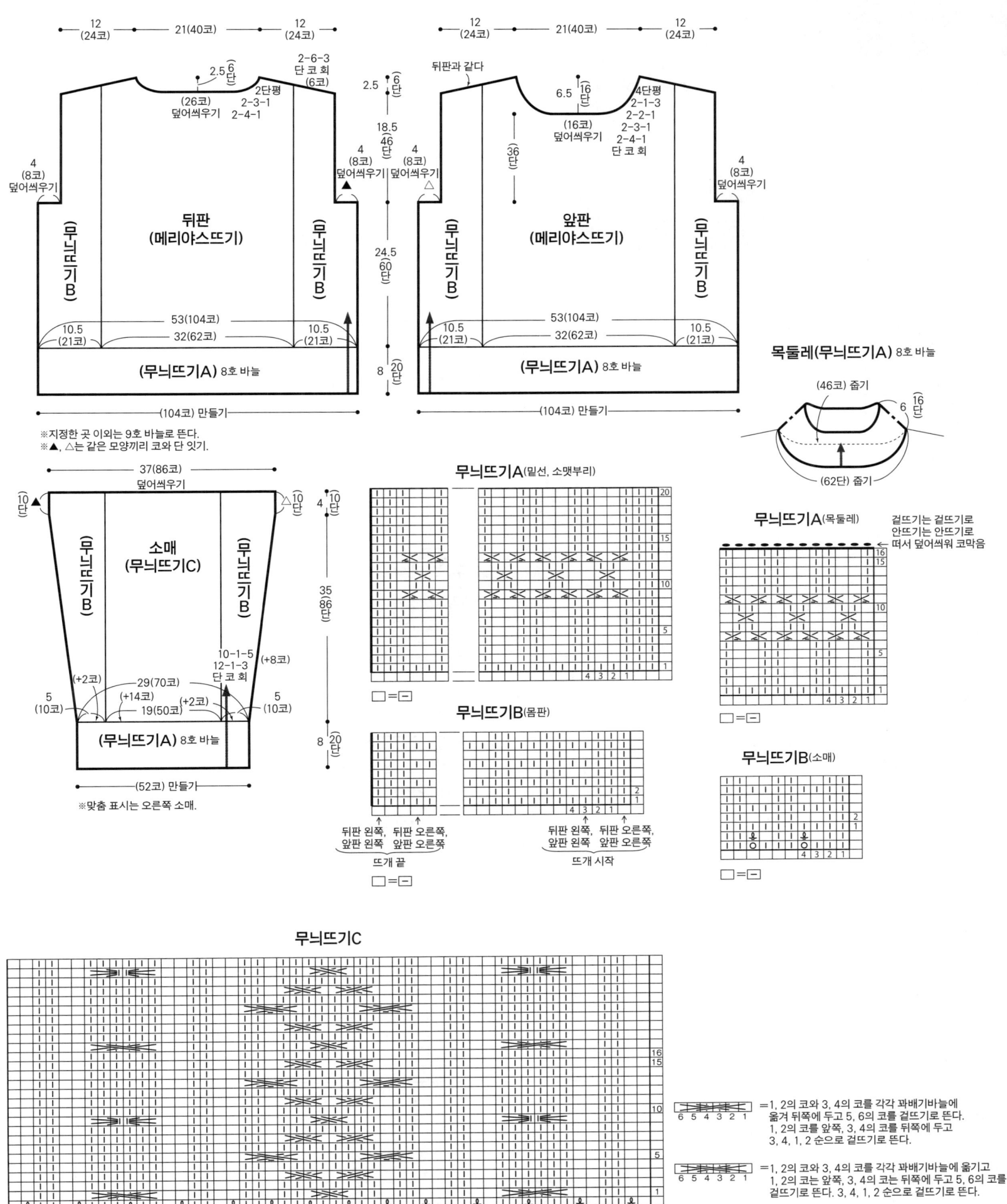

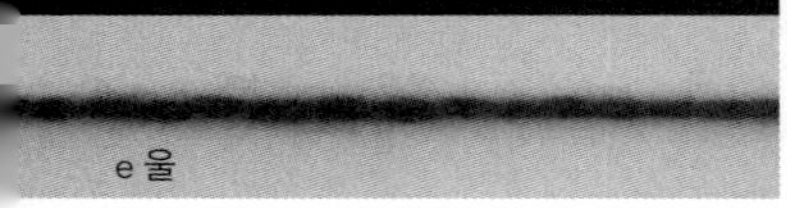

포인트 아란무늬
40 page ★★★

재료
데오리야 e-울 빨강(04) 345g

도구
대바늘 4호·2호

완성 크기
가슴둘레 95cm, 기장 52.5cm, 화장 71cm

게이지(10×10cm)
메리야스뜨기 23코×34단, 무늬뜨기 A 32코×34단

POINT
● 요크·판·소매…요크는 별실로 뜨는 기초코 뜨기 시작해 메리야스뜨기와 무늬뜨기A로 원형뜨기를 합니다. 늘림코는 도안을 참고하세요. 뒤판에 앞뒤 단차로 8단 왕복뜨기를 합니다. 뒤판·앞판은 요크에서 코를 줍고, 거싯은 감아코로 코를 만들어 원형뜨기를 합니다. 이어서 1코 고무뜨기를 뜨고, 마지막은 겉뜨기는 겉뜨기로 안뜨기는 안뜨기로 덮어씌워 코막음으로 마무리합니다. 소매는 요크의 쉼코와 거싯, 앞뒤 단차에서 코를 주워 메리야스뜨기로 원형뜨기를 합니다. 줄임코는 도안을 참고하세요. 이어서 1코 고무뜨기로 뜨고, 마무리는 밑단과 동일하게 합니다.

● 마무리…목둘레는 기초코의 사슬을 풀어서 코를 줍고, 무늬뜨기 B로 원형뜨기를 합니다. 마무리는 밑단과 동일하게 합니다.

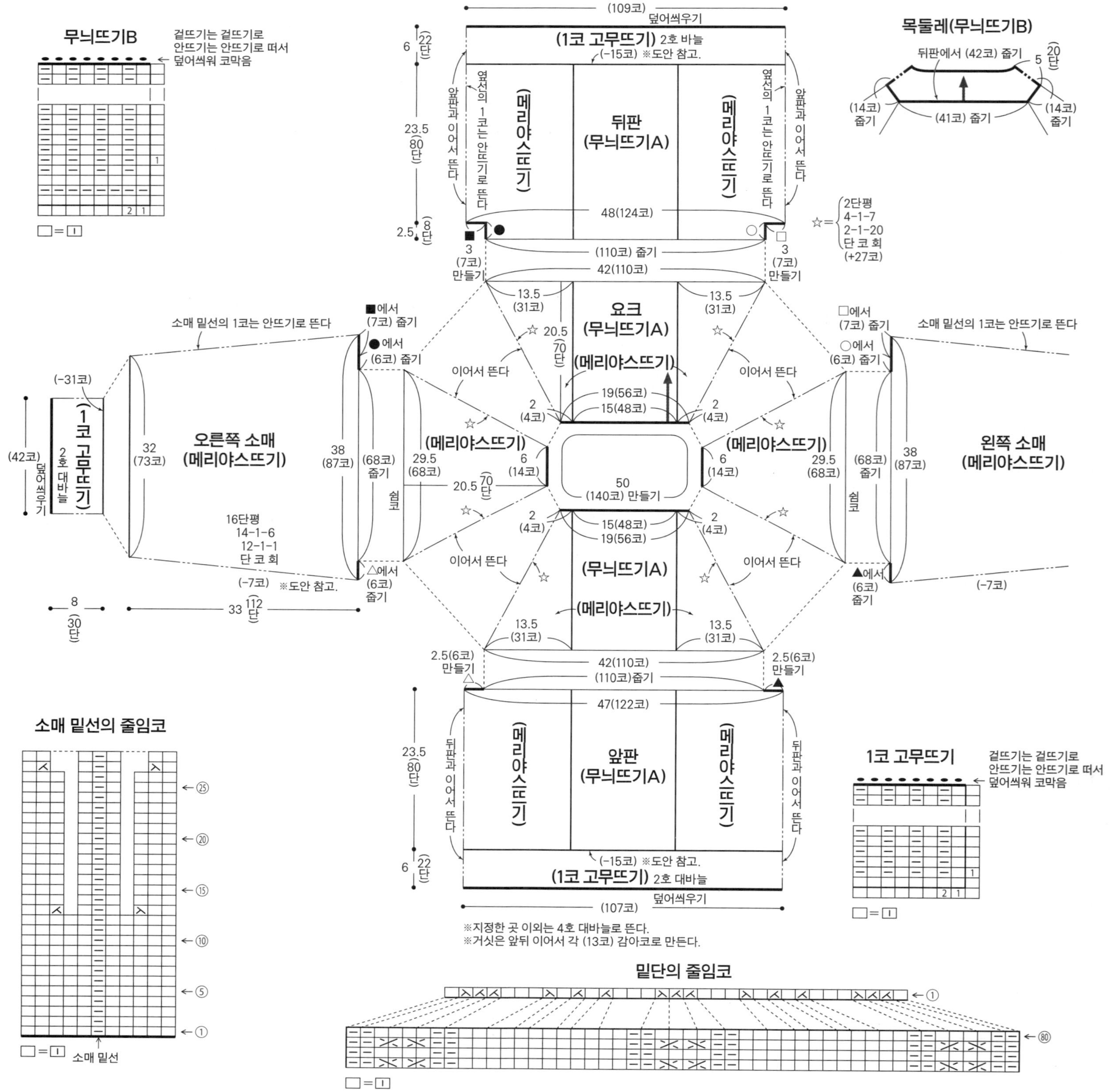

무늬뜨기A

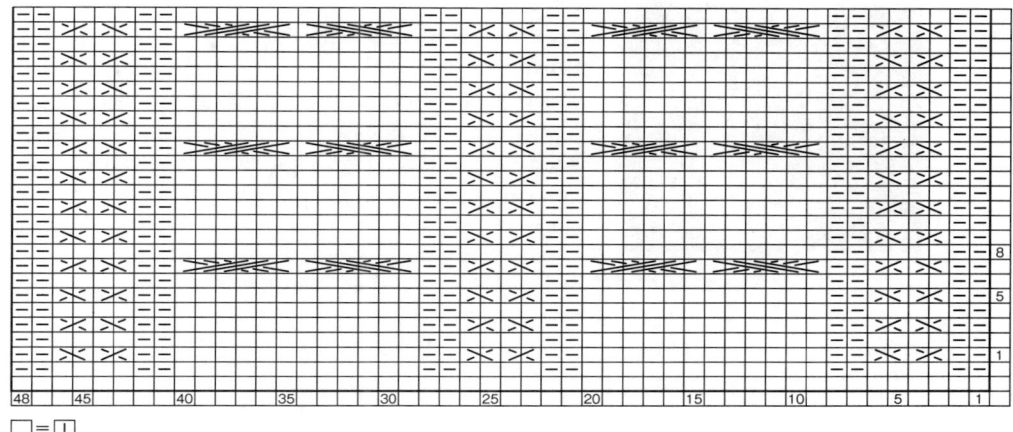

□=□

요크의 늘림코

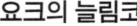

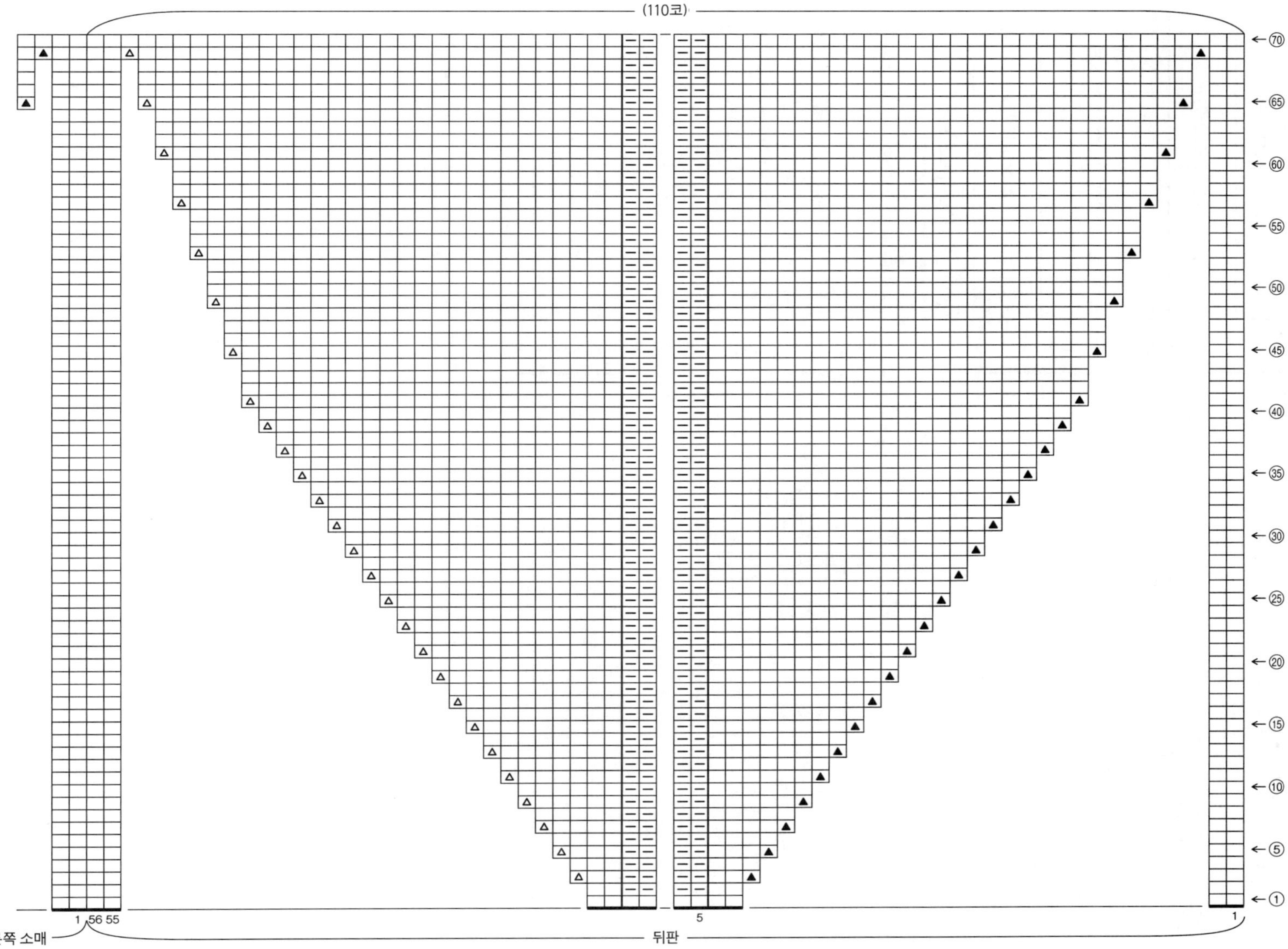

□=□
▲=왼쪽 돌려뜨기 늘림코
△=오른쪽 돌려뜨기 늘림코
※뜨는 법→P.142

포인트 아란무늬
41 page ★★★

모크 울 B

2코 고무뜨기 코막음
(원형뜨기)

※일본어 사이트

재료
데오리야 모크 울 B 천연색(32) 650g.

도구
대바늘 10호·6호

완성 크기
가슴둘레 86cm, 기장 68.5cm, 화장 68.5cm

게이지
메리야스뜨기(10×10cm) 18코 28.5단, 무늬뜨기 B(10×10cm) 31.5코 28.5단
무늬뜨기A, A'는 1무늬 23코가 8.5cm, 무늬뜨기C, C'는 1무늬 30코가 9cm, A, A', C, C' 모두 10cm에 28.5단

POINT
● 몸판, 소매…몸판은 2코 고무뜨기 기초코로 뜨기 시작해서 2코 고무뜨기로 원형뜨기를 합니다. 이어서 메리야스뜨기, 무늬뜨기A, B, A'로 뜹니다. 겨드랑이 부분에서 위쪽은 앞뒤를 나눠서 왕복뜨기로 뜹니다. 앞목둘레의 줄임코는 도안을 참고하세요. 어깨는 덮어씌워 잇기를 합니다. 소매는 몸판에서 코를 주워, 메리야스뜨기와 무늬뜨기C 또는 C'로 원형뜨기로 뜹니다. 줄임코는 도안을 참고하세요. 이어서 2코 고무뜨기로 뜨고, 마무리는 2코 고무뜨기 코막음을 합니다.

● 마무리…목둘레는 지정 콧수를 주워 2코 고무뜨기로 원형뜨기를 합니다. 마무리는 쉼코를 하고, 안쪽으로 접어서 감침질합니다.

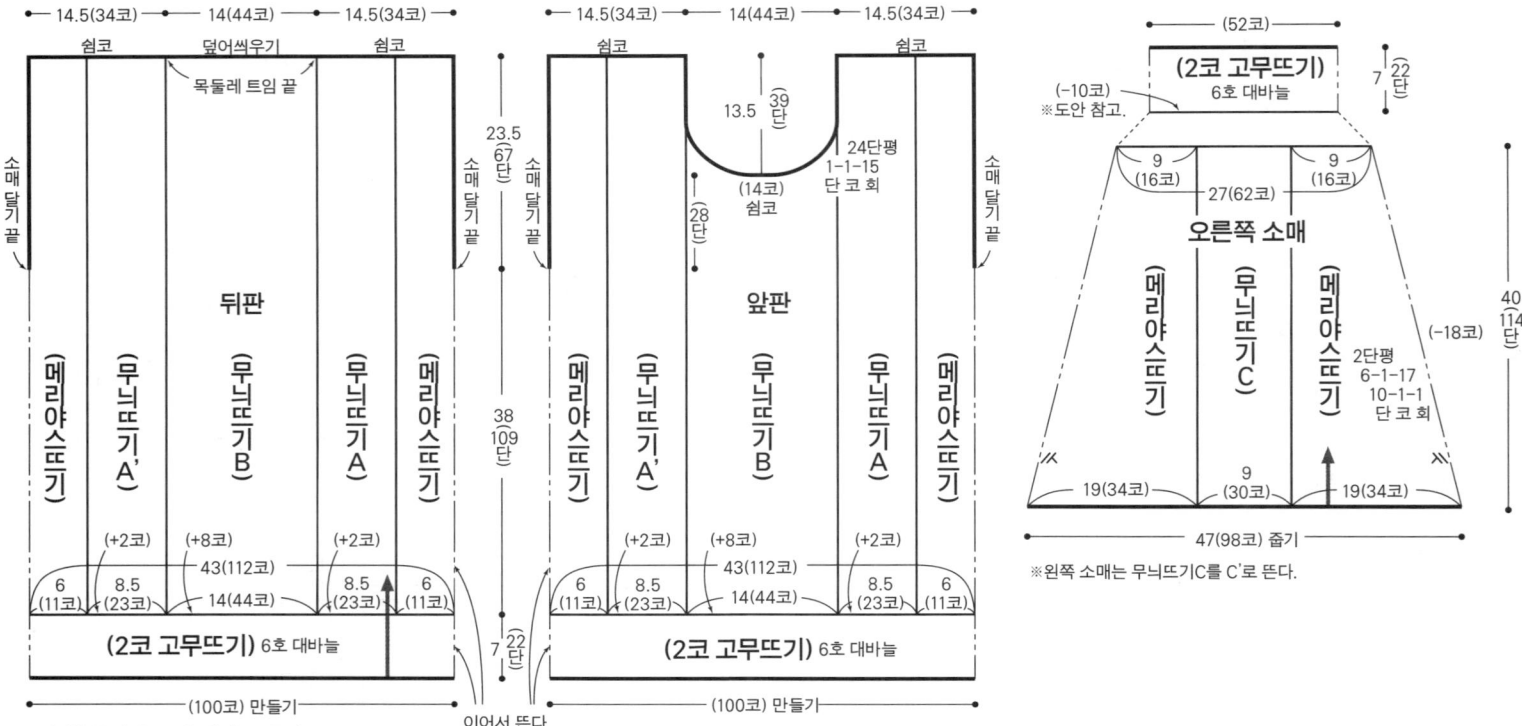

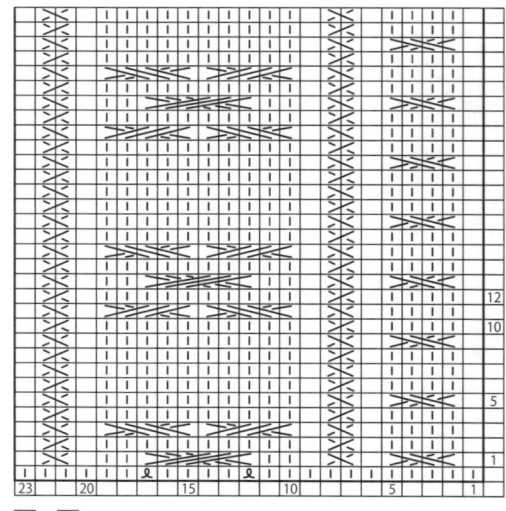

무늬뜨기B

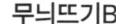

6단 1무늬

무늬뜨기A

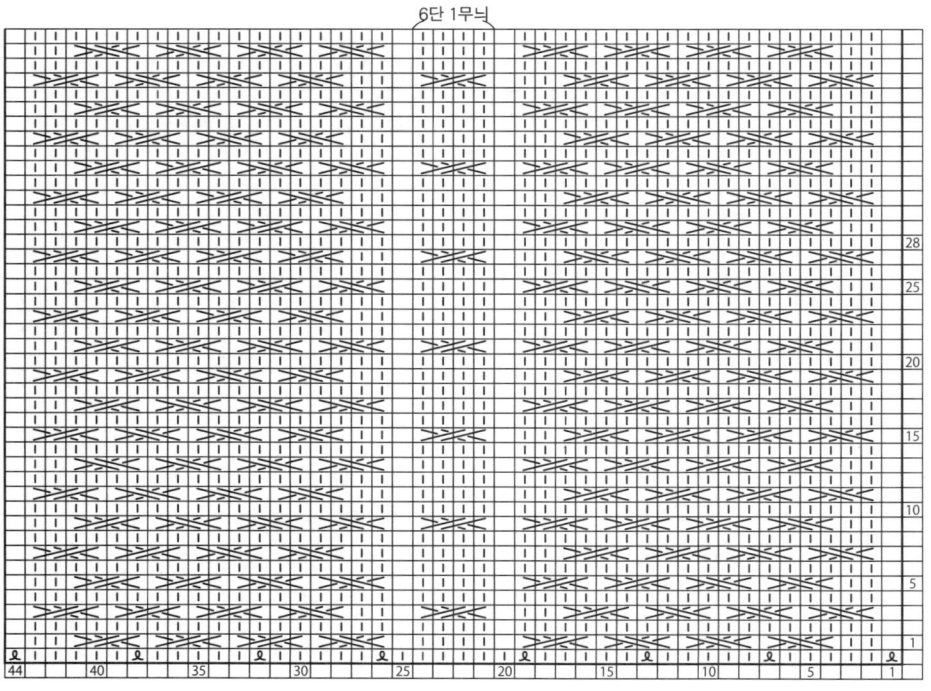

☐ = ⊟ Ω = 돌려뜨기 늘림코

⧖ = 왼쪽 위 돌려 3코와 2코의 교차뜨기

⧗ = 오른쪽 위 돌려 3코와 2코의 교차뜨기

안면에서 뜰 때
⧖ = ⧗ 를 뜬다.

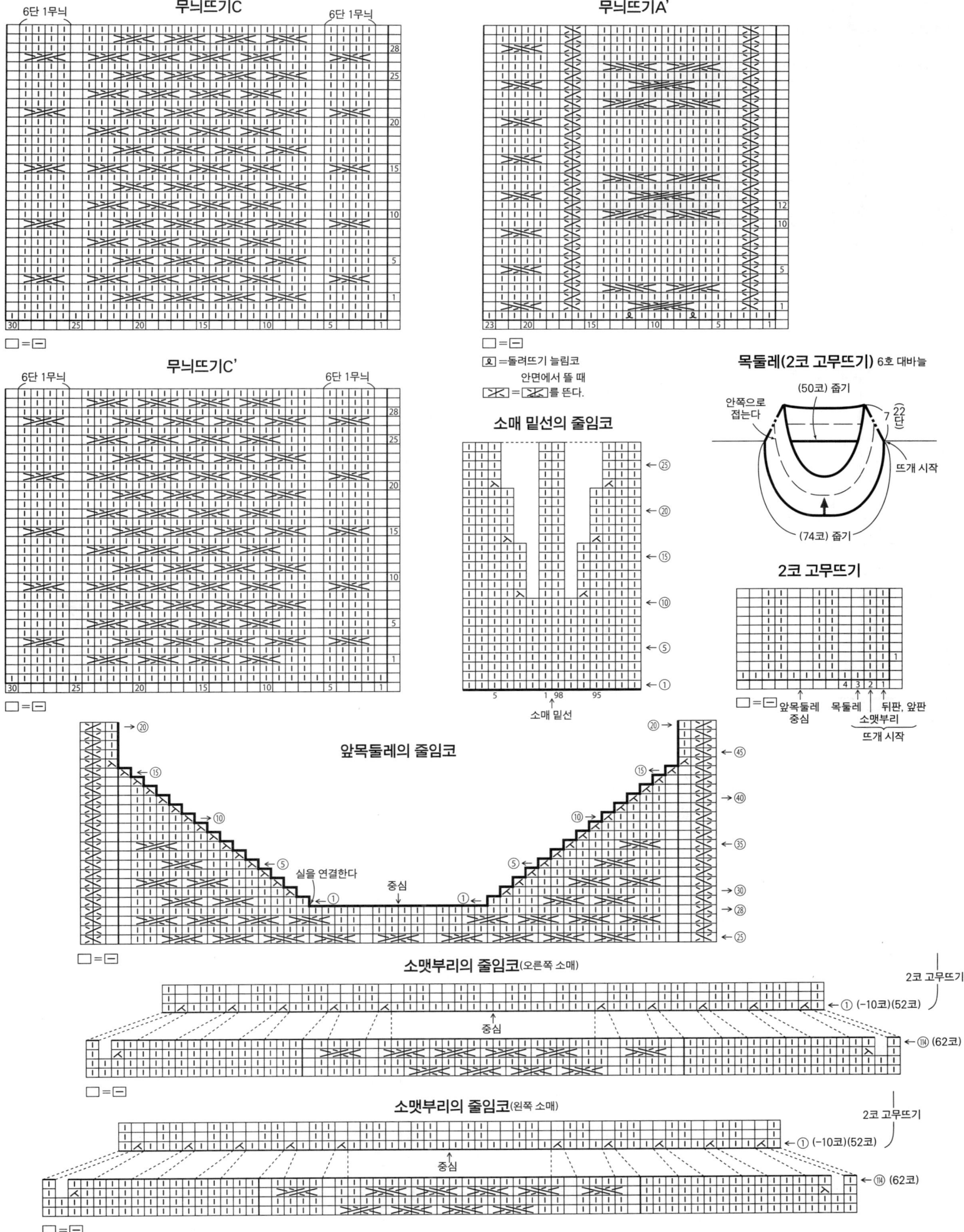

포인트 아란무늬
43 page ★★★

다이아 타탄

왼쪽 위 돌려 교차뜨기
(아래쪽이 안뜨기)

※일본어 사이트

오른쪽 위 돌려 교차뜨기
(아래쪽이 안뜨기)

※일본어 사이트

재료
[케이프] 다이아몬드 모사 다이아 타탄 오렌지색 (3406) 240g/7볼.
[암워머] 다이아몬드 모사 다이아 타탄 오렌지색 (3406) 75g/3볼.

도구
대바늘 6호·4호. 코바늘 5/0호

완성 크기
[케이프] 기장 41cm
[암워머] 손바닥 둘레 21cm, 기장 40cm

게이지(10×10cm)
메리야스뜨기 21코×30단, 무늬뜨기A, B 모두 29코×30단.

POINT
● 케이프…손가락으로 만드는 기초코로 뜨기 시작해 가터뜨기, 메리야스뜨기, 무늬뜨기A로 앞뒤를 이어서 원형뜨기로 뜹니다. 분산 줄임코는 도안을 참고하세요. 마무리는 덮어씌워 코막음을 합니다.
● 암워머…손가락으로 만드는 기초코로 뜨기 시작해 가터뜨기, 메리야스뜨기, 무늬뜨기B로 원형뜨기로 뜹니다. 증감코는 도안을 참고하고, 엄지 위치는 쉼코를 합니다. 마무리는 덮어씌워 코막음을 합니다. 엄지는 지정 콧수를 주워, 메리야스뜨기로 원형뜨기를 합니다. 마무리는 덮어씌워 코막음을 합니다.

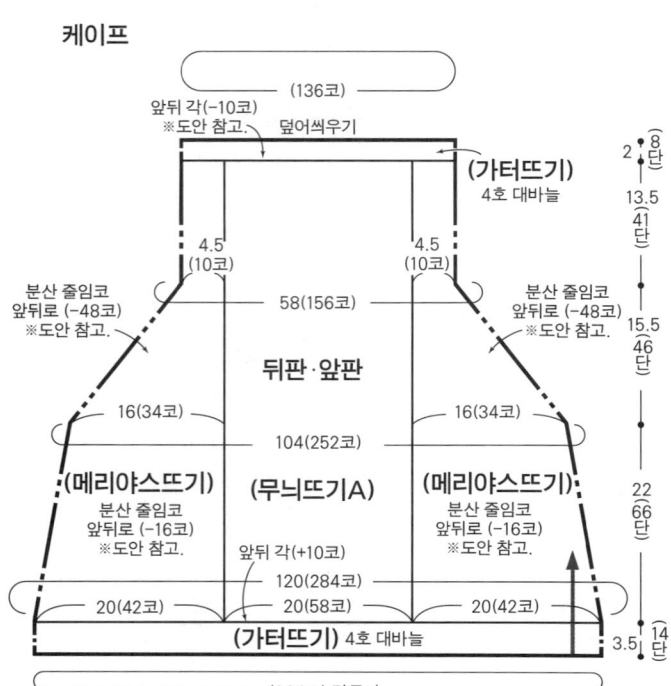

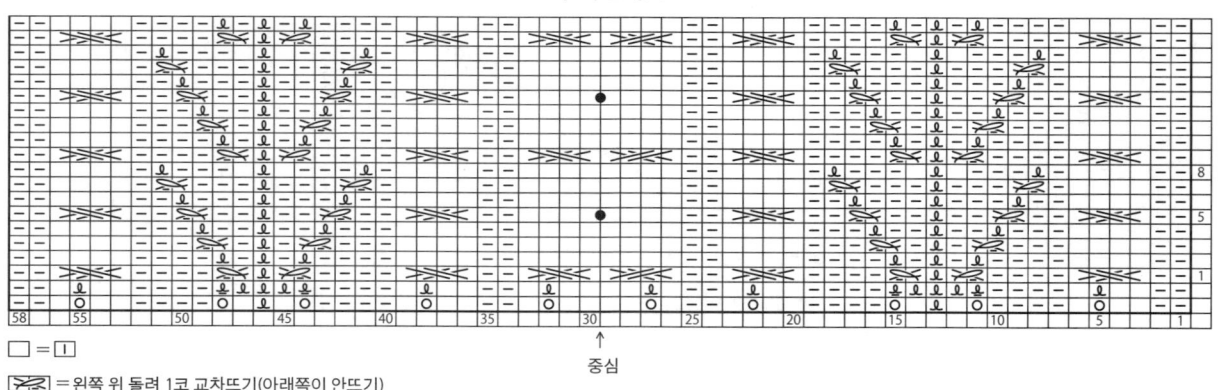

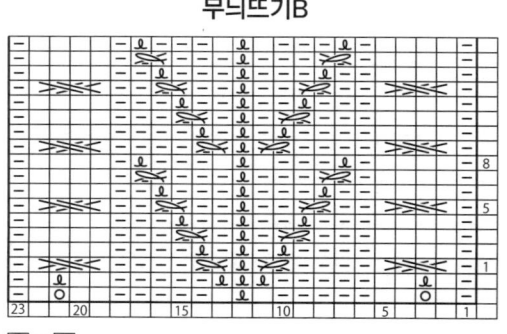

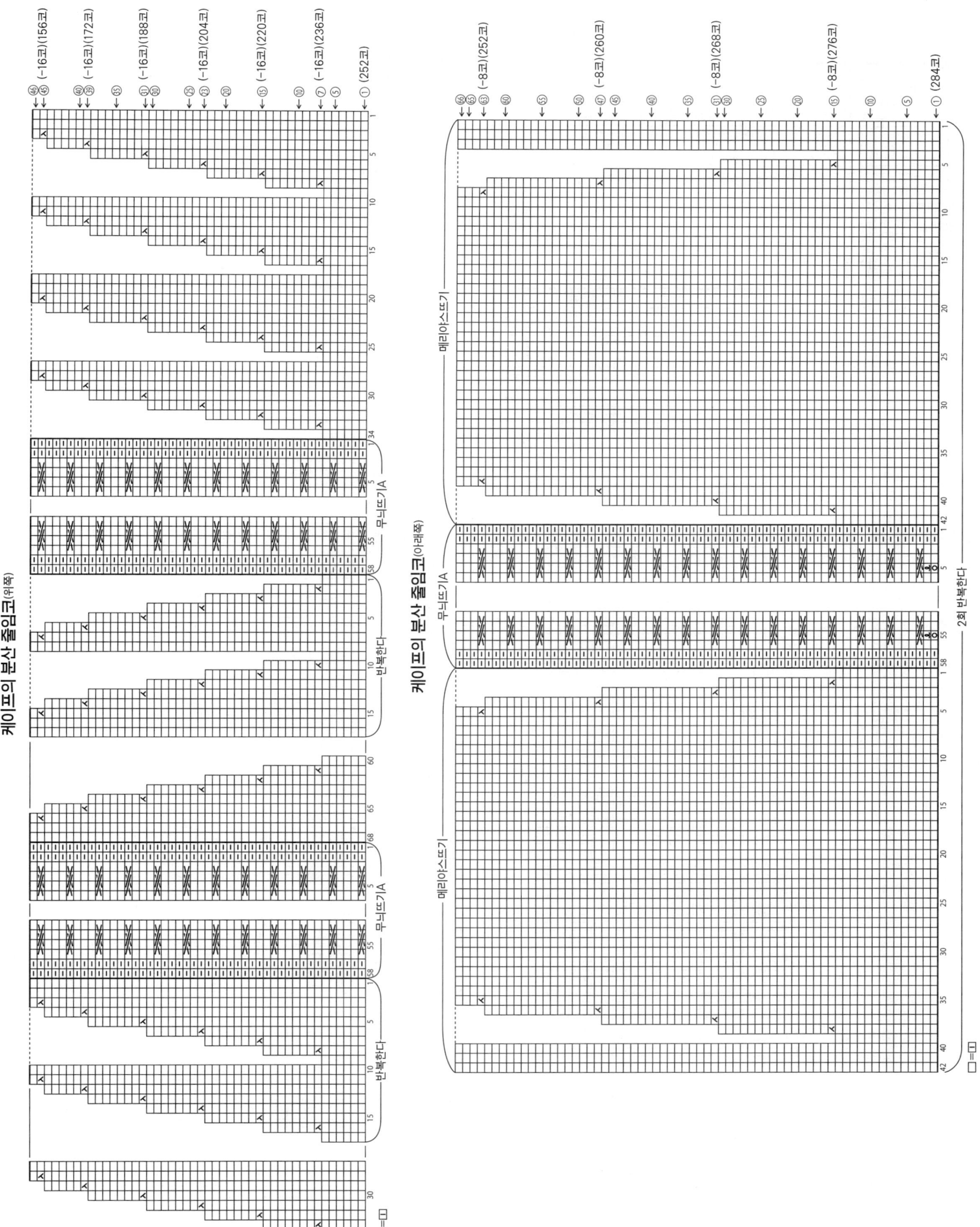

160페이지로 이어집니다. ▶

▶ 159에서 이어집니다.

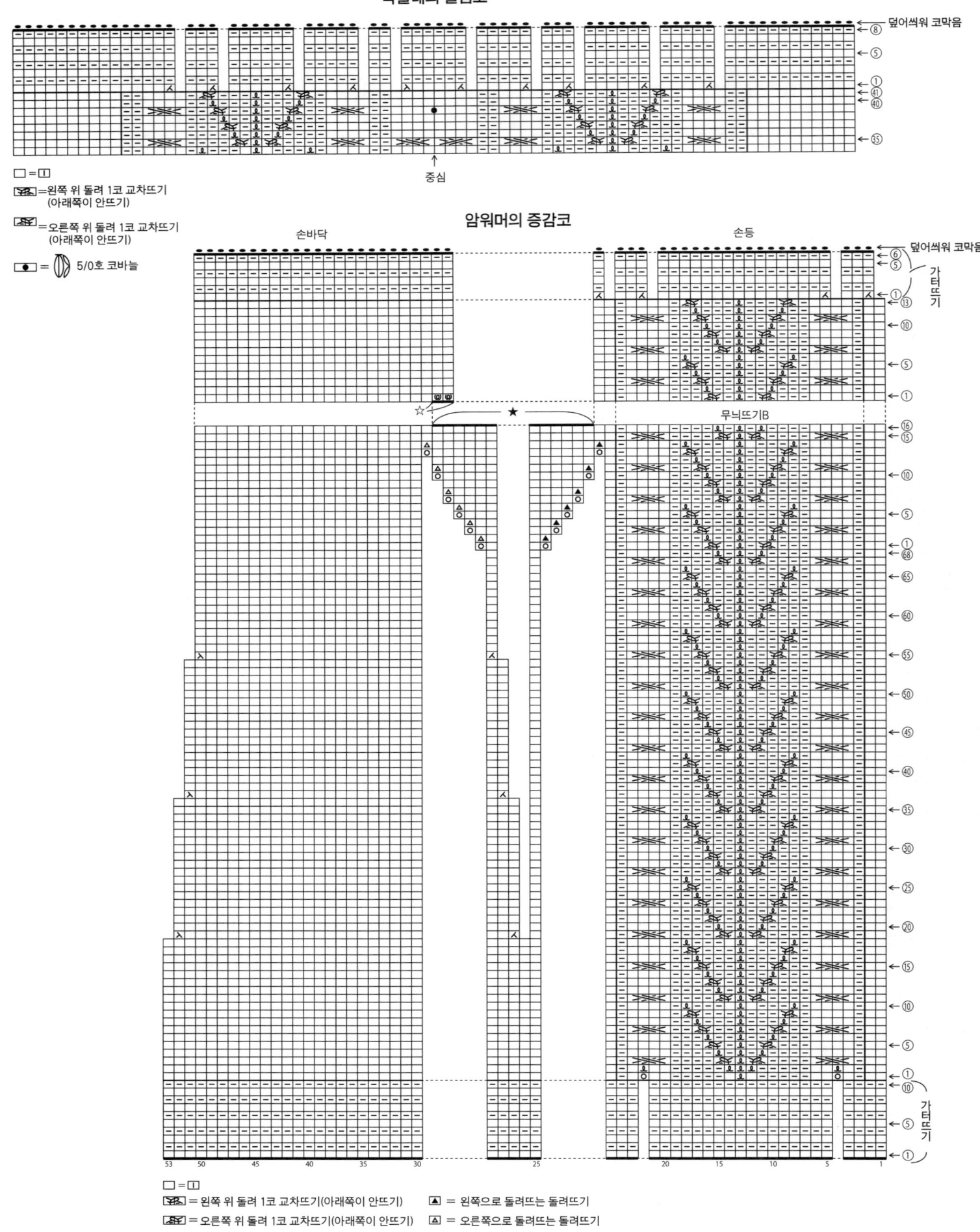

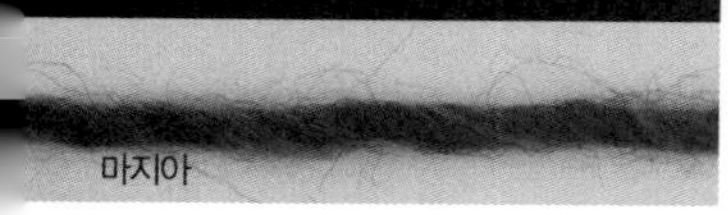

그러데이션 실의 즐거움
44 page ★★★

마지아

걸쳐뜨기 (2단)
※일본어 사이트

1코 고무뜨기 코막음 (원형뜨기)
※일본어 사이트

재료
나이토상사 마지아 분홍·노랑계열 그러데이션(3) 380g 8볼

도구
대바늘 8호·6호

완성 크기
가슴둘레 102㎝, 기장 65.5㎝, 화장 76.5㎝

게이지(10×10㎝)
무늬뜨기 A 18코×40단, 메리야스뜨기 18코×24.5단

POINT
● 몸통, 소매…별도 사슬로 기초코를 만들어 뜨개를 시작하고 무늬뜨기 A, 메리야스뜨기를 합니다.

뒤판은 앞뒤 단차로 8단을 뜹니다. 소매 밑선의 늘림코는 1코 안쪽에서 돌려뜨기 늘림코합니다. 뜨개 끝은 덮어씌워 코막음합니다. 밑단과 소맷부리는 기초코 사슬을 풀어서 코를 줍고 1코 고무뜨기를 합니다. 뜨개 끝은 1코 고무뜨기 코막음합니다.
● 마무리…옆선, 소매 밑선은 떠서 꿰매기, 맞춤 표시는 메리야스 잇기, 겨드랑이는 코와 단 잇기로 연결합니다. 요크는 몸통과 소매에서 코를 주워서 분산 줄임코를 하면서 무늬뜨기 B를 원형뜨기하고 뜨개 끝은 덮어씌워 코막음합니다. 목둘레는 요크에서 코를 주워 1코 고무뜨기합니다. 뜨개 끝은 밑단과 같은 방법으로 합니다.

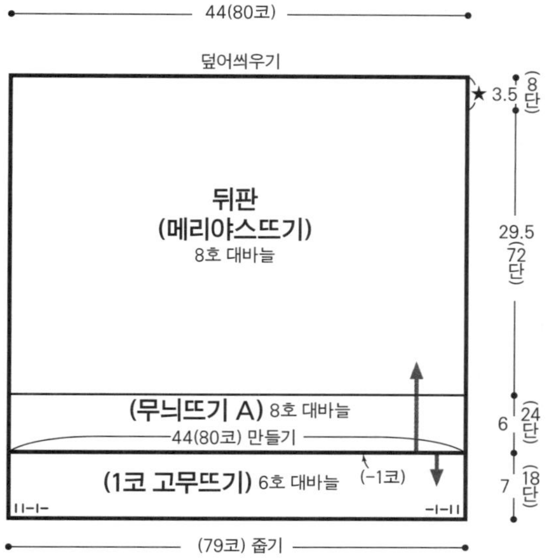

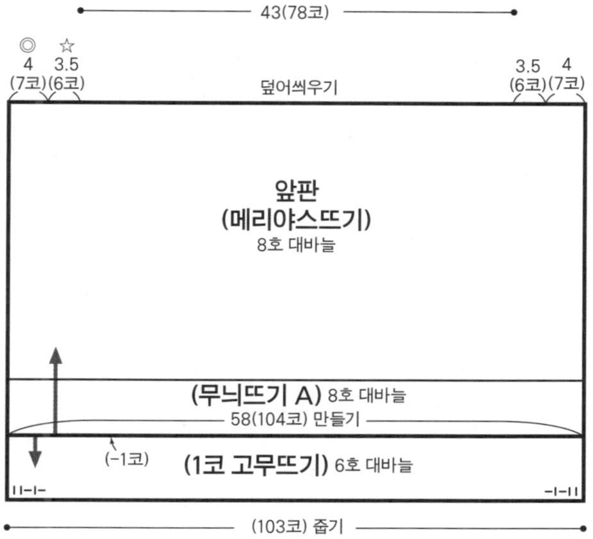

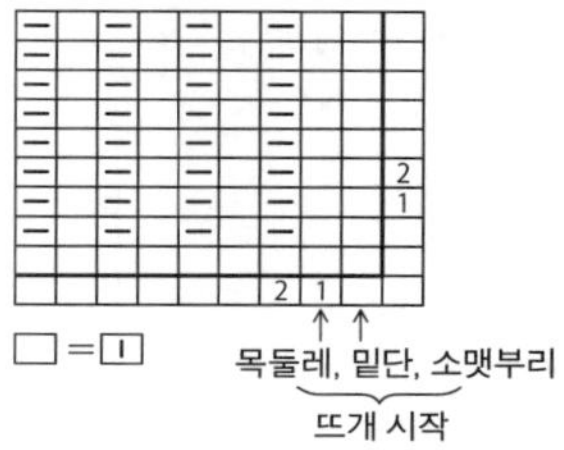

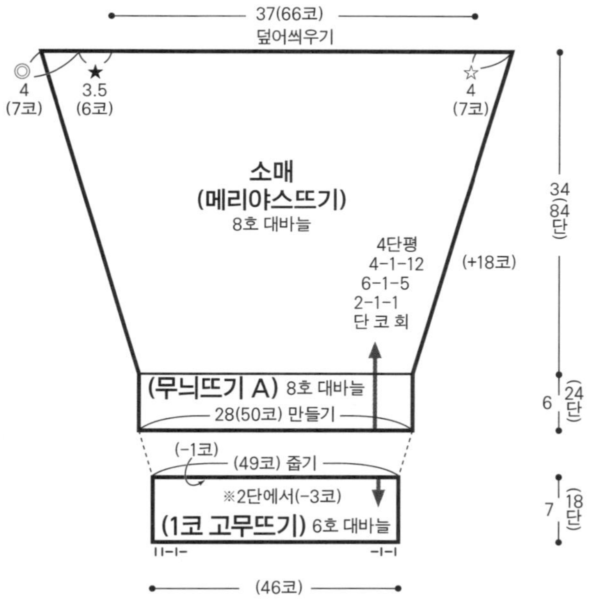

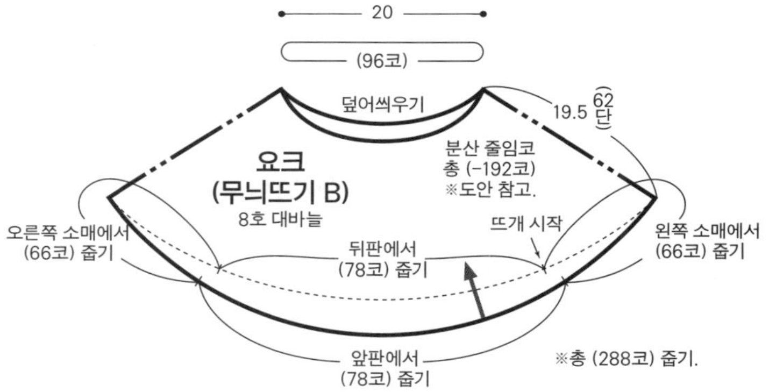

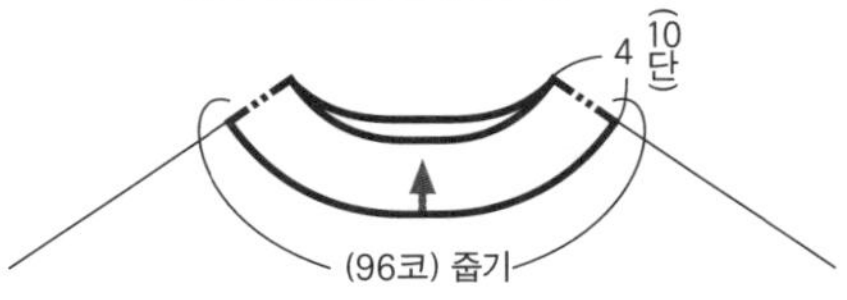

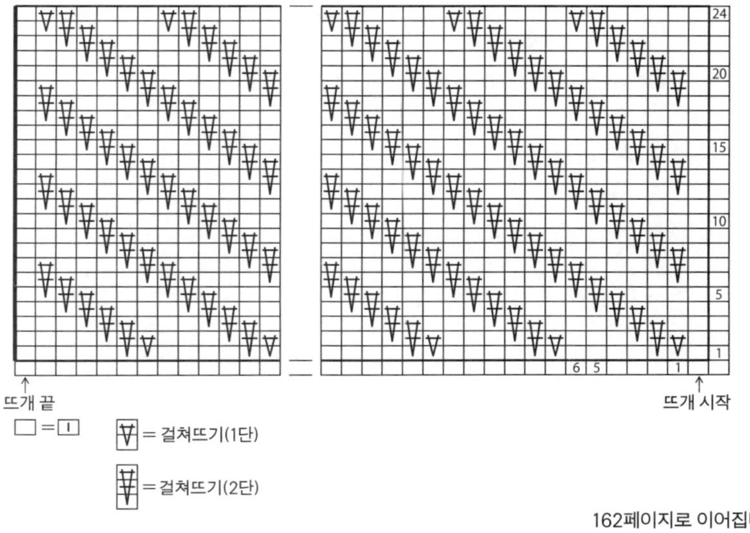

162페이지로 이어집니다. ▶

161

▶ 161쪽에서 이어집니다.

무늬뜨기 B와 요크 분산 줄임코

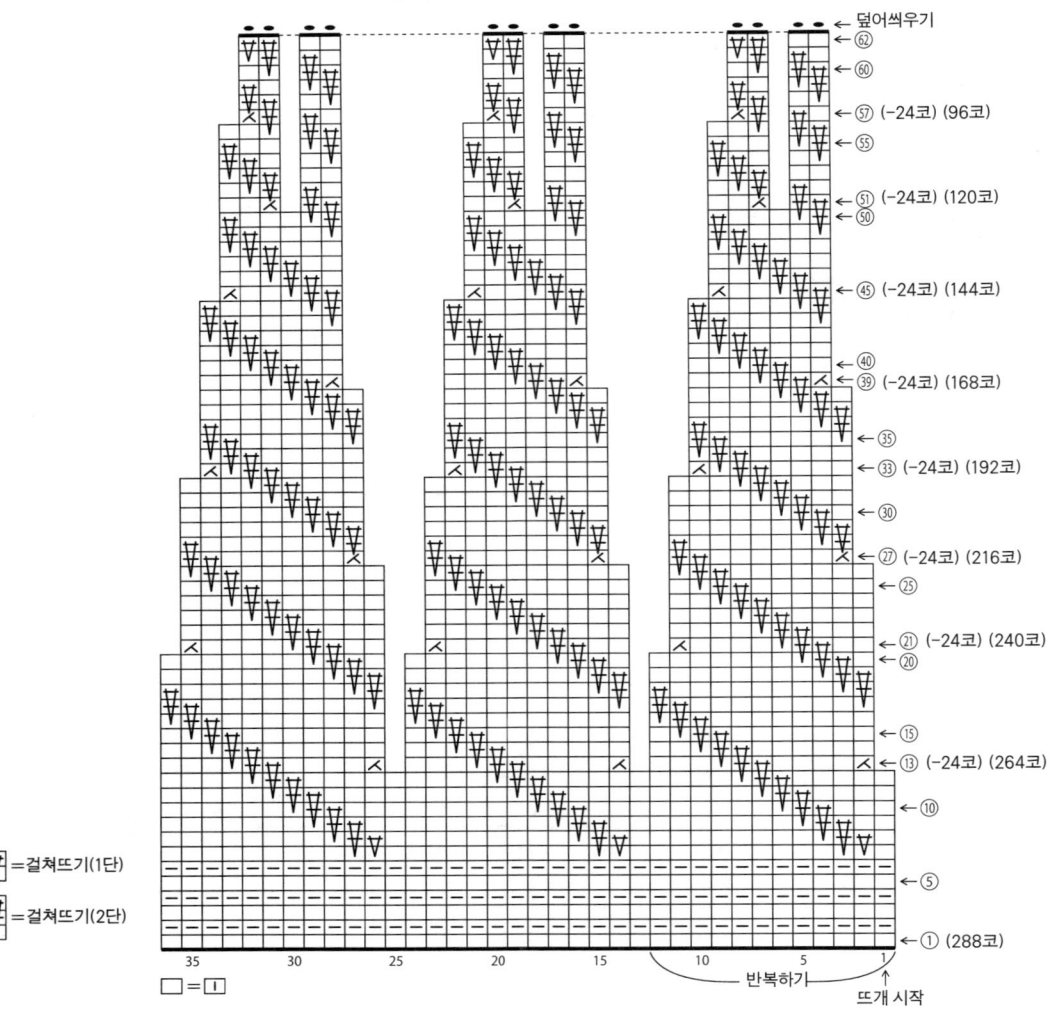

뒤판 '위' 코 줍는 법

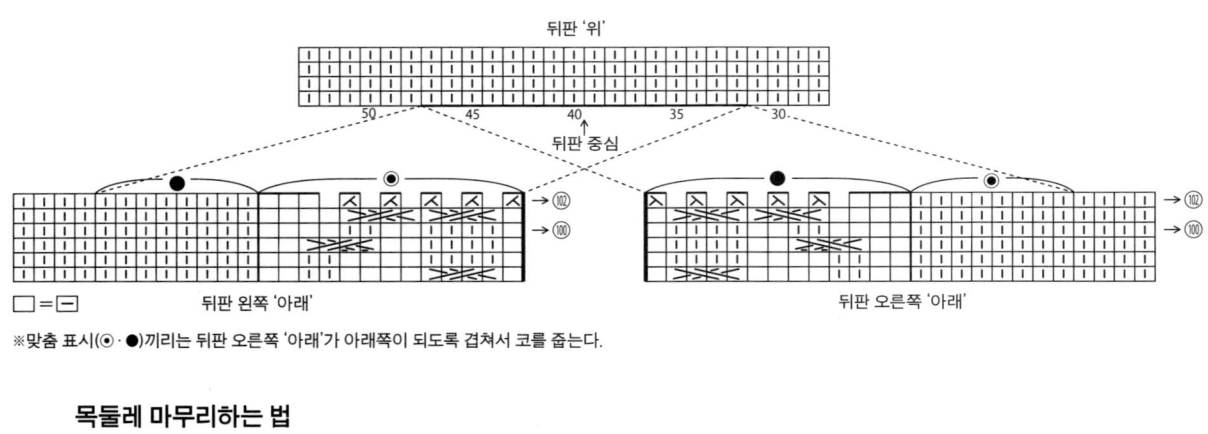

※맞춤 표시(⊙·●)끼리는 뒤판 오른쪽 '아래'가 아래쪽이 되도록 겹쳐서 코를 줍는다.

슬릿 겹치는 법

목둘레 마무리하는 법

앞목둘레 뜨는 법

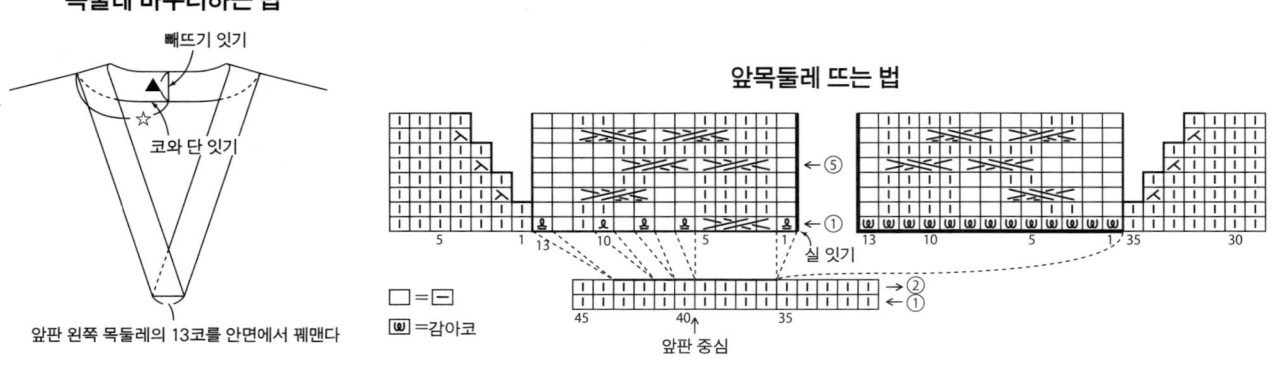

앞판 왼쪽 목둘레의 13코를 안면에서 꿰맨다

그러데이션 실의 즐거움
45 page ★★★

인칸트

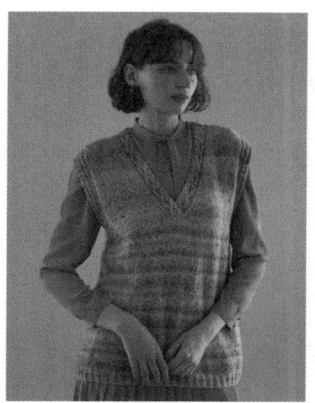

재료
나이토상사 인칸트 분홍·초록·파랑계열 그러데이션(106) 250g 7볼

도구
대바늘 9호

완성 크기
가슴둘레 101cm, 어깨너비 45cm, 길이 64cm

게이지
메리야스뜨기(10×10cm) 20.5코×28단, 무늬뜨기 A, A' 모두 1무늬 13코가 3.5cm, 10cm에 28단

POINT
● 몸판…손가락에 걸어 만드는 기초코로 뜨개를 시작해서 뒤판 왼쪽 '아래', 앞판 '아래', 뒤판 오른쪽 '아래'를 이어서 2코 고무뜨기, 무늬뜨기 A, A', 메리야스뜨기를 합니다. 늘림코는 도안을 참고하세요. 뒤판 '위'는 뒤판 오른쪽 '아래'와 뒤판 왼쪽 '아래'에서 코를 주워서 2코 고무뜨기와 메리야스뜨기를 합니다. 뒤판 목둘레 줄임코는 2코부터는 덮어씌우기, 1코는 가장자리 1코를 세워 줄임코를 합니다. 앞판 왼쪽 '위', 앞판 오른쪽 '위'는 앞판 '아래'에서 코를 주워 무늬뜨기 A, A', 메리야스뜨기, 2코 고무뜨기를 합니다. 앞판 목둘레 줄임코는 도안을 참고하세요. 이어서 뒤판 목둘레를 뜹니다. 뜨개 끝은 쉼코를 합니다.
● 마무리…어깨는 덮어씌워 잇기를 합니다. 뒤판 목둘레는 ▲끼리 맞춰서 빼뜨기 잇기, ☆와 ★는 각각 코와 단 잇기로 연결합니다.

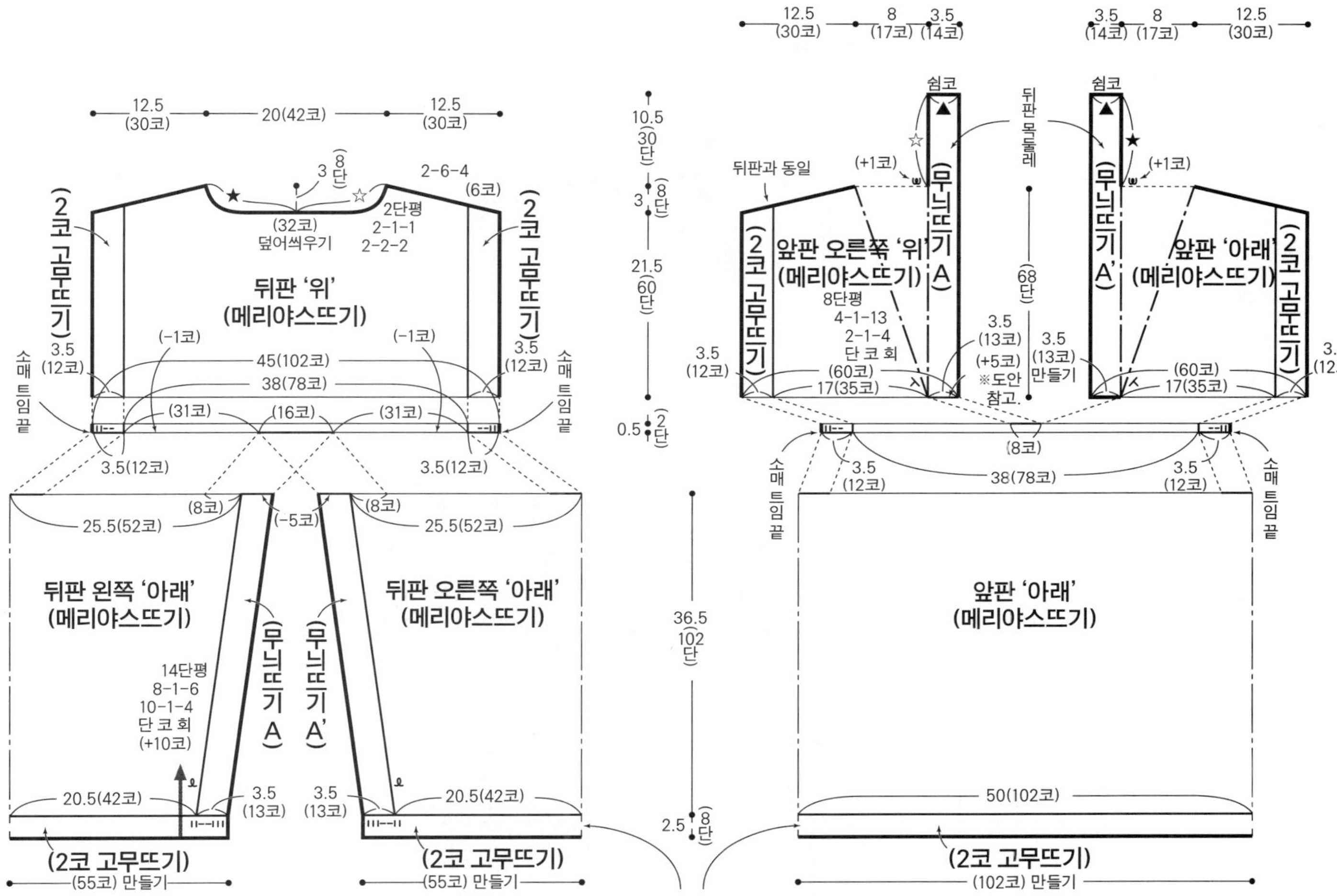

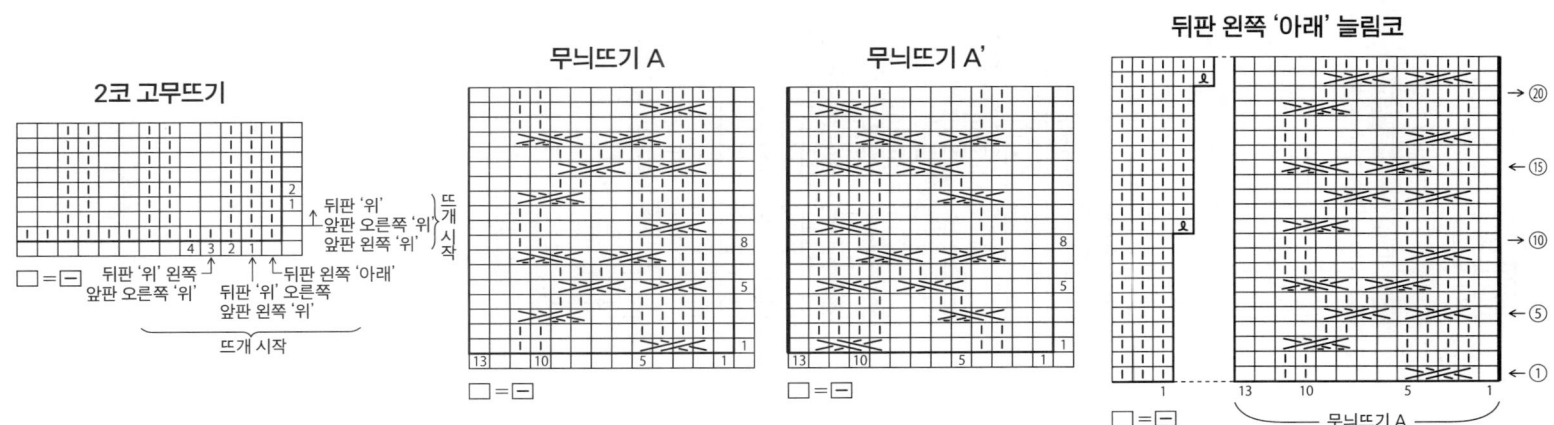

따뜻하고 귀여운 겨울 소품
97 page ★★★

포클랜드 울

울 모헤어

재료
다루마 포클랜드 울 샌드베이지(2) 70g 2볼, 울 모헤어 스카이블루(8) 5g 1볼

도구
대바늘 9호

완성 크기
머리둘레 44cm, 깊이 23.5cm

게이지(10×10cm)
무늬뜨기 21.5코×25단

POINT
● 입구는 손가락에 실을 걸어서 기초코를 만들어 뜨기 시작해 무늬뜨기, 돌려 1코 고무뜨기로 원형으로 뜹니다. 24단을 뜬 뒤 뜨개바탕을 뒤집어 똑같이 무늬뜨기, 돌려 1코 고무뜨기, 1코 고무뜨기로 뜹니다. 줄임코는 도안을 참고하세요. 뜨개 끝은 실을 조여서 마무리합니다.

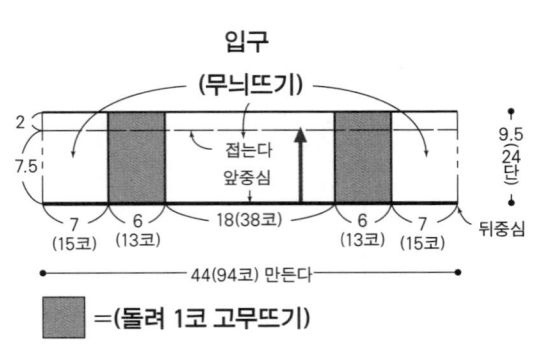
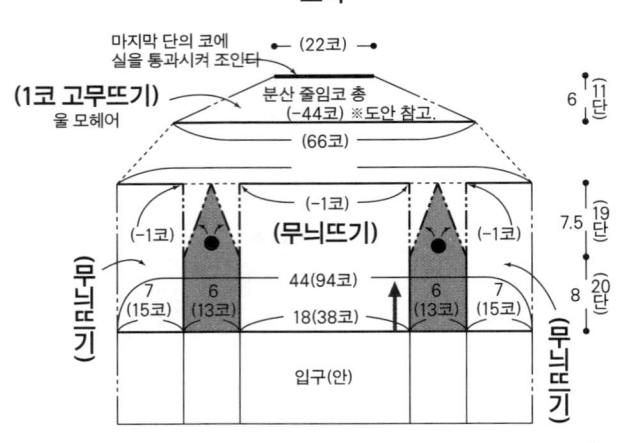

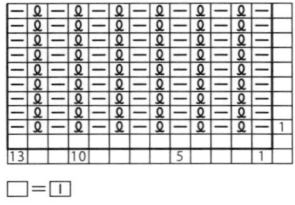
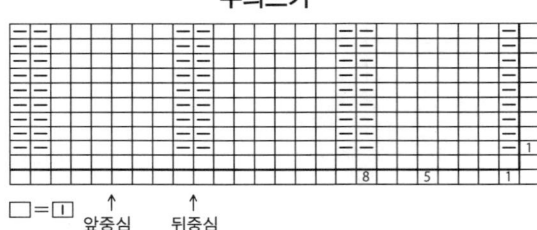
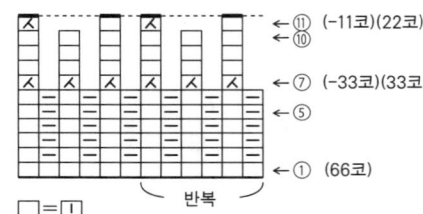
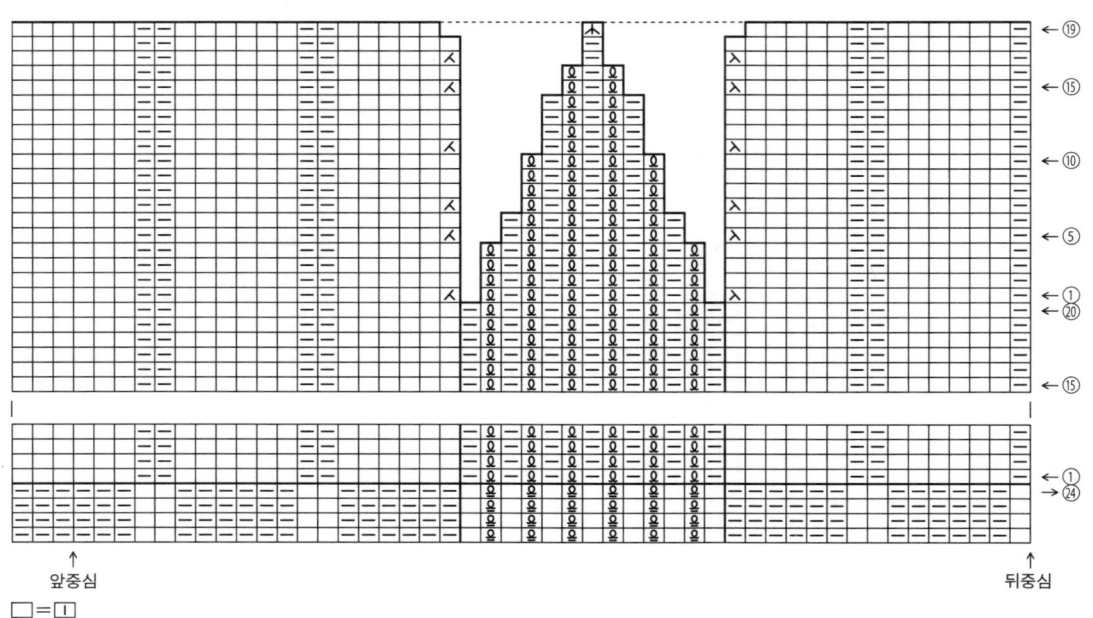

그러데이션 실의 즐거움
46 page ★★★

앙고라 골드 옴브레 바틱

재료
알리제 앙고라 골드 옴브레 바틱 파랑계열 그러데이션(7363) 295g 2볼

도구
코바늘 5/0호

완성 크기
가슴둘레 110cm, 기장 50.5cm, 화장 57.5cm

게이지(10×10cm)
무늬뜨기 24코×10단

POINT
● 몸판, 소매…앞판은 사슬 기초코로 뜨개를 시작하고 무늬뜨기를 합니다. 20단을 뜨면 소매 밑선을 휘감아 잇기하고 옆선 사슬 꿰매기할 꼬리실을 4배 정도 남기고 자릅니다. 지정된 위치에서 실을 잇고 30단을 뜹니다. 새 실타래에서 실을 꺼내 뒤판 목둘레 트임만큼 사슬 기초코를 만들고 앞뒤판을 이어서 목둘레를 짧은뜨기로 1단 원형뜨기합니다. 뒤판은 앞판의 기초코 사슬과 뒤판의 목둘레 트임만큼 만든 기초코 사슬에서 코를 주워서 앞판과 같은 방법으로 뜹니다.
● 마무리…소매 밑선은 남겨둔 꼬리실로 휘감아 잇기하고 옆선은 짧은뜨기 사슬 꿰매기를 하는데 휘감아 잇기를 하고 남은 꼬리실과 뜨개 끝의 꼬리실로 꿰맵니다. 밑단은 짧은뜨기를 1단 원형 뜨기해 정돈합니다.

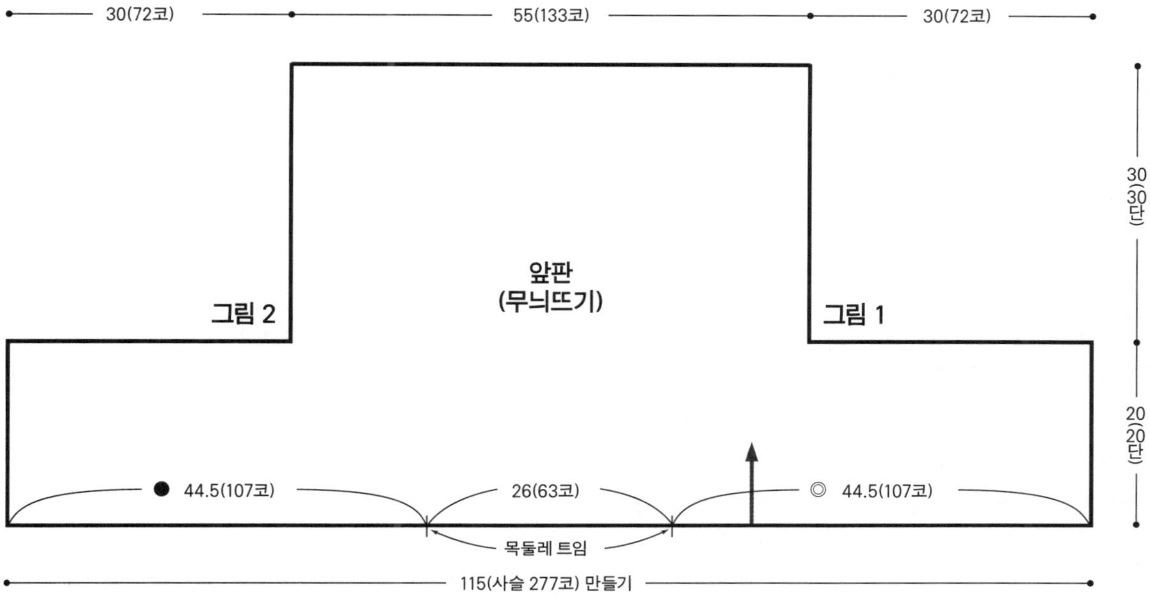

- 30(72코) — 55(133코) — 30(72코)

앞판
(무늬뜨기)

그림 2 / 그림 1

30(30단)

● 44.5(107코) — 26(63코) — ◎ 44.5(107코)

목둘레 트임

20(20단)

115(사슬 277코) 만들기

※모두 5/0호 코바늘로 뜬다.

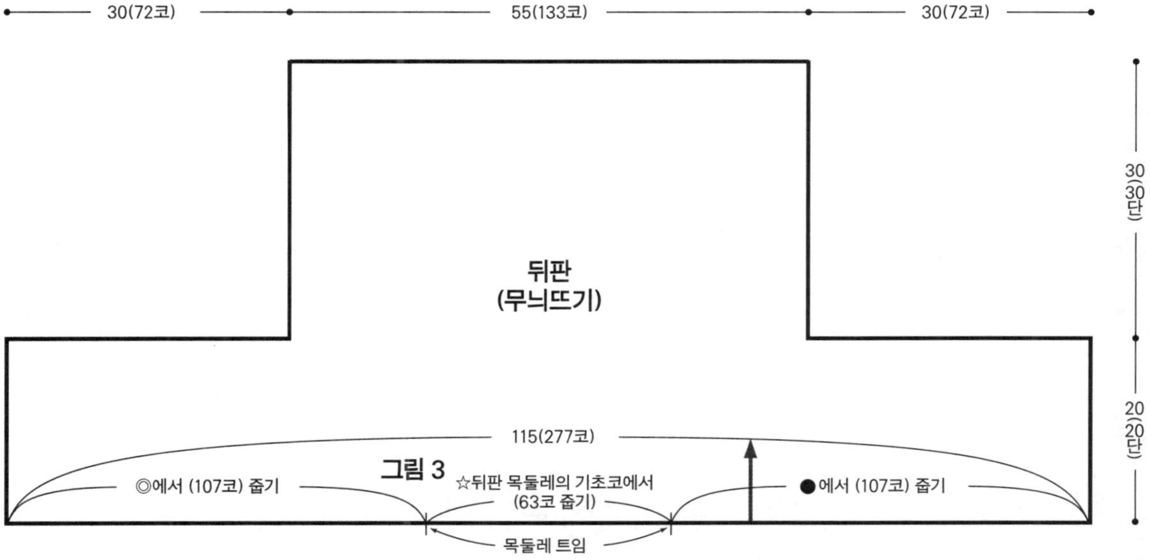

- 30(72코) — 55(133코) — 30(72코)

뒤판
(무늬뜨기)

30(30단)

115(277코)

그림 3 ☆뒤판 목둘레의 기초코에서 (63코 줍기)

◎에서 (107코) 줍기 — ● 에서 (107코) 줍기

목둘레 트임

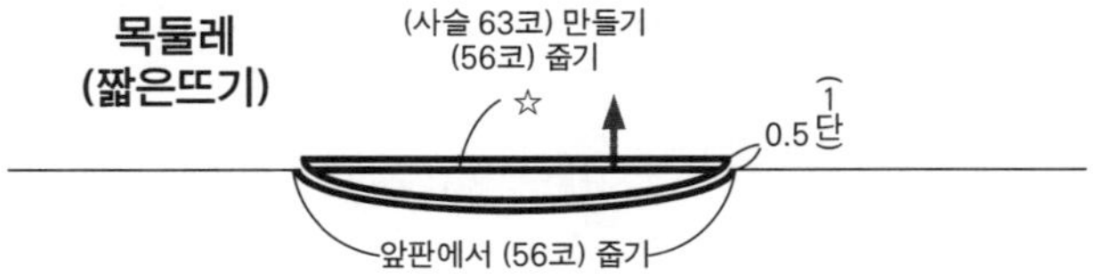

20(20단)

목둘레
(짧은뜨기)

(사슬 63코) 만들기
(56코) 줍기
☆
0.5 1단
앞판에서 (56코) 줍기

166페이지으로 이어집니다. ▶

165

▶ 165페이지에서 이어집니다.

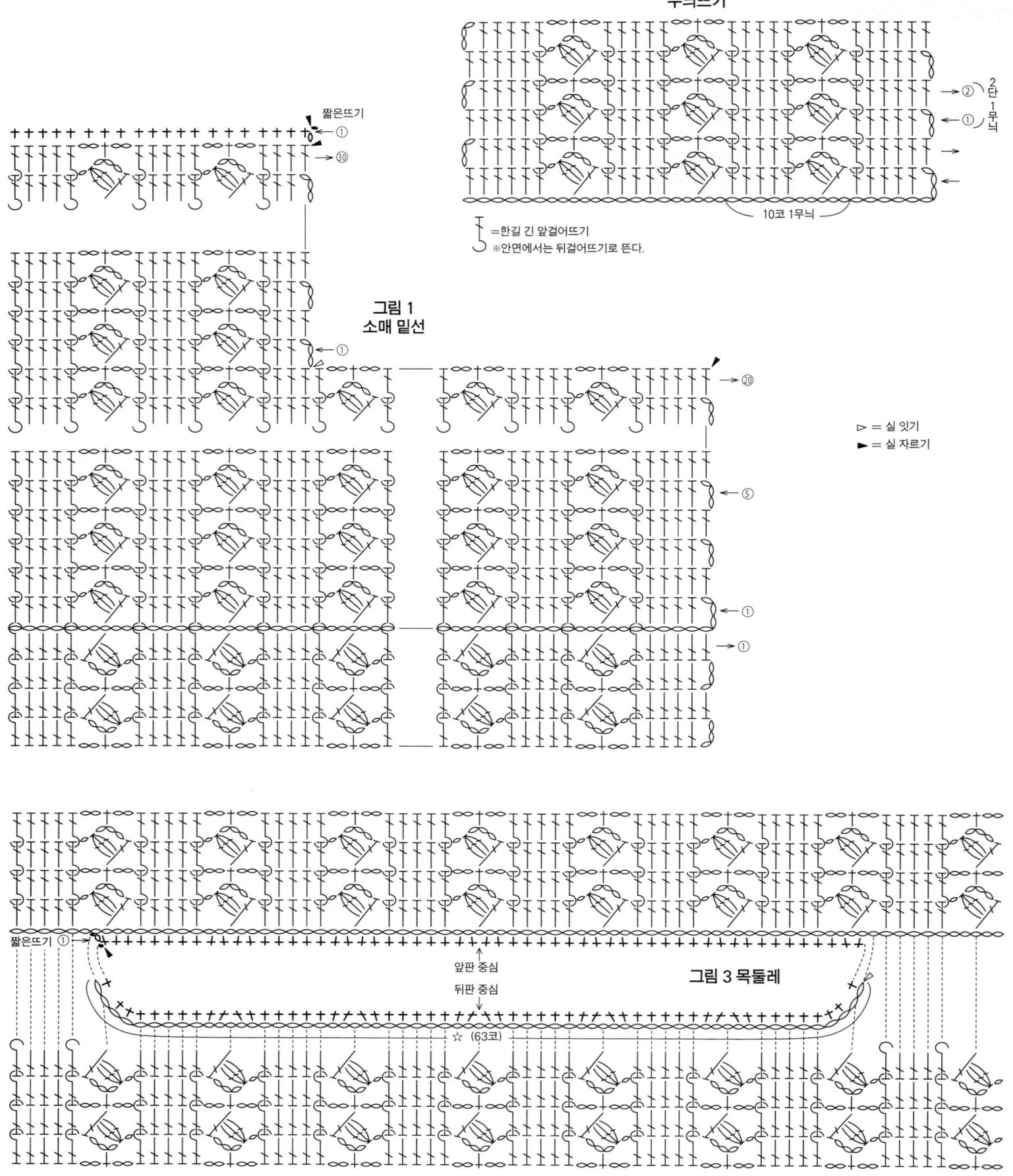

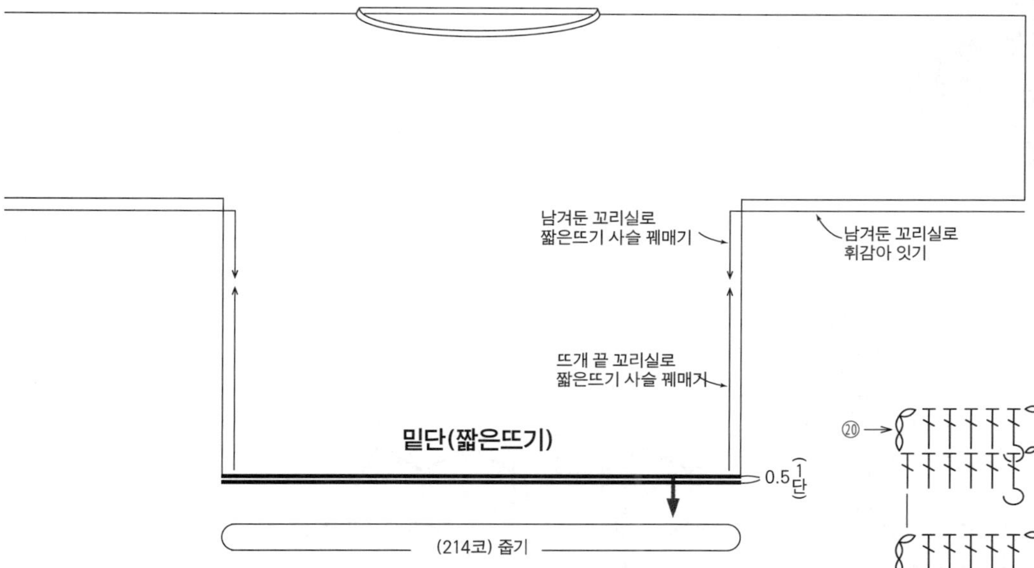

그림 2
소매 밑선

짧은뜨기 ① ←

밑단(짧은뜨기)

남겨둔 꼬리실로 짧은뜨기 사슬 꿰매기
남겨둔 꼬리실로 휘감아 잇기
뜨개 끝 꼬리실로 짧은뜨기 사슬 꿰매기

0.5 (1단)

(214코) 줍기

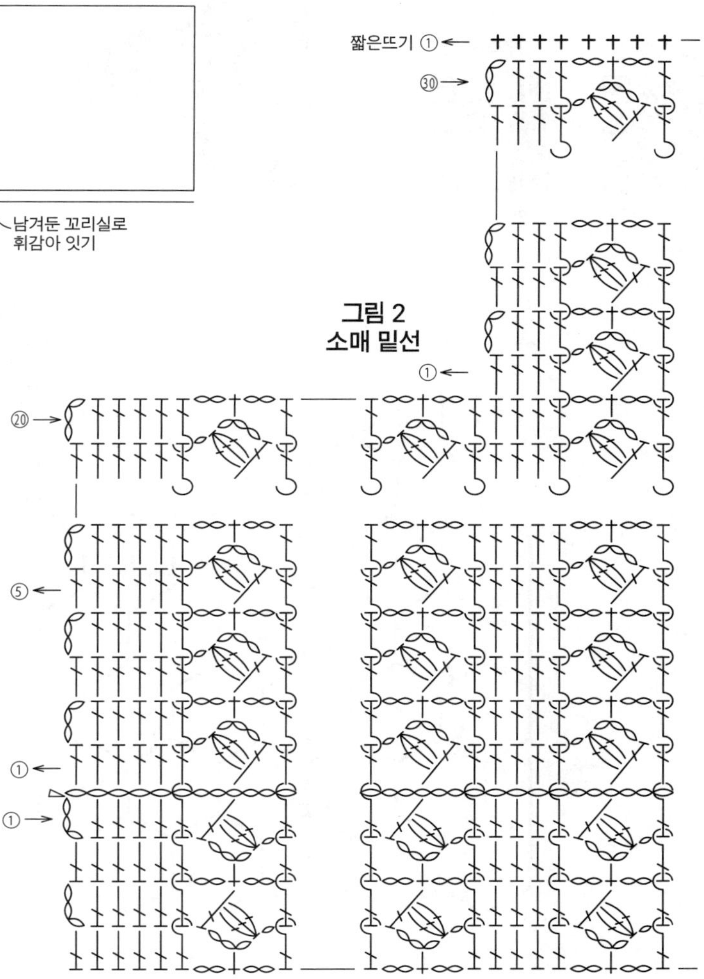

짧은뜨기

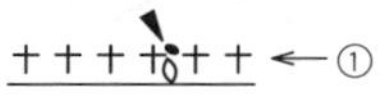

▷ = 실 잇기
▶ = 실 자르기

+ + + + + + ← ①

한길 긴 앞걸어뜨기

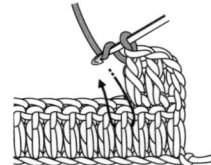

1 바늘에 실을 걸어 앞단 한길 긴뜨기의 코다리에 화살표처럼 앞쪽에서 바늘을 넣고 실을 빼낸다.

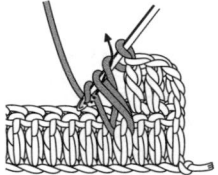

2 실을 걸어서 바늘에 걸린 고리 2개를 빼낸다.

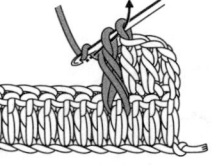

3 다시 실을 걸어서 바늘에 걸린 고리 2개를 빼낸다.

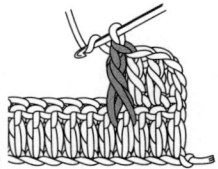

4 한길 긴 앞걸어뜨기 1코를 완성한 모습.

한길 긴 뒤걸어뜨기

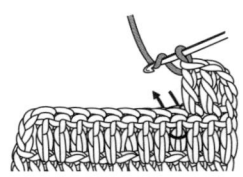

1 바늘에 실을 걸어서 앞단 한길 긴뜨기 코다리에 화살표처럼 바깥쪽에서 바늘을 넣고 실을 빼냅니다.

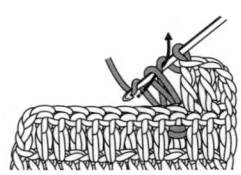

2 실을 걸어서 바늘에 걸린 고리 2개를 빼냅니다.

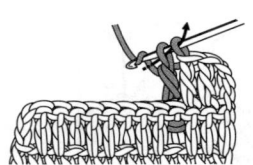

3 다시 실을 걸어서 바늘에 걸린 고리 2개를 빼냅니다.

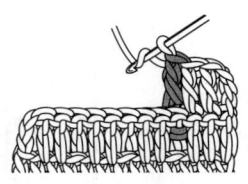

4 한길 긴 뒤걸어뜨기 1코 완성한 모습.

그러데이션 실의 즐거움
47 page ★★★

슈퍼워시 알티잔

한길 긴 뒤걸어뜨기

※일본어 사이트

한길 긴 앞걸어뜨기

※일본어 사이트

재료
알리제 슈퍼워시 알티잔 초록계열 그러데이션 (9001) 490g 5볼, 청록색(507) 75g 1볼

도구
코바늘 5/0호

완성 크기
가슴둘레 114cm, 기장 60cm, 화장 80.5cm

게이지(10×10cm)
모티브 크기 참고, 한길 긴뜨기 21코×11.5단

POINT
● 몸판, 소매…모티브를 지정된 장수만큼 뜹니다. 모티브는 도안을 참고하면서 겉면과 겉면을 맞대어 빼뜨기 잇기와 빼뜨기 꿰매기로 연결합니다. 소매 거싯은 몸판에서 코를 주워서 한길 긴뜨기를 하고 모티브와 빼뜨기 꿰매기로 연결합니다.
● 마무리…앞단과 밑단은 테두리 뜨기를 하고 이어서 리본과 목둘레를 뜹니다. 소맷부리는 테두리 뜨기를 원형뜨기합니다.

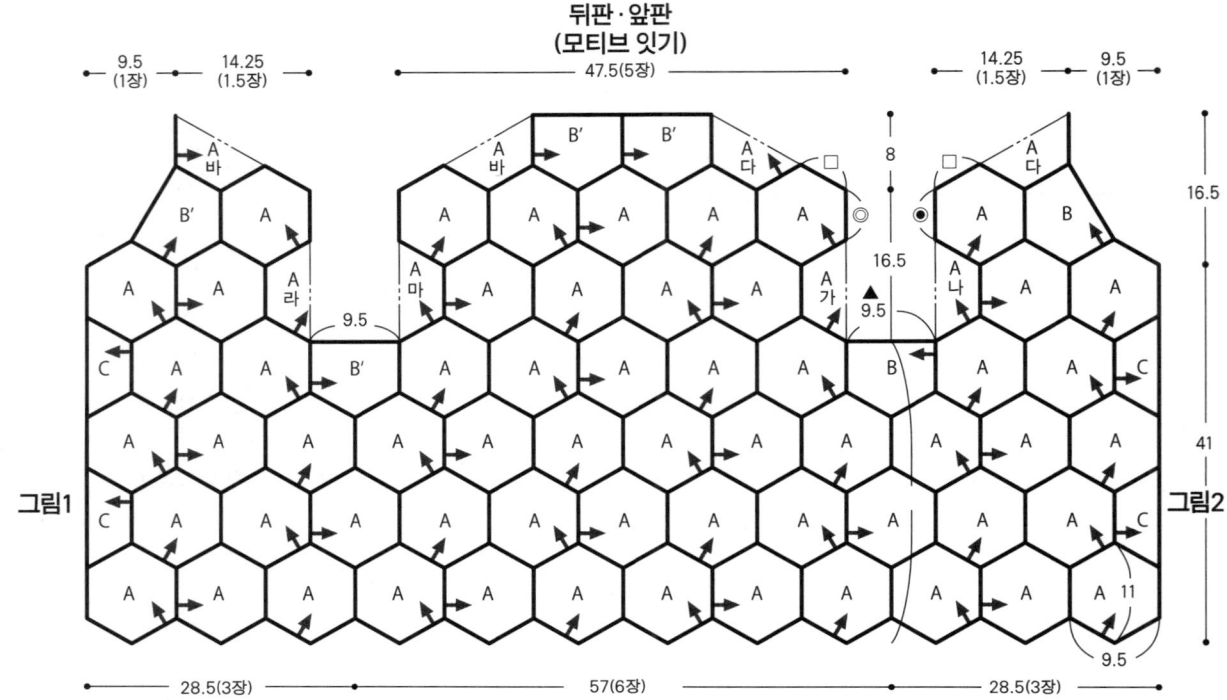

※모두 5/0호 코바늘로 뜬다.
※지정하지 않은 것은 그러데이션 실로 뜬다.
※□, ⊙, ◎끼리 꿰매기, 잇기를 한다.

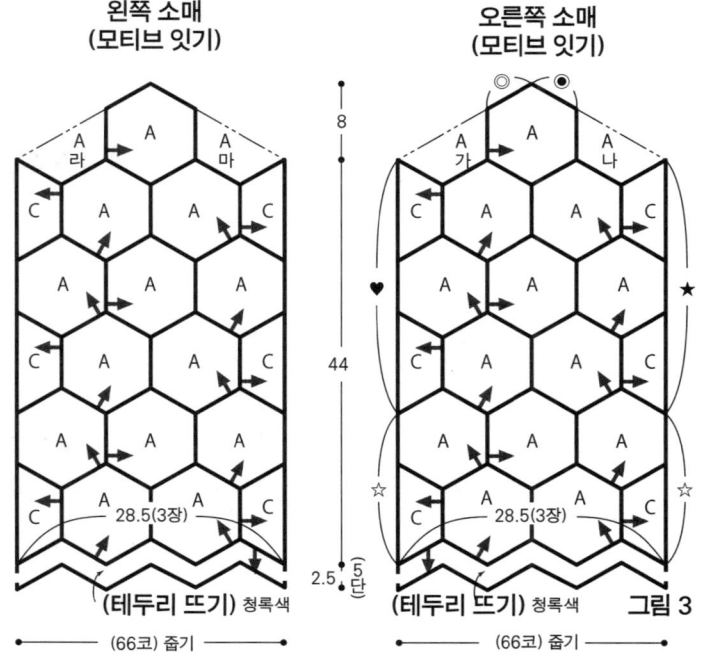

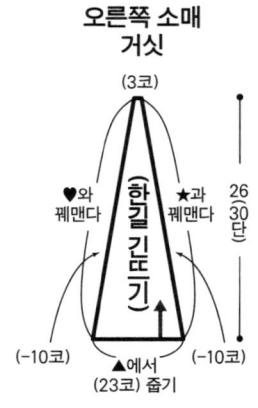

※왼쪽 소매 거싯도 같은 방법으로 떠서 소매와 꿰맨다.

모티브 B 2장
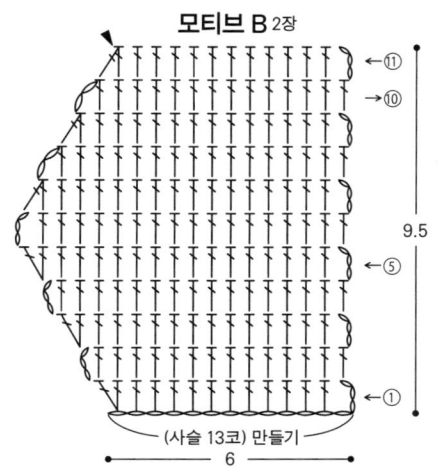

모티브 B' 4장
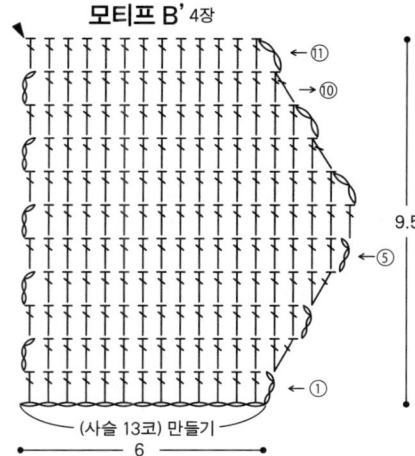

모티브 A 91장
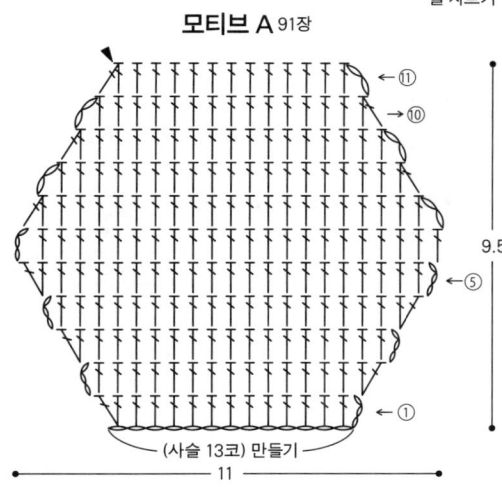

실 자르기

모티브 C 16장
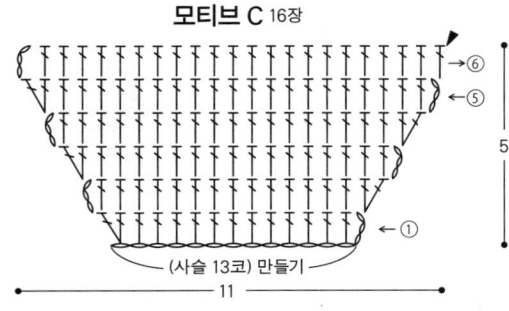

앞단·밑단 (테두리 뜨기) 청록
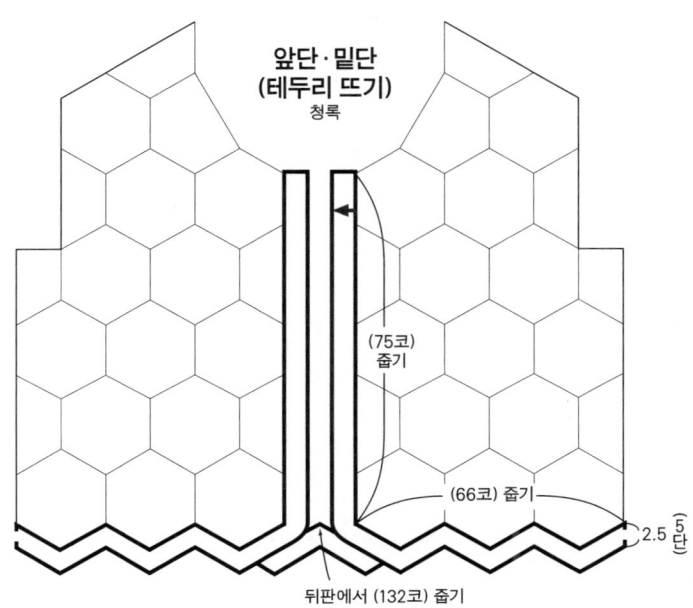

리본·목둘레 (테두리 뜨기) 청록색
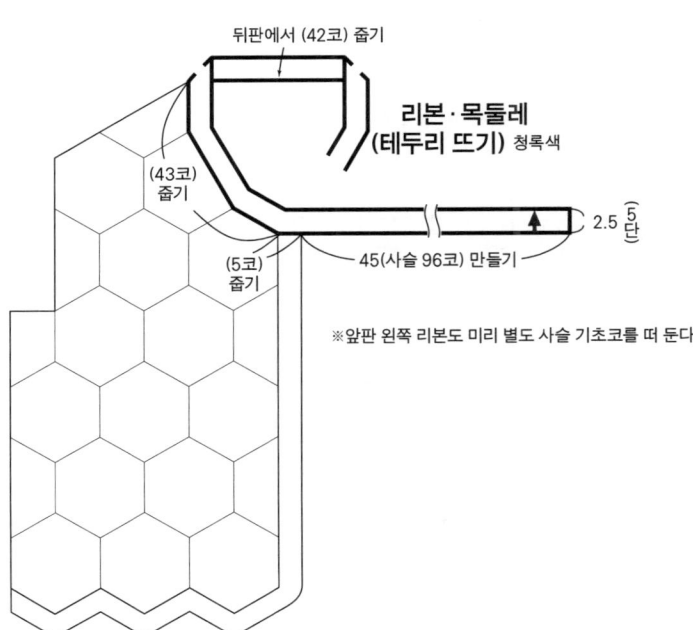

※앞판 왼쪽 리본도 미리 별도 사슬 기초코를 떠 둔다.

테두리 뜨기
(앞단·밑단, 리본·목둘레)

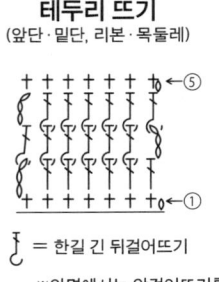

= 한길 긴 뒤걸어뜨기

※안면에서는 앞걸어뜨기를 한다.
※뜨는 법 → P.167

170페이지로 이어집니다. ▶

▶ 169페이지에서 이어집니다.

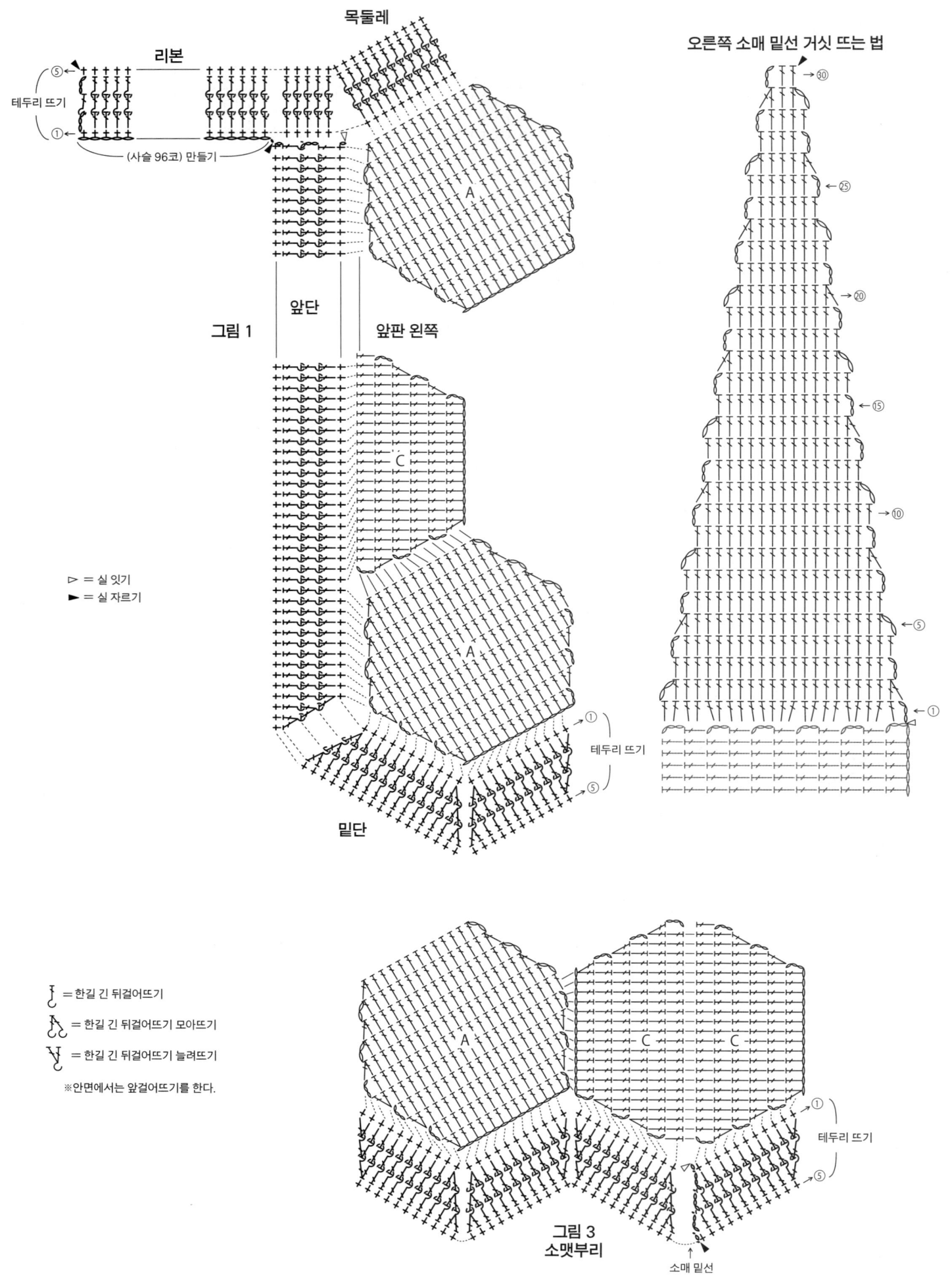

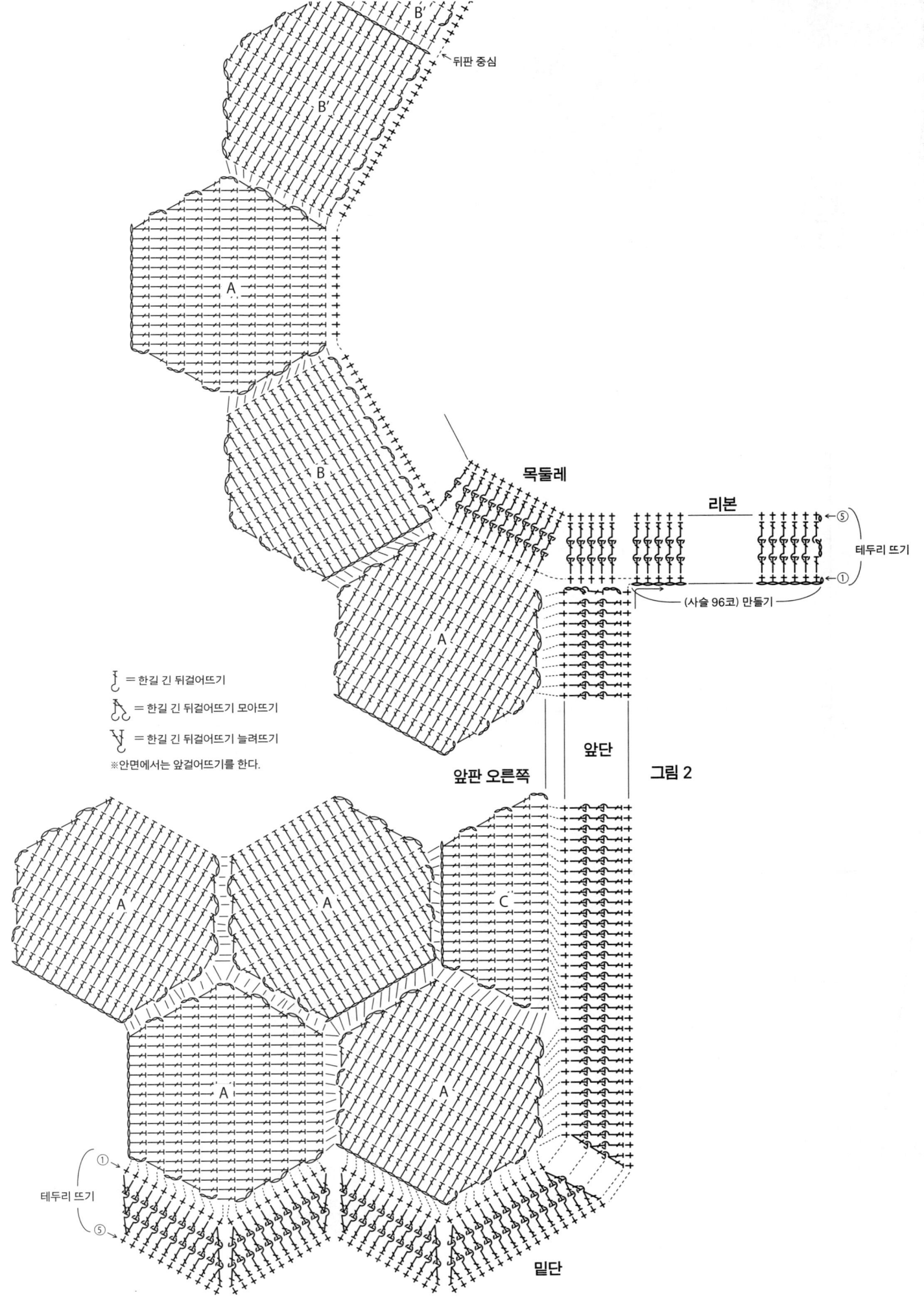

그러데이션 실의 즐거움
48 page ★★★

다이아 카리용

한길 긴 앞걸어뜨기

한길 긴 뒤걸어뜨기

※일본어 사이트

※일본어 사이트

재료
다이아몬드 털실 다이아 카리용 초록계열 그러데이션(2510) 385g 13볼

도구
코바늘 4/0호·5/0호

완성 크기
가슴둘레 110cm, 기장 51.5cm, 화장 73cm

게이지(10×10cm)
무늬뜨기 28.5코×11.5단

POINT
● 몸판, 소매…사슬 기초코로 뜨개를 시작하고 무늬뜨기를 합니다. 증감코는 도안을 참고하세요.
● 마무리…어깨는 빼뜨기 사슬 잇기를 합니다. 옆선과 소매 밑선은 테두리 뜨기 A로 원형뜨기합니다. 목둘레는 지정된 콧수만큼 주워서 바늘 호수를 바꿔가면서 테두리 뜨기 B를 원형으로 왕복뜨기합니다. 10단까지 뜨면 안쪽으로 접어서 느슨하게 감침질합니다. 소매는 빼뜨기 사슬 잇기로 몸판과 연결합니다.

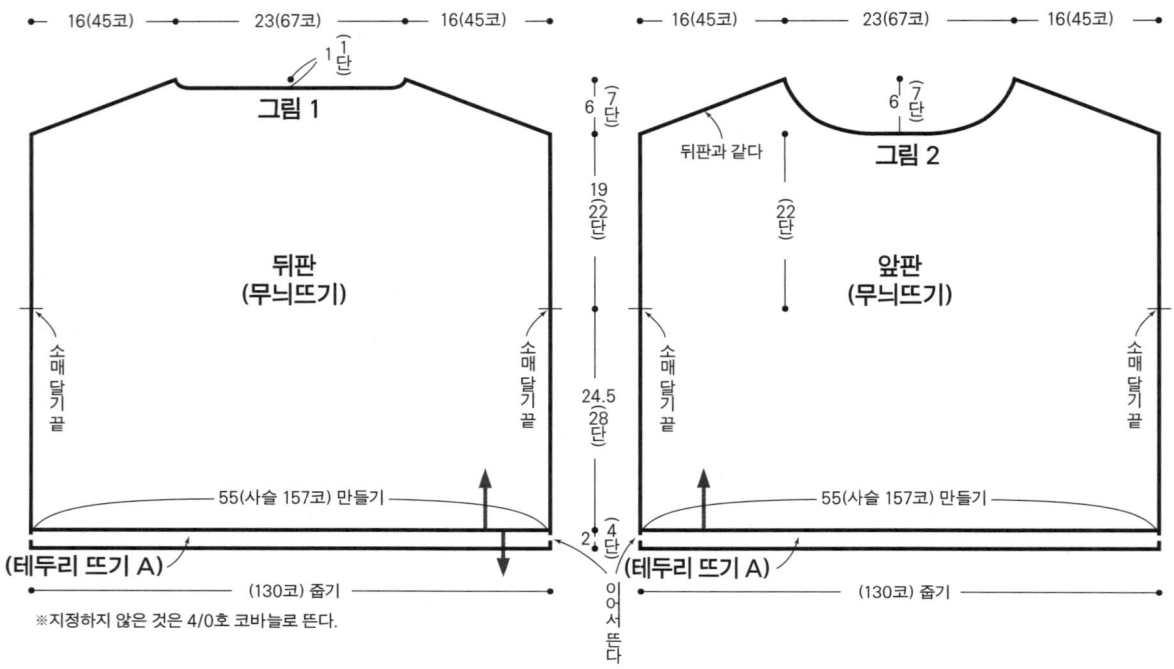

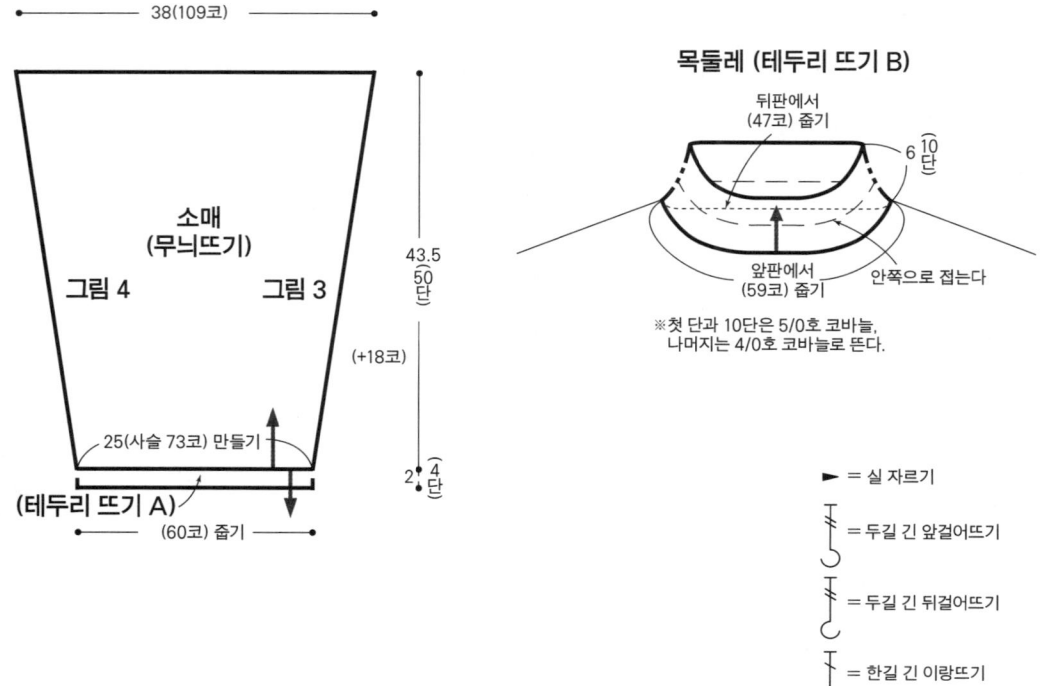

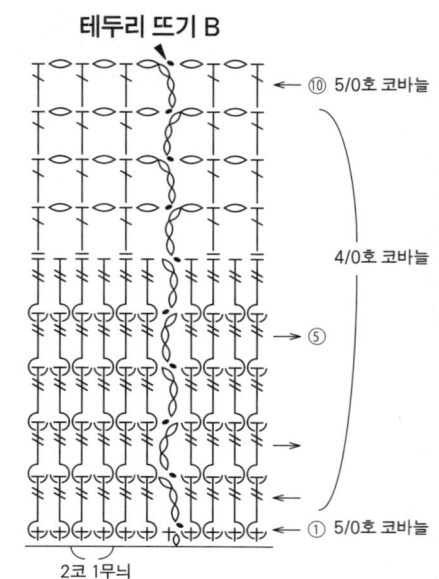

무늬뜨기

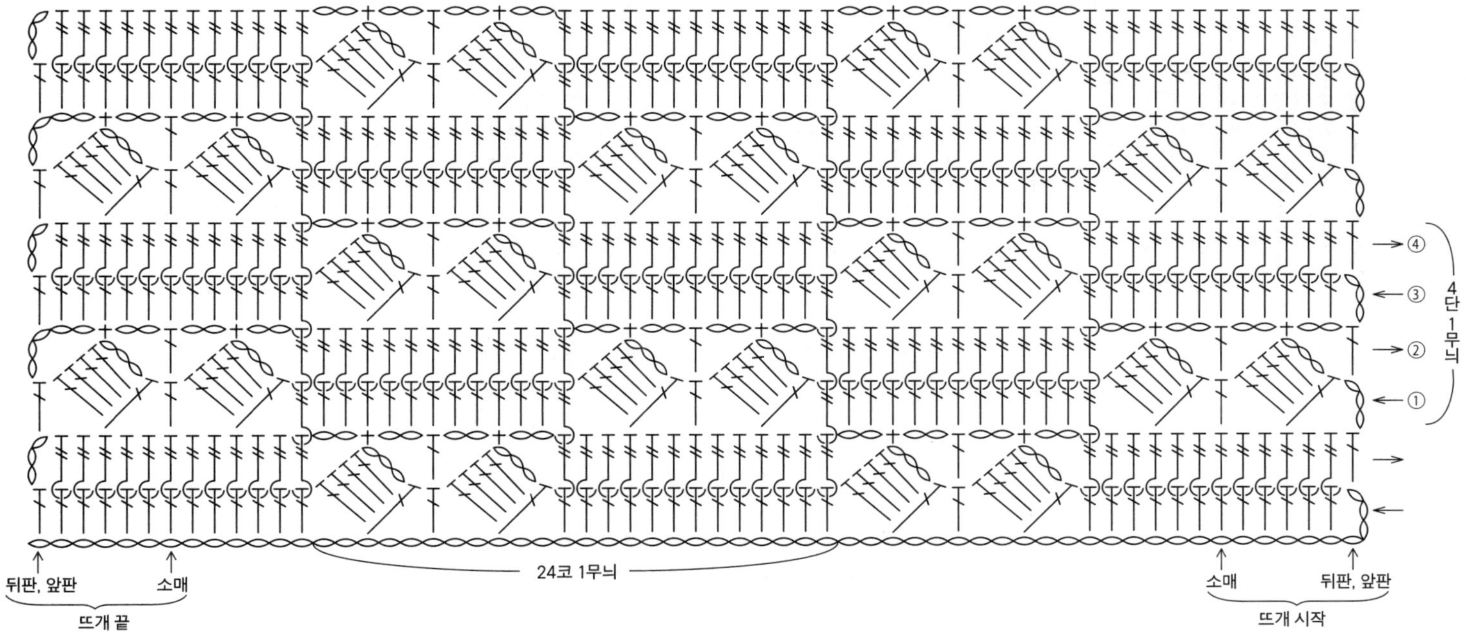

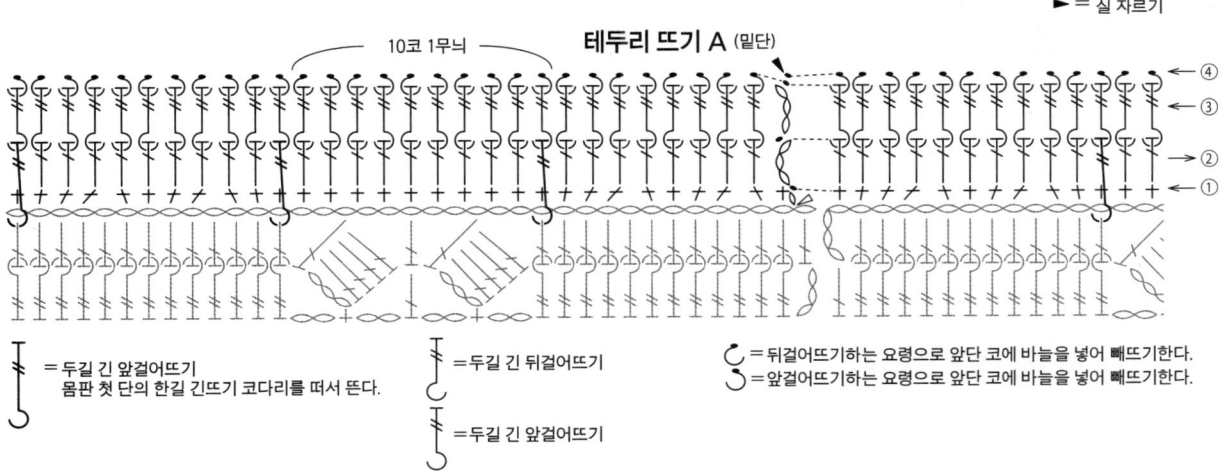

④
③
②
①
4단 1무늬
뒤판, 앞판
소매
뜨개 끝
24코 1무늬
소매
뒤판, 앞판
뜨개 시작

= 두길 긴 뒤걸어뜨기
※안면에서는 앞걸어뜨기한다.

= 두길 긴 앞걸어뜨기
※안면에서는 앞걸어뜨기한다.

▷ = 실 잇기
► = 실 자르기

테두리 뜨기 A (밑단)

10코 1무늬
④
③
②
①

= 두길 긴 앞걸어뜨기
몸판 첫 단의 한길 긴뜨기 코다리를 떠서 뜬다.

= 두길 긴 뒤걸어뜨기

= 두길 긴 앞걸어뜨기

= 뒤걸어뜨기하는 요령으로 앞단 코에 바늘을 넣어 빼뜨기한다.
= 앞걸어뜨기하는 요령으로 앞단 코에 바늘을 넣어 빼뜨기한다.

174페이지로 이어집니다. ▶

▶ 173쪽에서 이어집니다.

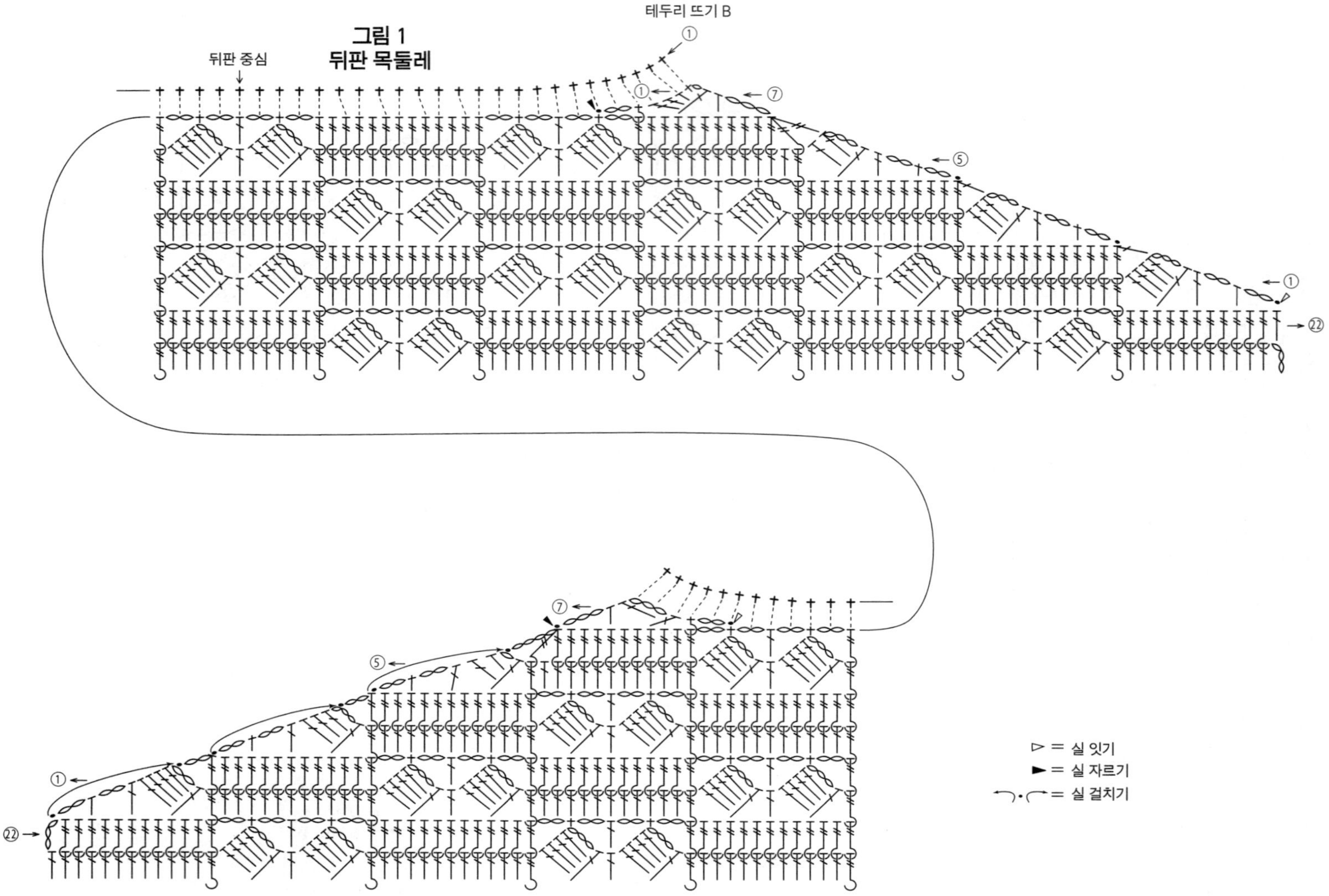

그림 1
뒤판 목둘레

▷ = 실 잇기
► = 실 자르기
↷· = 실 걸치기

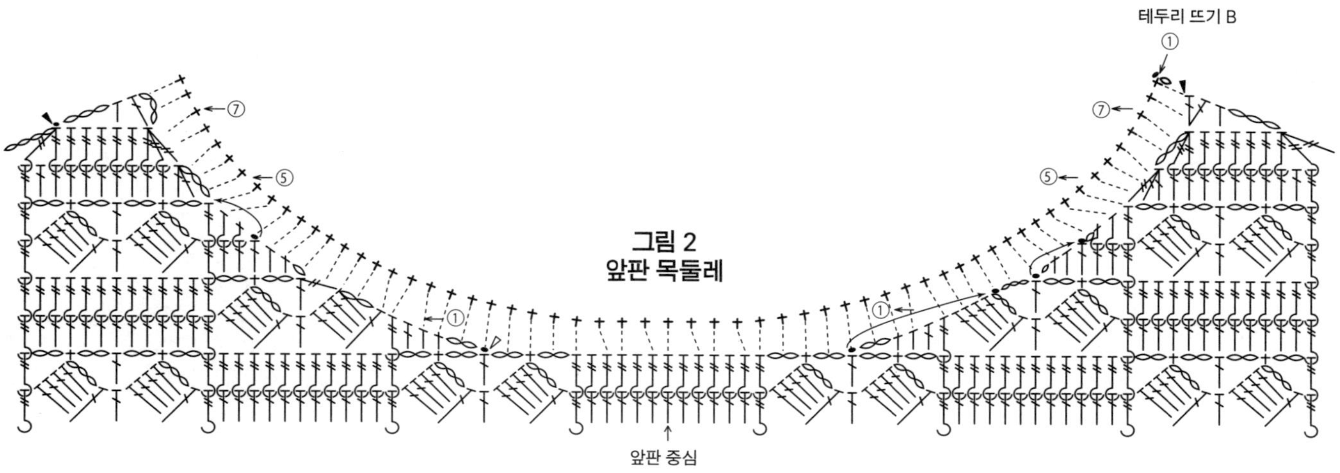

그림 2
앞판 목둘레

테두리 뜨기 B

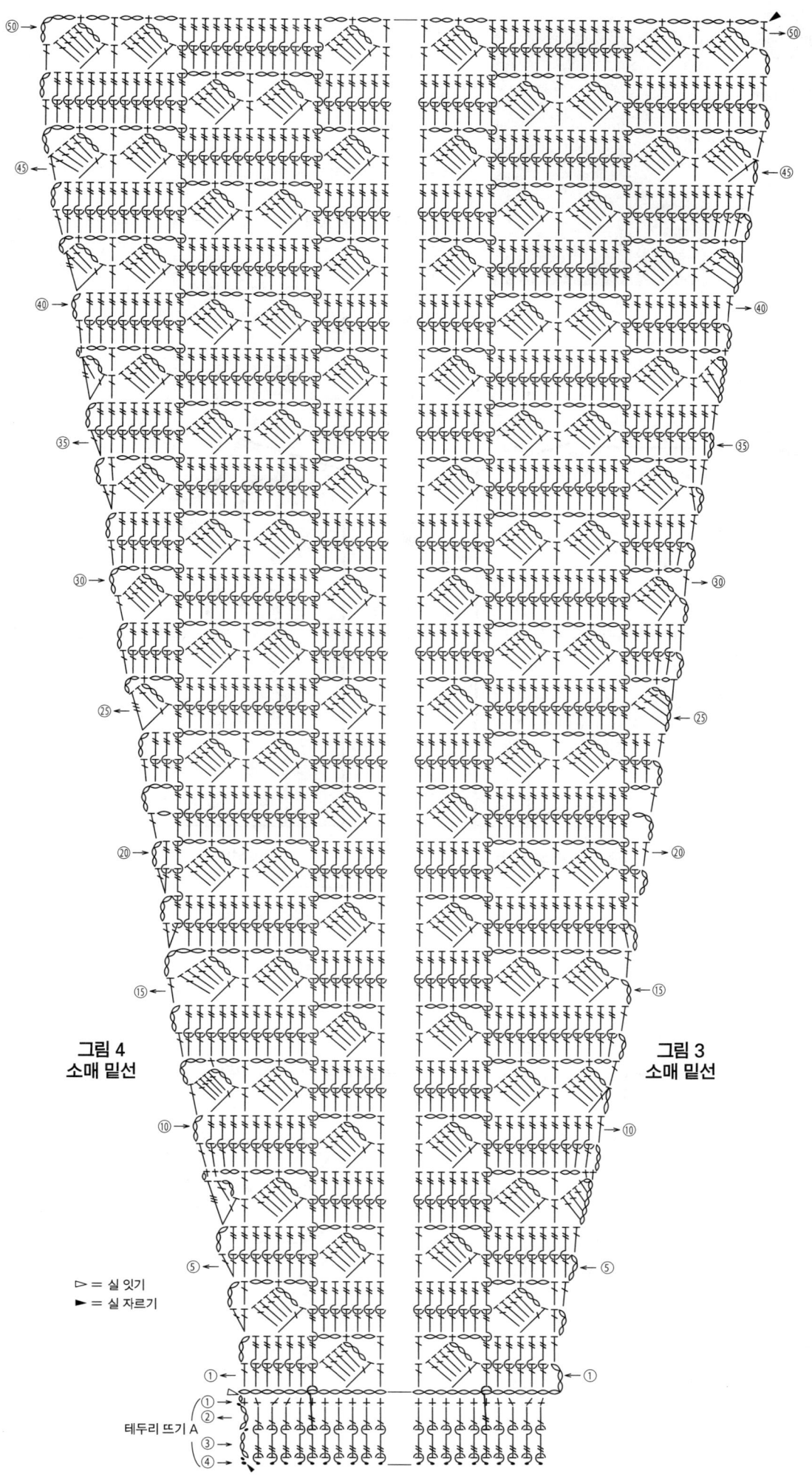

그러데이션 실의 즐거움
49 page ★★★

다이아 이노센트

실을 가로로 걸치는
배색무늬

※일본어 사이트

재료
다이아몬드 털실 다이아 이노센트 노랑계열 그러데이션(3504) 160g 6볼, 갈색계열 그러데이션(3502) 155g 6볼

도구
대바늘 6호・4호

완성 크기
가슴둘레 108cm, 기장 57cm, 화장 67cm

게이지(10×10cm)
줄무늬 메리야스뜨기 A, B, C, D 21코×30단

POINT
● 몸판, 소매…몸판은 지정된 색으로 손가락에 걸어서 만드는 기초코로 뜨개를 시작하고 줄무늬 멍석뜨기, 멍석뜨기, 줄무늬 메리야스뜨기 A, B를 합니다. 무늬가 바뀌는 단의 코는 가로로 실을 걸치는 배색무늬뜨기합니다. 목둘레 줄임코는 2코부터는 덮어씌우기, 첫 코는 가장자리 1코를 세워 줄임코합니다. 어깨는 덮어씌워 잇기합니다. 소매는 몸판에서 코를 주워서 줄무늬 메리야스뜨기 C와 D, 멍석뜨기를 합니다. 소매 밑선의 줄임코는 가장자리에서 2째코와 3째코를 모아뜨기합니다. 뜨개 끝은 무늬를 이어서 뜨면서 덮어씌워 코막음합니다.
● 마무리…옆선과 소매 밑선은 떠서 꿰매기를 합니다. 목둘레는 지정된 콧수만큼 주워서 줄무늬 2코 고무뜨기를 원형뜨기합니다. 뜨개 끝은 겉뜨기는 겉뜨기, 안뜨기는 안뜨기를 하면서 덮어씌워 코막음합니다.

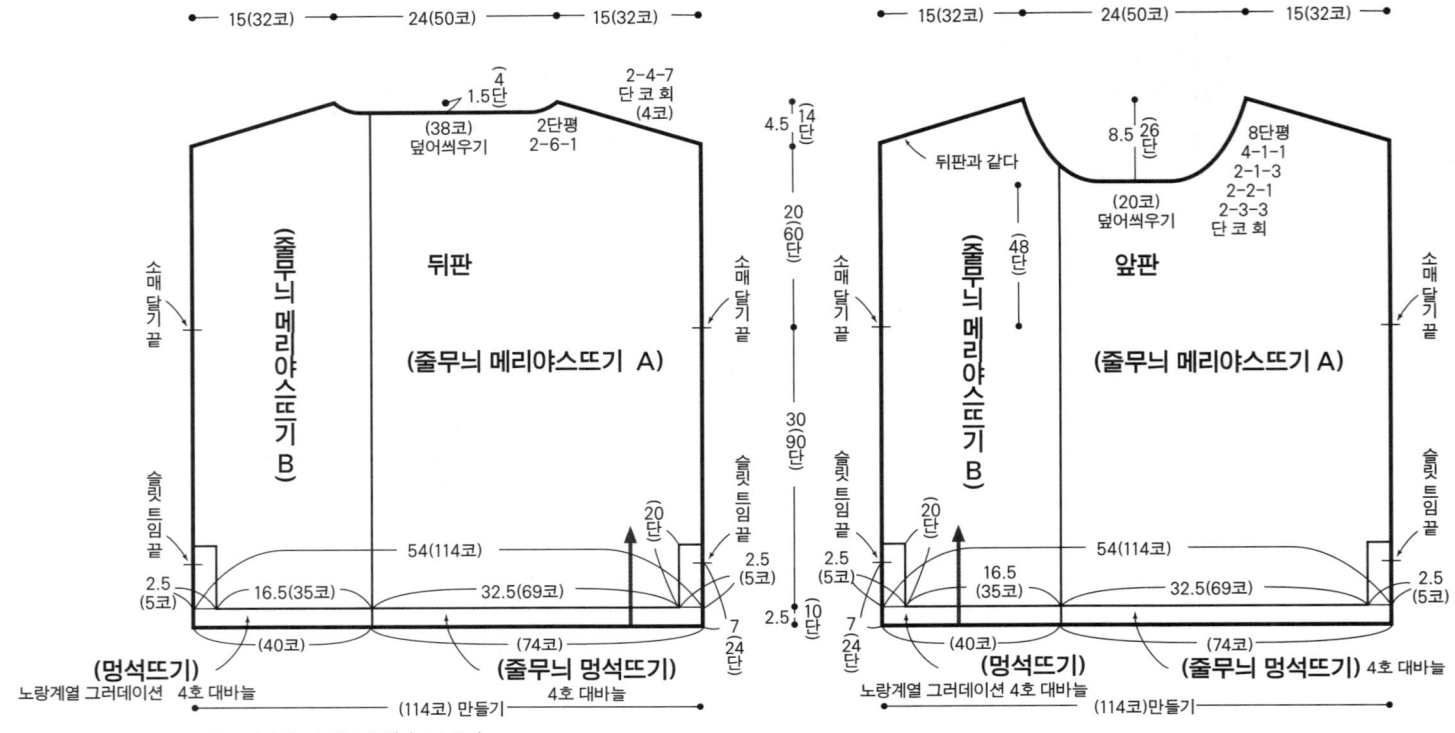

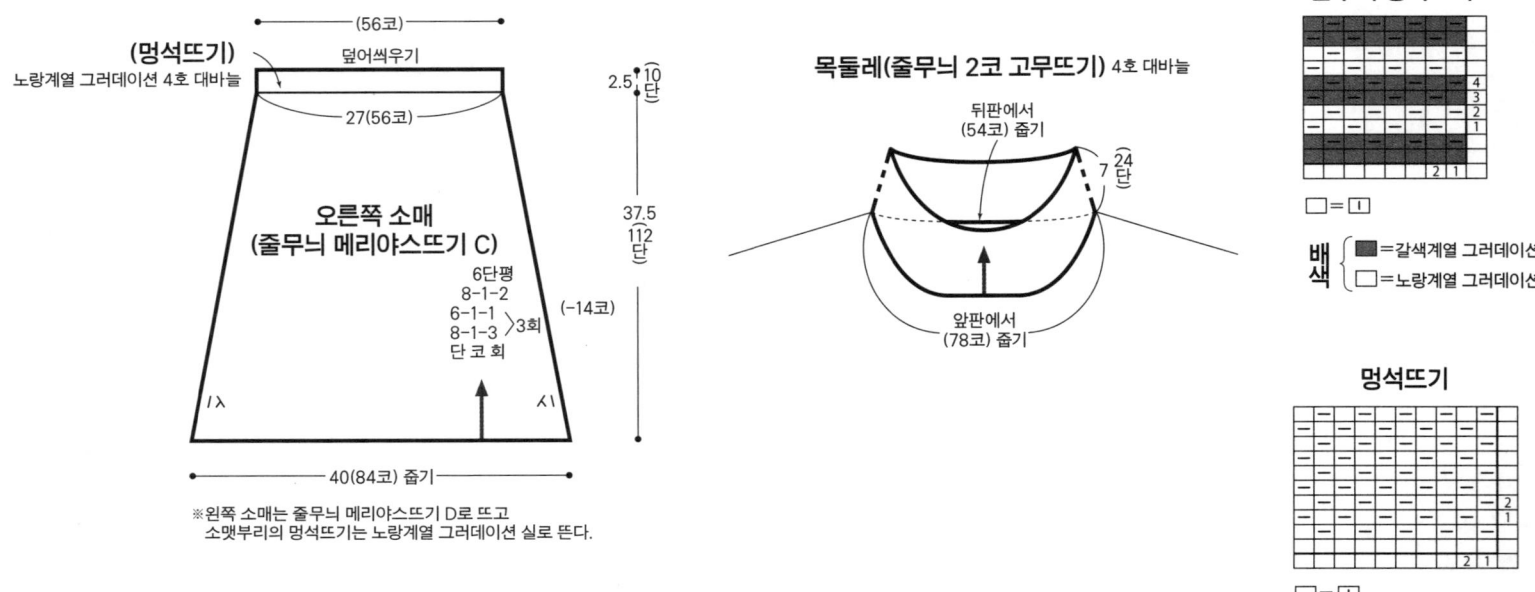

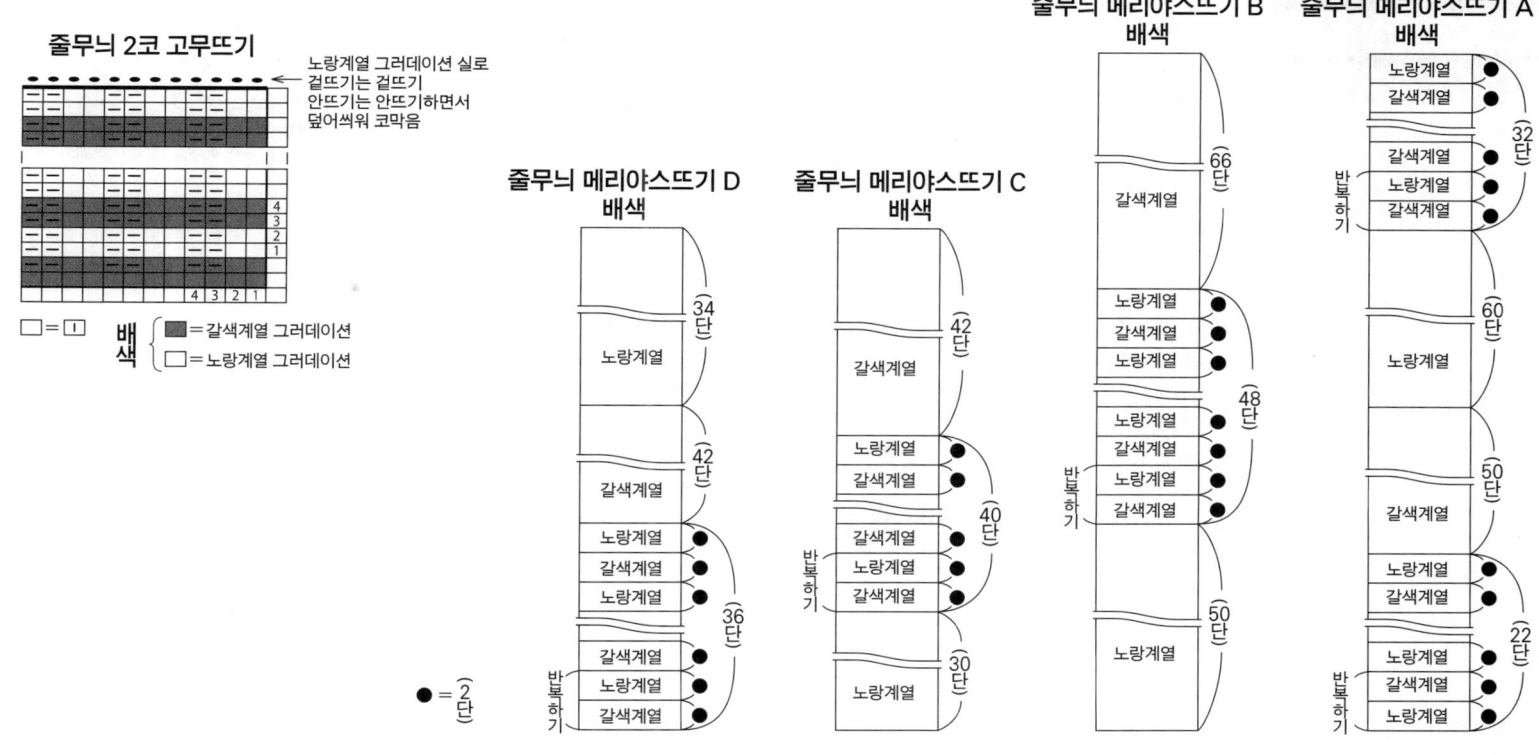

★ 87쪽 별 모양 오너먼트 장식 뜨는 법

뜨개 약어

약어	영어 원어	우리말 풀이
ch	chain	사슬, 사슬뜨기 코
sc	single crochet	짧은뜨기
hdc	half double crochet	긴뜨기
dc	double crochet	한길 긴뜨기
sl	slip stitch	빼뜨기, 빼뜨기 코
st	stitch	뜨개 코
—	ring	원형뜨기 기초 고리

〈Pattern〉(Star) Note: This pattern uses U.S. crochet terms

Make an adjustable ring. Ch1.
The following rounds will be worked in a spiral, so do not join after each round.
Round 1: Work 5 sc into ring.
Round 2: Work 2 sc into each st.
Round 3: [1sc, ch 6, sl st into 3rd ch from hook, 1 sc into next ch, 1 hdc into next ch, 1 dc into next chain, sc into next st]˚repeat from * four more times. (Total five times).
Fasten off.

〈무늬(별 모양)〉

원형뜨기 기코 고리에 사슬을 1코 뜬다.
원형으로 뜨지만, 단 마지막에는 빼뜨기하지 않고 각 단을 나선형으로 뜬다.
첫 단: 원형뜨기로 짧은뜨기를 5코 한다.
2단: 앞단 코에 짧은뜨기를 2코씩 뜬다. (10코)
3단: *앞단 코에 짧은뜨기를 1코, 사슬 6코, 바늘에서 3번째 사슬에 빼뜨기, (다음 사슬부터 순서대로) 짧은뜨기 1코, 긴뜨기 1코, 한길 긴뜨기 1코를 하고 앞단 다음 코에 짧은뜨기 1코*, *~*를 4번 더 반복한다. (모두 5번).
실을 자르고 코를 마무리한다.

Color Palette
50·51 page ★★★

플로레스

재료
올림포스 플로레스
A…핑크(10) 325g 9볼
B…연녹색(9) 370g 10볼
C…빨강(5) 310g 8볼
D…파랑(8) 280g 7볼
E…연베이지(2) 240g 6볼

도구
대바늘 4호

완성 크기
A…가슴둘레 112cm, 기장 40cm, 화장 75cm
B…가슴둘레 138cm, 기장 55cm, 화장 55cm
C…가슴둘레 112cm, 기장 64.5cm, 화장 31.5cm
D…가슴둘레 128cm, 기장 50cm, 화장 35.5cm
E…가슴둘레 102cm, 기장 55cm, 화장 29cm

게이지(10×10cm)
무늬뜨기 23.5코×35단

POINT

● A·B…몸판·소매는 별도 사슬로 기초코를 만들어 뜨기 시작해 무늬뜨기로 뜹니다. 목둘레의 줄임코는 도안을 참고하세요. 소매의 뜨개 끝은 덮어씌워 코막음합니다. 밑단·소맷부리는 기초코 사슬을 풀어 코를 주워 2코 고무뜨기로 뜹니다. 뜨개 끝은 겉뜨기는 겉뜨기로, 안뜨기는 안뜨기로 떠서 덮어씌워 코막음합니다. 어깨는 덮어씌워 잇기를 합니다. 목둘레는 지정 콧수를 주워 2코 고무뜨기로 원형으로 뜹니다. 뜨개 끝은 밑단과 같은 방법으로 정리합니다. 소매는 코와 단 잇기로 몸판과 연결합니다. 옆선·소매 밑선은 떠서 꿰매기를 합니다.

● C·D·E…몸판은 별도 사슬로 기초코를 만들어 뜨기 시작해 무늬뜨기로 뜹니다. 목둘레의 줄임코는 도안을 참고하세요. 밑단은 기초코 사슬을 풀어 코를 주워 2코 고무뜨기로 뜹니다. 뜨개 끝은 겉뜨기는 겉뜨기로, 안뜨기는 안뜨기로 떠서 덮어씌워 코막음합니다. 어깨는 덮어씌워 잇기, 옆선은 떠서 꿰매기를 합니다. 목둘레·소맷부리는 지정 콧수를 주워 2코 고무뜨기로 원형으로 뜹니다. 뜨개 끝은 밑단과 같은 방법으로 정리합니다.

A

B

C

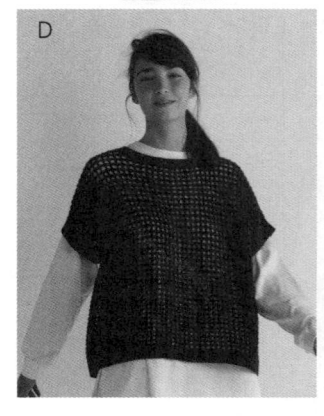
D

E

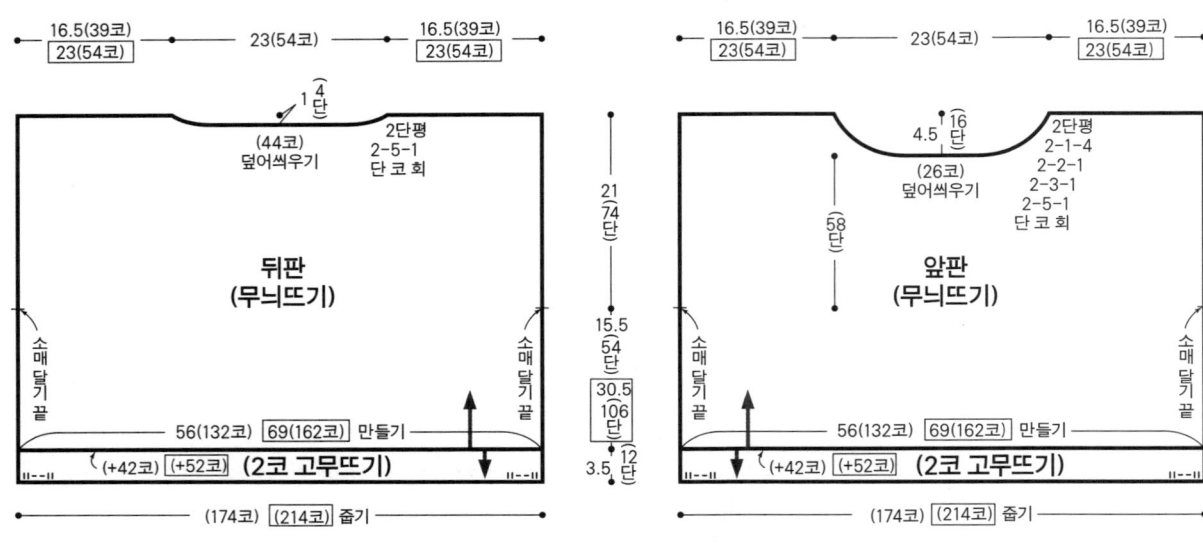

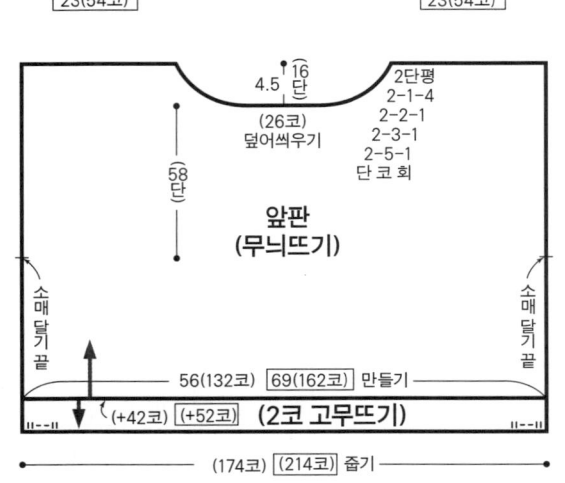

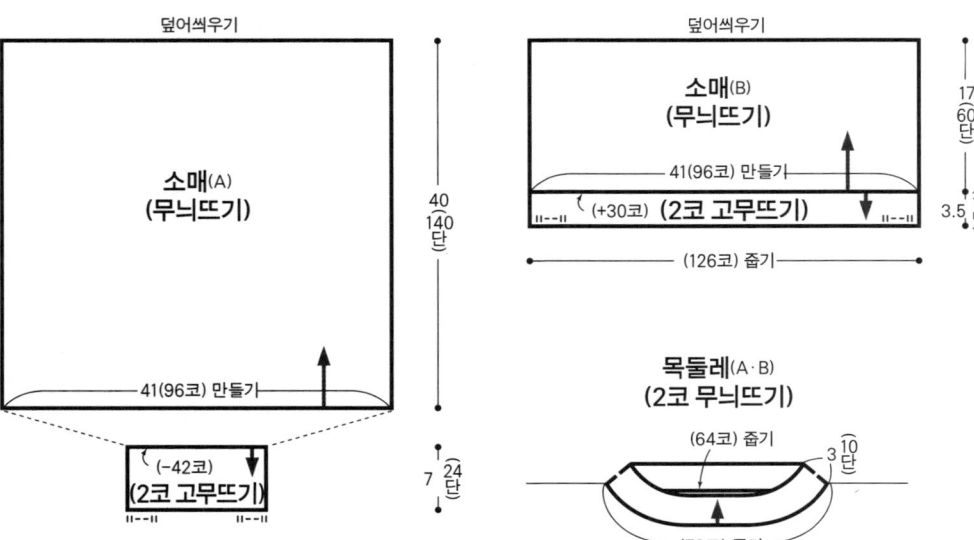

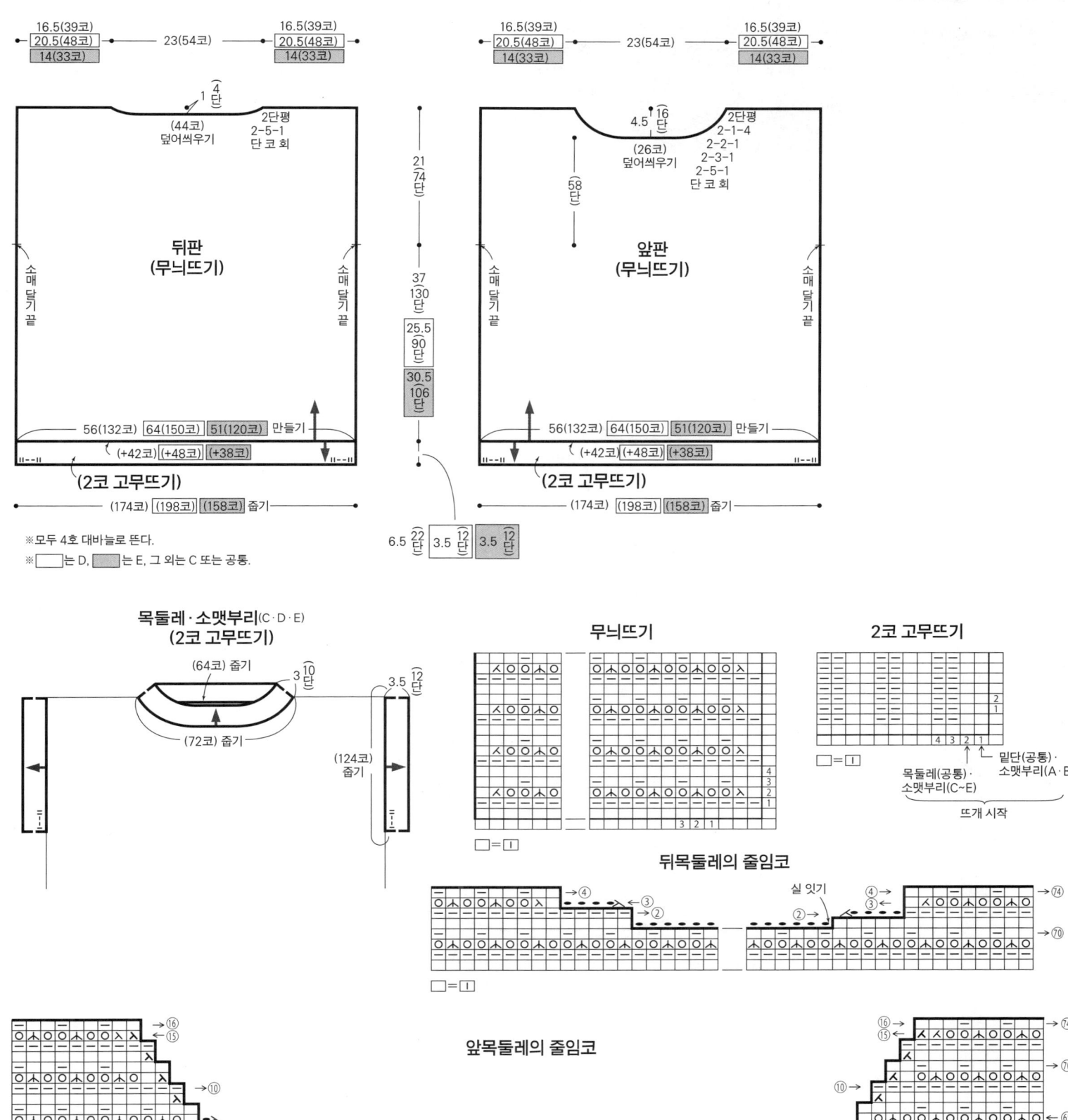

스타일리시한 겨울 니트
52 page ★★★

긴가 리넨

실크 포 데님

세이카

재료
Silk HASEGAWA 긴가 리넨 파랑(47 OXFORD BLUE)·연녹색(119 BASIL) 각 45g 1볼, 실크 포 데님 녹색과 갈색 믹스(8 FOREST NIGHT) 40g 1볼, 세이카 연베이지(6 WOOD ASH) 40g 2볼

도구
대바늘 6호·9호

완성 크기
너비 146cm, 기장 73cm(실측)

게이지(10×10cm)
줄무늬 무늬뜨기 18.5코×28단, 무늬뜨기 18.5코×32단

POINT
● 손가락에 실을 걸어서 3코를 만들어 아이코드로 8단을 뜹니다. 이어서 도안을 참고해 아이코드에서 코를 주워 줄무늬 무늬뜨기로 뜨는데, 뜨개 시작 부분의 8단은 불규칙하므로 주의합니다. 배색실은 자르지 않고 2단마다 바탕실과 교차시키면서 뜹니다. 늘림코는 도안을 참고하세요. 이어서 무늬뜨기, 테두리뜨기로 뜹니다. 뜨개 끝은 9호 대바늘로 바꿔 안뜨기를 뜨면서 덮어씌워 코막음합니다.

숄

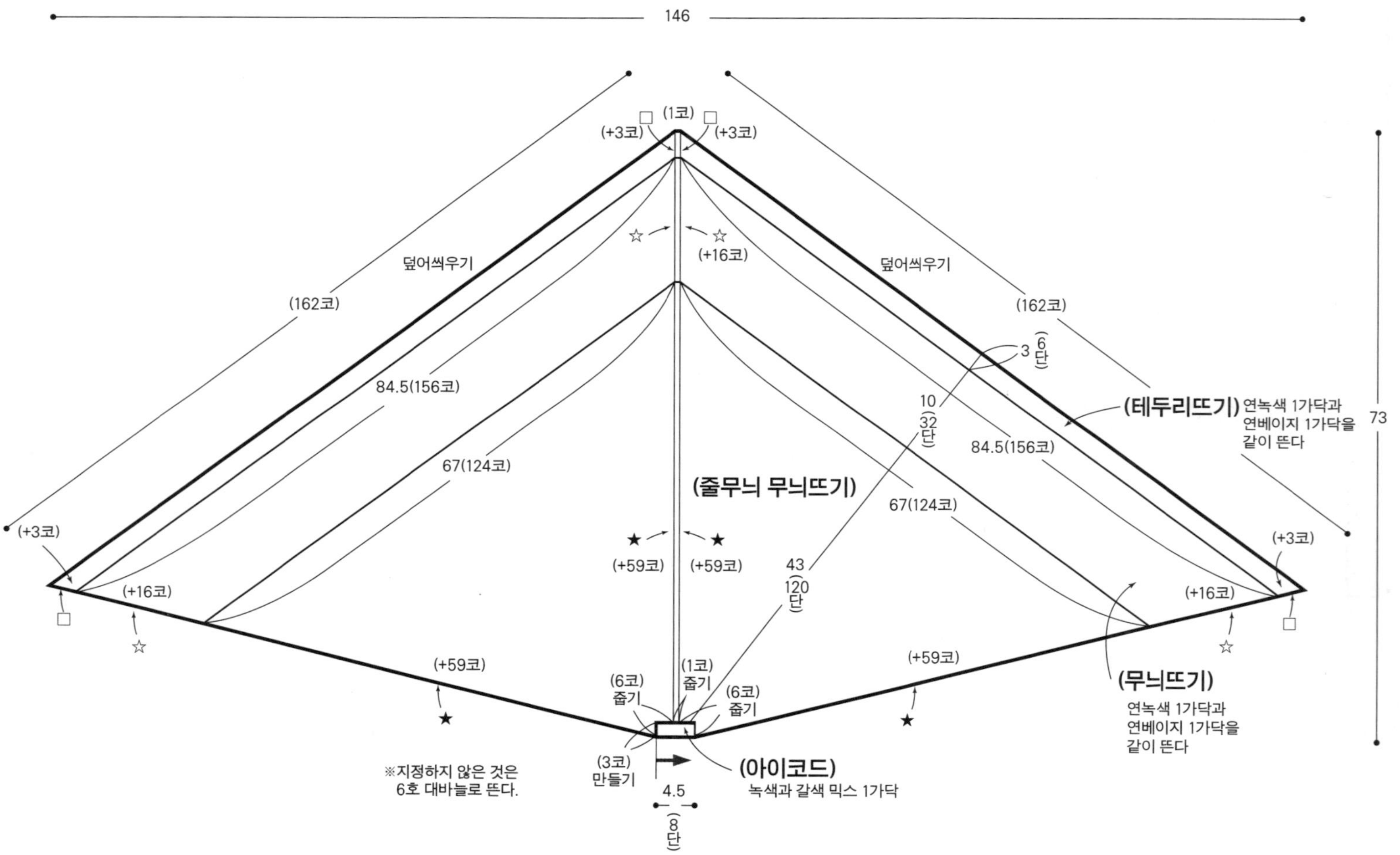

146

73

(+3코) (1코) (+3코)

덮어씌우기 (+16코) 덮어씌우기

(162코) (162코)

84.5(156코) 3 (6단)

10 32단

(테두리뜨기) 연녹색 1가닥과 연베이지 1가닥을 같이 뜬다

67(124코) (줄무늬 무늬뜨기) 84.5(156코)

67(124코)

(+3코) (+16코) ★ (+59코) ★ (+59코) 43 120단 (+59코) (+59코) (+16코) (+3코)

(무늬뜨기) 연녹색 1가닥과 연베이지 1가닥을 같이 뜬다

(1코) 줍기 (6코) 줍기 (6코) 줍기

※지정하지 않은 것은 6호 대바늘로 뜬다. (3코) 만들기 4.5

(아이코드) 녹색과 갈색 믹스 1가닥

8단

★ = { 2단평, 2-1-59, 단 코 회 }

☆ = { 2단평, 2-1-15, (1코) 늘림코 }

□ = { 2단평, 2-1-2, (1코) 늘림코 }

아이코드 뜨는 법
※양쪽 대바늘을 사용한다.

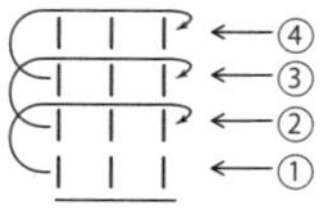

← ④
← ③
← ②
← ①

1단을 뜬 뒤 실 끝을 뜨개 시작 쪽으로 되돌려서 같은 방향으로 다음 단을 뜬다.
같은 방법으로 8단까지 뜬다.

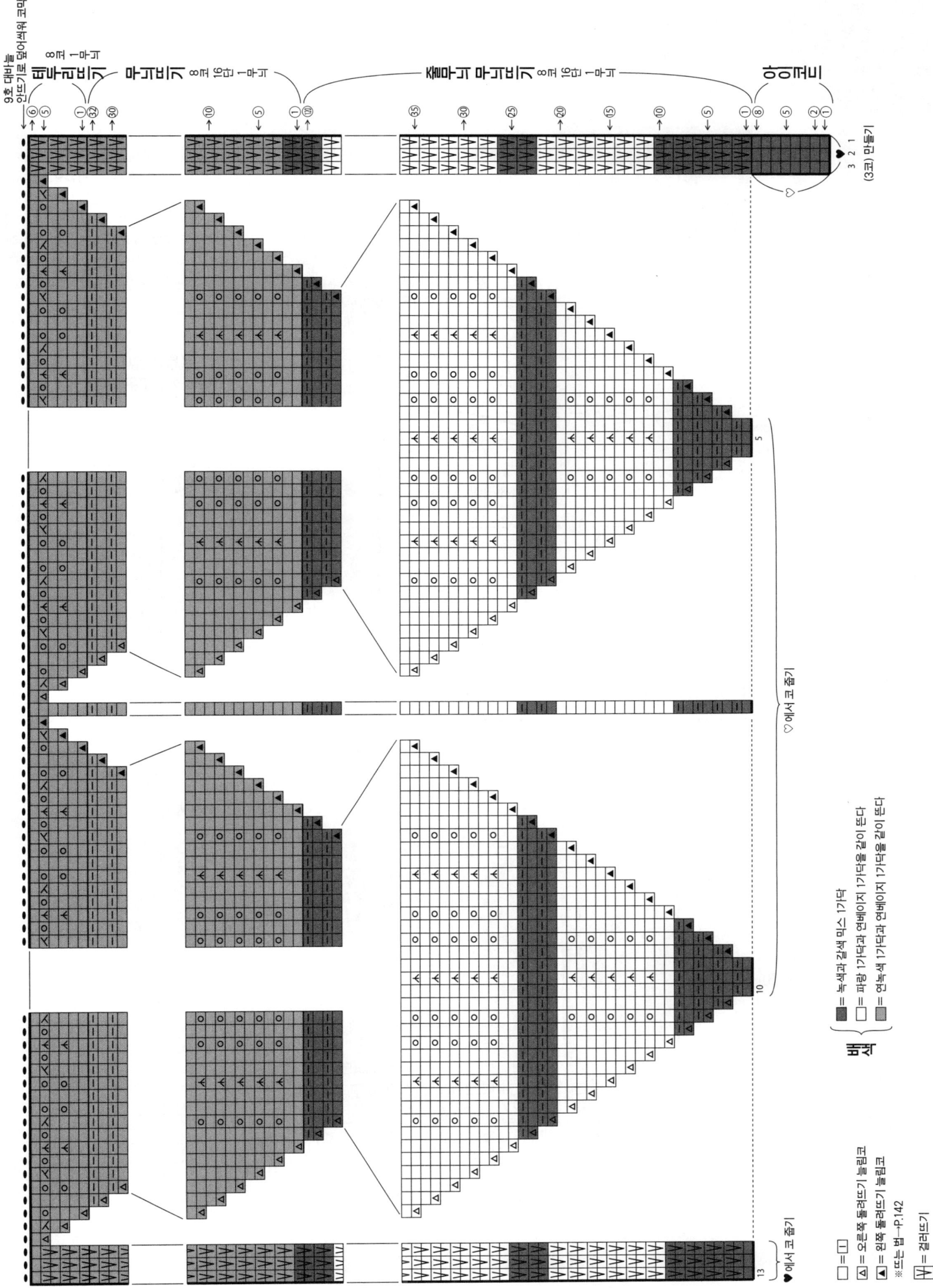

스타일리시한 겨울 니트
57 page ★★★

SILK&WOOL

재료
실··올림포스 SILK&WOOL 그레이(3) 295g 6볼
단추··지름 20mm 3개

도구
대바늘 6호·5호, 코바늘 5/0호

완성 크기
가슴둘레 101cm, 기장 53.5cm, 화장 72.5cm

게이지(10×10cm)
메리야스뜨기, 무늬뜨기 B 22코×29단

POINT
● 몸판·소매…몸판은 손가락에 실을 걸어서 기초코를 만들어 뜨기 시작해 돌려 1코 고무뜨기, 무늬뜨기 A·B, 메리야스뜨기로 뜨는데, 무늬뜨기 B의 뜨개 끝은 불규칙해지므로 주의합니다. 목둘레의 줄임코는 2코 이상은 덮어씌우기, 1코는 가장자리 1코 세워 줄이기를 합니다. 소매는 별도 사슬로 기초코를 만들어 뜨기 시작해 무늬뜨기 B, 메리야스뜨기로 뜹니다. 소맷부리는 기초코 사슬을 풀어 코를 주워 돌려 1코 고무뜨기로 뜹니다. 뜨개 끝은 덮어씌워 코막음합니다.

● 마무리…어깨는 덮어씌워 잇기를 합니다. 목둘레·앞단은 지정 콧수를 주워 돌려 1코 고무뜨기로 뜹니다. 오른쪽 앞단에는 단춧구멍을 냅니다. 뜨개 끝은 소맷부리와 같은 방법으로 정리합니다. 소매는 코와 단 잇기로 몸판과 연결합니다. 옆선·소매 밑선은 떠서 꿰매기를 합니다. 몸판 가장자리와 소맷부리 가장자리는 밑단·앞단·목둘레, 소맷부리에서 지정 무늬 수만큼 주워 테두리뜨기로 원형으로 뜹니다. 단추를 달아 마무리합니다.

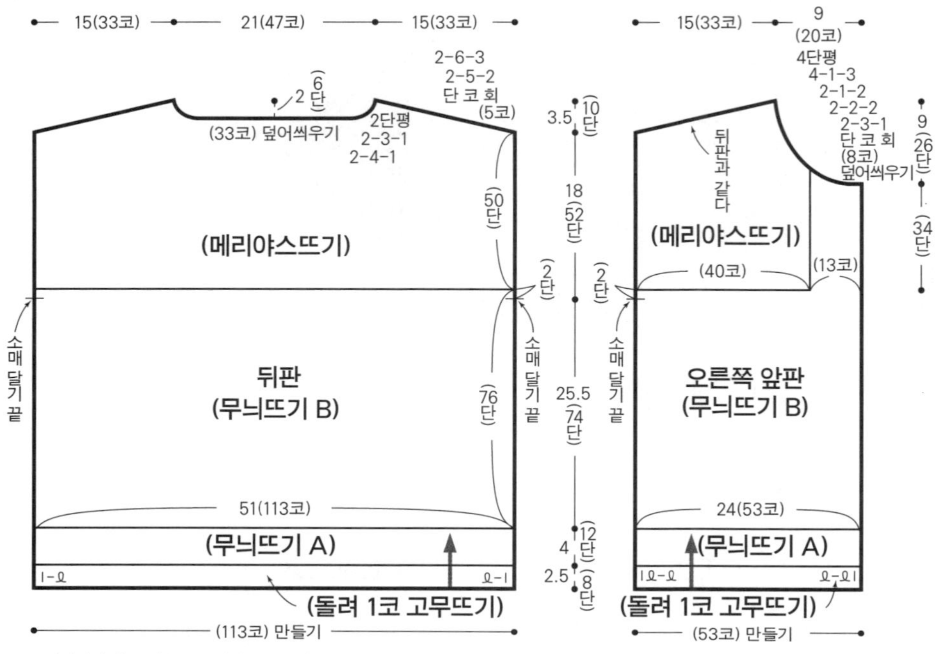

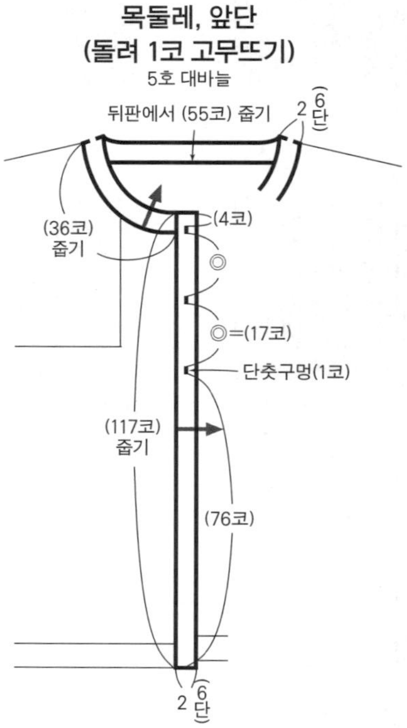

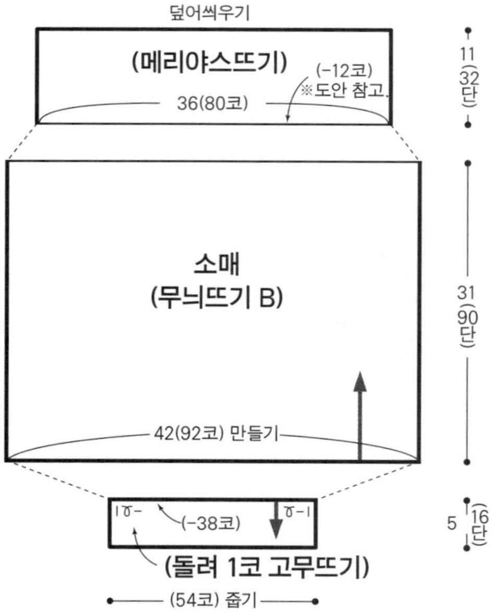

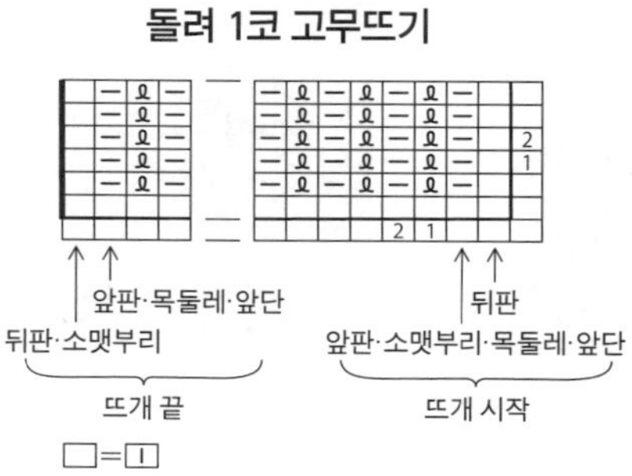

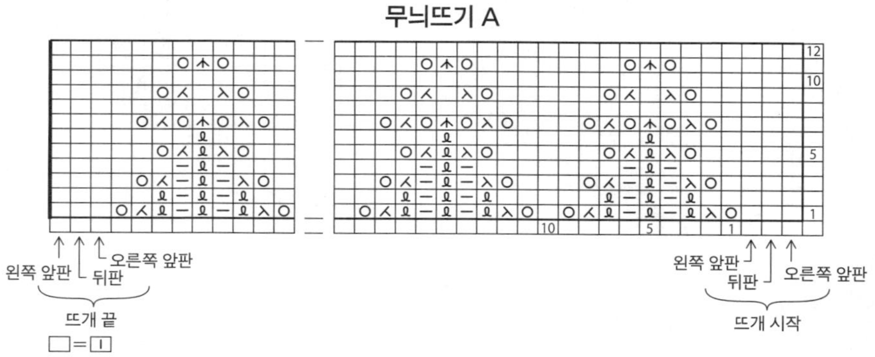

오른쪽 앞판 뜨는 법

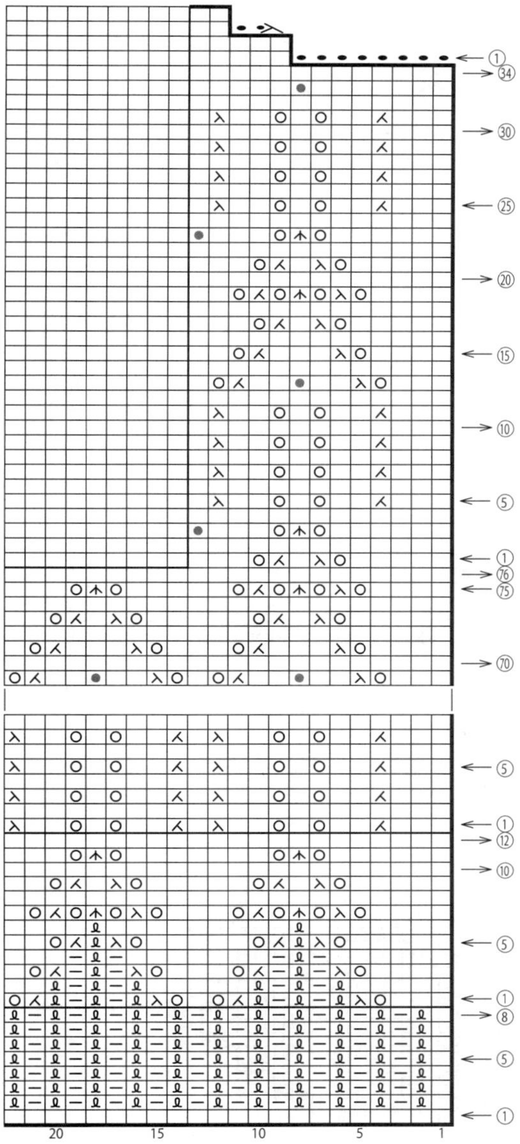

□=
= 5/0호 코바늘

무늬뜨기 B

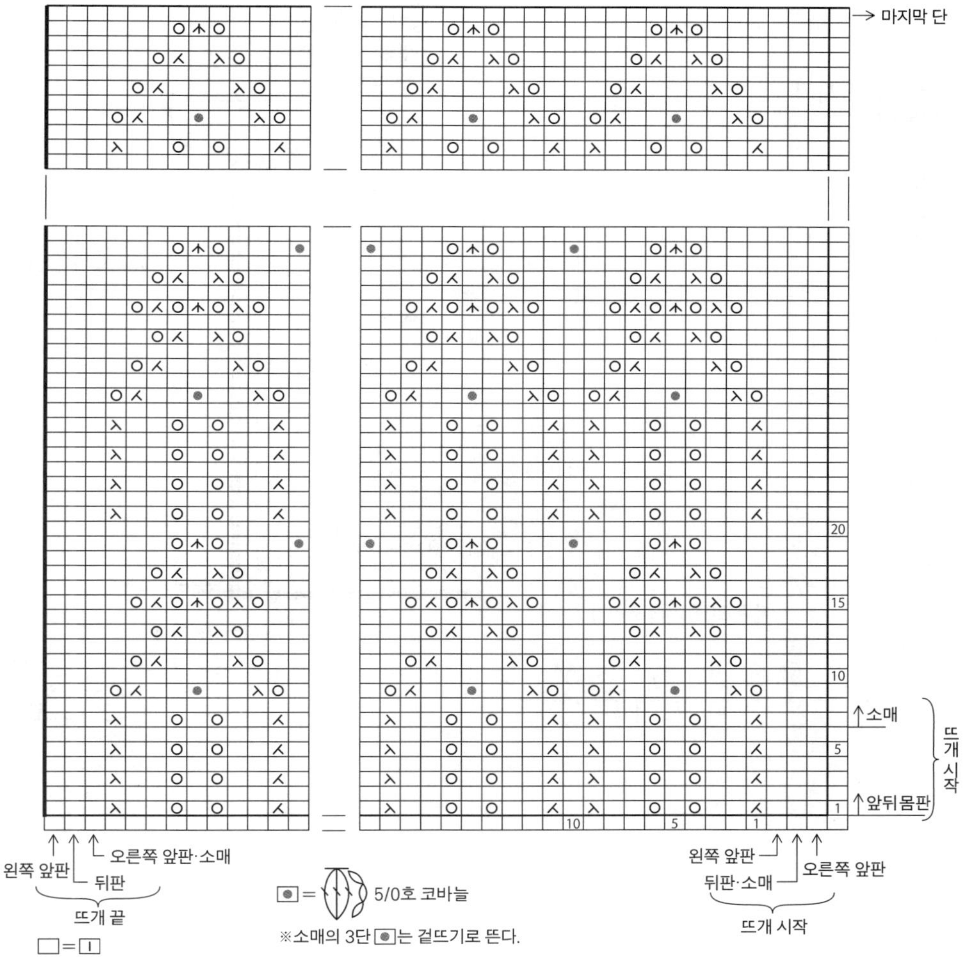

□=
= 5/0호 코바늘

※소매의 3단 ●는 겉뜨기로 뜬다.

소매의 줄임코

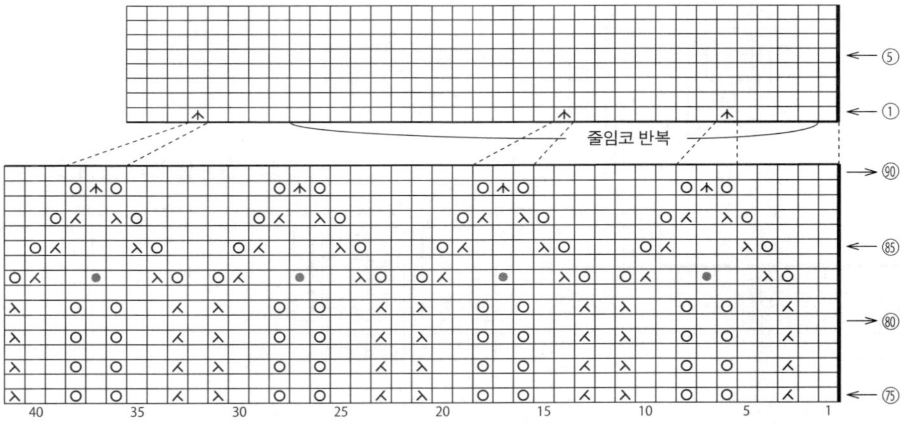

□=
= 5/0호 코바늘

단춧구멍 (오른쪽 앞단)

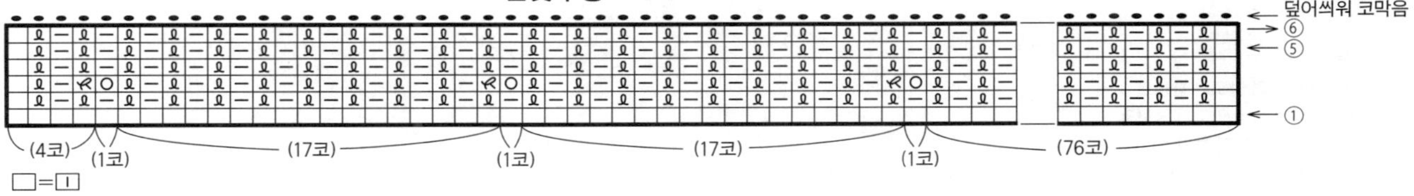

□=
=돌려 왼코 겹쳐 2코 모아뜨기

184페이지로 이어집니다. ▶

▶ 183페이지에서 이어집니다.

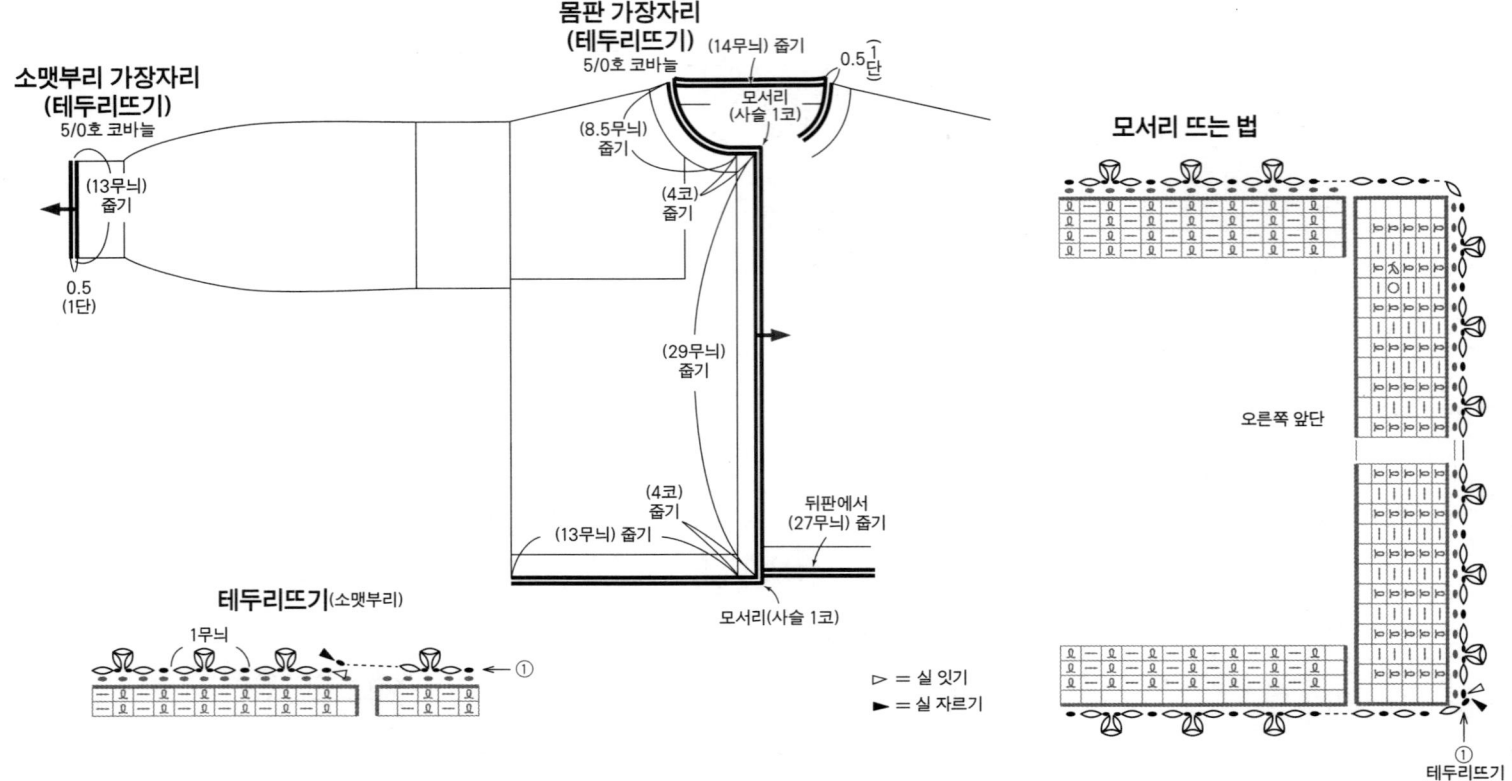

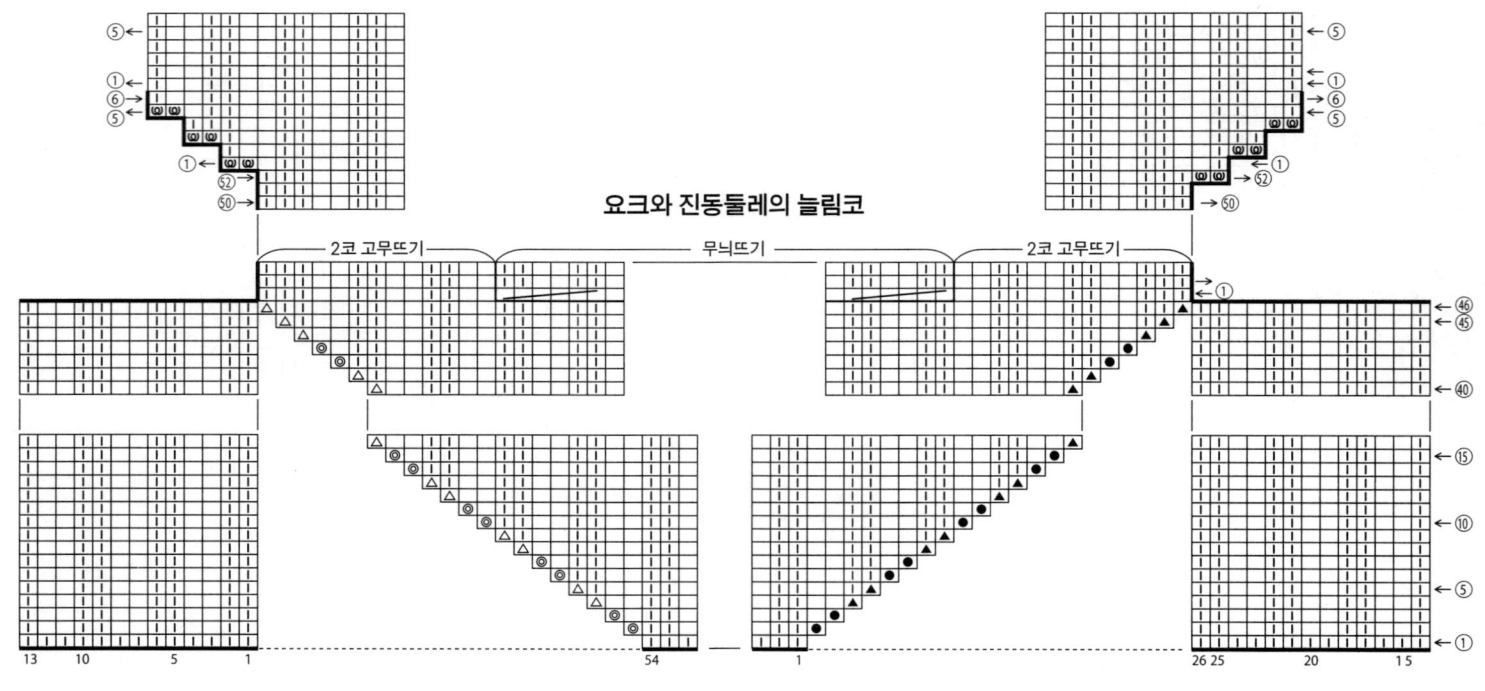

스타일리시한 겨울 니트
56 page ★★★

SILK&WOOL

재료
올림포스 SILK&WOOL 암갈색(7) 260g 6볼

도구
대바늘 5호·3호

완성 크기
가슴둘레 90cm, 기장 60.5cm, 화장 24.5cm

게이지(10×10cm)
2코 고무뜨기(5호 대바늘), 무늬뜨기 34.5코×33단

POINT
● 요크·몸판…요크는 손가락에 실을 걸어서 기초코를 만들어 뜨기 시작해 2코 고무뜨기로 원형으로 뜹니다. 늘림코는 도안을 참고하세요. 몸판은 앞뒤 몸판을 각각 2코 고무뜨기와 무늬뜨기로 왕복해 뜹니다. 진동둘레의 늘림코는 도안을 참고하세요. 계속해서 앞뒤 몸판을 이어서 원형으로 뜹니다. 뜨개 끝은 겉뜨기는 겉뜨기로, 안뜨기는 안뜨기로 떠서 덮어씌워 코막음합니다.
● 마무리…목둘레·소맷부리는 지정 콧수를 주워 2코 고무뜨기로 원형으로 뜹니다. 뜨개 끝은 밑단과 같은 방법으로 정리합니다.

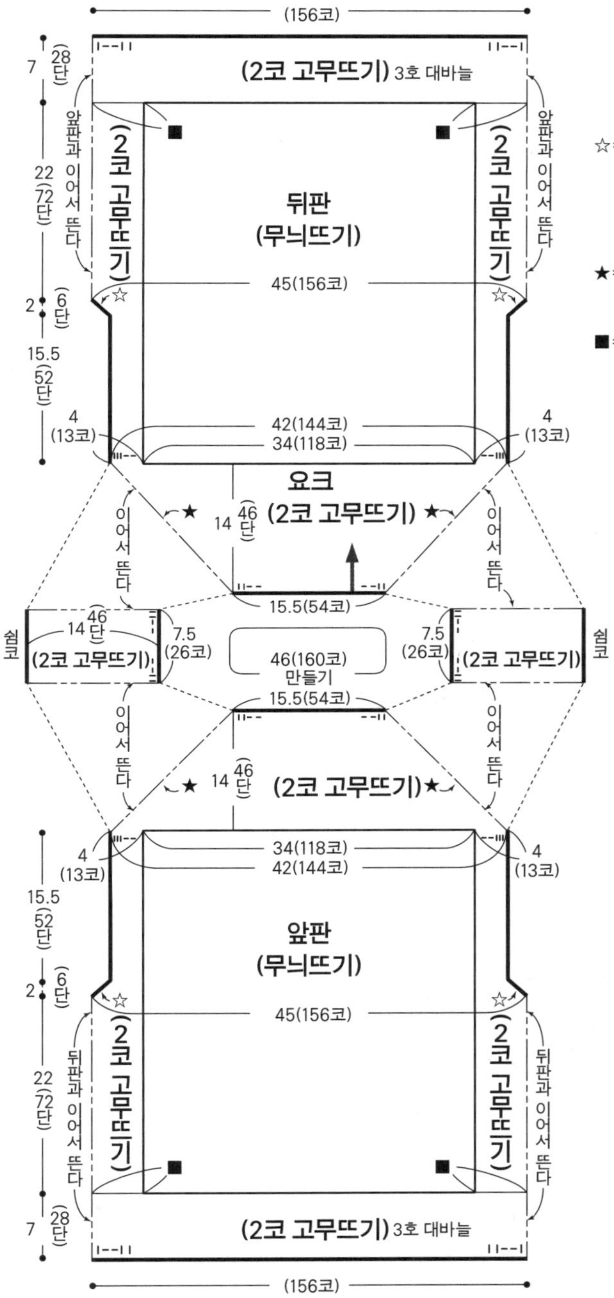

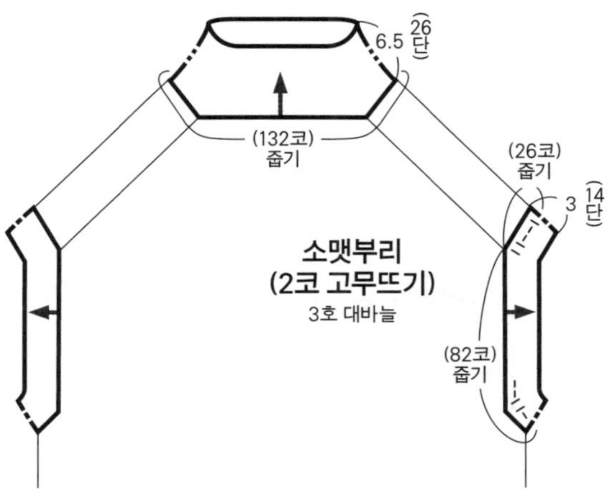

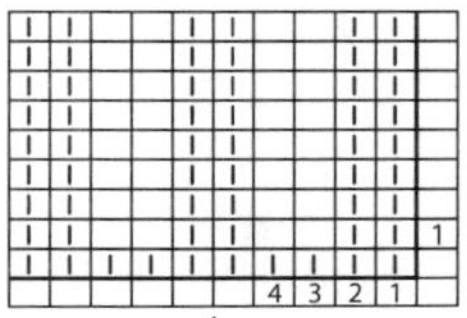

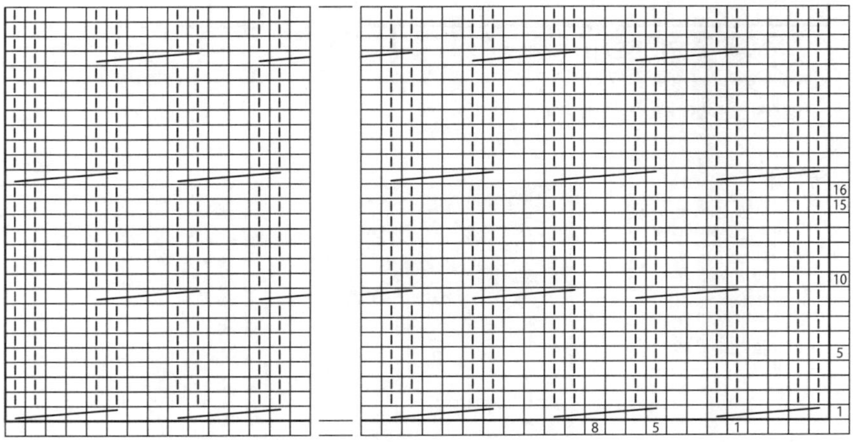

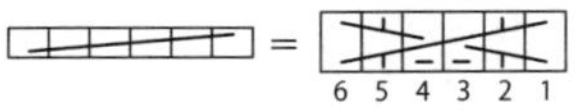

스타일리시한 겨울 니트
55 page ★★★

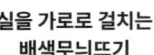
아네모네

카멜리아

세이카

실을 가로로 걸치는
배색무늬뜨기

※ 일본어 사이트

재료
실…Silk HASEGAWA 아네모네 검정(624 BLACK) 130g 3볼, 카멜리아 베이지(3 BOULDER) 100g 2볼, 세이카 검정(40 BLACK) 60g 3볼·베이지(4 CAFE AU LAIT) 40g 2볼
단추…20mm×13mm 5개

도구
대바늘 6호·5호·8호

완성 크기
가슴둘레 103cm, 어깨너비 36cm, 기장 51.5cm, 소매 기장 51cm

게이지(10×10cm)
줄무늬 무늬뜨기·무늬뜨기 24코×26.5단, 메리야스뜨기 23코×26단

POINT
● 몸판·소매…지정한 대로 실을 합쳐서 뜹니다. 별도 사슬로 기초코를 만들어 뜨기 시작해 몸판은 줄무늬 무늬뜨기와 무늬뜨기, 소매는 메리야스뜨기와 줄무늬 무늬뜨기로 뜹니다. 진동둘레·어깨·소매 밑선·소매산의 줄임코는 2코 이상은 덮어씌우기, 1코는 가장자리 1코 세워 줄이기를 하는데, 줄무늬 무늬뜨기와 무늬뜨기는 걸기코와 2코 모아뜨기로 구성되어 있습니다. 줄임코로 어느 한쪽이 없어졌을 경우 다른 한쪽도 뜨지 않습니다. 소맷부리는 기초코 사슬을 풀어 코를 주워 배색무늬 A로 뜹니다. 배색무늬는 실을 가로로 걸치는 방법으로 뜹니다. 뜨개 끝은 덮어씌워 코막음합니다.
● 마무리…어깨는 메리야스 잇기, 옆선·소매 밑선은 떠서 꿰매기를 합니다. 밑단은 기초코 사슬을 풀어 코를 주워 가터뜨기로 뜹니다. 뜨개 끝은 안면에서 덮어씌워 코막음합니다. 목둘레는 지정 콧수를 주워 게이지 조정을 하면서 배색무늬 B로 뜨고 뜨개 끝은 소맷부리와 같은 방법으로 정리합니다. 목둘레와 소맷부리는 안쪽으로 접어 감칩니다. 앞단은 가터뜨기로 뜹니다. 오른쪽 앞단에는 단춧구멍을 냅니다. 뜨개 끝은 밑단과 같은 방법으로 정리합니다. 소매는 빼뜨기로 잇기를 해서 몸판과 연결합니다. 단추를 달아 마무리합니다.

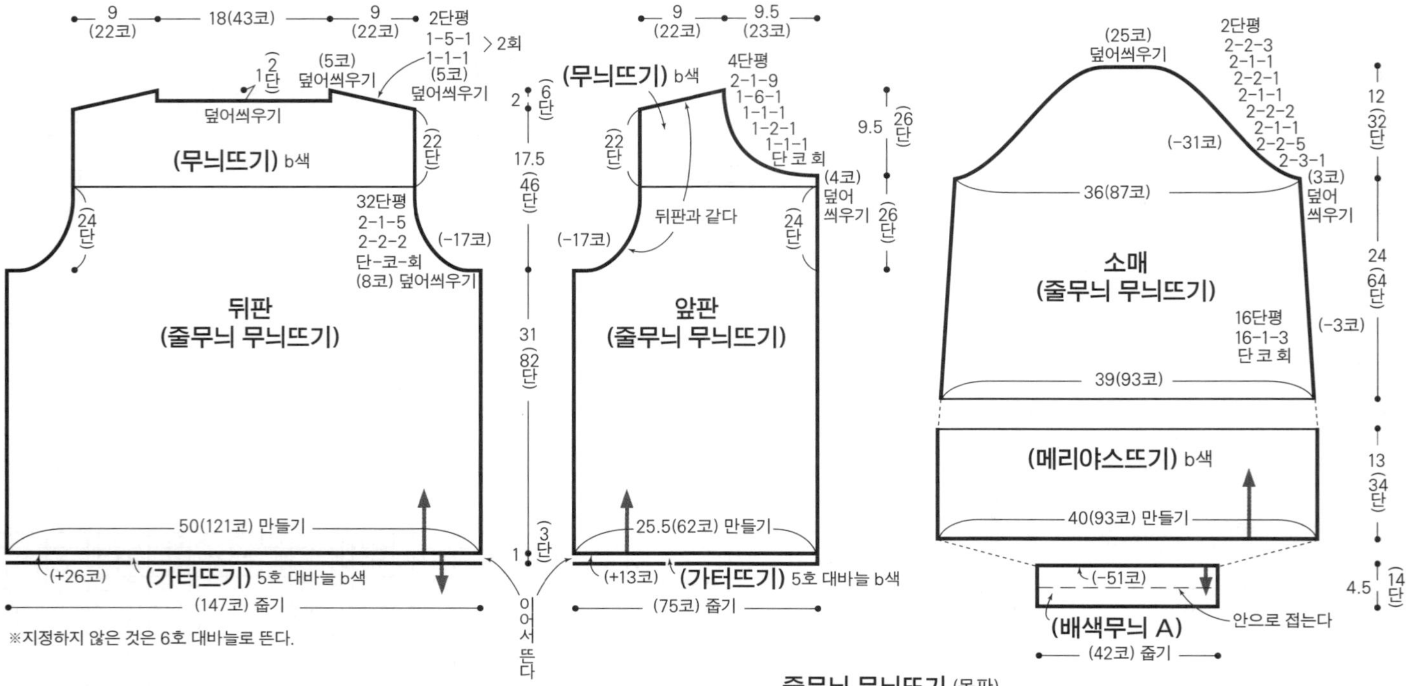

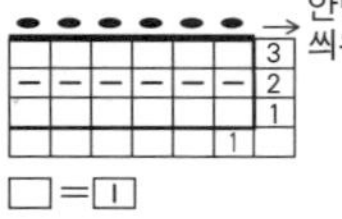

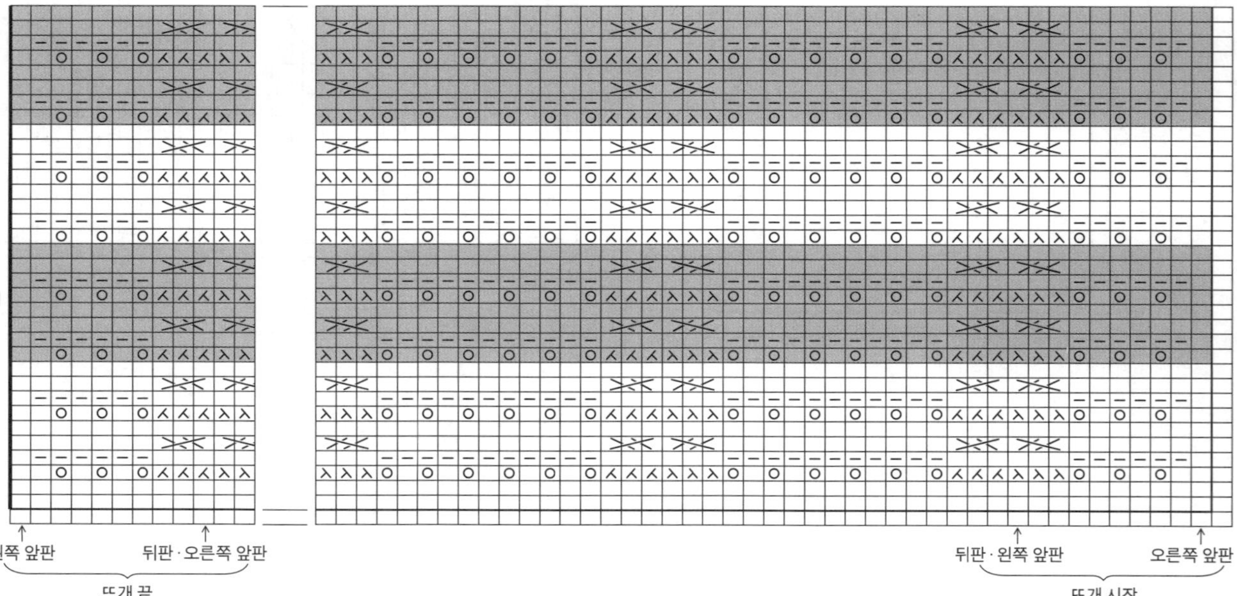

배색무늬 A

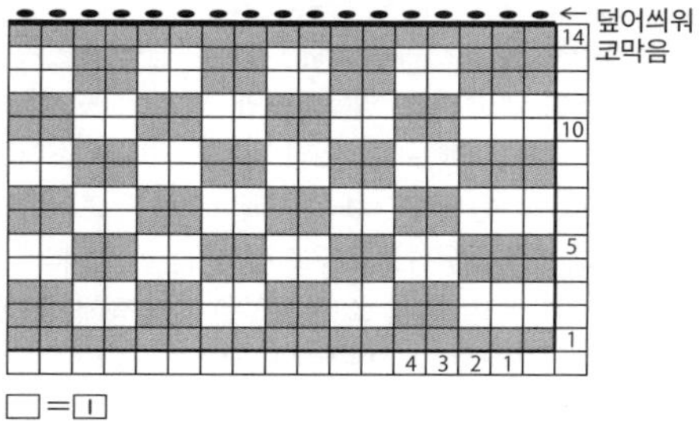

배색무늬 B

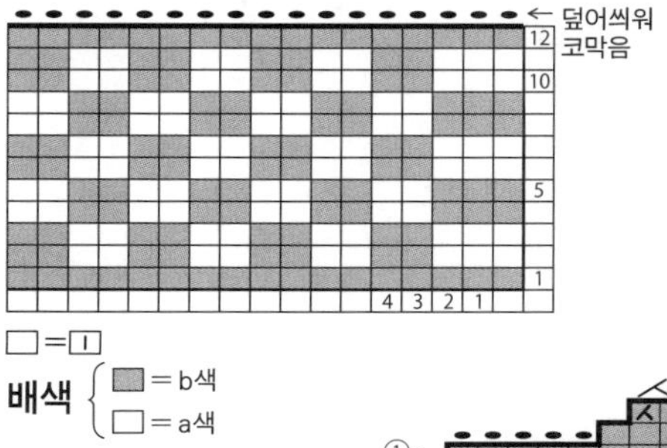

줄무늬 무늬뜨기(소매)

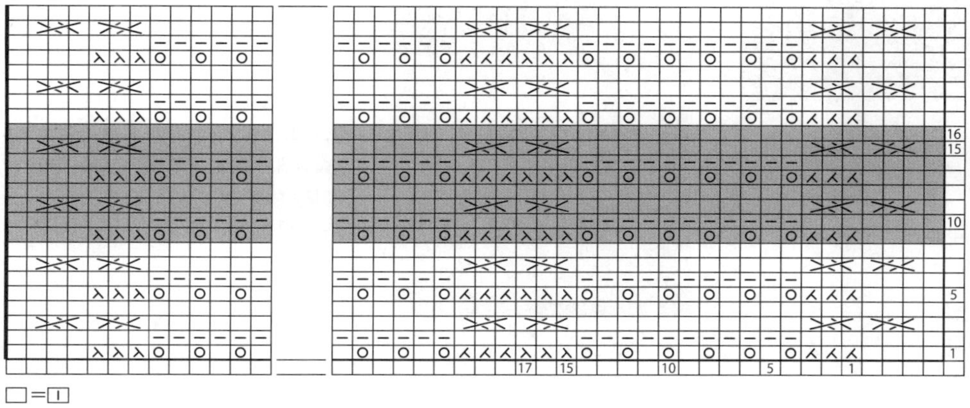

어깨의 줄임코

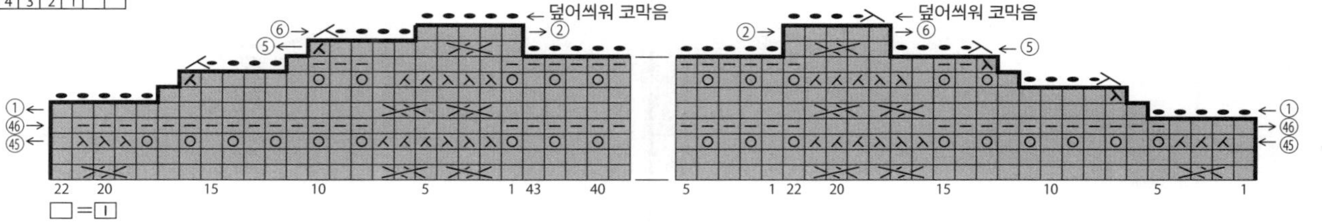

목둘레(배색무늬 B)

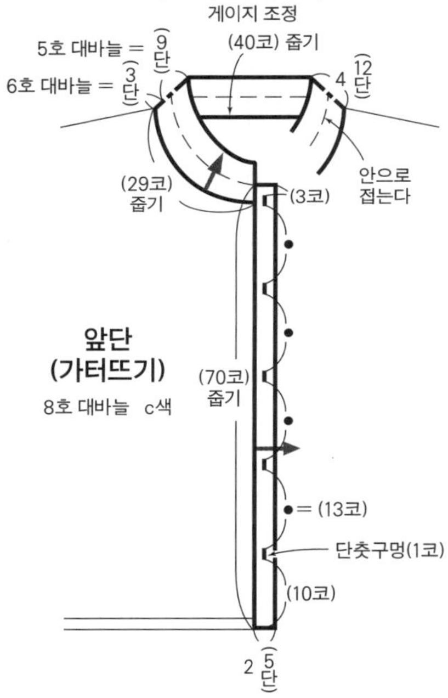

오른쪽 앞목둘레의 줄임코

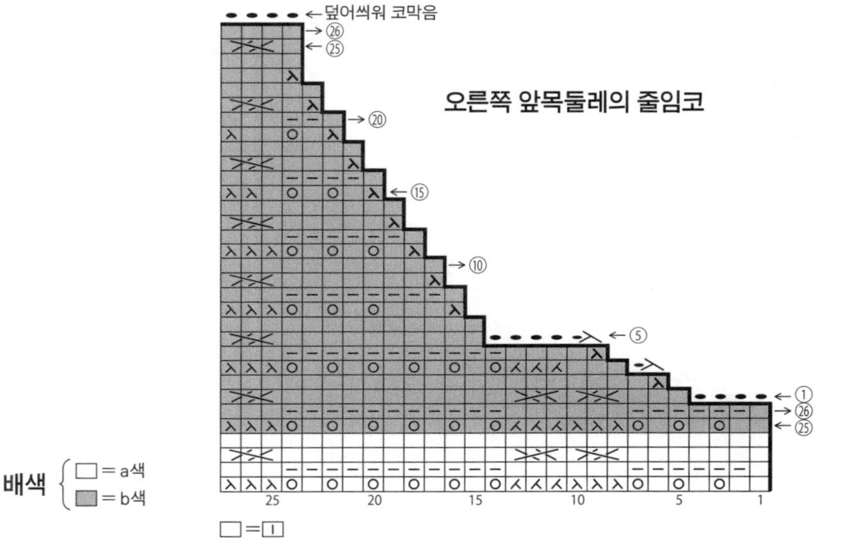

단춧구멍(오른쪽 앞단)

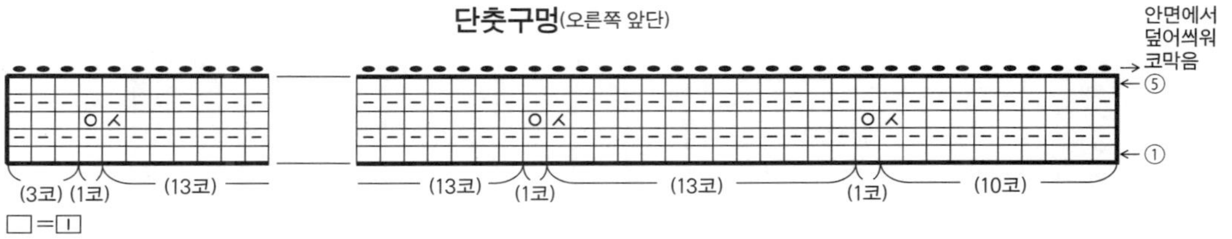

▶ 188페이지에서 이어집니다.

앞목둘레의 줄임코

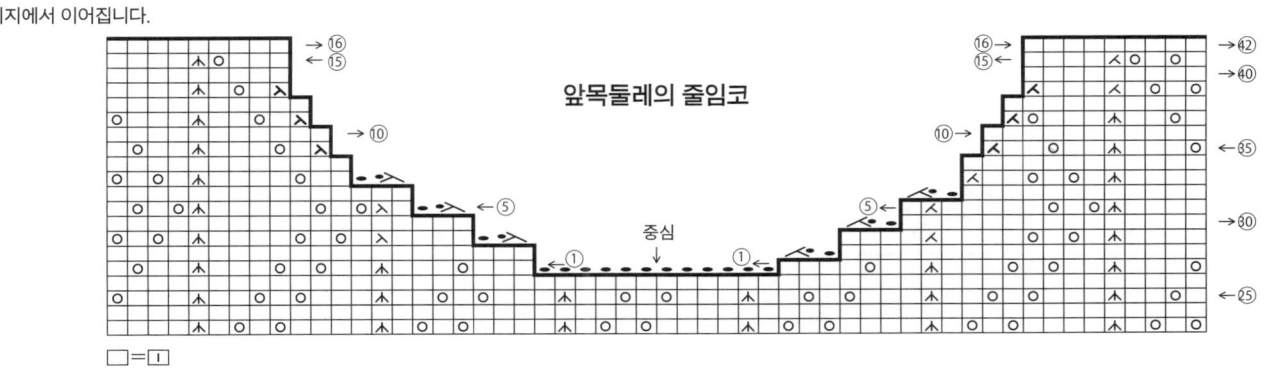

스타일리시한 겨울 니트
53 page ★★★

긴가 리넨

세이카

재료
Silk HASEGAWA 긴가 리넨 노랑 계열 믹스 (60 LEMON) 150g 3볼, 세이카 실버그레이(24 SILVER GRAY) 50g 2볼

도구
대바늘 8호·3호

완성 크기
가슴둘레 110cm, 기장 57cm, 화장 48.5cm

게이지(10×10cm)
무늬뜨기 18.5코×23단

POINT
● 몸판·소매…몸판은 손가락에 실을 걸어서 기초 코를 만들어 뜨기 시작해 1코 고무뜨기와 무늬뜨기로 뜹니다. 뒤목둘레는 마지막 단을 뜨면서 덮어씌워 코막음하고 앞목둘레의 줄임코는 도안을 참고하세요. 어깨는 덮어씌워 잇기를 합니다. 소매는 지정 콧수를 주워 무늬뜨기와 1코 고무뜨기로 뜹니다. 뜨개 끝은 1코 고무뜨기 코막음을 합니다.
● 마무리…옆선·소매 밑선은 떠서 꿰매기를 합니다. 목둘레는 지정 콧수를 주워 1코 고무뜨기로 원형으로 뜹니다. 뜨개 끝은 소맷부리와 같은 방법으로 정리합니다.

1코 고무뜨기 코막음
(원형뜨기)

※일본어 사이트

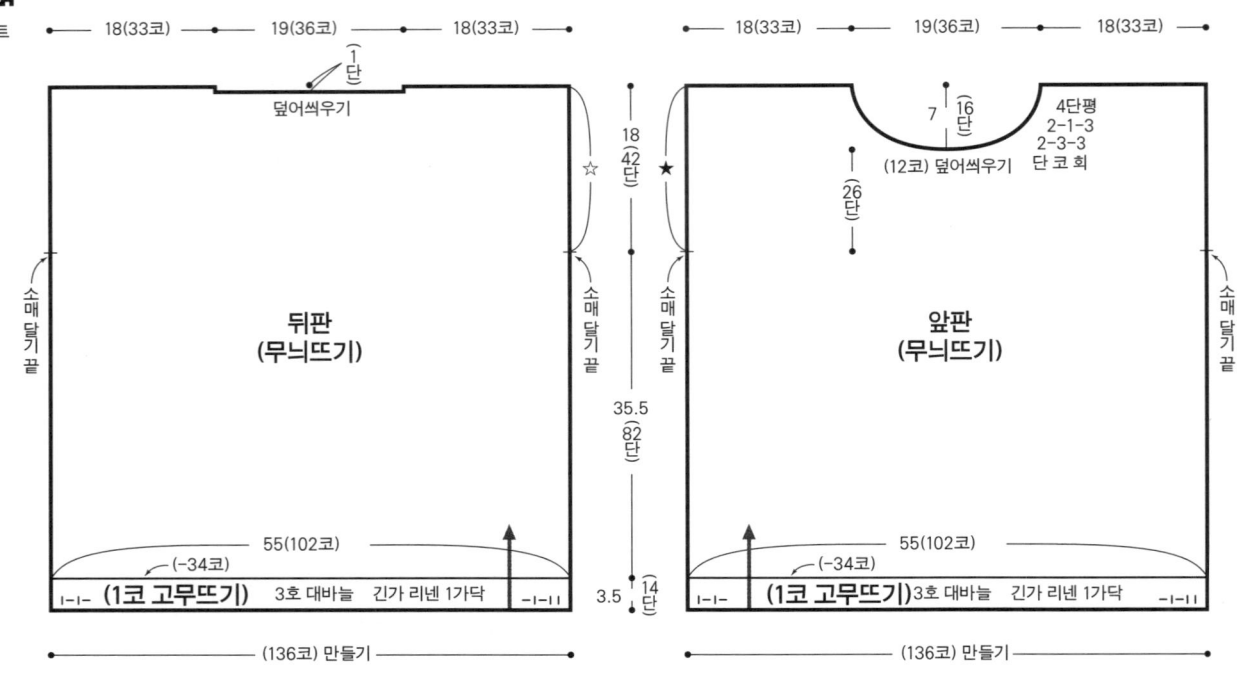

※지정하지 않은 것은 8호 대바늘로 뜬다.
※지정하지 않은 것은 긴가 리넨과 세이카를 1가닥씩 합쳐서 뜬다.

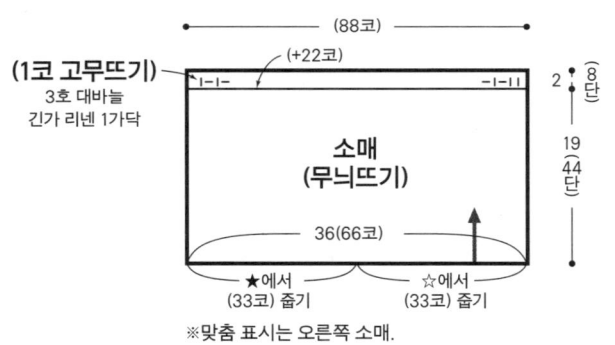

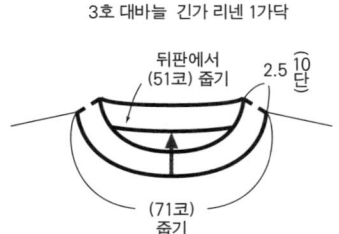

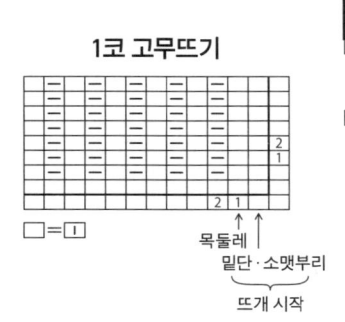

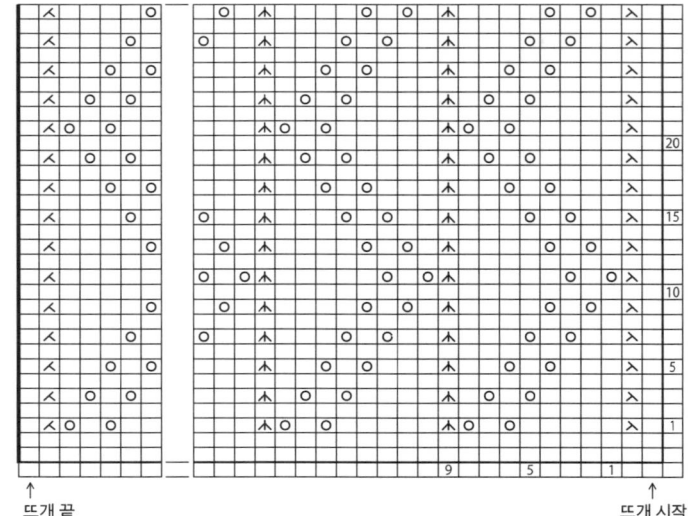

187페이지로 이어집니다. ▶

스타일리시한 겨울 니트
54 page ★★★

긴가-3

세이카

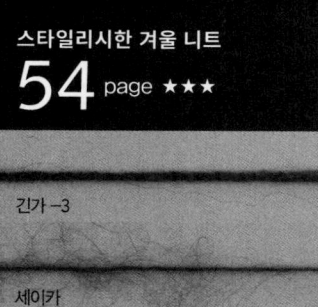

오른코에 펜 매듭뜨기

※ 일본어 사이트

재료
Silk HASEGAWA 긴가-3 남색·파랑·녹색 계열 믹스(50 BILLARD) 265g 6볼, 세이카 연그레이(16 RAINY DAY) 115g 5볼

도구
대바늘 6호·3호, 코바늘 5/0호

완성 크기
가슴둘레 96㎝, 어깨너비 43㎝, 기장 91㎝

게이지(10×10㎝)
메리야스뜨기 20코×27단, 무늬뜨기 A 23.5코×27단 B 20코×25.5단

POINT
● 몸판…별도 사슬로 기초코를 만들어 뜨기 시작해 메리야스뜨기와 무늬뜨기 A로 뜹니다. 줄임코는 2코 이상은 덮어씌우기, 1코는 가장자리 1코 세워 줄이기를 하는데, 무늬뜨기 A는 걸기코와 2코 모아뜨기로 구성되어 있습니다. 줄임코로 어느 한쪽이 없어졌을 경우 다른 한쪽도 뜨지 않습니다. 기초코 사슬을 풀어 코를 주워 밑단을 줄무늬 무늬뜨기 A, 무늬뜨기 B로 뜹니다. 뜨개 끝은 겉뜨기는 겉뜨기로, 안뜨기는 안뜨기로 떠서 덮어씌워 코막음합니다.
● 마무리…어깨는 덮어씌워 잇기, 옆선은 떠서 꿰매기를 합니다. 목둘레·진동둘레는 지정 콧수를 주워 줄무늬 무늬뜨기 B로 원형으로 뜹니다. 뜨개 끝은 돌려뜨기는 돌려뜨기로, 안뜨기는 안뜨기로 떠서 덮어씌워 코막음합니다. 밑단 가장자리는 테두리뜨기를 원형으로 뜹니다.

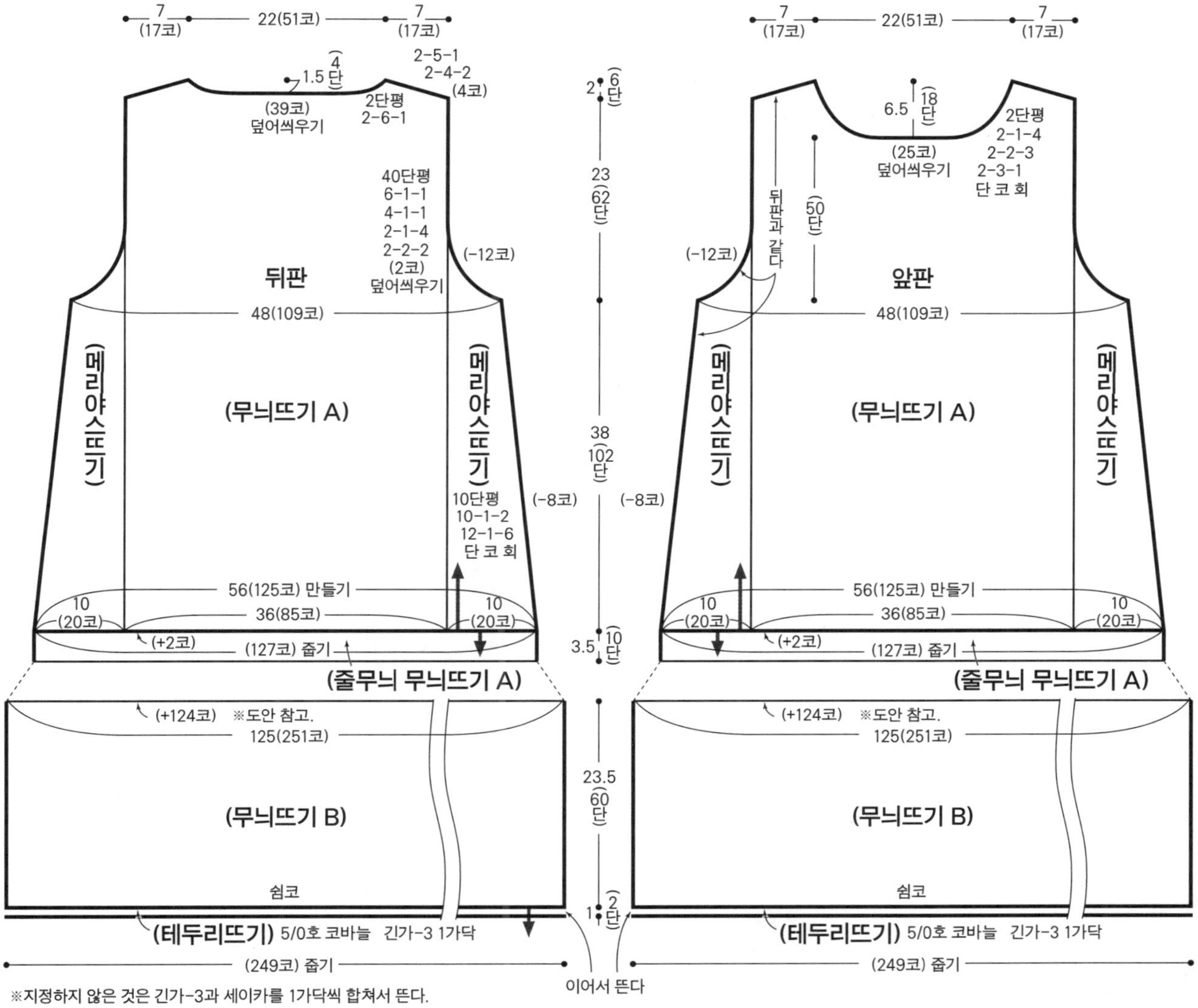

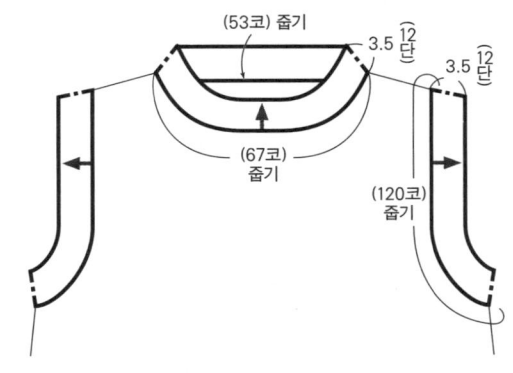

※ 지정하지 않은 것은 긴가-3과 세이카를 1가닥씩 합쳐서 뜬다.
※ 지정하지 않은 것은 5호 대바늘로 뜬다.

190페이지로 이어집니다. ▶

▶ 189페이지에서 이어집니다.

무늬뜨기 A

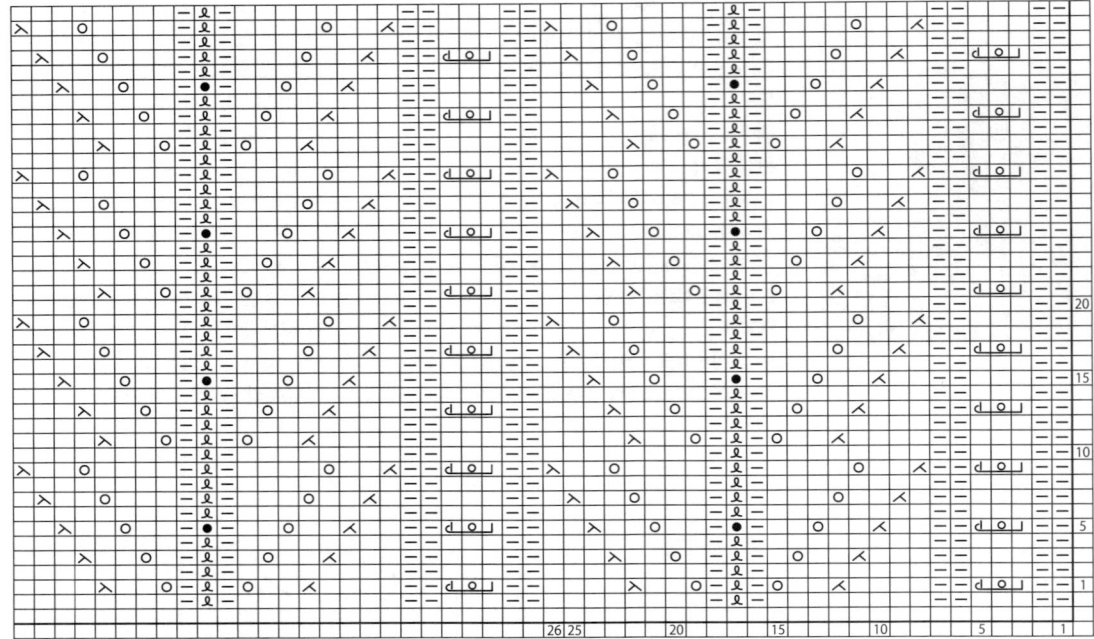

□ = ☐
⌐º⌐ = 오른코에 꿴 매듭뜨기
● = 3코 3단 구슬뜨기

테두리뜨기

► = 실 자르기

무늬뜨기 B

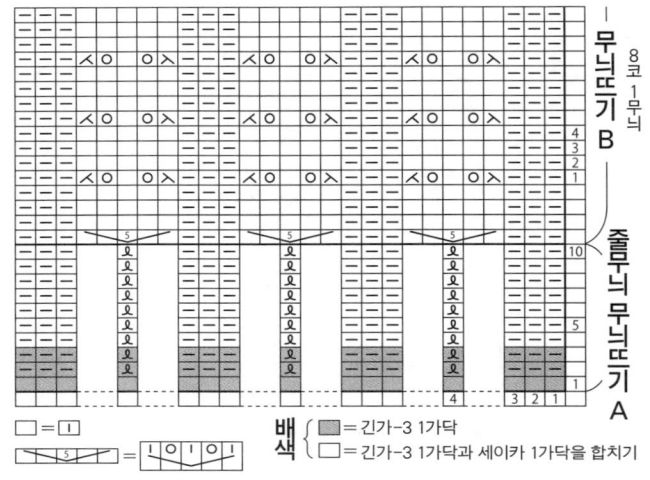

□ = ☐
배색: ▨ = 긴가-3 1가닥 / □ = 긴가-3 1가닥과 세이카 1가닥을 합치기

모자

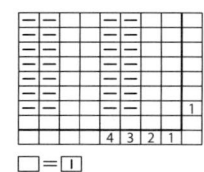

조여서 마무리
분산 줄임코 모두 (-98코)
※ 도안 참고.
(무늬뜨기 B)
40 (112코)
(2코 고무뜨기)
접기
(112코) 만들기

※ 지정되지 않은 것은 6호 대바늘로 그러데이션과 미색을 1가닥씩 합사해서 뜬다.
※ 조여서 마무리→P.164

2코 고무뜨기

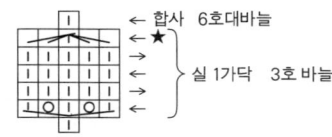

무늬뜨기 A 뜨는 법

그러데이션과 미색을 1가닥씩 합사해서 메리야스뜨기를 한다.
뜨다가 그러데이션 실이 지정된 색으로 바뀌면 실 1가닥을 쉬고 구슬뜨기한다.
구슬뜨기를 뜨는 실은 아래 표를 참고한다.

	그러데이션 실	구슬뜨기 실(1가닥)
앞판	분홍색	그러데이션(분홍색)
	파란색	미색
뒤판	황록색	그러데이션(황록색)
	파란색	미색
오른쪽 소매	노란색	그러데이션(노란색)
	분홍색	미색
왼쪽 소매	파란색	그러데이션(파란색)
	분홍색	미색

구슬뜨기하는 법

합사 6호대바늘
★
실 1가닥 3호 바늘

※ 마지막 단은 ★단을 왼바늘에 옮긴 후에 쉬어 둔 실과 함께 뜬다.
※ 안면을 보며 구슬뜨기할 때는 다음 단을 뜰 때 겉면이 나오도록 정돈한다.

무늬뜨기 B 뜨는 법

그러데이션과 미색을 1가닥을 합사해서 2코 고무뜨기를 한다.
뜨다가 그러데이션 실이 지정된 색으로 바뀌면 실 1가닥을 쉬고 구슬뜨기한다(안뜨기 부분에서 색이 바뀌면 겉뜨기 부분까지 뜬 후에 구슬뜨기한다).
※뜨개 끝 3단은 구슬뜨기를 하지 않는다.

그러데이션 색	구슬뜨기 실(1가닥)
황록색	그러데이션(황록색)
파란색	미색

모자 분산 줄임코

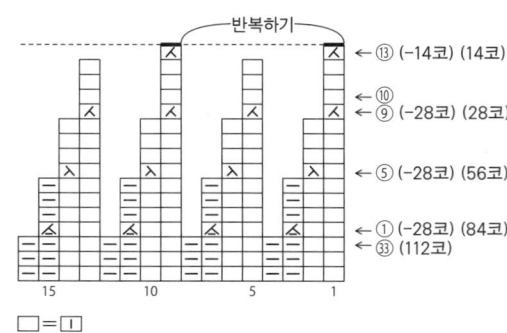

마르티나의 옷과 소품
90·91 page ★★★

릴리프 2

유니

재료
[풀오버] 오팔 털실 릴리프 2 보라계열 그러데이션(9662 플리델) 270g 3볼, 유니 에크뤼(3081 내추럴 화이트) 270g 3볼

[모자] 오팔 털실 릴리프 2 보라계열 그러데이션(9662 플리델) 50g 1볼, 유니 에크뤼(3081 네추럴 화이트) 50g 1볼

도구
대바늘 6호·3호

완성 크기
[풀오버] 가슴둘레 98cm, 기장 49.5cm, 화장 68cm
[모자] 머리 둘레 40cm, 깊이 22.5cm

게이지(10×10cm)
무늬뜨기 A 21코×29.5단, 무늬뜨기 B 28코×27.5단

POINT
● 풀오버…앞판은 별도 사슬 기초코로 뜨개를 시작하고 무늬뜨기 A, 가터뜨기를 하는데 첫 단은 안면을 보고 뜨는 단이므로 조심하시기 바랍니다. 무늬뜨기 A는 뜨개 방법을 참고해서 구슬뜨기 하면서 뜹니다. 목둘레 증감코는 도안을 참고하세요. 뜨개 끝은 쉼코를 합니다. 뒤판은 앞판의 쉼코와 별도 사슬 기초코에서 코를 주워서 앞판과 동일한 방법으로 뜹니다. ☆은 쉼코와 사슬 기초코를 푼 코를 메리야스 잇기하고 어깨는 떠서 꿰매기합니다. 소매는 기초코를 풀어서 주운 코와 쉼코에서 코를 주워서 무늬뜨기 A, 멍석뜨기를 원형뜨기합니다. 소매 밑선의 줄임코는 도안을 참고하세요. 뜨개 끝은 겉뜨기는 겉뜨기, 안뜨기는 안뜨기하면서 덮어씌워 코막음합니다. 목둘레는 지정된 콧수만큼 주워서 멍석뜨기를 원형뜨기합니다. 뜨개 끝은 소맷부리와 같은 방법으로 뜹니다.

● 모자…손가락에 걸어서 만드는 기초코로 뜨개를 시작하고 2코 고무뜨기를 원형뜨기합니다. 이어서 무늬뜨기 B는 뜨는 방법을 참고하면서 뜹니다. 분산 줄임코는 도안을 참고하세요. 뜨개 끝은 실을 조여서 마무리합니다.

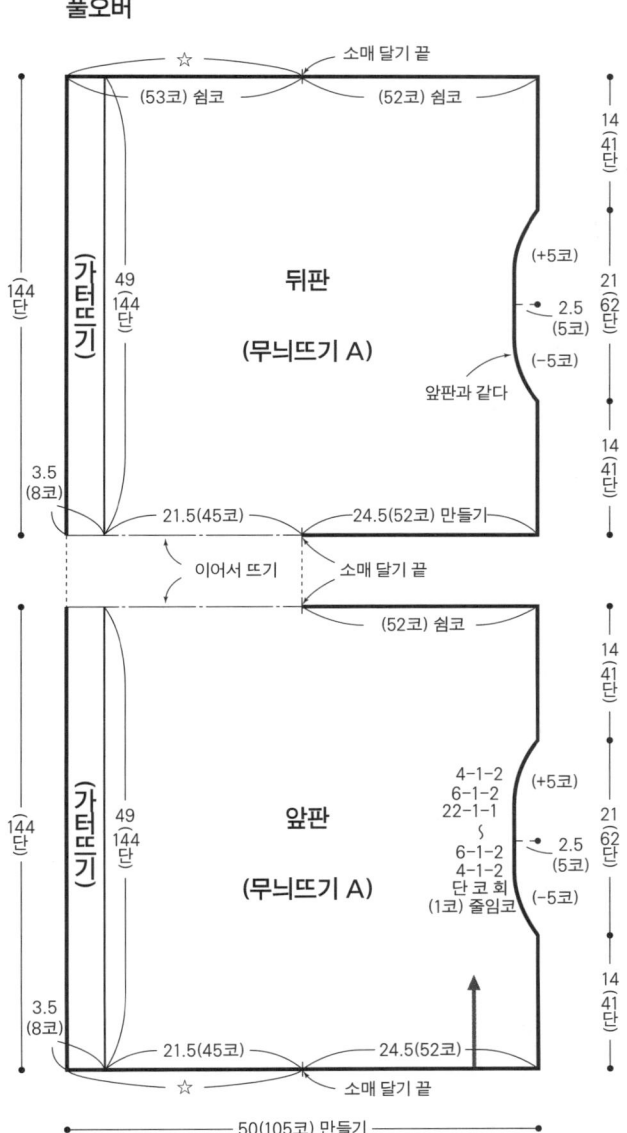
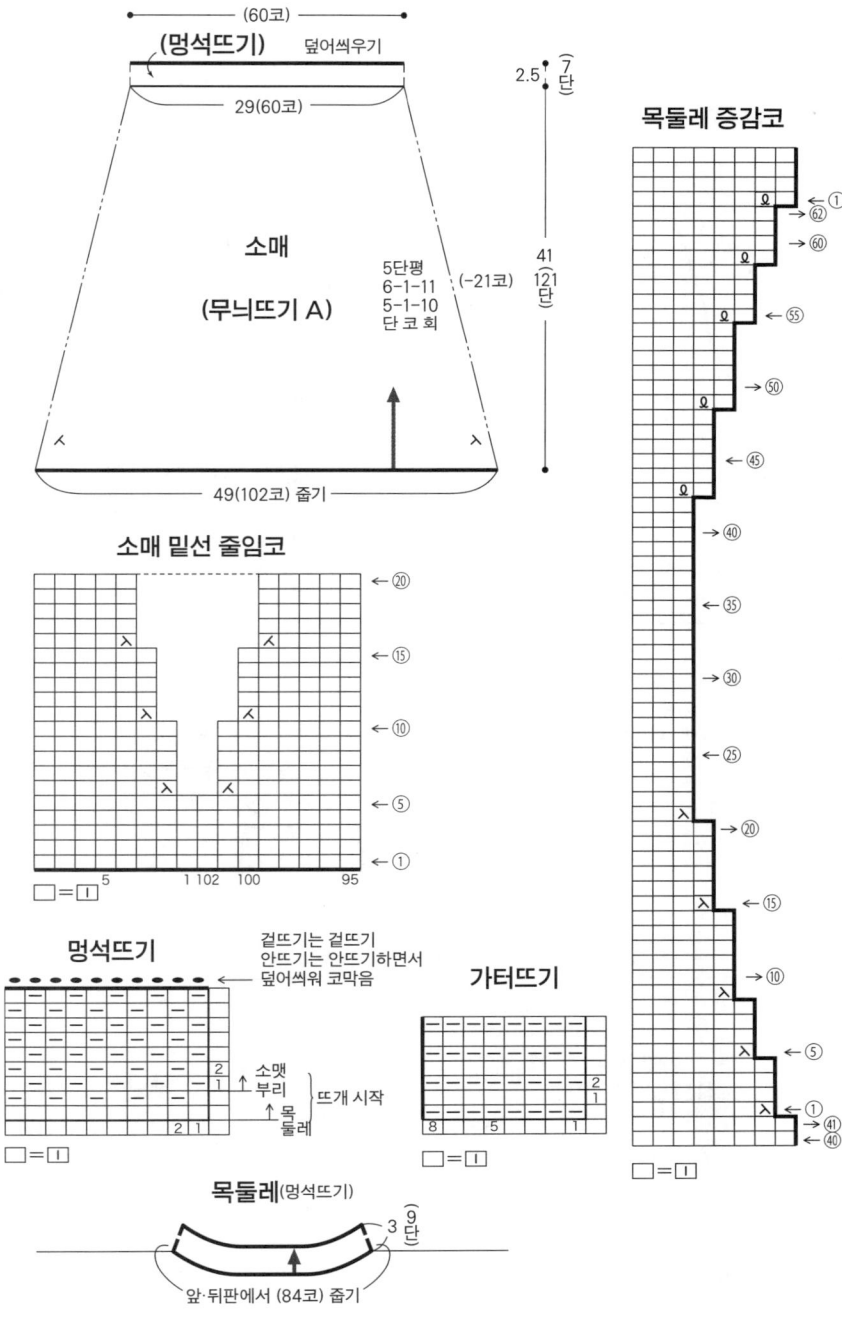

강아지와 함께
84·85 page ★★★

트리하우스 팰리스

재료
[강아지 옷] 올림포스 트리하우스 팰리스 남색(421) 40g 1볼, 청록색(415) 30g 1볼, 에크뤼(401) 10g 1볼
[풀오버] 실…올림포스 트리하우스 팰리스 회색(417) 145g 4볼, 분홍색(408) 115g 3볼, 에크뤼(401) 20g 1볼
단추…지름 13mm 3개

도구
대바늘 7호·5호·6호·8호

완성 크기
[강아지 옷] 몸통 둘레 49cm, 기장 32.5cm
[풀오버] 가슴둘레 90cm, 기장 45.5cm, 화장 53.5cm

게이지(10×10cm)
줄무늬 메리야스뜨기 A, B 21코×29단

POINT
● 강아지 옷…손가락에 걸어서 만드는 기초코로 뜨개를 시작하고 등쪽은 무늬뜨기, 줄무늬 무늬뜨기, 배쪽은 1코 고무뜨기를 하고 이어서 줄무늬 메리야스뜨기 A를 합니다. 줄임코는 2코부터는 덮어씌우기, 1코는 가장자리 1코를 세워서 줄임코, 늘림코는 1코 안쪽에서 돌려뜨기 늘림코를 합니다. 뜨개 끝은 쉼코를 합니다. 맞춤 표시끼리 떠서 꿰매기를 합니다. 목둘레는 지정된 콧수만큼 주워서 메리야스뜨기, 무늬뜨기로 게이지를 조정하면서 뜹니다. 뜨개 끝은 겉뜨기는 겉뜨기, 안뜨기는 안뜨기하면서 덮어씌워 코막음합니다. 소맷부리는 1코 고무뜨기를 원형뜨기합니다. 뜨개 끝은 1코 고무뜨기 코막음합니다.

● 풀오버…몸판은 손가락에 걸어서 만드는 기초코로 뜨개를 시작하고 무늬뜨기, 줄무늬 메리야스뜨기 B를 합니다. 앞판은 목둘레 트임에서 왼쪽과 오른쪽으로 나눠서 뜹니다. 줄임코는 2코부터는 덮어씌우기, 1코는 가장자리 1코를 세워서 줄임코 합니다. 왼쪽 앞단은 몸판에서 코를 주워서 1코 고무뜨기를 합니다. 뜨개 끝은 겉뜨기는 겉뜨기, 안뜨기는 안뜨기하면서 덮어씌워 코막음합니다. 어깨는 덮어씌워 잇기를 합니다. 소매는 몸판에서 지정된 콧수만큼 주워서 줄무늬 메리야스뜨기 B, 무늬뜨기를 하고, 줄임코는 가장자리 1코를 세워서 줄임코합니다. 뜨개 끝은 왼쪽 앞단과 같은 방법으로 합니다. 옆선과 소매 밑선은 떠서 꿰매기합니다. 받침깃과 목둘레는 몸판에서 지정된 콧수만큼 주워서 1코 고무뜨기, 무늬뜨기를 게이지를 조정하면서 뜹니다. 단춧구멍은 도안을 참고하세요. 뜨개 끝은 왼쪽 앞단과 같은 방법으로 합니다. 도안을 참고로 해서 오른쪽 밑덧단을 떠서 몸판의 지정된 위치에 연결합니다. 단추를 달아서 마무리합니다.

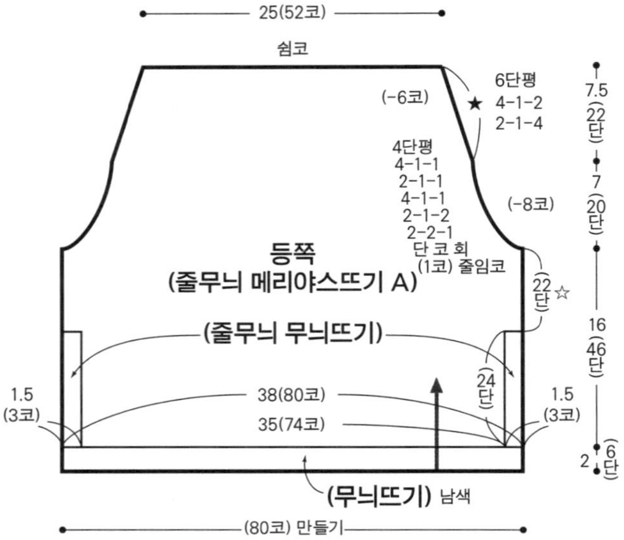

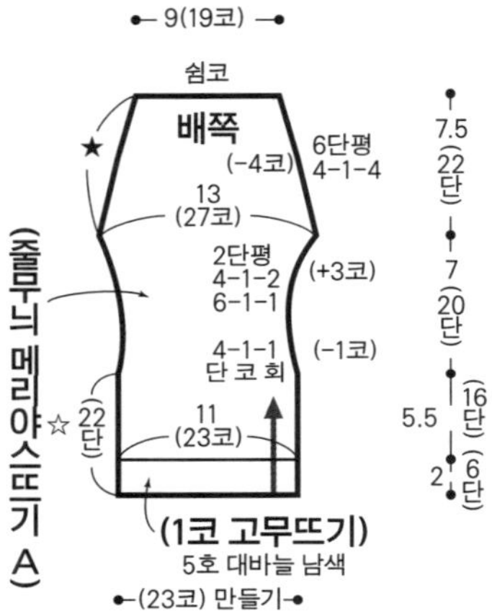

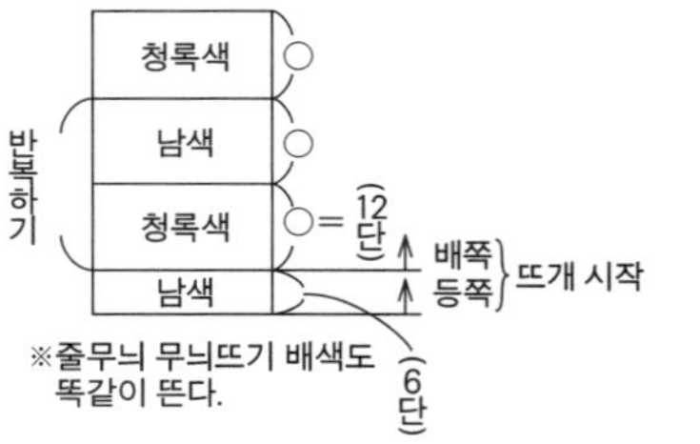

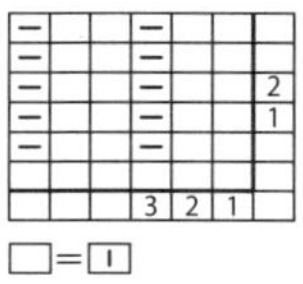

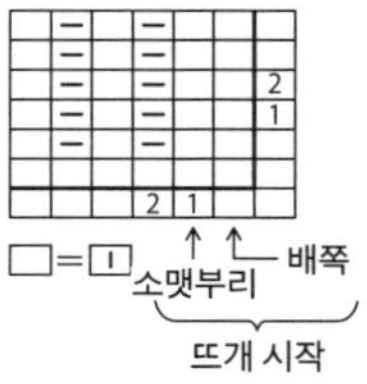

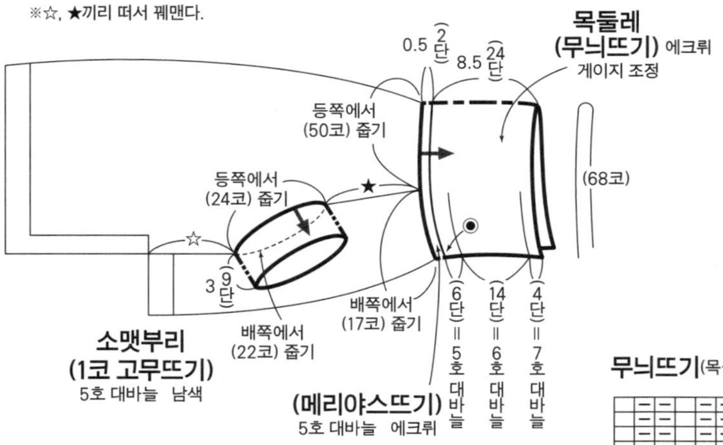

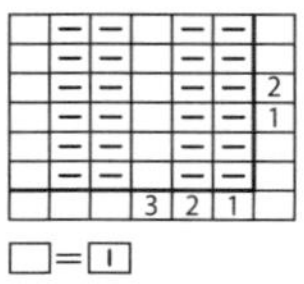

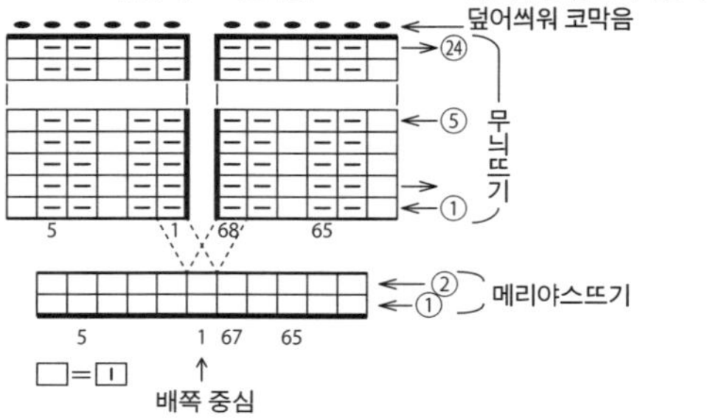

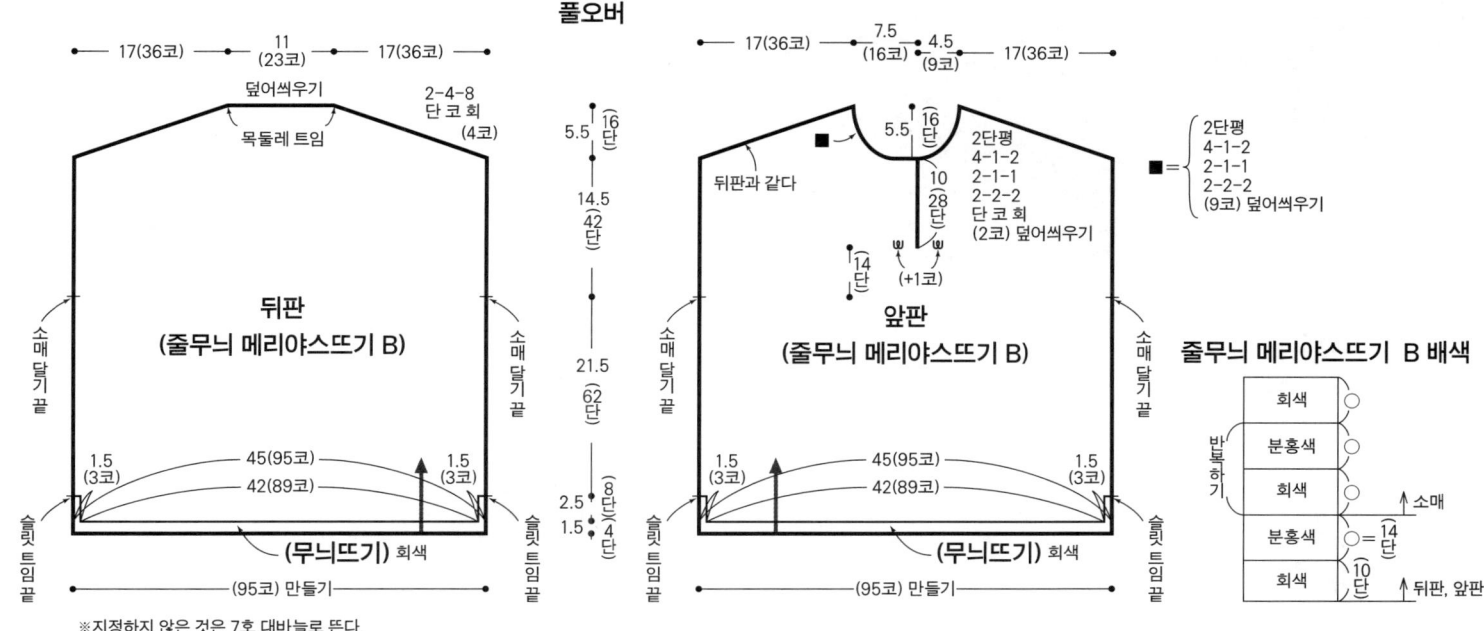

하야시 고토미의 Happy Knitting
89 page ★★

프린세스 애니

재료
퍼피 프린세스 애니 진녹색(511) 30g 1볼, 분홍색 (544) 25g 1볼, 하늘색(534) 25g 1볼

도구
대바늘 3호

완성 크기
폭 13cm, 높이 12.5cm(펠팅 후, 실측)
폭 15cm, 높이 15cm(펠팅 전, 실측)

게이지
모티브 크기는 도안 참고

POINT
● 본체는 도안을 참고해 모티브 잇기로 뜹니다. 입구는 가터뜨기로 원형뜨기합니다. 뜨개 끝은 덮어씌워 코막음합니다. 펠팅으로 마무리합니다.

모티브 배색

		1, 2단	3, 4단	5, 6단	7, 8단	9, 10단	11, 12단	13, 14단	15~21단
a	4장	진녹색					분홍색		
b	12장	진녹색							
c	4장	하늘색					진녹색		
d	12장	분홍색					진녹색		
e	12장	하늘색							
f	8장	진녹색	하늘색	진녹색	하늘색	진녹색	하늘색	진녹색	하늘색

소품함(모티브 잇기)

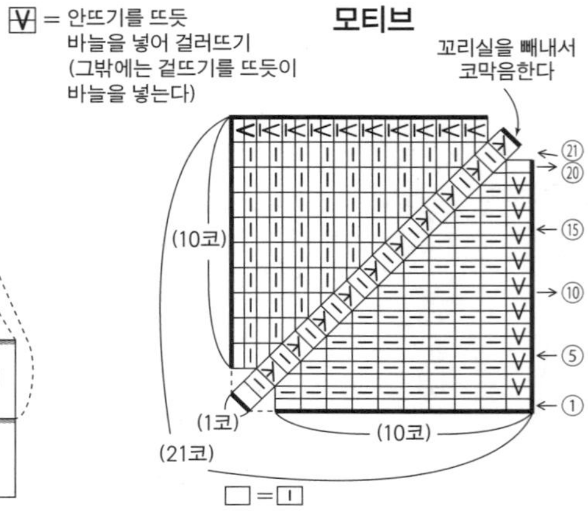

모티브 A 1장, B 1장, C 5장, D 45장

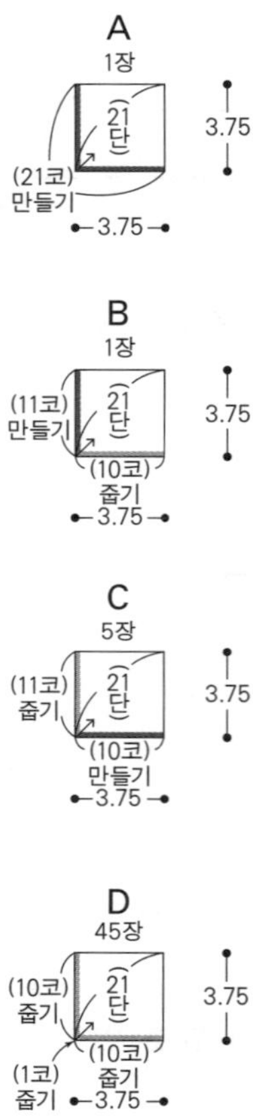

입구(가터뜨기) 분홍색

가터뜨기

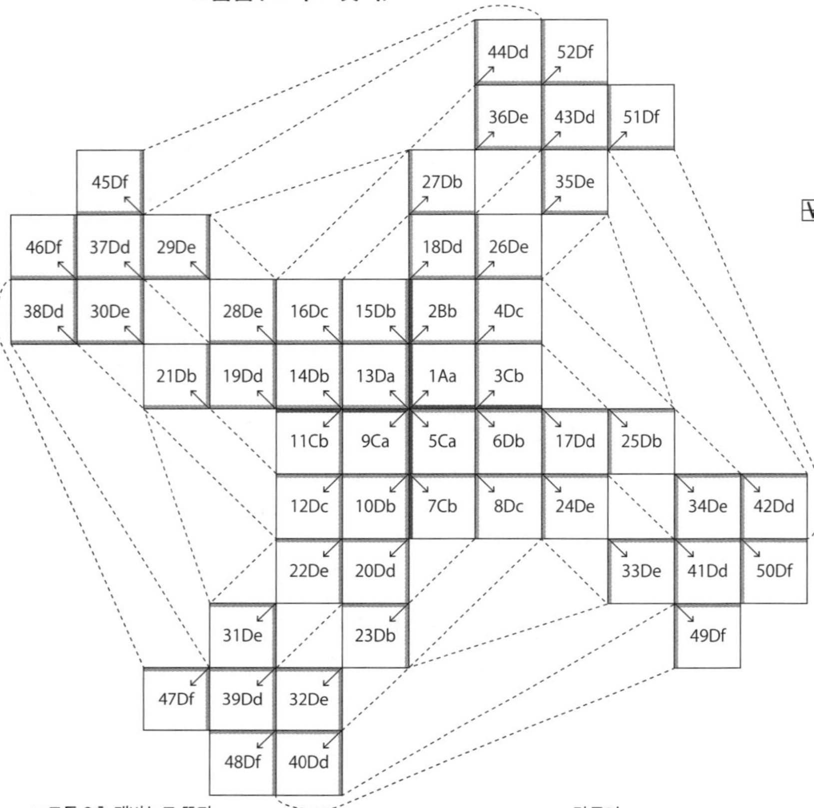

※모두 3호 대바늘로 뜬다.
※모티브 안의 숫자는 연결 순서를 나타낸다.

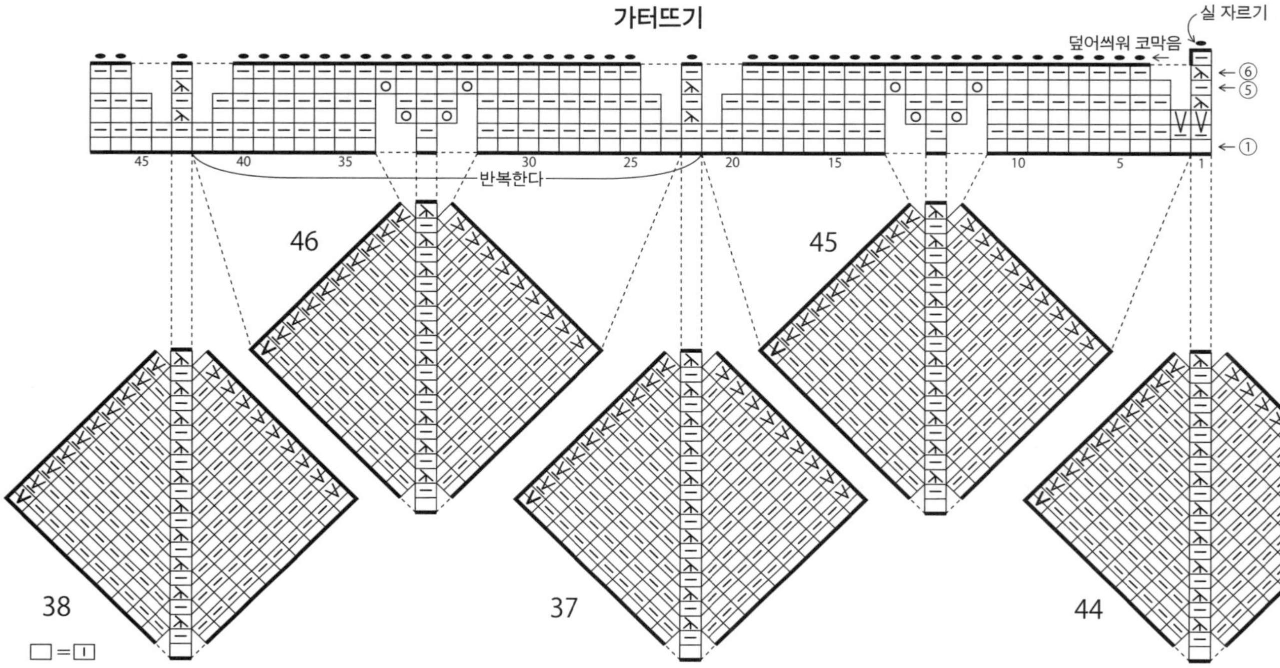

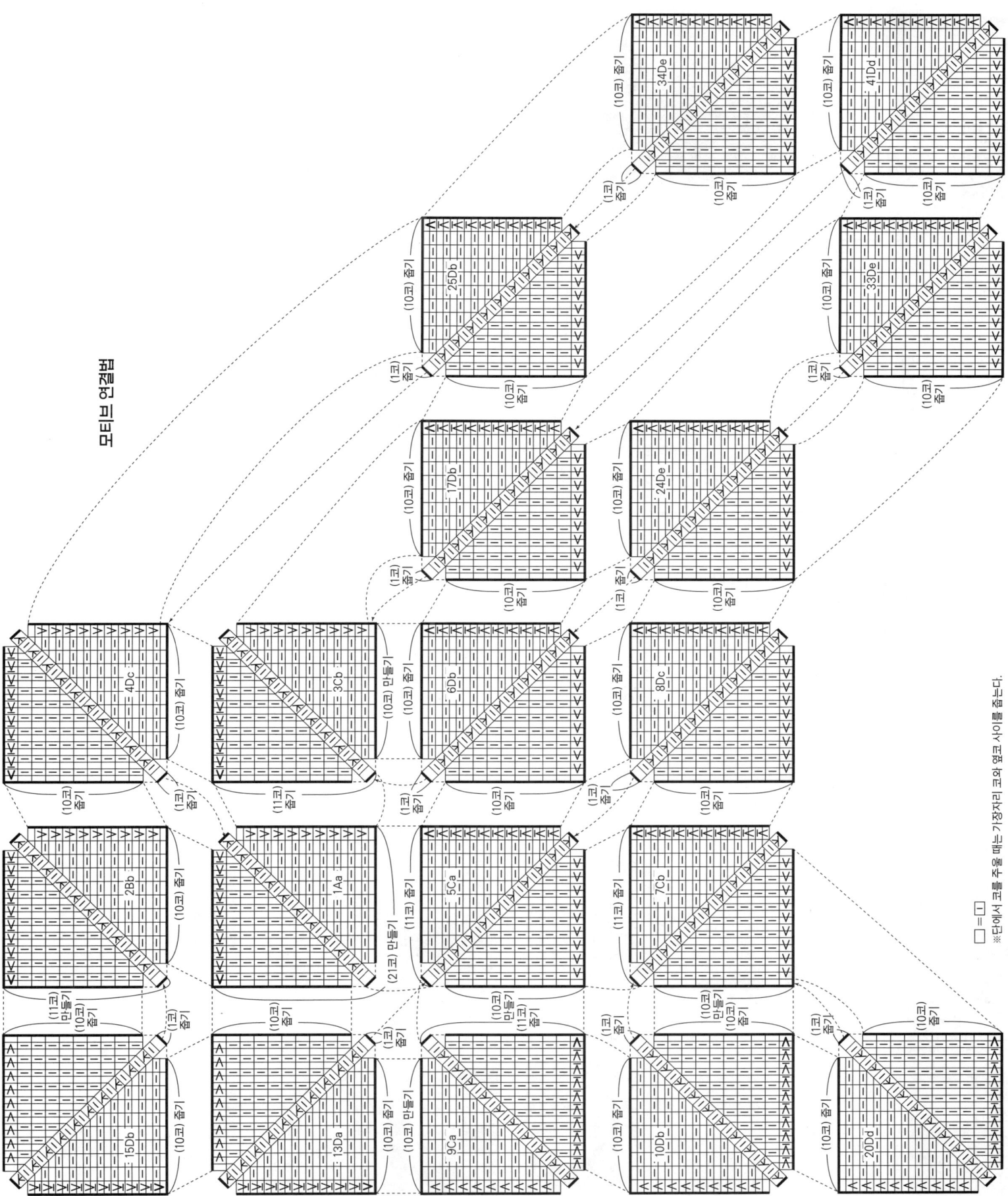

따뜻하고 귀여운 겨울 소품
97 page ★★★

스키 스코어

1코 고무뜨기 코막음
(원형뜨기)

※ 일본어 사이트

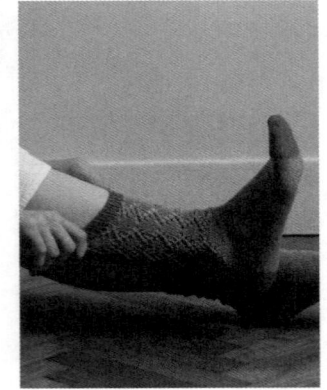

재료
스키 얀 스키 스코어 잿빛 물색(28) 50g 2볼, 오렌지(25) 15g 1볼

도구
대바늘 1호

완성 크기
바닥 길이 22cm, 길이 21cm

게이지(10×10cm)
메리야스뜨기 31코×46단, 무늬뜨기 B 28코×48단

POINT
● 피겨 8 기초코 만들기로 뜨기 시작해 메리야스뜨기로 원형으로 뜹니다. 늘림코는 도안을 참고하세요. 발등 쪽의 코는 쉼코를 하고 발뒤꿈치는 메리야스뜨기와 무늬뜨기 A로 왕복해 뜹니다. 이어서 발뒤꿈치와 발등의 쉼코에서 코를 주워 메리야스뜨기, 무늬뜨기 B, 1코 고무뜨기로 원형으로 뜹니다. 뜨개 끝은 1코 고무뜨기 코막음을 합니다.

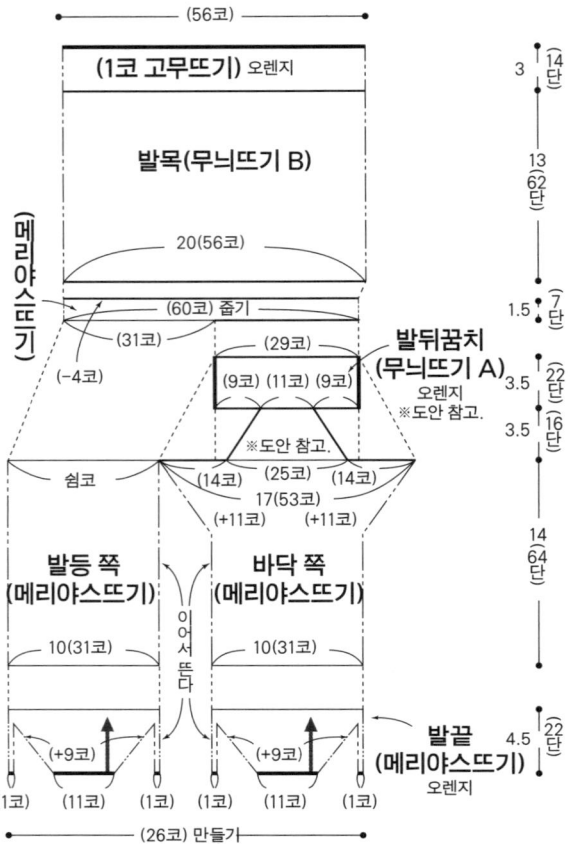

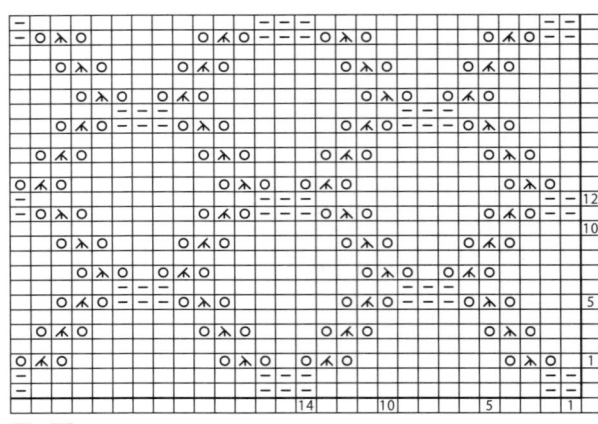

무늬뜨기 B

피겨 8 기초코 만들기

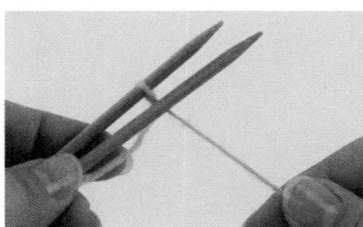

1 줄바늘의 양 끝을 가지런히 잡고, 묶어서 만든 고리에 위쪽 바늘을 넣은 뒤 실 끝을 당겨 조인다. 화살표와 같이 감고

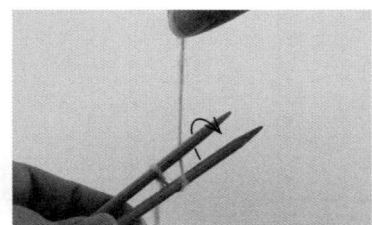

2 2개의 바늘 사이를 통과해 위쪽 바늘의 뒤에서 앞으로 8자를 그리듯이 감는다.

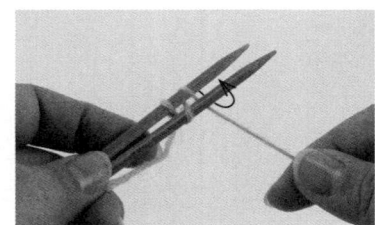

3 2개의 바늘 사이를 통과해 아래쪽 바늘의 뒤에서 앞으로 감는다.

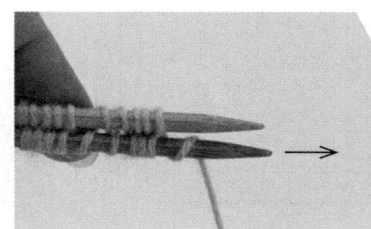

4 2, 3을 반복해 2개의 바늘에 필요한 콧수만큼 감는다. 마지막은 실이 느슨해지지 않게 실을 누른 채로 아래쪽 바늘을 빼낸다.

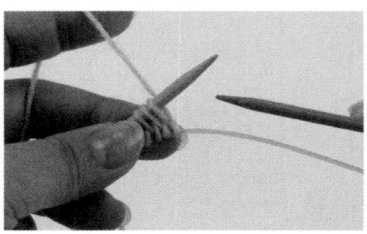

5 왼바늘에 걸린 코에 바늘을 넣어

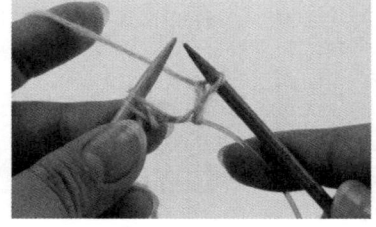

6 겉뜨기한다. 똑같이 왼바늘에 걸린 나머지 코를 겉뜨기한다.

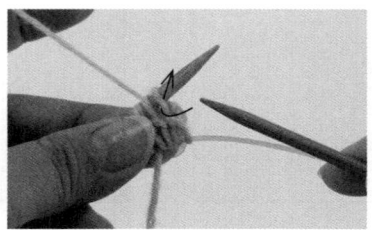

7 뜨개바탕을 반대로 잡아 줄의 코를 왼바늘에 옮기고 그 코를 겉뜨기한다.

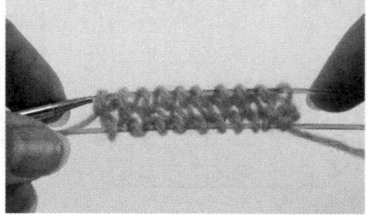

8 1단을 뜬 모습.

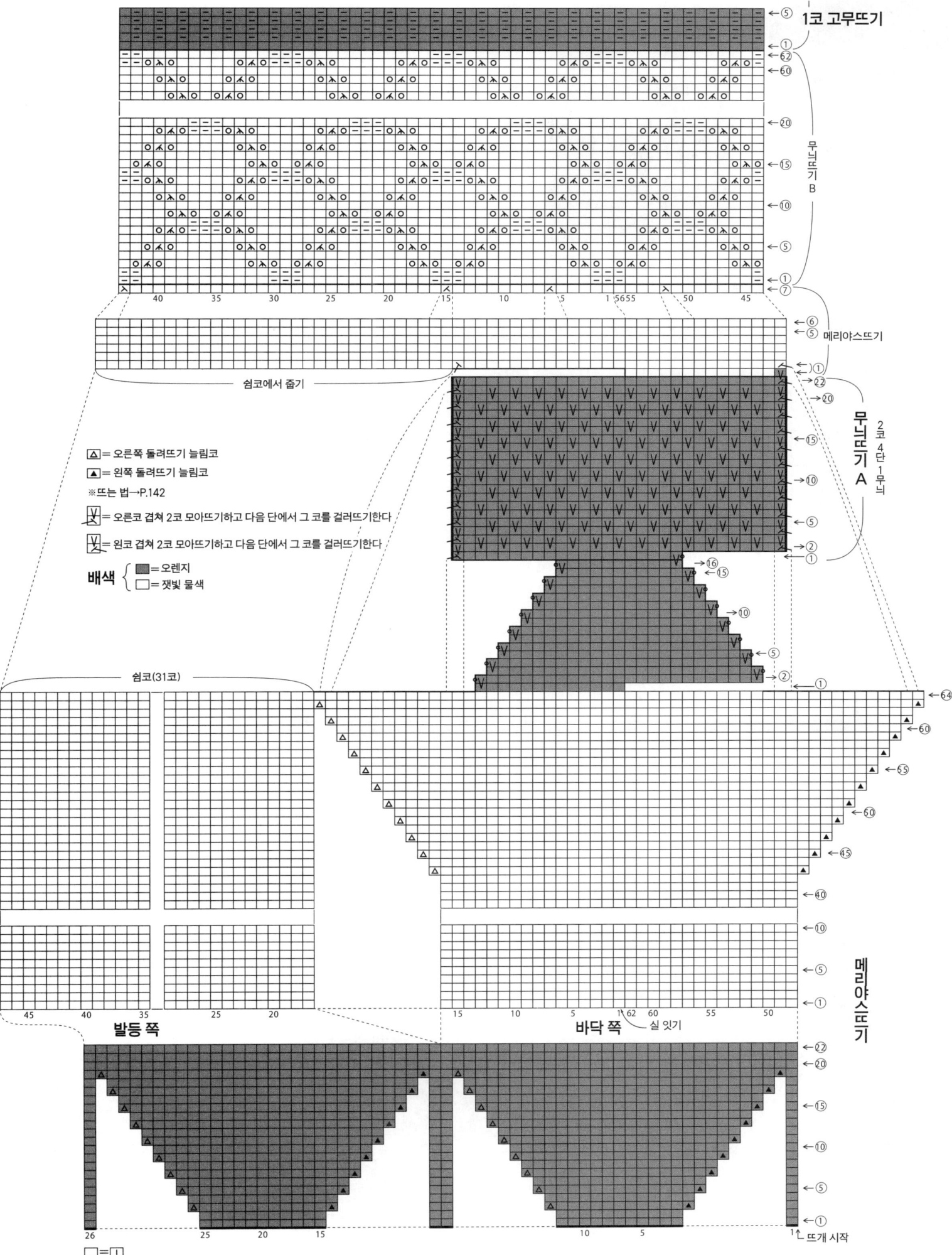

따뜻하고 귀여운 겨울 소품
99 page ★★

울 스위트

재료
호비라 호비레 울 스위트 베이지(42) 160g 4볼, 크림(45) 60g 2볼, 에크뤼(31)·잿빛 파랑(38)·그레이(43)·핑크(46)·녹색(49) 각 40g 1볼, 적자색(36)·청록색(39)·황록색(40)·연핑크(47)·보라(48) 각 30g 1볼

도구
코바늘 5/0호

완성 크기
가로 102㎝, 세로 69㎝

게이지
모티프 1변 11㎝

POINT
●모티프 잇기로 뜹니다. 2번째 장부터는 마지막 단에서 옆 모티프와 연결하며 뜹니다. 가장자리에 테두리뜨기를 뜹니다.

블랭킷

(테두리뜨기) 베이지
모서리 (3코) 줍기 — (233코) 줍기 — 모서리 (3코) 줍기

D 54	B 53	F 52	D 51	B 50	F 49	D 48	B 47	F 46
C 45	A 44	E 43	C 42	A 41	E 40	C 39	A 38	E 37
B 36	F 35	D 34	B 33	F 32	D 31	B 30	F 29	D 28
A 27	E 26	C 25	A 24	E 23	C 22	A 21	E 20	C 19
F 18	D 17	B 16	F 15	D 14	B 13	F 12	D 11	B 10
E 9	C 8	A 7	E 6	C 5	A 4	E 3	C 2	A 1

(모티프 잇기)
(155코) 줍기
66 (6장)
99 (9장)
1.5 / 2단

※모두 5/0호 코바늘로 뜬다.
※모티프 안의 숫자는 연결하는 순서다.

▷ = 실 잇기
▶ = 실 자르기

모티프 54장

11

모티프 배색

	1단	2단	3단	4단	5단	6단	장수
A	보라	연핑크	잿빛 파랑	핑크	청록색	베이지	각 9장
B	연핑크	적자색	에크뤼	잿빛 파랑	크림		
C	청록색	황록색	크림	보라	핑크		
D	적자색	에크뤼	녹색	크림	그레이		
E	크림	보라	연핑크	에크뤼	황록색		
F	잿빛 파랑	크림	적자색	그레이	녹색		

모티프의 모서리 잇는 법

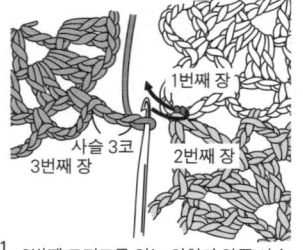

1 3번째 모티프를 잇는 위치의 앞쪽 사슬 3코를 뜬 뒤, 2번째 장의 빼뜨기 다리의 실 2가닥에 위에서 코바늘을 넣고

2 실을 걸어 빼낸다. 4번째 장도 같은 곳에서 실을 걸어 빼낸다.

모티프 잇는 법

▷ = 실 잇기
► = 실 자르기

따뜻하고 귀여운 겨울 소품
98 page ★★★

로빙 루루

재료
호비라 호비레 로빙 루루 핑크·오렌지·그레이 계열 그러데이션(44) 80g 2볼

도구
코바늘 5/0호

완성 크기
너비 18cm, 깊이 18cm

게이지
무늬뜨기 1무늬=4.5cm, 18.5단=10cm

POINT
● 바닥은 원형코 만들기를 해서 한길 긴뜨기로 뜹니다. 늘림코는 도안을 참고하세요. 이어서 무늬뜨기를 원형으로 왕복뜨기합니다. 끈과 장식 방울을 뜨고 마무리하는 법을 참고해 완성합니다.

포셰트

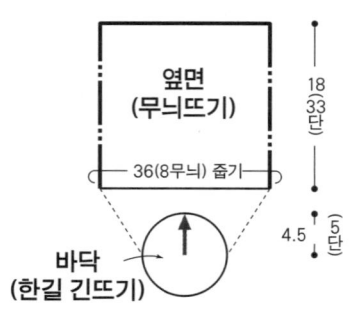

옆면 (무늬뜨기) 18 / 33단
36(8무늬) 줄기
바닥 (한길 긴뜨기) 4.5 / 5단

※모두 5/0호 코바늘로 뜬다.
※지정하지 않은 것은 실 1가닥으로 뜬다.

끈 2줄 (스레드 코드) 2가닥

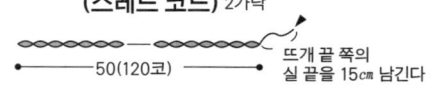

50(120코)
뜨개 끝 쪽의 실 끝을 15cm 남긴다

장식 방울 2개

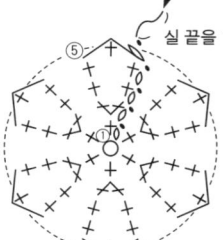

실 끝을 15cm 남긴다
▶ = 실 자르기

장식 방울의 증감코

단수	콧수	
5단	6코	(−6코)
4단	12코	
3단	12코	
2단	12코	(+6코)
1단	6코	

마무리하는 법

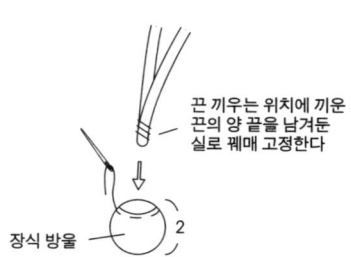

끈 끼우는 위치에 끼운 끈의 양 끝을 남겨둔 실로 꿰매 고정한다

장식 방울

끈 끝을 장식 방울 안에 넣고, 남겨둔 실을 마지막 단의 코에 통과시킨 뒤 당겨 조인다. 끈과 장식 방울을 꿰매 고정한다

스레드 코드

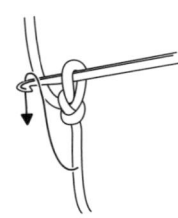 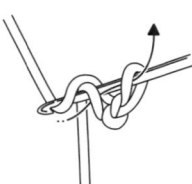 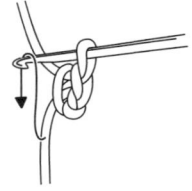 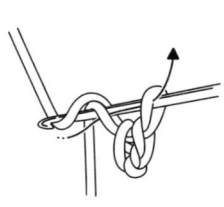 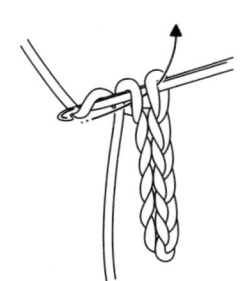

1 뜨려는 길이의 3배만큼 실 끝을 남기고 1코 만든다. 실 끝을 코바늘에 앞에서 뒤로 건다.

2 실을 걸고, 코바늘에 걸린 실 끝과 1개의 고리 사이로 실을 빼낸다.

3 실 끝을 코바늘에 앞에서 뒤로 건다.

4 코바늘에 걸린 실 끝과 1개의 고리 사이로 실을 빼낸다.

5 3, 4를 반복한다. 마지막은 빼뜨기한다.

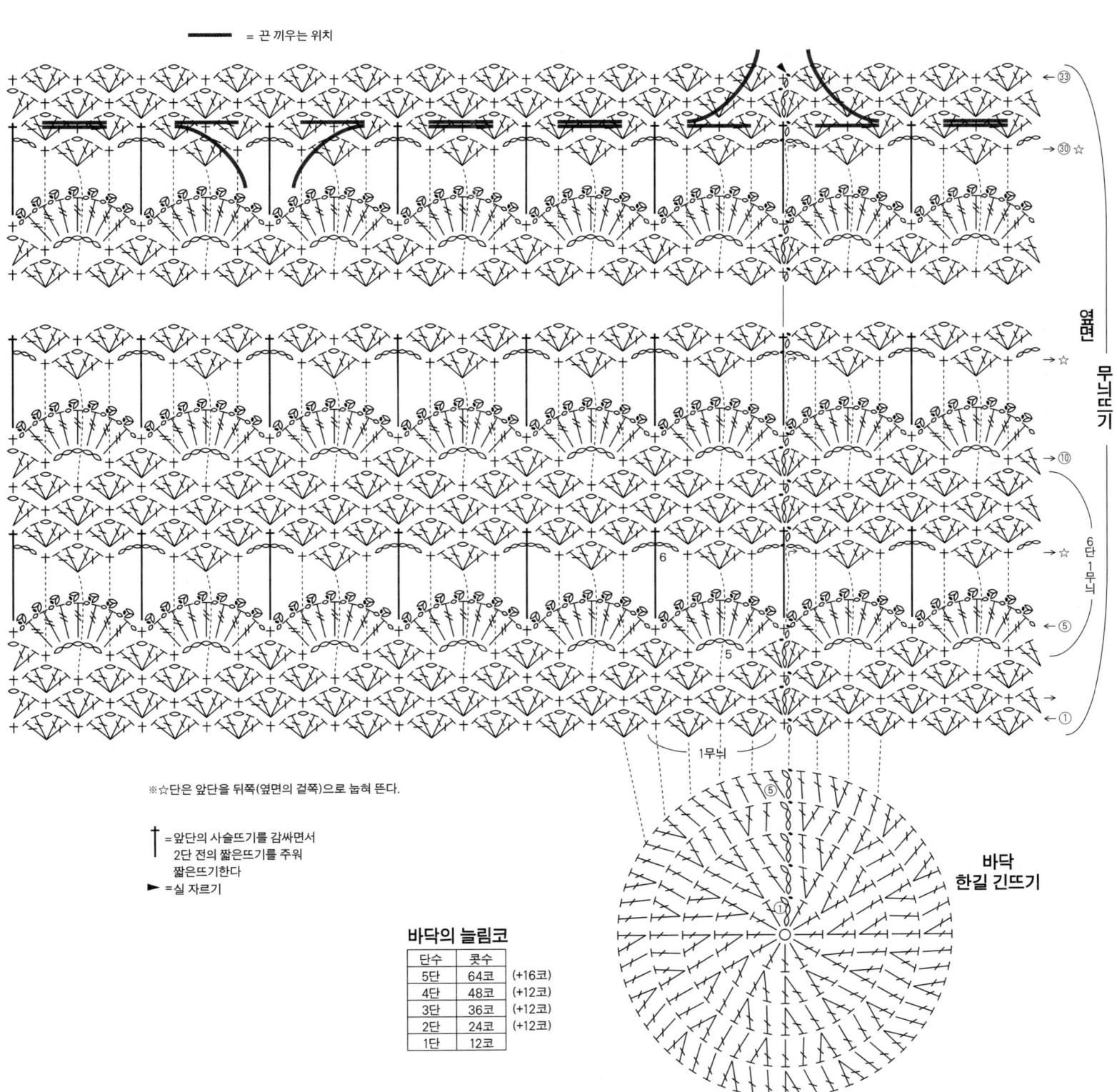

201

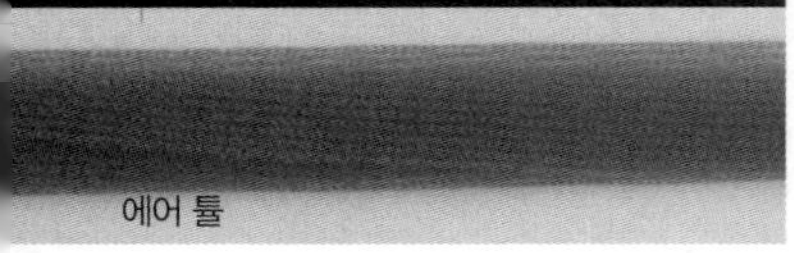

시크한 백
100 page ★★★

에어 튤

재료
Joint 에어 튤 올리브(236) 400g/3볼

도구
코바늘 8mm · 7mm

완성 크기
폭 40㎝, 깊이 28㎝

게이지(10×10㎝)
무늬뜨기 10.5코×5.5단.

POINT
● 사슬뜨기 기초코로 뜨기 시작해 바닥을 짧은뜨기로 뜹니다. 늘림코는 도안을 참고하되, 6단째는 안면을 보면서 빼뜨기로 뜨므로 주의합니다. 이어서 옆면을 무늬뜨기로 원형뜨기를 합니다. 입구·손잡이는 짧은뜨기로 뜹니다. 입구·손잡이 둘레에 빼뜨기를 1단 뜹니다.

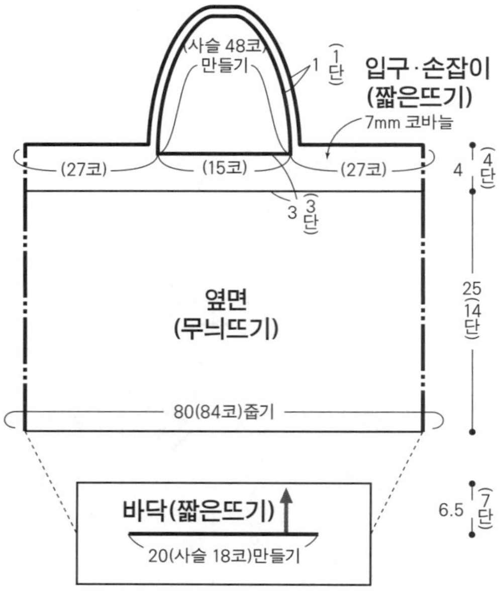

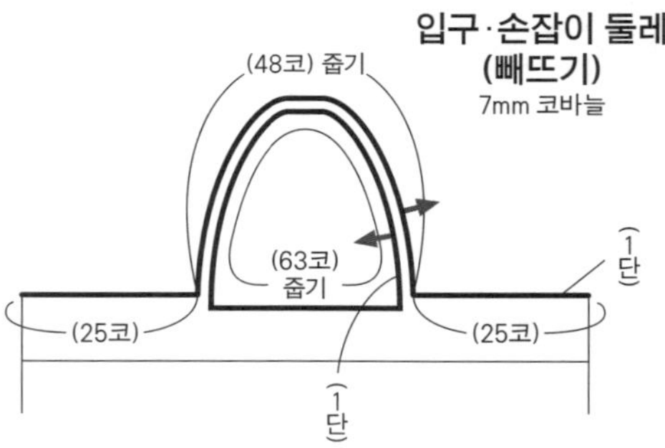

입구·손잡이의 뜨는 법
① 3단을 떴으면 실을 쉬어둔다.
② 실을 연결해 손잡이의 사슬(48코)을 뜨고, 지정한 짧은뜨기에 빼뜨기를 하고 실을 자른다.
③ 쉬어둔 실로 4단째의 짧은뜨기를 뜨고, 이어서 빼뜨기를 뜬다.
④ 손잡이의 안쪽을 한 바퀴 빼뜨기로 뜬다.

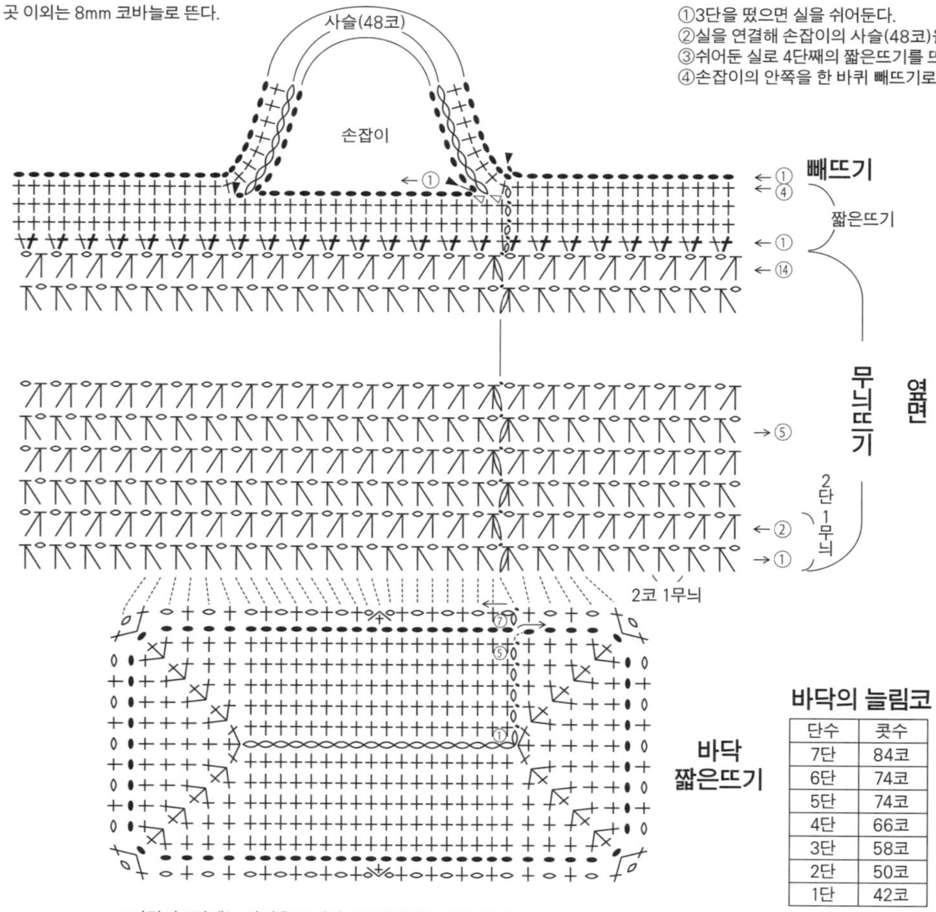

▷ = 실을 연결한다.
► = 실을 자른다.

✝ = 앞단의 사슬을 갈라서 줍는다.
(다음 짧은뜨기는 다발로 줍는다)

↑ · ⋏ = 긴뜨기 2코 모아뜨기

※ 지정한 곳 이외는 8mm 코바늘로 뜬다.
※ 바닥의 6단째는 안면을 보면서 5단째에 빼뜨기를 뜬다.
7단째는 6단째의 빼뜨기를 주워서 뜬다.

바닥의 늘림코

단수	콧수	
7단	84코	(+10코)
6단	74코	
5단	74코	(+8코)
4단	66코	(+8코)
3단	58코	(+8코)
2단	50코	(+8코)
1단	42코	

★ 개수는 작품을 선택하는 기준으로 참고해주세요. ★…초심자도 안심 ★★…자신이 조금 생겼다면 ★★★…끈기도 겸비한 중 · 상급자 ★★★★…솜씨에 자신 있음. 실은 실물 크기입니다.

시크한 백
101 page ★★★

에어 툴

재료
Joint 에어 튤 초콜릿(140) 260g/2볼

도구
코바늘 8mm

완성 크기
폭 35cm, 깊이 20.5cm

게이지(10×10cm)
무늬뜨기 9코×10단

POINT
● 사슬뜨기 기초코로 뜨기 시작해 바닥을 짧은뜨기로 뜹니다. 늘림코는 도안을 참고하세요. 이어서 옆면을 무늬뜨기와 되돌아 짧은뜨기로 원형뜨기로 뜨되, 무늬뜨기를 5단 정도 뜨면 별실로 바닥의 4단째에 빼뜨기를 1단 뜹니다. 손잡이를 떠 지정 위치에 꿰매 붙입니다.

되돌아 짧은뜨기 / 짧은 링뜨기

※ 일본어 사이트

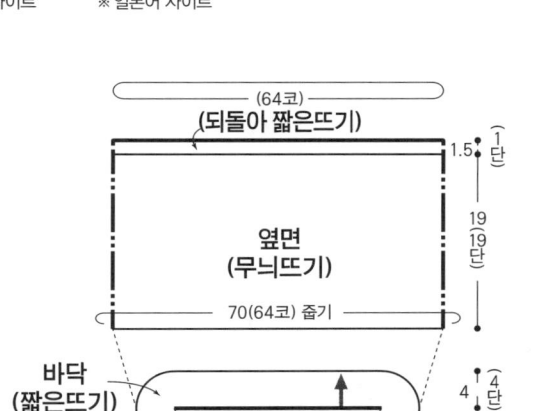

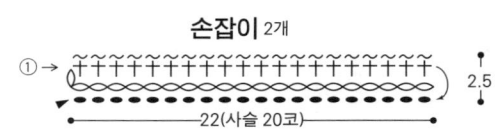

손잡이 2개

▷ = 실을 연결한다.
► = 실을 자른다.

千 = 되돌아 짧은뜨기
• = 안면을 보면서 빼뜨기

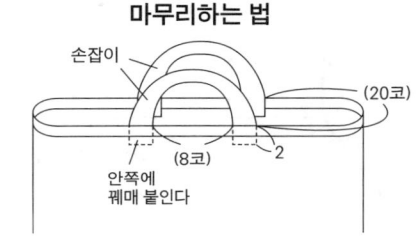

마무리하는 법

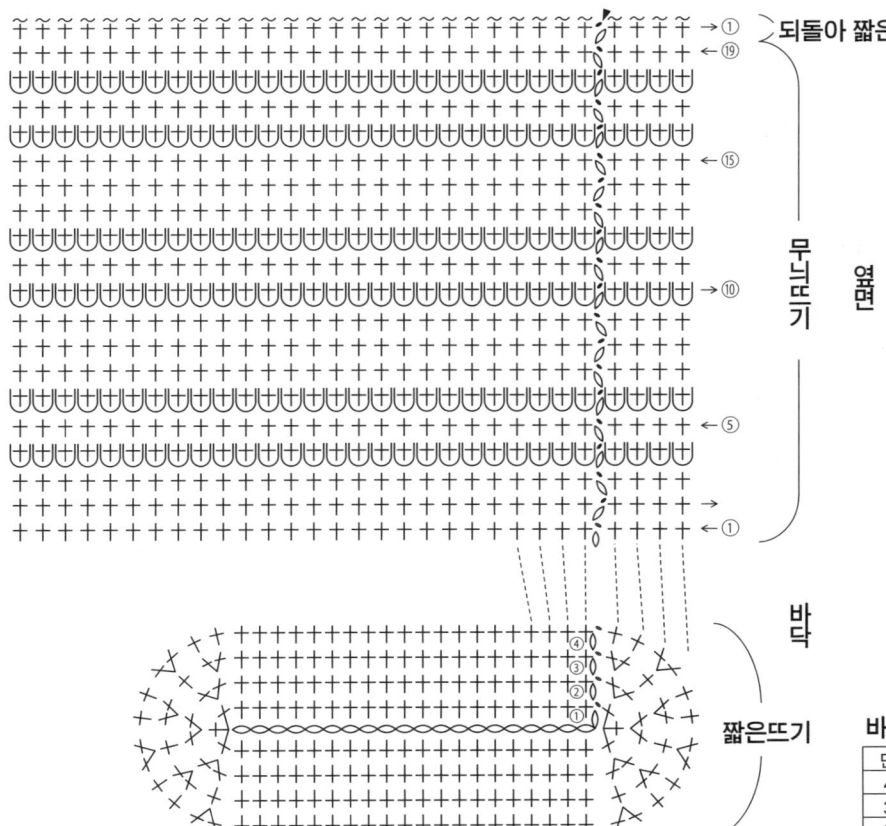

※옆면을 5단 정도 뜨면 별실로 바닥의 4단째에 빼뜨기를 1단 뜬다.

바닥의 늘림코

단수	콧수	
4단	64코	(+6코)
3단	58코	(+6코)
2단	52코	(+6코)
1단	46코	

쿠튀르 어레인지
108 page ★★★★

다이아 타스마니안 메리노

왼코에 꿴 매듭뜨기

※ 일본어 사이트

재료
다이아몬드 모사 다이아 타스마니안 에크뤼(702) 450g/12볼

도구
대바늘 7호·6호·5호·4호

완성 크기
가슴둘레 94cm, 어깨너비 32cm, 기장 55.5cm, 소매길이 52cm

게이지 (10×10cm)
무늬뜨기B 31코×31단

POINT
● 몸판, 소매…별도 사슬로 만드는 기초코로 뜨기 시작해, 몸판은 무늬뜨기A, B, 소매는 무늬뜨기A', B로 뜹니다. 분산 줄임코는 도안을 참고하세요. 진동둘레, 목둘레, 소매산의 줄임코는 도안을 참고하세요. 소매 밑선의 늘림코는 1코 안쪽에서 돌려뜨기 늘림코로 뜹니다. 밑단, 소맷부리는 기초코의 사슬을 풀어서 코를 줍고, 가터뜨기로 뜹니다. 마무리는 안뜨기를 뜨면서 덮어씌워 코막음을 합니다.
● 마무리…어깨는 덮어씌워 잇기, 옆선, 소매 밑선은 떠서 꿰매기를 합니다. 목둘레는 사슬 기초코에서 코를 줍고, 도안을 참고해 무늬뜨기C로 뜹니다. 마무리는 1코 돌려 고무뜨기로 코막음합니다. 기초코의 사슬은 앞목둘레에 감침질해 붙입니다. 소매는 빼뜨기 잇기로 몸판과 합칩니다.

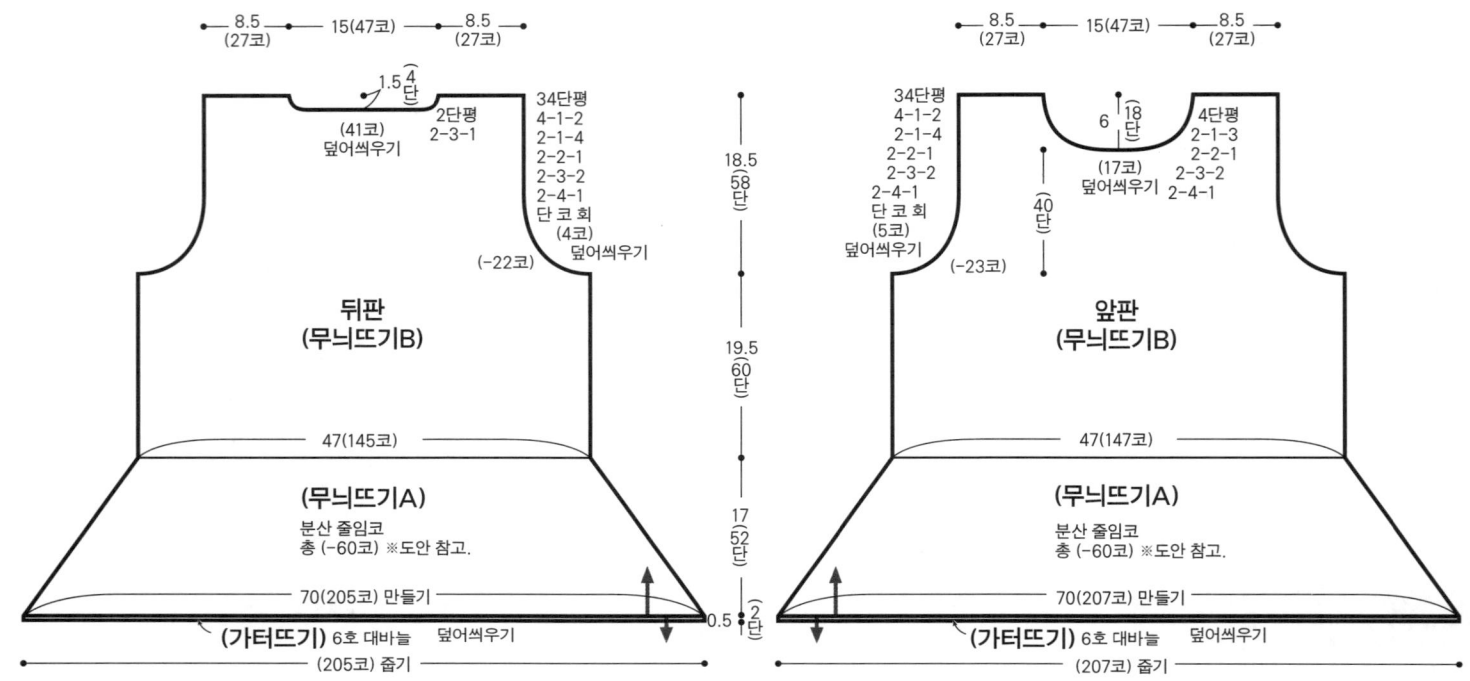

※지정한 곳 이외는 7호 대바늘로 뜬다.

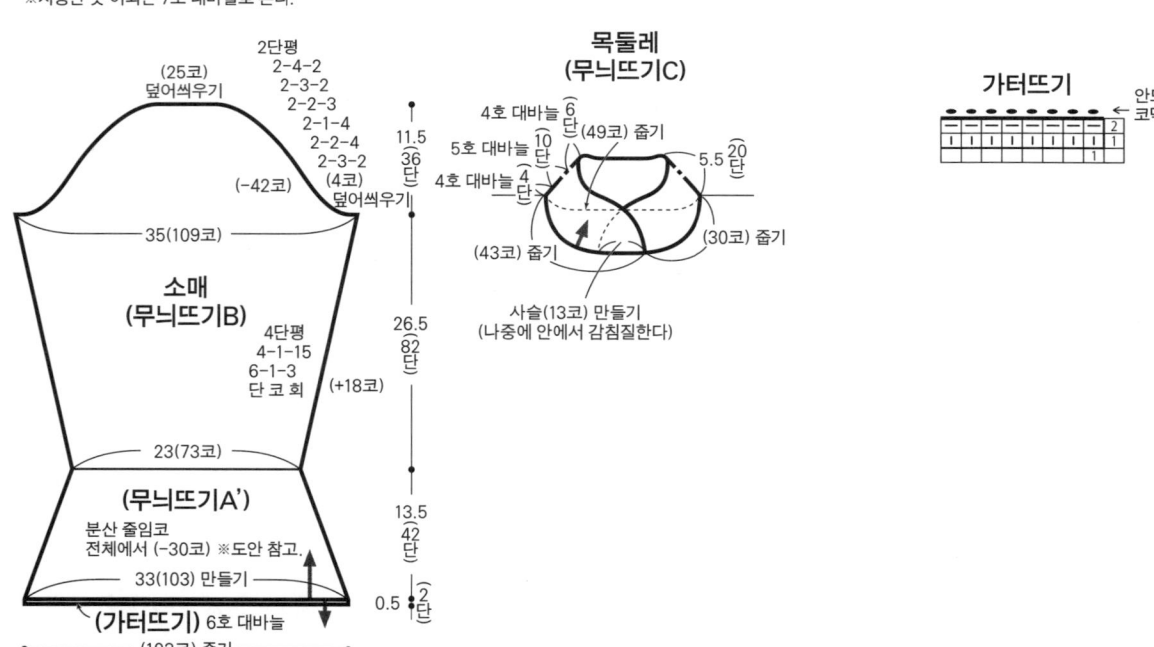

가터뜨기

안뜨기로 덮어씌워 코막음

무늬뜨기A와 분산 줄임코

□=⊟

=오른코 위 돌려 모아뜨기

=왼코 위 돌려 모아뜨기

=오른코 위 돌려 3코 모아뜨기

=3단 내려뜨는 버블
※뜨는 법→P.215

=왼코에 꿴 돌려 매듭뜨기(3코)

의 꿰매는 법

옆선을 꿰매면서 뜨개 시작 쪽의 돌려뜨기 코에서 실을 꺼내고, 뜨개 끝 쪽의 돌려뜨기 코의 오른쪽에 실을 통과시킨다

=왼코에 꿴 매듭뜨기(3코)

① 1, 2, 3의 코를 꽈배기바늘에 옮겨 앞쪽에 둔다. 4의 코를 겉뜨기, 5의 코를 안뜨기로 뜬다. 앞쪽에 둔 3코로 왼코에 꿴 매듭뜨기를 뜬다

② 1, 2의 코를 꽈배기바늘에 옮겨 뒤쪽에 둔다. 3, 4, 5의 코로 왼코에 꿴 매듭뜨기를 뜬다. 뒤쪽에 둔 1의 코를 안뜨기, 2의 코를 겉뜨기로 뜬다

③ ①과 같은 요령으로 4, 5의 코를 안뜨기로 뜬다

④ ②와 같은 요령으로 1, 2의 코를 안뜨기로 뜬다

⑤ ②와 같은 요령으로 1, 2의 코를 겉뜨기로 뜬다

⑥ ①과 같은 요령으로 4, 5의 코를 겉뜨기로 뜬다

⑦ ②와 같은 요령으로 1의 코를 겉뜨기, 2의 코를 안뜨기로 뜬다

⑧ ①과 같은 요령으로 4의 코를 안뜨기, 5의 코를 겉뜨기로 뜬다

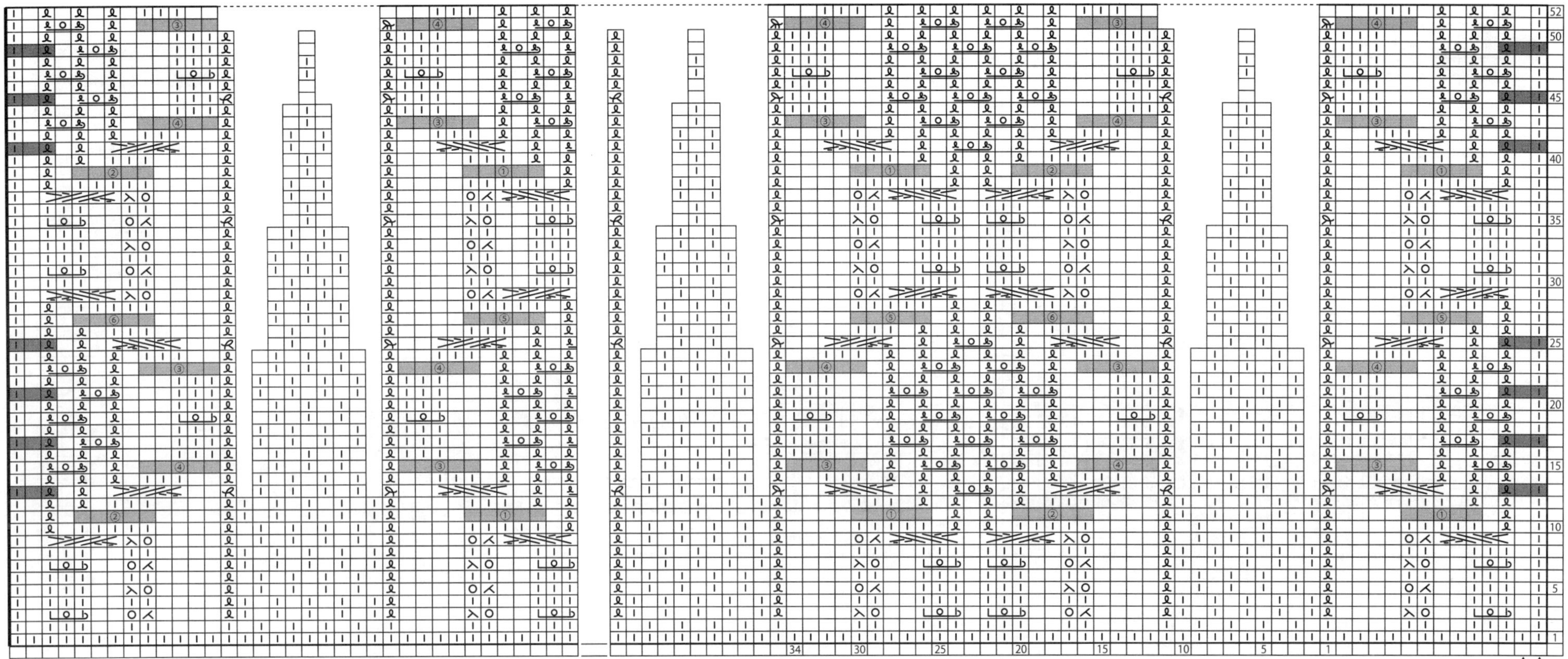

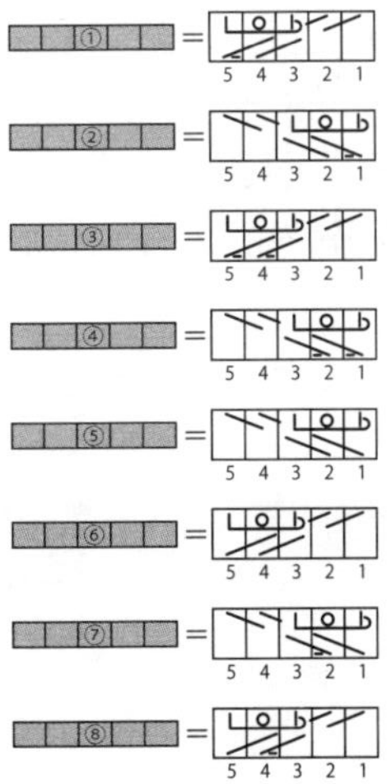

무늬뜨기B

□=⊟

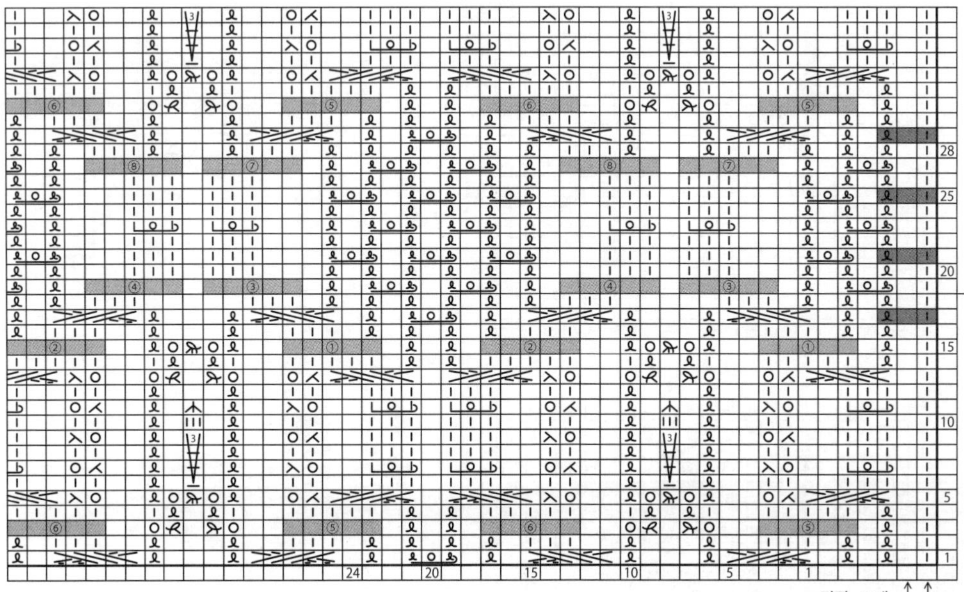

206페이지로 이어집니다. ▶

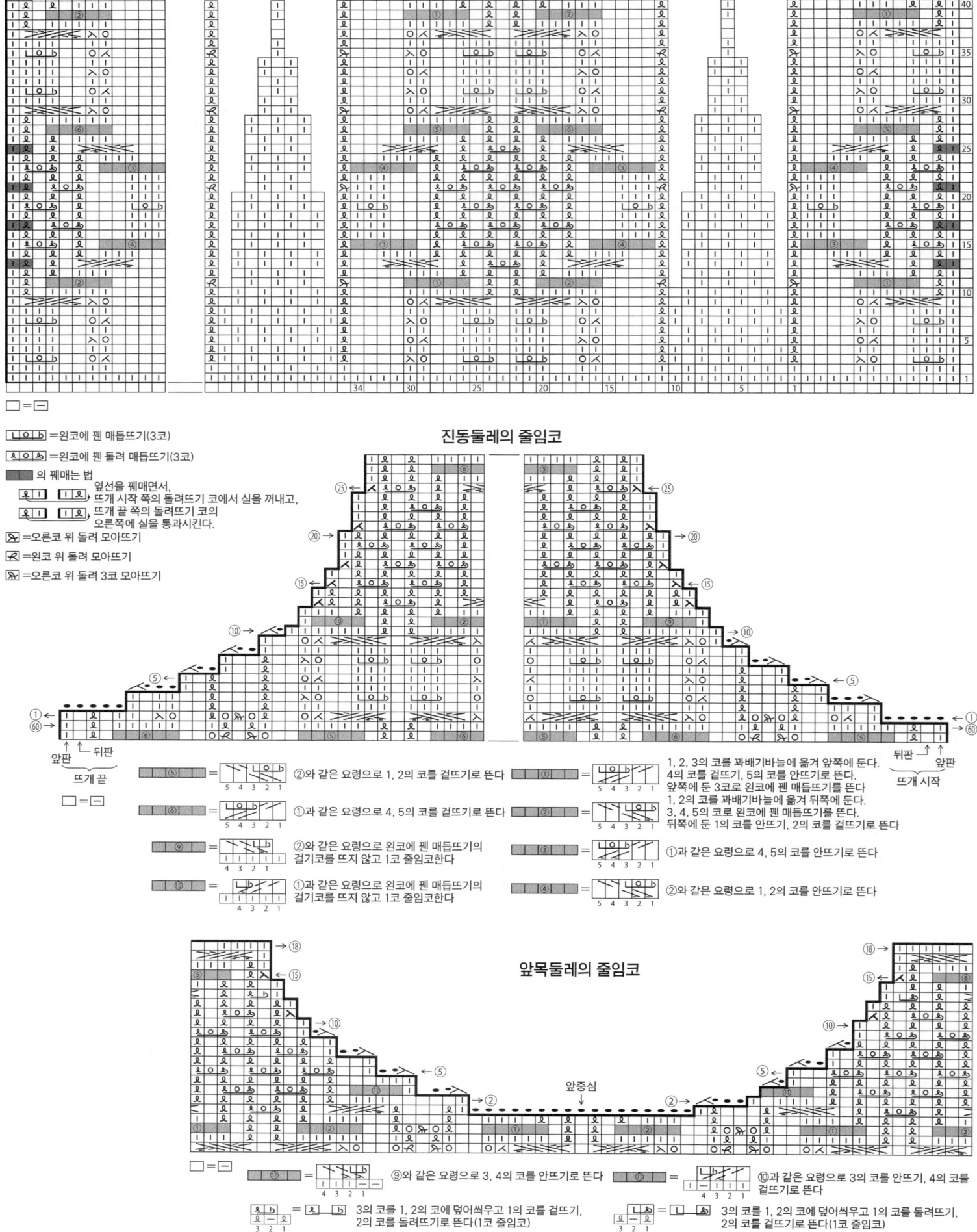

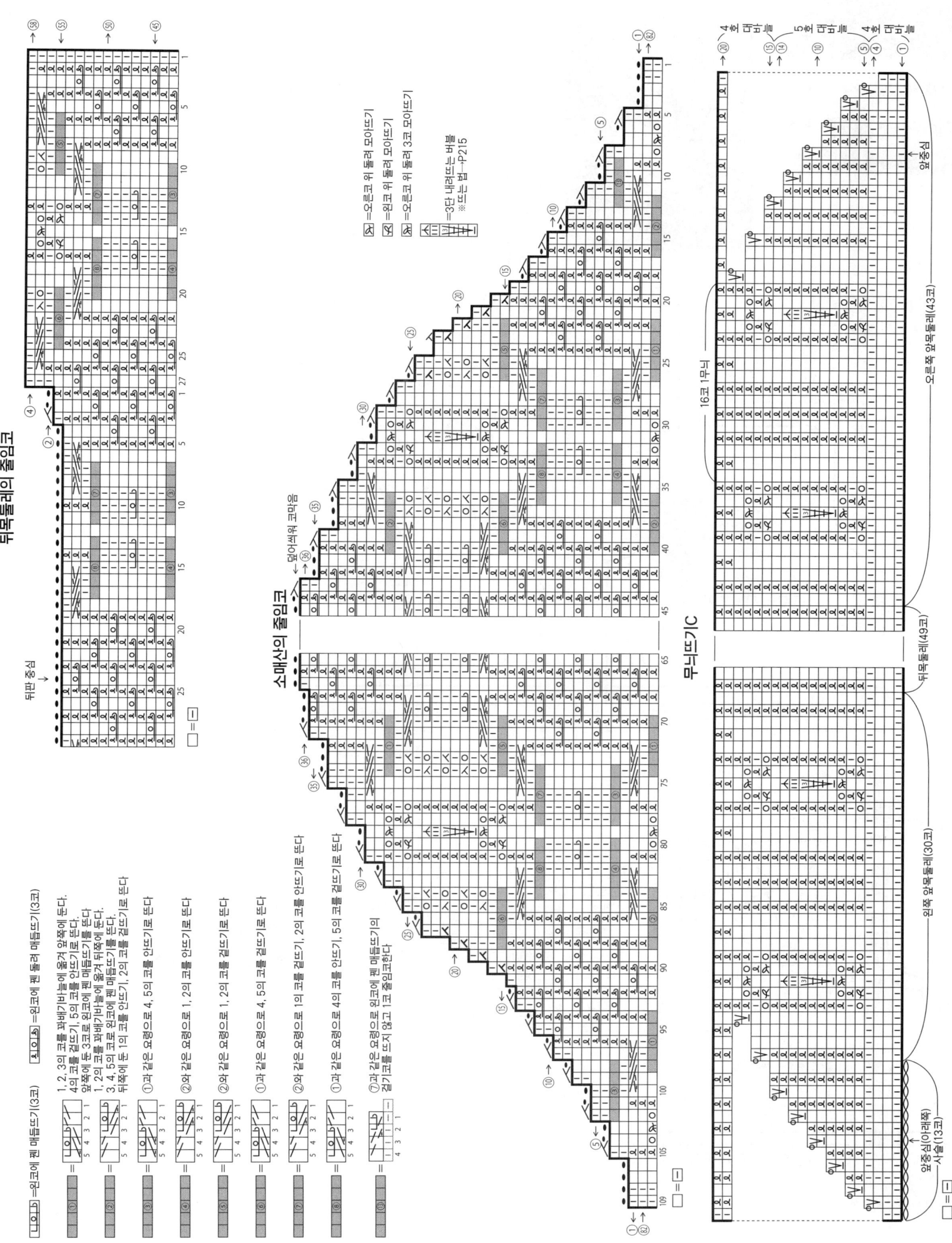

Knit+1
110 page ★★★

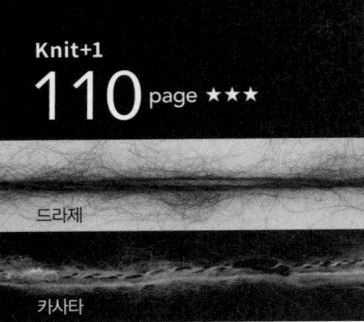

드라제

카사타

재료
실…K's K 카사타 하양 계열 믹스(47) 100g 2볼, 드라제 하양(2) 50g 2볼·검정(40) 15g 1볼
단추…지름 22㎜ 2개

도구
대바늘 9호·8호, 코바늘 6/0호

완성 크기
가슴둘레 94cm, 어깨너비 35cm, 기장 49.5cm

게이지(10×10cm)
줄무늬 무늬뜨기 A 17코×26.5단

POINT
● 몸판…별도 사슬로 기초코를 만들어 뜨기 시작해 줄무늬 무늬뜨기 A로 뜹니다. 진동둘레·뒤목둘레의 줄임코는 2코 이상은 덮어씌우기, 1코는 가장자리 1코 세워 줄이기를 합니다. 앞목둘레는 가장자리의 코와 가장자리에서 2번째 코를 2코 모아뜨기합니다. 밑단은 기초코의 사슬을 풀어 코를 주워 줄무늬 무늬뜨기 B로 뜹니다. 뜨개 끝은 안면에서 덮어씌워 코막음합니다. 샘 포켓은 지정 위치에서 코를 주워 가터뜨기, 테두리뜨기 B로 뜹니다. 포켓 옆선은 몸판에 감칩니다.
● 마무리…어깨는 덮어씌워 잇기, 옆선은 떠서 꿰매기를 합니다. 진동둘레는 지정 콧수를 주워 줄무늬 무늬뜨기 C로 원형으로 뜹니다. 뜨개 끝은 덮어씌워 코막음합니다. 목둘레는 지정 콧수를 주워 줄무늬 무늬뜨기 D로 원형으로 뜹니다. 줄임코는 도안을 참고하세요. 뜨개 끝은 안뜨기를 뜨면서 덮어씌워 코막음합니다. 밑단 가장자리에 테두리뜨기 A를 원형으로 왕복뜨기합니다. 지정 위치에 샘 포켓을 달아 마무리합니다.

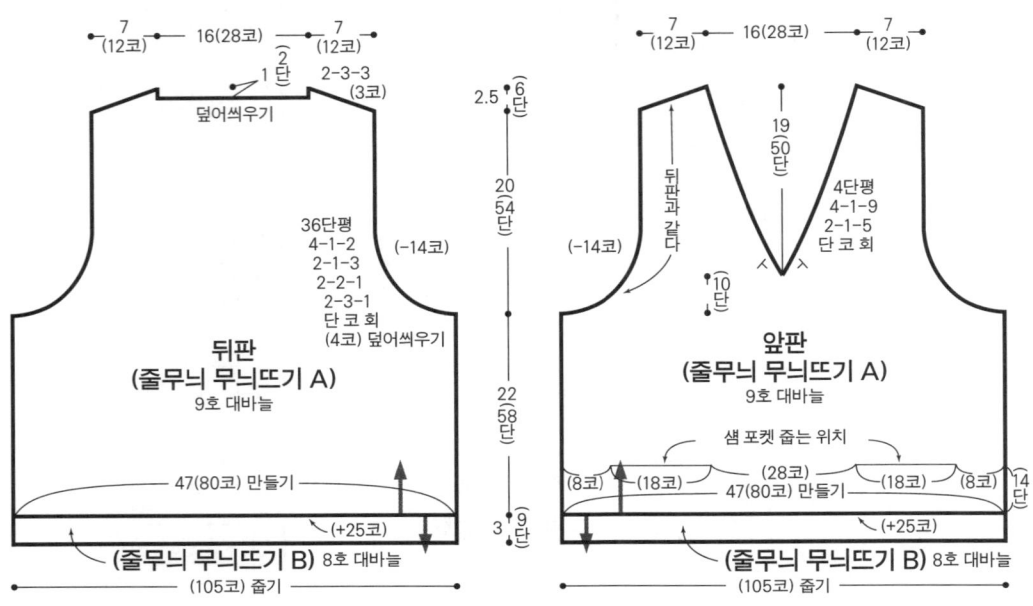

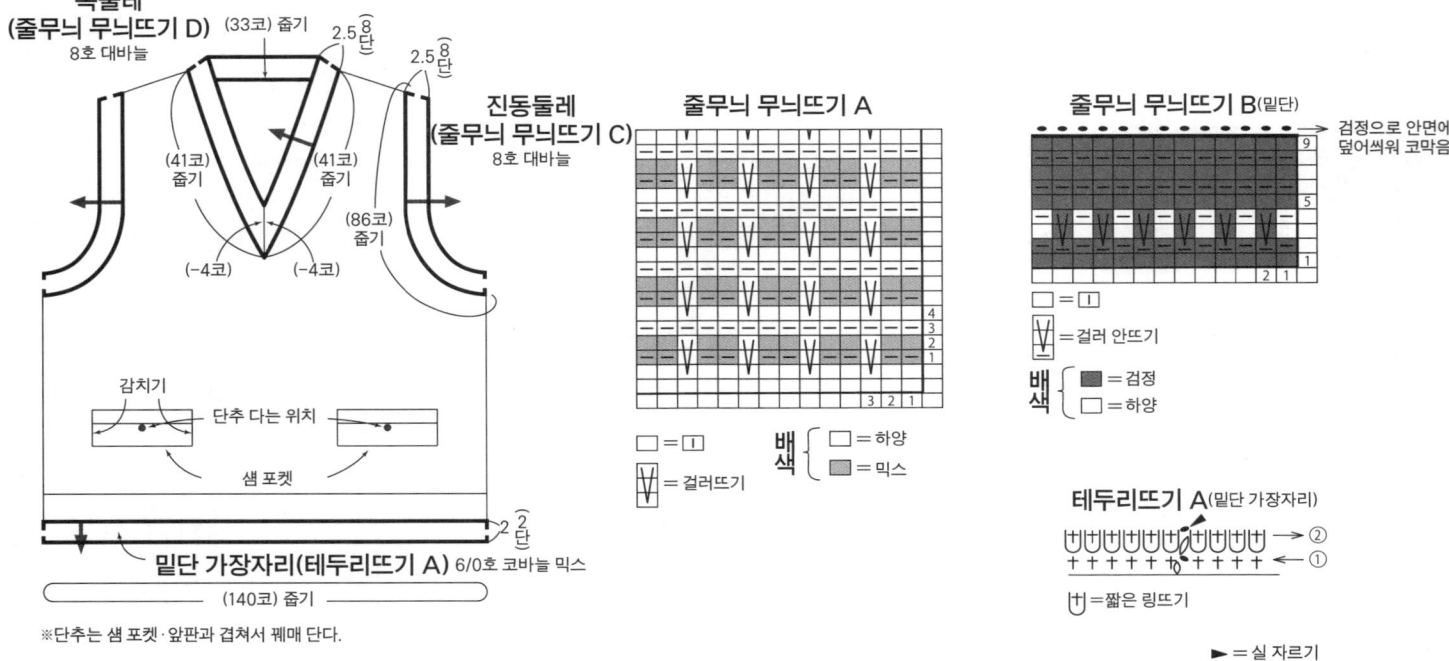

208

줄무늬 무늬뜨기 C(진동둘레)

□ = ⊟

= 걸러 안뜨기

□ = 하양
■ = 검정

줄무늬 무늬뜨기 D(목둘레)

□ = ⊟

= 걸러 안뜨기

□ = 하양
■ = 검정

V넥 끝의 줄임코

□ = ⊟

샘 포켓 2장

샘 포켓

▷ = 실 잇기
▶ = 실 자르기

□ = ⊟

= 돌려뜨기 늘림코

※줄무늬 무늬뜨기 A 14단의 니들 루프를 주워 뜬다.

● =장식 단추 다는 위치

= 짧은 링뜨기

걸러뜨기 (2단)

1 ×단은 겉뜨기가 되게 뜬다. ●단은 실을 뒤쪽에 놓고 뜨지 않은 채로 오른바늘에 옮긴 뒤 다음 코를 겉뜨기한다.

2 ☆단은 실을 앞쪽에 놓고 뜨지 않은 채로 오른바늘에 옮긴다. 다음 코를 안뜨기한다.

걸러 안뜨기 (2단)

1 ×단은 안뜨기가 되게 뜬다. ●단은 실을 뒤쪽에 놓고 뜨지 않은 채로 오른바늘에 옮긴다.

2 다음 코에 대바늘을 넣어 겉뜨기한다.

3 ▲단은 실을 앞쪽에 놓고 뜨지 않은 채로 오른바늘에 옮긴다.

4 다음 코를 안뜨기한다. 걸러 안뜨기(2단) 완성.

짧은 링뜨기

1 왼손의 중지를 실 위에 내려놓아 뒤쪽에서 뜨개바탕과 함께 누른 채로 코바늘을 화살표와 같이 넣는다.

2 뜨개바탕과 실을 누른 채로 실을 걸어 빼낸다.

3 다시 실을 걸어 빼내고 중지를 뺀다.

4 짧은 링뜨기 완성. 링은 안쪽에 나타난다.

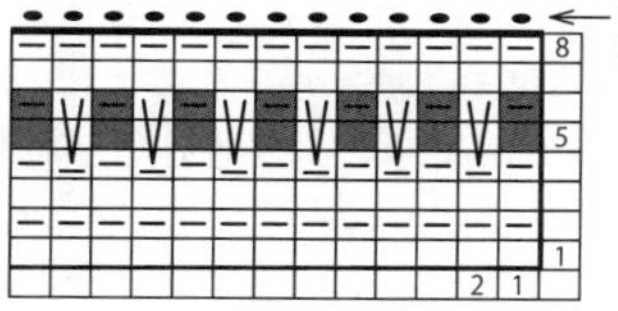

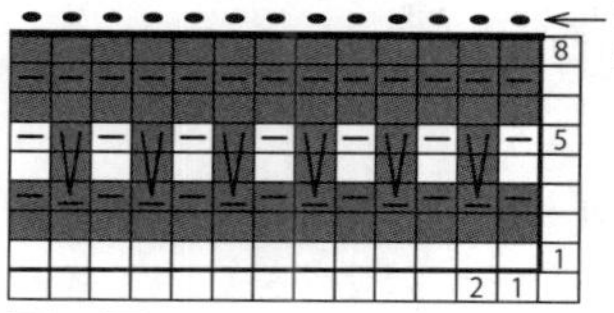

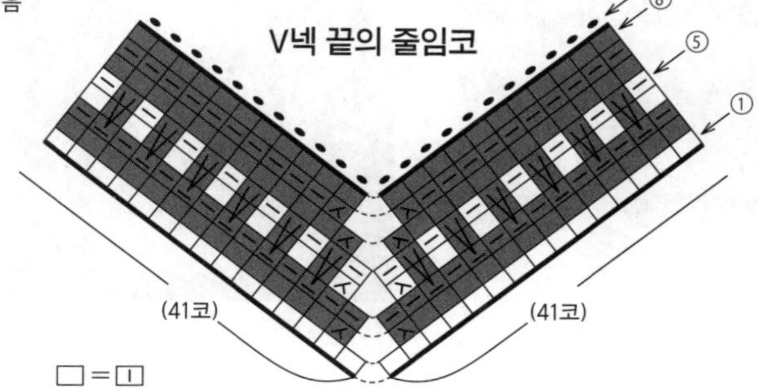

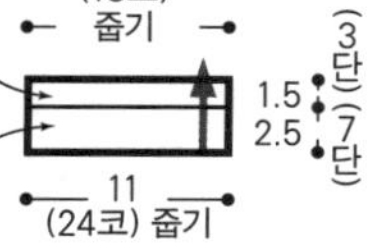

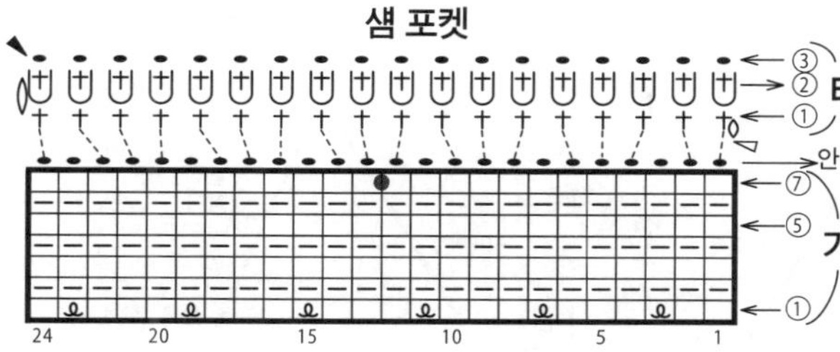

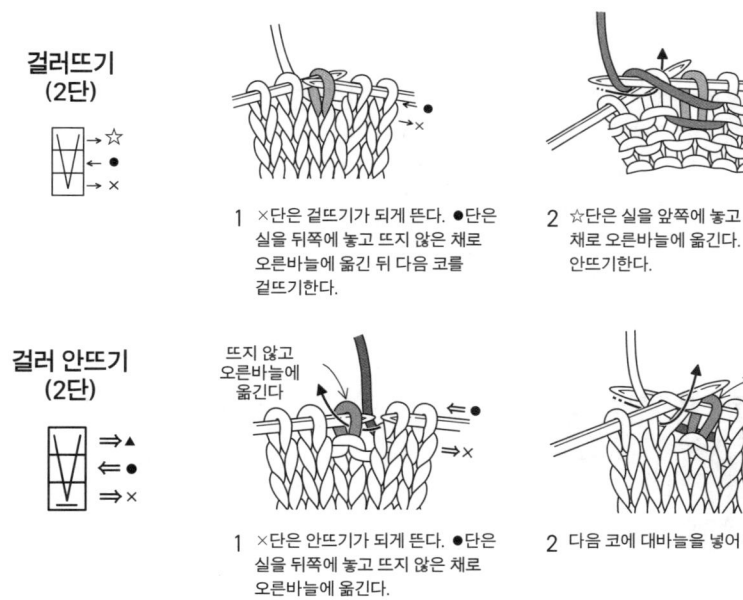

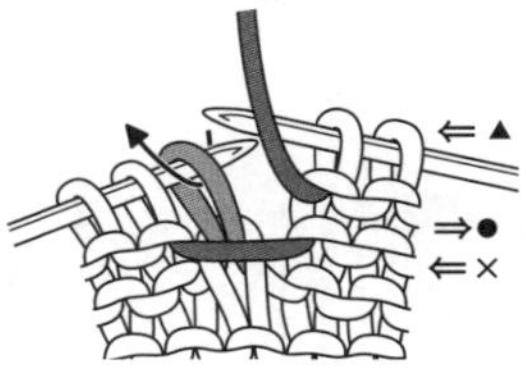

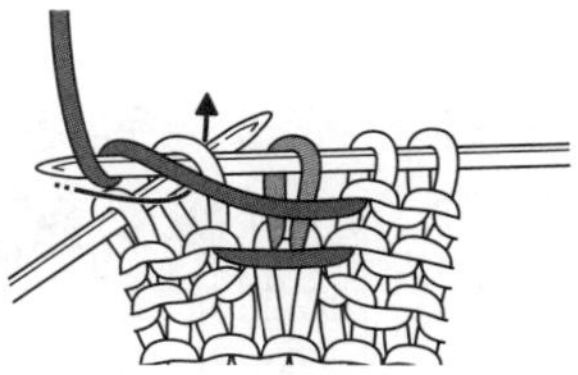

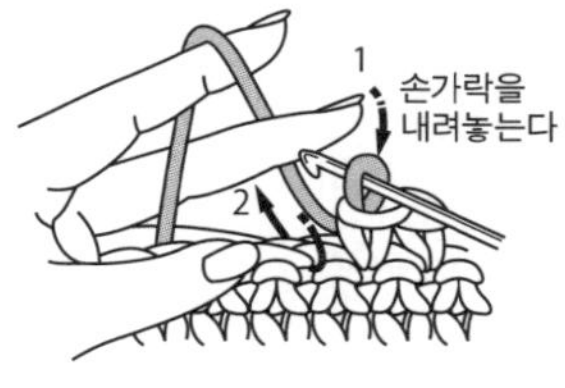

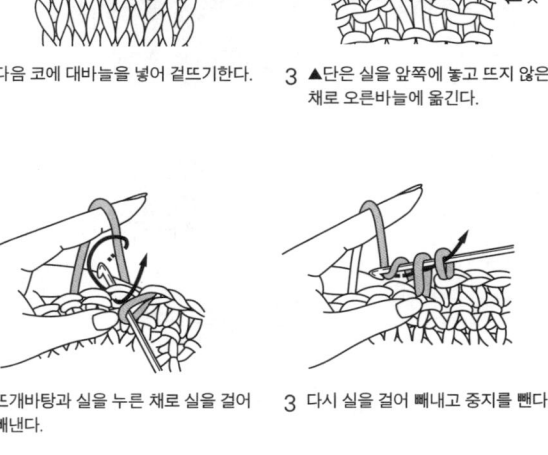

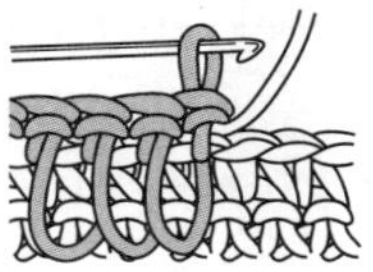

Knit+1 111 page ★★★

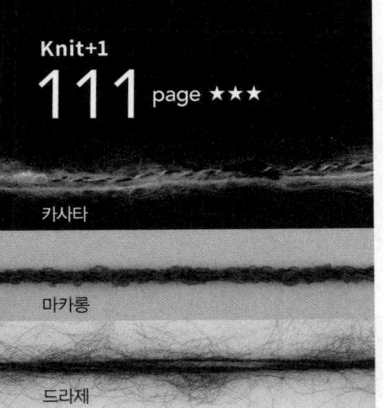

카사타
마카롱
드라제

재료
실…K's K 카사타 그레이·검정 계열 믹스(50) 130g 3볼, 마카롱 검정(30) 80g 2볼, 드라제 하양(2) 75g 3볼, 검정(40) 50g 2볼
단추…지름 22mm 7개

도구
대바늘 10호·9호

완성 크기
가슴둘레 101.5cm, 기장 48.5cm, 화장 68cm

게이지(10×10cm)
줄무늬 무늬뜨기 18코×29단

POINT
● 몸판·소매…별도 사슬로 기초코를 만들어 뜨기 시작해 줄무늬 무늬뜨기로 뜹니다. 앞판의 주머니 위치에는 별도의 실을 떠 넣어둡니다. 거싯의 코는 덮어씌웁니다. 래글런선과 앞목둘레의 줄임코는 가장자리 1코 세워 줄이기를 합니다. 뒤목둘레의 줄임코는 덮어씌웁니다. 소매 밑선의 늘림코는 1코 안쪽에서 돌려뜨기 늘림코를 합니다.
● 마무리…주머니 위치의 별도의 실을 풀어 코를 주워 주머니 안면과 주머니 입구를 뜹니다. 소맷부리는 기초코 사슬을 풀어 코를 주워 줄무늬 테두리뜨기 A로 뜹니다. 뜨개 끝은 안면에서 덮어씌워 코막음합니다. 래글런선·옆선·소매 밑선은 떠서 꿰매기, 거싯의 코는 메리야스 잇기를 합니다. 밑단은 앞뒤 몸판을 이어서 소맷부리와 같은 방법으로 뜹니다. 앞단·목둘레는 줄무늬 테두리뜨기 B로 뜹니다. 오른쪽 앞단에는 단춧구멍을 냅니다. 뜨개 끝은 밑단과 같은 방법으로 정리합니다. 왼쪽 앞단과 주머니 입구에 단추를 달아 마무리합니다.

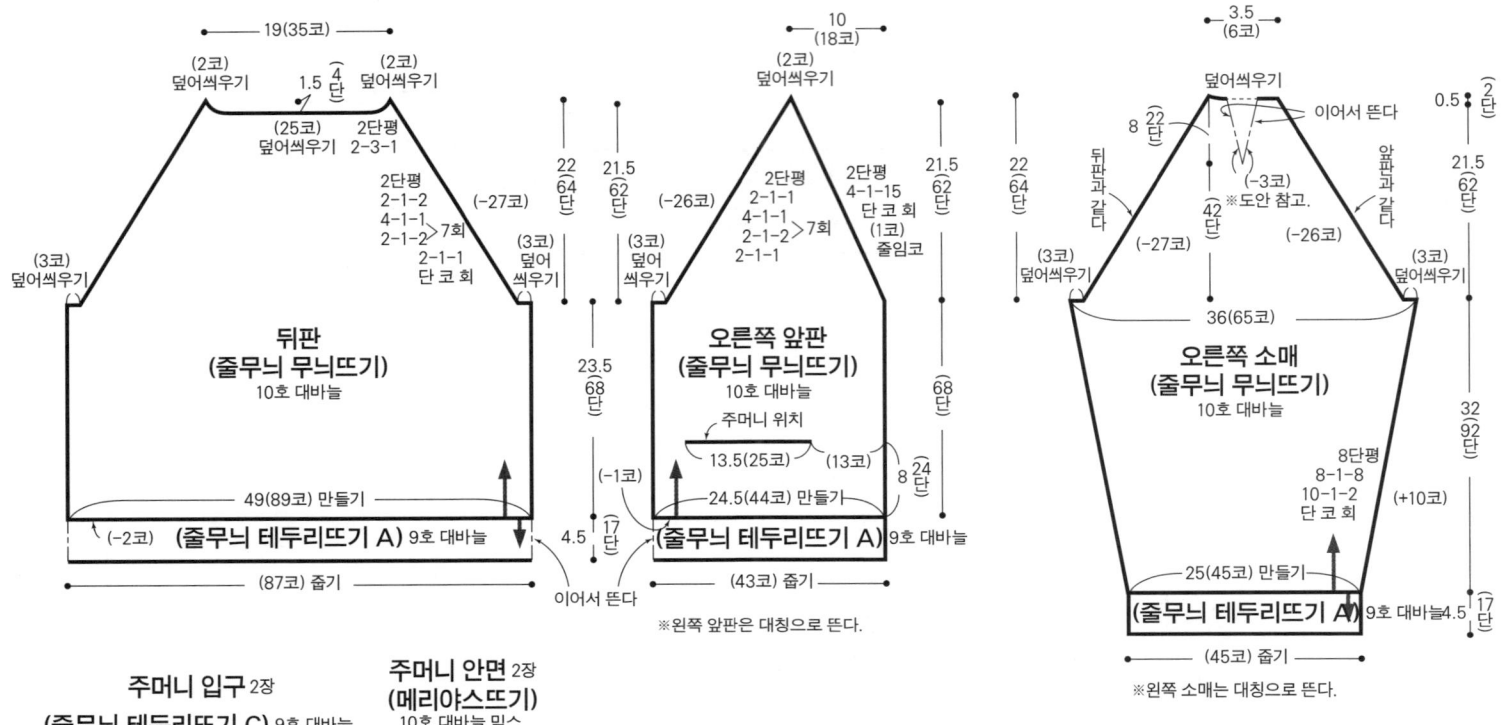

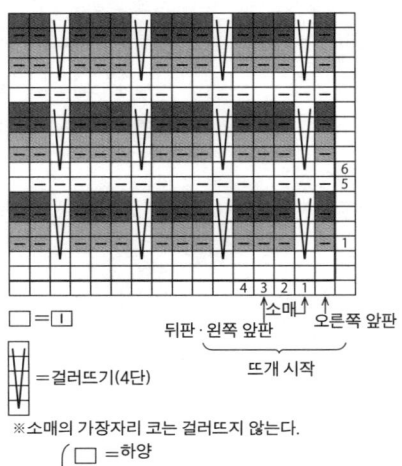

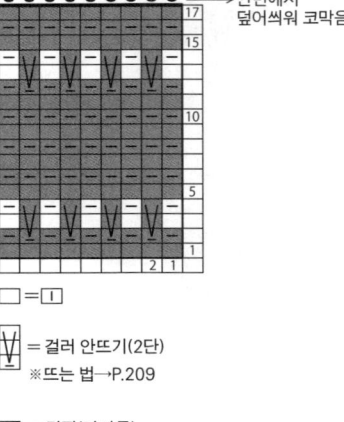

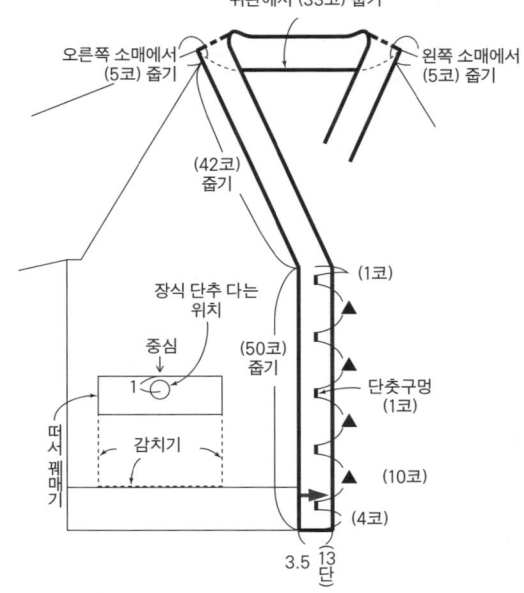

오른쪽 소매의 래글런선과 중심의 줄임코

□=Ⅰ

=걸러뜨기(4단)

=걸러뜨기(2단)

=중심 3코 모아 안뜨기

배색
- □ =하양
- ■ =검정(드라제)
- ■ =믹스

※몸판의 래글런선도 같은 방법으로 뜬다.

줄무늬 테두리뜨기 B(앞단·목둘레)

□=Ⅰ

=걸러 안뜨기(2단)
※뜨는 법→P.209

배색
- ■ =검정(마카롱)
- □ =하양

단춧구멍(오른쪽 앞단)

□=Ⅰ

줄무늬 테두리뜨기 C(주머니 입구)

□=Ⅰ

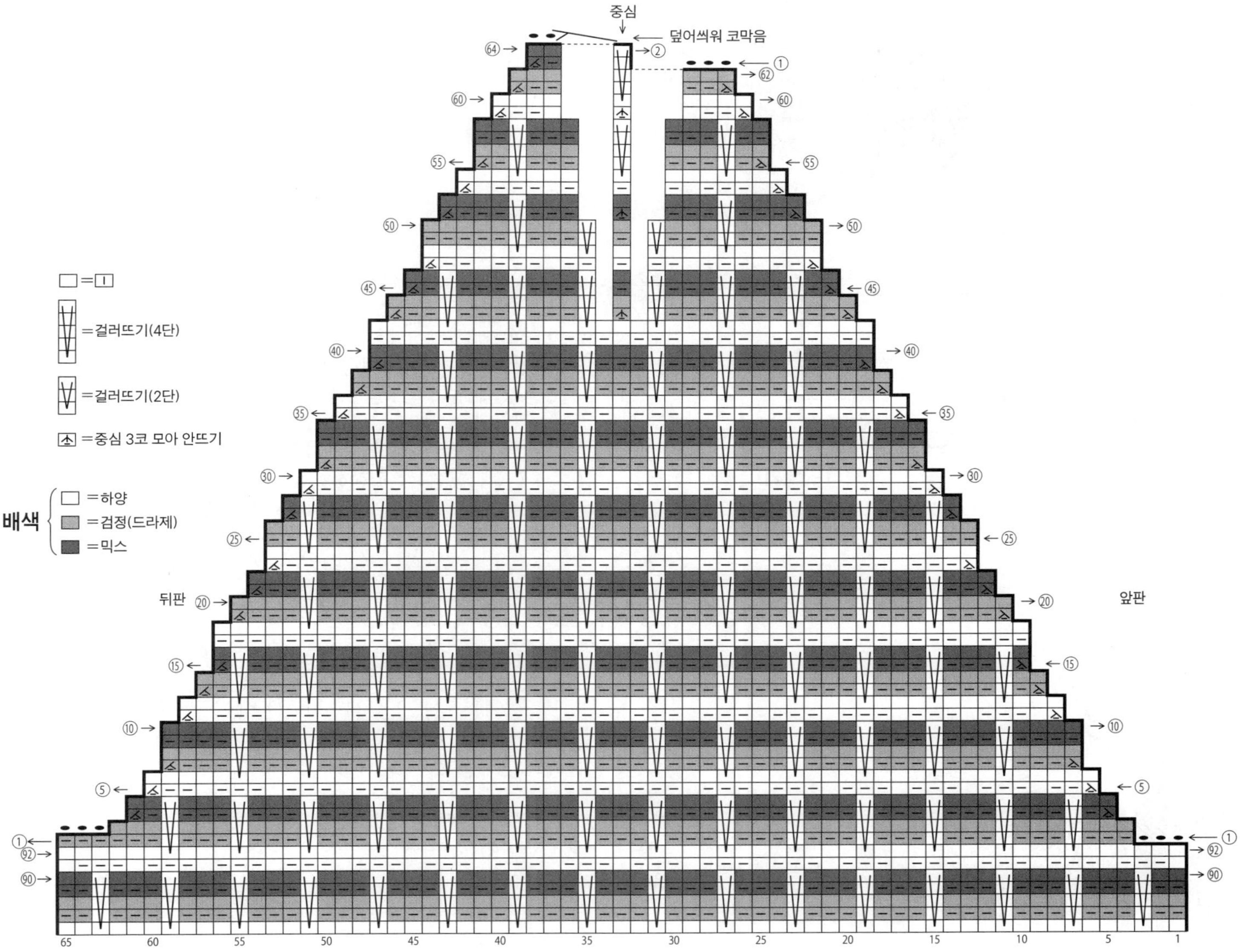

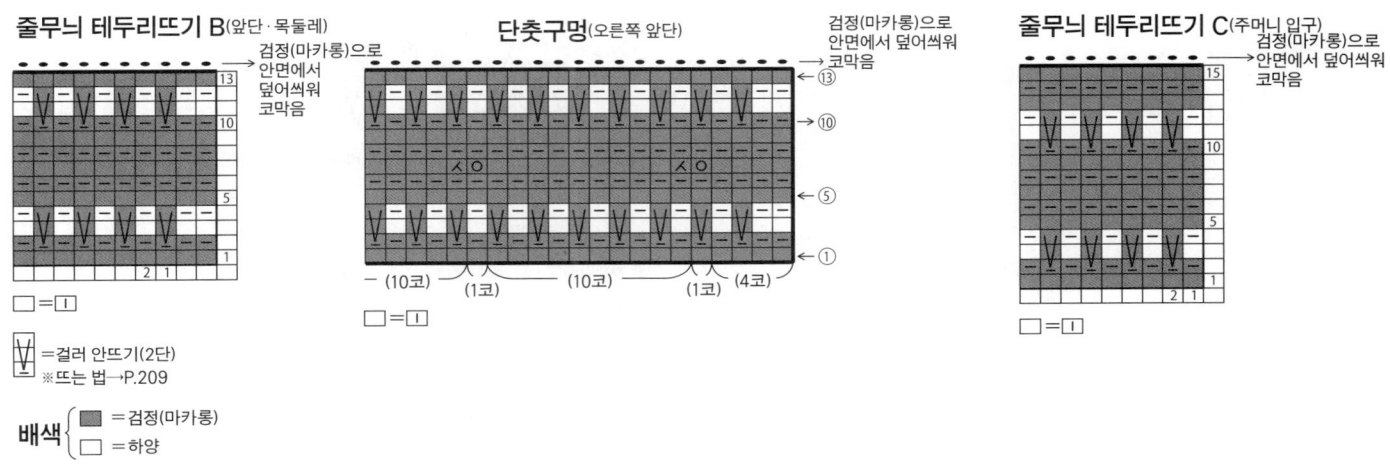

98 page ★★★

따뜻하고 귀여운 겨울 소품

로빙 루루

재료
호비라 호비레 로빙 루루 보라·핑크·노랑 계열 그러데이션(43) 140g 4볼

도구
코바늘 6/0호

완성 크기
목둘레 118.5cm, 기장 19.7cm

게이지
모티프 크기는 도안 참고. 무늬뜨기(10×10cm) 21.5코×13.5단

POINT
● 모티프 잇기로 뜹니다. 2번째 장부터는 마지막 단에서 옆 모티프와 연결하며 뜹니다. 이어서 모티프 잇기한 부분에서 코를 주워 무늬뜨기로 원형으로 뜹니다.

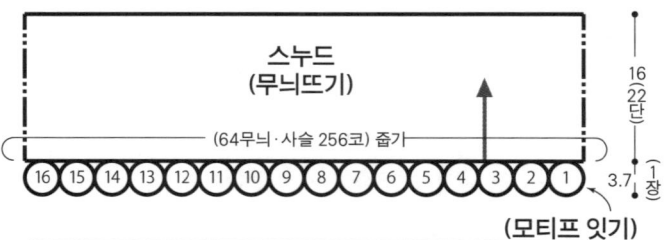

※ 모두 6/0호 코바늘로 뜬다.
※ 모티프 안의 숫자는 연결하는 순서다.

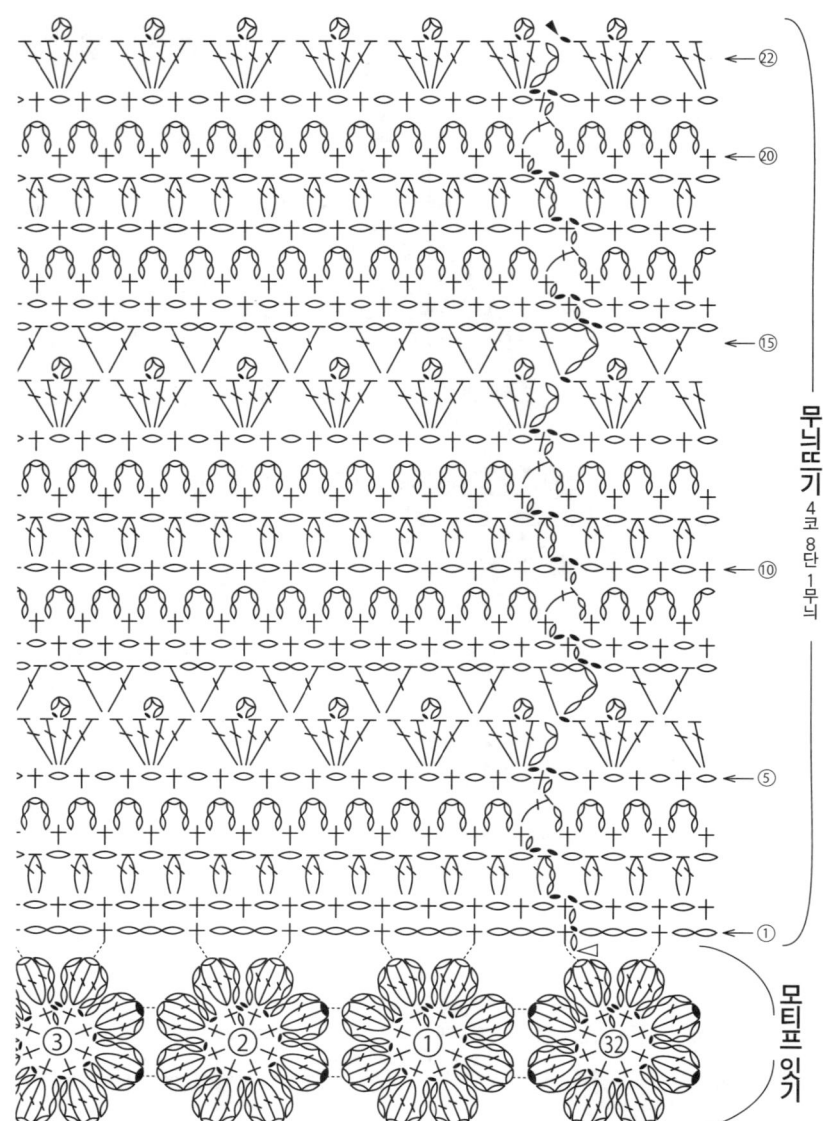

※ 7, 15단의 한길 긴뜨기는 앞단 한길 긴뜨기의 코와 코 사이를 다발로 주워 뜬다.

△ = 실 잇기
▶ = 실 자르기
 = 한길 긴 3코 팝콘뜨기

모티프 잇는 법
팝콘뜨기 코를 조인 뒤 코바늘을 뺀다.
연결할 팝콘뜨기의 조인 코에 코바늘을 넣은 뒤, 코바늘을 뺀 코에 코바늘을 넣어 빼낸다.
이어서 사슬을 3코 뜬다.

한길 긴 5코 팝콘뜨기
(1코에서 줍기)

※ 작품은 한길 긴뜨기 3코.

1 1코에 한길 긴뜨기를 5코 뜬 뒤 일단 코바늘을 뺀다. 한길 긴뜨기의 첫 코와 코바늘을 뺀 고리에 코바늘을 넣고

2 코바늘을 뺀 고리를 첫 코에 통과시켜 빼낸다.

3 사슬을 1코 떠서 조인다. 한길 긴 5코 팝콘뜨기(1코에서 줍기) 완성.

스이돈 강좌
116·117 page ★★★

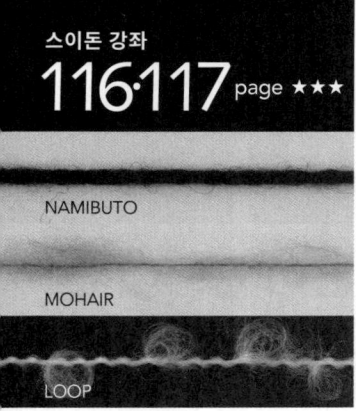

NAMIBUTO
MOHAIR
LOOP

A

B

재료
[스누드A] NV 얀 NAMIBUTO 연두(9) 65g 2볼.
LOOP 거무스름한 황갈색(204) 20g 1볼.
[스누드B] NV 얀 NAMIBUTO 연두(9) 65g 2볼.
MOHAIR 오렌지색(104)·황금색(106) 각 15g 각 1볼.
[핸드워머] NV 얀 NAMIBUTO 연두(9) 35g 1볼.

도구
아미무메모(6.5mm). 코바늘 3/0호

완성 크기
[스누드A, B] 목둘레 60cm, 기장 20cm
[핸드워머] 손바닥 둘레 18cm, 기장 17.5cm

게이지(10×10cm)
메리야스뜨기 15코×15단(D=10), 18코×20단(D=8), 20코×28단(D=7), 무늬뜨기A 25코×25단. 무늬뜨기B는 1무늬 12코가 4cm, 10cm에 28단.

POINT
● 스누드A, B…버림실뜨기 기초코로 뜨기 시작해 파츠a, b는 지정 실로 메리야스뜨기, 파츠 c는 무늬뜨기A로 뜹니다. 마무리하는 법을 참고해 메리야스 잇기로 합쳐서 고리로 만듭니다.
● 핸드워머…버림실뜨기 기초코로 뜨기 시작해 메리야스뜨기와 무늬뜨기B로 뜹니다. 옆선은 엄지구멍을 남기고 떠서 꿰매기합니다. 뜨개 시작과 뜨개 마무리는 테두리뜨기를 원형뜨기로 떠서 마무리합니다.

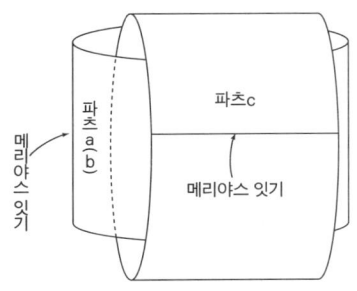

스누드의 마무리하는 법 (공통)

※스누드A는 파츠a, 스누드B는 파츠b를
메리야스 잇기로 고리를 만든 다음
파츠c를 파츠a(b)에 통과시켜 메리야스 잇기를 한다.

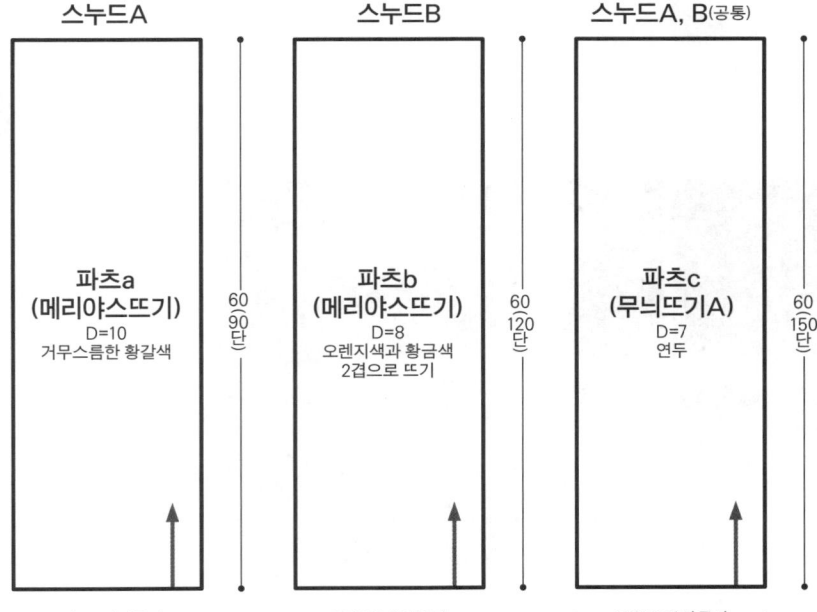

무늬뜨기A

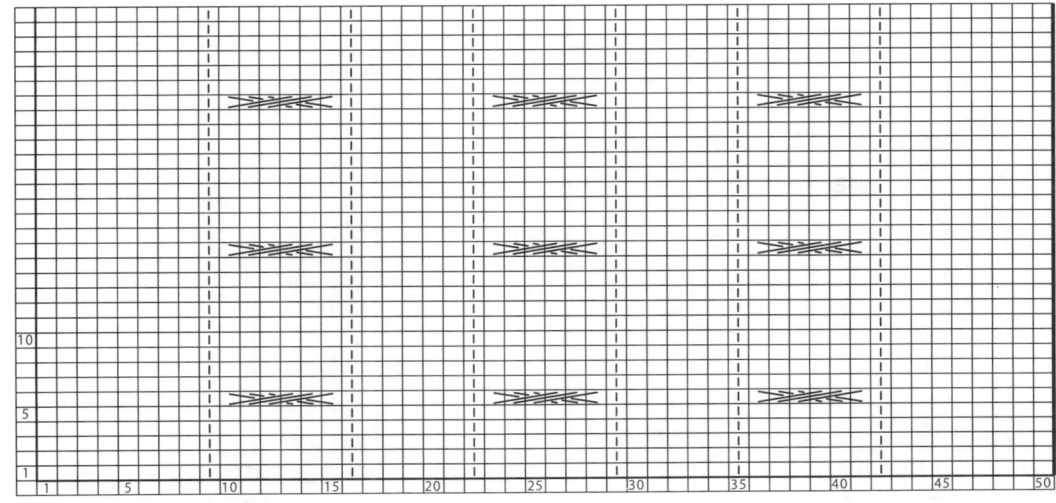

□ = ⊟

※도안은 수편기에 걸린 상태를 나타낸다.

214페이지로 이어집니다. ▶

▶ 213페이지에서 이어집니다.

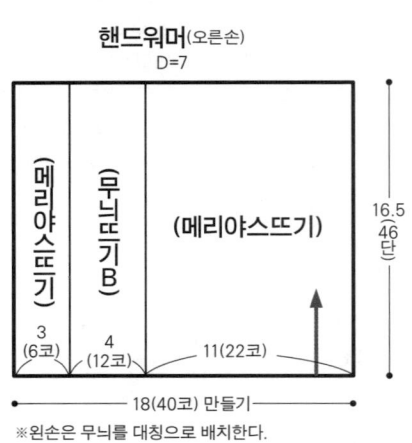

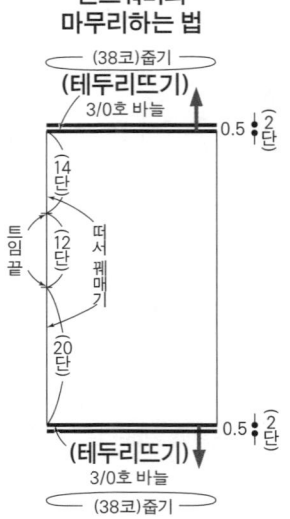

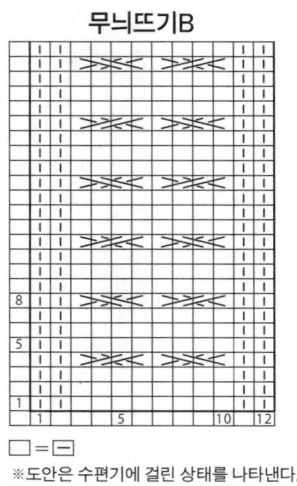

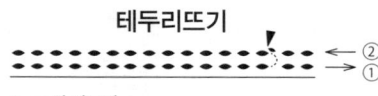

스이돈 강좌
118 page ★★★

브리티시 에로이카

재료
퍼피 브리티시 에로이카 베이지(143) 540g 11볼
도구
아미모메모(6.5mm)
완성 크기
가슴둘레 102㎝, 기장 62㎝, 화장 70.5㎝
게이지
메리야스뜨기(10×10㎝) 16코 20단. 무늬뜨기A, A' 모두 1무늬 10코가 4.5㎝, 10㎝에 20단, B는 1무늬 17코가 8㎝, 10㎝에 20단.
POINT
● 몸판, 소매…1코 고무뜨기 기초코로 뜨기 시작해 1코 고무뜨기로 뜹니다. 이어서 도안을 참고해 메리야스뜨기, 무늬뜨기A, A', B를 배치해 뜨되, 수편기는 안면을 보고 뜨므로 무늬의 배치에 주의합니다. 앞판은 1코 줄임코합니다. 무늬 뜨는 법은 113페이지를 참고하세요. 어깨, 앞목둘레는 되돌아뜨기, 소매 밑선은 늘림코를 합니다.
● 마무리…목둘레는 몸판과 동일하게 뜨기 시작해 1코 고무뜨기로 뜹니다. 오른쪽 어깨는 기계잇기합니다. 목둘레는 기계잇기로 몸판과 합칩니다. 왼쪽 어깨를 기계잇기합니다. 소매는 기계잇기로 몸판과 합칩니다. 옆선, 소매 밑선, 칼라 옆선은 떠서 꿰매기합니다.

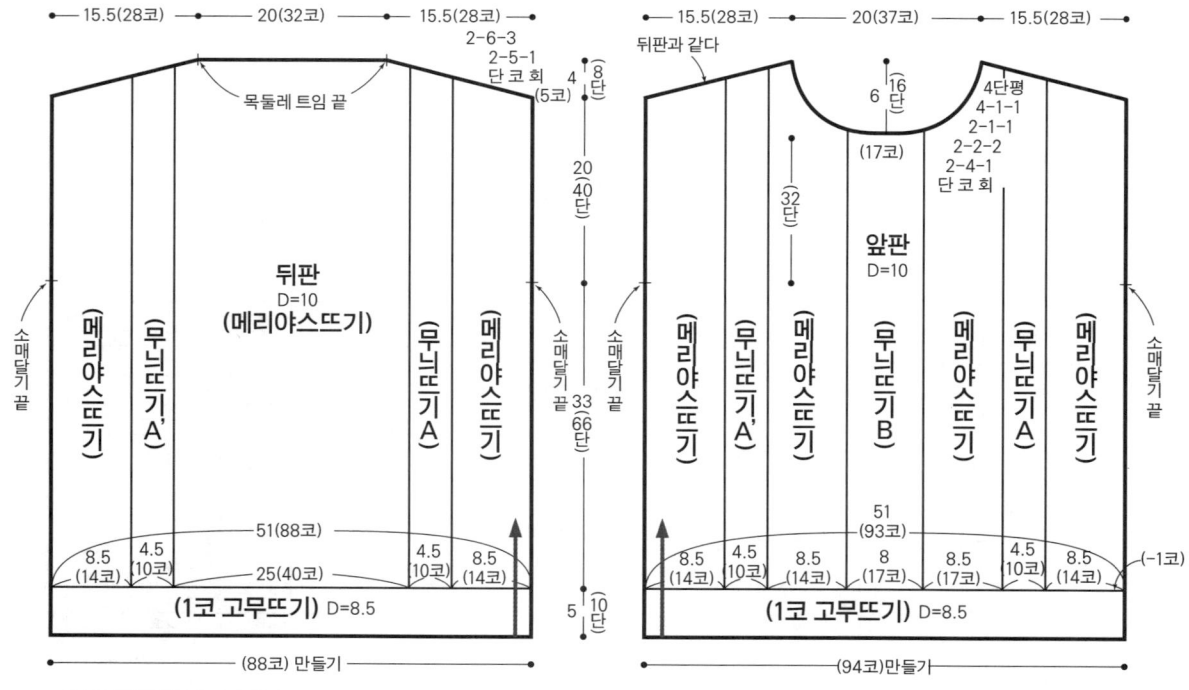

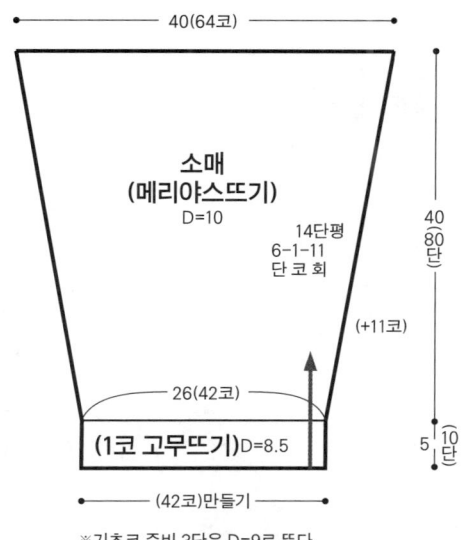

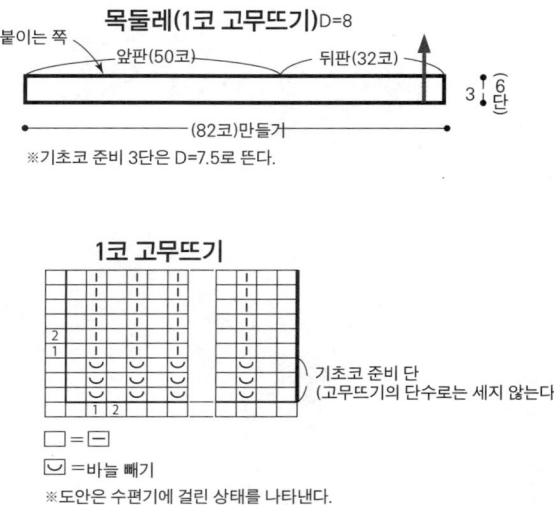

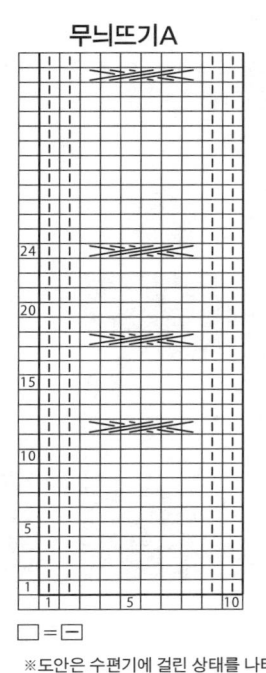

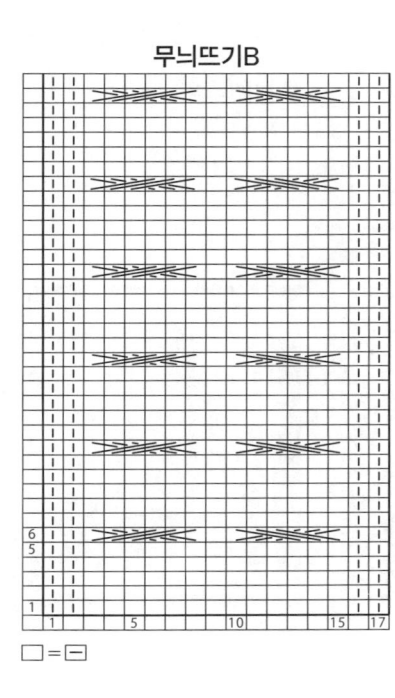

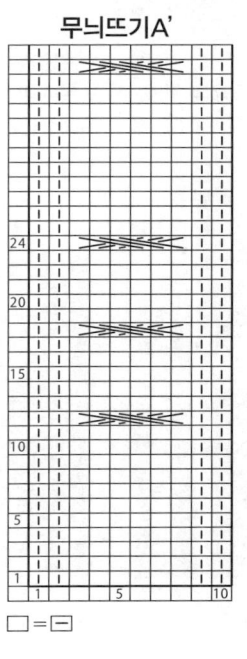

3단 내려뜨는 버블

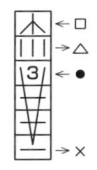

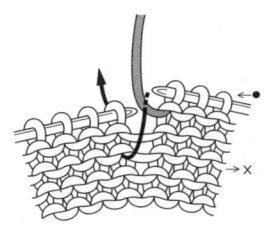

1 3단 아래의 X표시 단의 코에 화살표처럼 오른쪽 바늘을 넣고, 걸뜨기 높이를 잡아 뜬다.

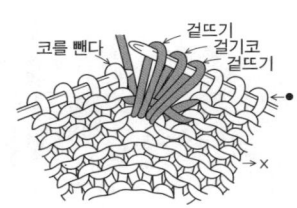

2 걸기코를 하고, 같은 코에 바늘을 넣어 걸뜨기를 뜨고, 왼쪽 바늘의 코를 빼서 푼다.

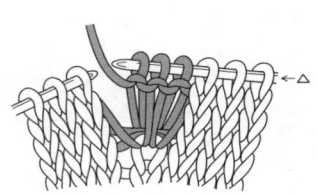

3 다음 단은 안면에서 평범하게 안뜨기로 뜬다.

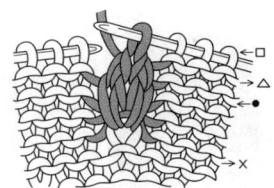

4 □표시의 단에서 3코를 중심 3코 모아뜨기로 뜨면 완성.

한스미디어의 수예 도서 시리즈

🧶 대바늘 뜨개

쉽게 배우는 새로운 대바늘 손뜨개의 기초
일본보그사 저 | 김현영 역   16,000 원

유월의솔의 투데이즈 니트
유월의솔 저   24,000 원

마마랜스의 일상 니트
이하니 저   22,000 원

니팅테이블의 대바늘 손뜨개 레슨
이윤지 저   18,000 원

그린도토리의 숲속 동물 손뜨개
명주현 저   18,000 원

52 주의 뜨개 양말
레인 저 | 서효령 역   29,800 원

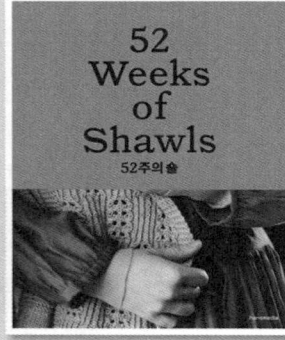
52 주의 숄
레인 저 | 조진경 역   33,000 원

52 주의 이지 니트
레인 저 | 조진경 역   33,000 원

매일 입고 싶은 남자 니트
일본보그사 저 | 강수현 역   14,000 원

M, L, XL 사이즈로 뜨는 남자 니트
리틀 버드 저 | 배혜영 역   13,000 원

바람공방의 마음에 드는 니트
바람공방 저 | 남궁가윤 역   16,800 원

유러피안 클래식 손뜨개
표도 요시코 저 | 배혜영 역   15,000 원

올터니트 스티치 사전 200
안드레아 랑겔 저 | 서효령 역   18,000 원

쿠튀르 니트 대바늘 손뜨개 패턴집 260
시다 히토미 저 | 남궁가윤 역   18,000 원

대바늘 비침무늬 패턴집 280
일본보그사 저 | 남궁가윤 역   20,000 원

코바늘 뜨개

대바늘 아란무늬 패턴집 110
일본보그사 저 | 남궁가윤 역
18,000 원

**쿠튀르 니트
대바늘 니트 패턴집 250**
시다 히토미 저 | 남궁가윤 역
20,000 원

**쉽게 배우는
새로운 코바늘 손뜨개의 기초**
일본보그사 저 | 김현영 역 | 16,000 원

**쉽게 배우는
새로운 코바늘 손뜨개의 기초
[실전편 : 귀여운 니트 소품 77]**
일본보그사 저 | 이은정 역 | 15,000 원

매일매일 뜨개 가방
최미희 저 | 20,000 원

**손뜨개꽃길의
사계절 코바늘 플라워**
박경조 저 | 22,000 원

**쉽게 배우는
모티브 뜨기의 기초**
일본보그사 저 | 강수현 역 | 13,800 원

**실을 끊지 않는
코바늘 연속 모티브 패턴집**
일본보그사 저 | 강수현 역 | 16,500 원

**실을 끊지 않는
코바늘 연속 모티브 패턴집 II**
일본보그사 저 | 강수현 역 | 18,000 원

**쉽게 배우는
코바늘 손뜨개 무늬 123**
일본보그사 저 | 배혜영 역 | 15,000 원

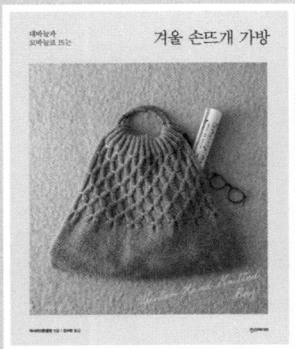
**대바늘과 코바늘로 뜨는
겨울 손뜨개 가방**
아사히신문출판 저 | 강수현 역
13,000 원

도서 판매처 안내

전국 오프라인 서점
교보문고 전 지점, 영풍문고 전 지점, 반디앤루니스 전 지점, 이외의 전국 지역 서점에서 구매할 수 있습니다.

온라인 서점
교보문고
www.kyobobook.co.kr
YES24
www.yes24.com
알라딘
www.aladin.co.kr
인터파크도서
book.interpark.com

"KEITODAMA" Vol. 200, 2023 Winter issue (NV11740) Copyright © NIHON VOGUE-SHA 2023
All rights reserved.
First published in Japan in 2023 by NIHON VOGUE Corp.
Photographer: Shigeki Nakashima, Hironori Handa, Toshikatsu Watanabe, Bunsaku Nakagawa, Noriaki Moriya
This Korean edition is published by arrangement with NIHON VOGUE Corp., Tokyo in care of Tuttle-Mori Agency, Inc., Tokyo, through Botong Agency, Seoul.

이 책의 한국어판 저작권은 Botong Agency 를 통한 저작권자와의 독점 계약으로 한스미디어가 소유합니다 .
저작권법에 의하여 한국 내에서 보호를 받는 저작물이므로 무단 전재와 무단 복제를 금합니다
이 책에 게재된 작품을 복제하여 판매하는 것은 금지되어 있습니다 .

광고 및 제휴 문의
070-4678-7118
info@hansmedia.com

털실타래 Vol.6 2023년 겨울호

1판 1쇄 인쇄 2023년 12월 15일
1판 1쇄 발행 2023년 12월 27일

지은이 (주)일본보그사
옮긴이 김보미, 김수연, 남가영, 배혜영
펴낸이 김기옥

실용본부장 박재성
편집 실용2팀 이나리, 장윤선
마케터 이지수
지원 고광현, 김형식

한국어판 기사 취재 정인경(inn스튜디오)
한국어판 사진 촬영 김태훈(TH studio)
취재 협력 일본보그사, 니트카페, 에스킴니트디자인, 니팅맘

본문 디자인 책장점
표지 디자인 형태와내용사이
인쇄·제본 민언프린텍

펴낸곳 한스미디어(한즈미디어(주))
주소 121-839 서울시 마포구 양화로 11길 13(서교동, 강원빌딩 5층)
전화 02-707-0337 | 팩스 02-707-0198 | 홈페이지 www.hansmedia.com
출판신고번호 제 313-2003-227호 | 신고일자 2003년 6월 25일

ISBN 979-11-6007-999-9 13590

책값은 뒤표지에 있습니다.
잘못 만들어진 책은 구입하신 서점에서 교환해드립니다.